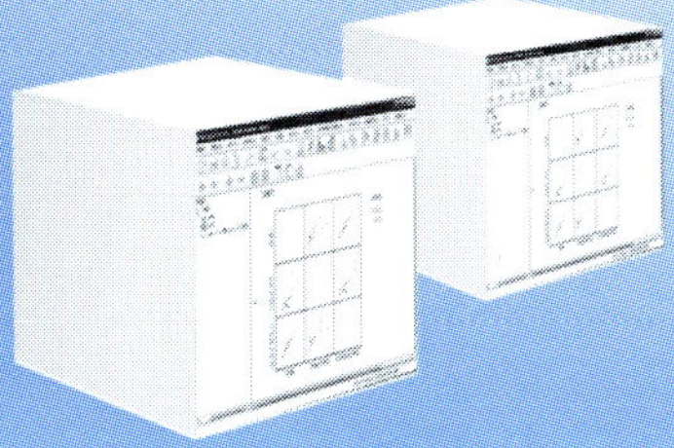

SPSS(PASW Statistis)
데이터 분석 입문

강현철 · 한상태 · 최호식 공저

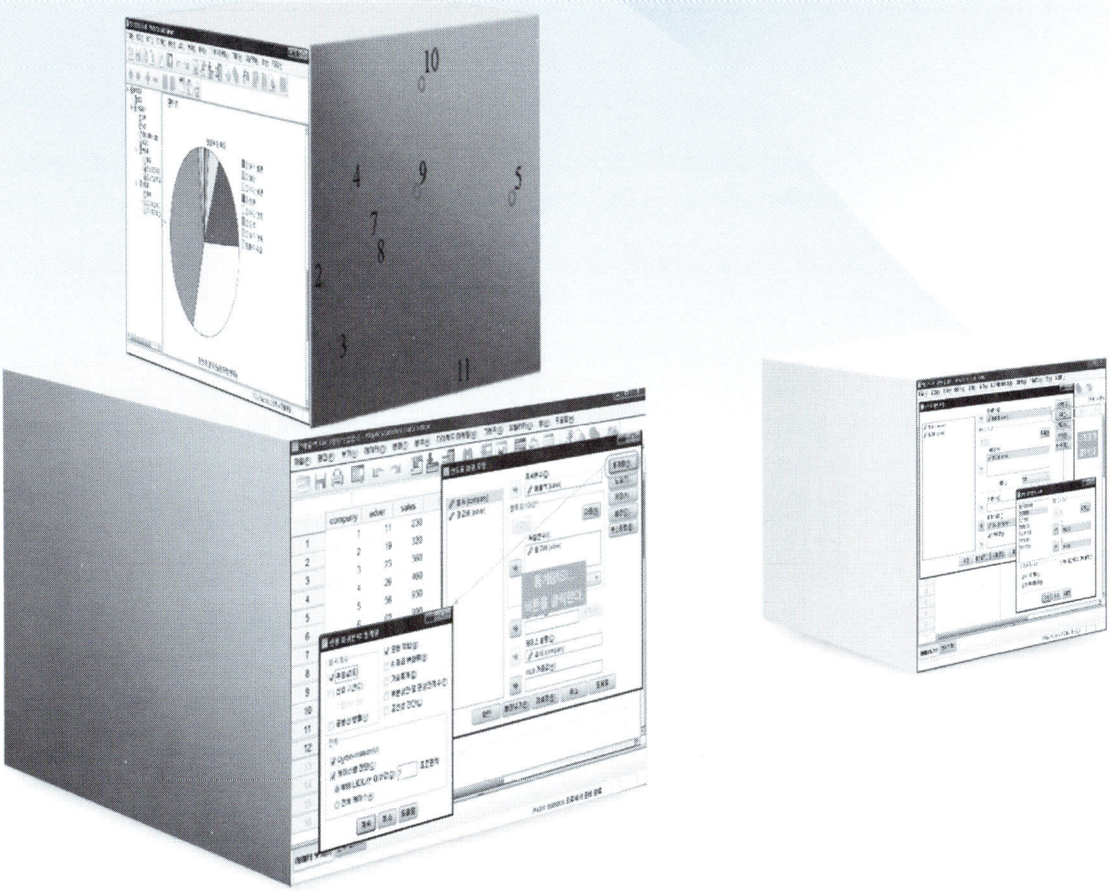

자유아카데미

머리말

이 책은 SPSS를 이용하여 통계적 데이터 분석을 수행하고자 하는 다양한 분야의 독자들을 위한 입문서이다. 특히 통계분석의 기본 이론을 빠트리지 않고 서술하려고 노력하였으며, 실제적인 예제들에 대한 SPSS 처리과정을 쉽고 간단하게 설명하고 있다. 또한 다양한 형태의 문제를 해결하기 위해서 필요한 몇 가지 고급기법들도 다루고 있기 때문에, SPSS를 이용해 본 경험이 있는 독자들에게도 잘 몰랐던 부분을 새롭게 배우거나 쉽게 참조할 수 있는 참고서로써 유용하게 사용될 수 있을 것이다.

참고로 SPSS는 최근에 자사의 핵심 제품군들의 이름을 변경하여 SPSS PASW(Predictive Analytics Software)라는 통일된 이름으로 브랜드 단일화를 진행하고 있으며, 통계분석 소프트웨어인 SPSS도 PASW Statistics로 이름이 변경되었다. 이 책에서는 독자들의 편의를 위하여 기존의 제품명인 SPSS를 그대로 사용하고, 응용 사례는 SPSS(PASW Statistics) 18.0을 기준으로 하였다.

실제 데이터 분석은 일반적으로 특정 데이터 처리 및 분석기법의 일부만을 이용하여 수행되는 경우가 많으므로, 먼저 이 책의 범위 내에서 필요한 기본개념 및 구조를 이해한 후 실제 작업의 필요에 따라 점차 기법 이용의 범위를 확충시켜 나가는 것이 바람직하다. 따라서 통계적 이론이나 SPSS 사용법에 초보적인 독자들은 먼저 각 장의 예제들을 중심으로 해당 분석기법의 상황 및 처리과정을 개괄적으로 이해한 후, 이에 필요한 통계적 이론을 충분히 숙지하는 것이 좋을 것으로 생각된다.

이 책은 총 11개의 장으로 구성되어 있다. 1장에서는 SPSS의 기본적인 사용법을 설명하였고, 2장에서는 통계학 및 통계조사에 대해서 간단히 소개하였다. 3장에서는 데이터의 탐색적 단계로서 실제 데이터에 대한 정리 · 요약 및 그래프 표현 등에 관한 내용을 자세히 서술하였다. 4장과 5장에서는 통계적 추론에 기본이 되는 확률의 기본개념, 중요한 확률분포 및 표본분포, 통계적 추론의 핵심인 추정과 검정의 문제를 소개하고, 이와 관련된 내용을 실습을 통해 직접 확인해 볼 수 있도록 구성하였다. 6장부터 11장까지는 실제 데이터 분석에서 활용도가 높은 t-검정, 분산분석, 상관분석, 회귀분석, 범주형 자료분석, 비모수적 분석 등의 기본적 내용을 실제 사례를 이용하여 현실감 있게 다루고 있다.

이 책을 보다 재미있게 학습하기 위해서는 각 장에 나와 있는 실제 사례의 분석과정을 반드시 따라해 보면서 자신감을 갖는 것이 중요하다. 그러면 각 분야에서 자주 접할 수 있는 데이터들에 대해서는 제법 우수한 통계분석 실무능력을 가지게 될 것이다. 이 책이 SPSS를 이용하여 실제 데이터를 분석하고자 하는 다양한 분야의 연구자들에게 유용하게 사용되기를 바란다.

2010년 10월
저자들

차례

1장 SPSS 기본 사용법

2장 통계학 및 통계조사의 개요

3장 데이터의 요약과 기술통계량

8장 상관분석

9장 회귀분석

10장 교차분석: 범주형 자료분석

11장 비모수적 검정

부록 통계분포표

CHAPTER 1

SPSS 기본 사용법

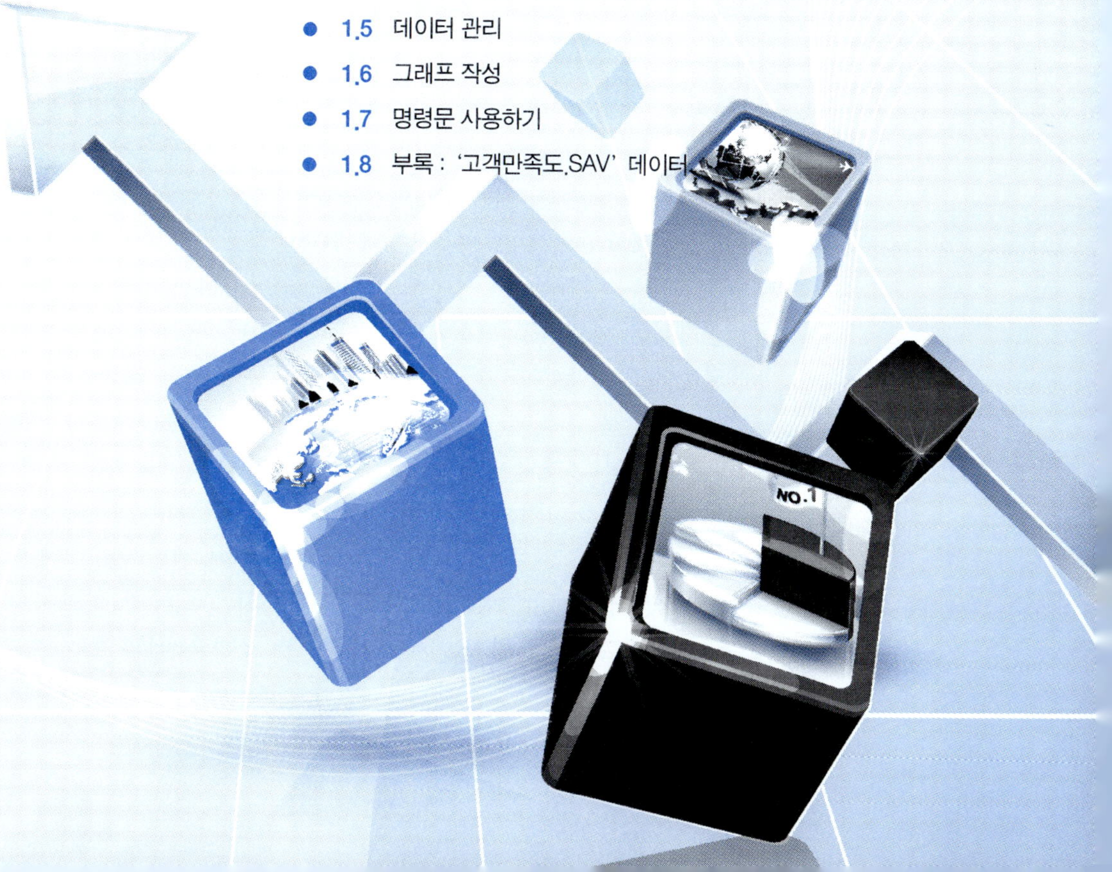

실험이나 조사를 통해 데이터(data)를 수집하는 주된 이유는, 얻어진 데이터로부터 필요한 정보(information)와 지식(knowledge)을 얻기 위해서이다. 이를 위해서는 수집된 데이터를 적절히 처리해 주어야 하는데, 이러한 과정에는 일반적으로 데이터의 요약, 도표의 작성, 통계적 분석 등이 포함된다.

SPSS(PASW Statistics)는 복잡한 데이터를 쉽게 처리할 수 있도록 개발된 통계분석용 소프트웨어이다. SAS, Statistica, Minitab, S-plus 등 수많은 통계분석 소프트웨어들이 개발되어 있지만, SPSS는 사용법을 습득하기가 비교적 쉽고, 단순한 기술통계의 계산으로부터 복잡한 통계분석에 이르기까지 편리하게 처리할 수 있다는 장점 때문에, 특히 사회과학 분야에서 널리 사용되고 있다. 먼저 이 장에서는 SPSS의 기본적인 사용법에 대해서 자세히 다룰 것이다(이 책에서는 '한글 SPSS 버전 18'을 기준으로 설명할 것이다).

1.1 SPSS 시작하기

SPSS를 구동하는 방법은 다른 윈도우즈용 응용프로그램을 사용하는 것과 동일하다. 즉, 윈도우즈 바탕화면에서

시작 → 프로그램(P) → SPSS Inc → PASW Statistics 18

를 연속적으로 클릭하면 된다.

다음 <그림 1.1>은 SPSS 초기화면의 '작업선택' 대화상자를 보여 주고 있는데, 이 대화상자에서 원하는 작업(일반적으로는 '기존 데이터 소스 열기(O)'가 될 것이다)을 선택하면 된다. 만약, 이 대화상자에서 '앞으로 이 대화상자를 나타내지 않음(D)'에 체크하면 다음에 SPSS를 구동할 때부터 작업선택 대화상자가 나타나지 않게 된다.

'작업선택' 대화상자에서 '취소' 버튼을 클릭하면 <그림 1.2>에서와 같이 데이터를 입력하고 편집할 수 있는 '데이터 편집기' 윈도우가 나타나게 되는데, SPSS는 이러한 '데이터 편집기' 윈도우를 포함하여 '출력결과 뷰어', '명령문 편집기', '도표 편집기', '피벗테이블 편집기', '스크립트 편집기' 등 여러 개의 윈도우들로 구성되어 있다(이들 윈도우의 기능 및 사용법에 대해서는 앞으로 자세히 다루게 될 것이다).

또한 각 윈도우 안에는 <그림 1.2>에서와 같이 해당 윈도우에서 사용할 수 있는 '풀다운 메뉴'와 '도구모음'이 나타나게 되는데, 일반적인 윈도우즈용 응용프로그램과 마찬가지로 사용자는 풀다운 메뉴 또는 도구모음을 통해 원하는 작업명령을 선택할 수 있다.

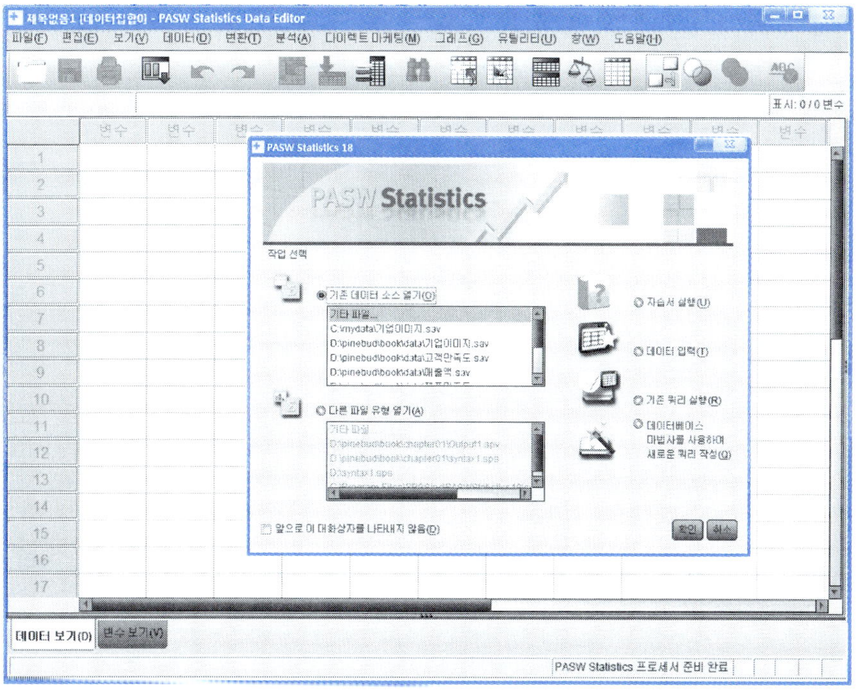

그림 1.1
SPSS 시작 화면

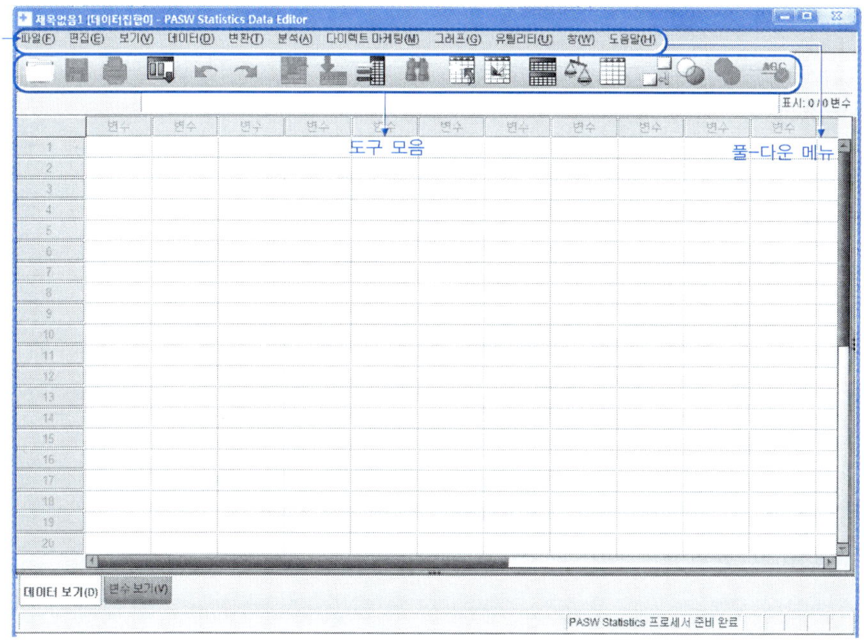

그림 1.2
'데이터 편집기' 윈도우

1.2 데이터 입력 및 편집

대부분의 경우 데이터로부터 원하는 정보를 얻기 위해 수행해야 할 첫 번째 작업은, 수집된 데이터를 통계처리에 적합하도록 입력하는 것이다. 이 절에서는 여러 가지 형식의 데이터를 SPSS 데이터로 바꾸는 과정을 설명할 것이다.

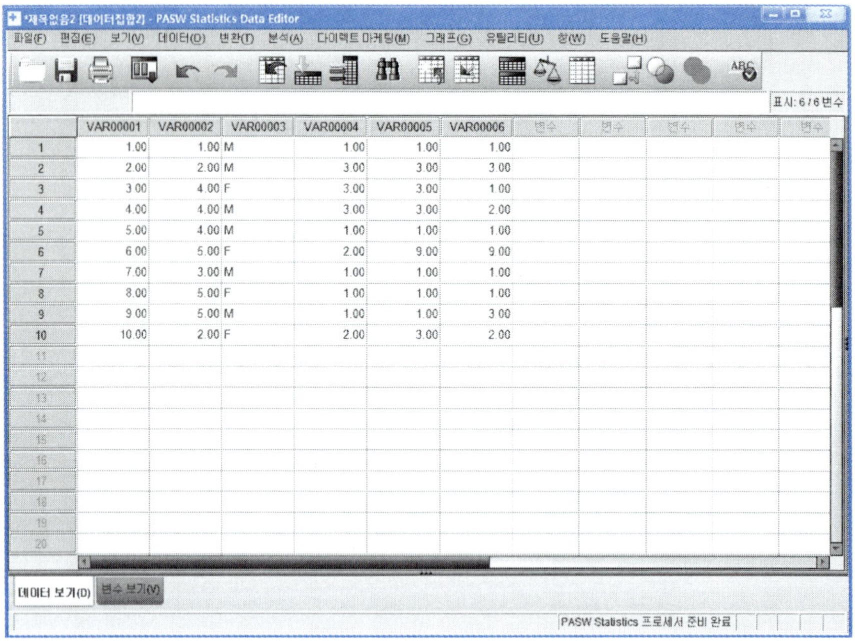

그림 1.3
'데이터 편집기'에 데이터 입력하기

1.2.1 데이터를 직접 입력하기

먼저 다음과 같은 간단한 데이터를 '데이터 편집기'에 직접 입력해 보도록 하자(이 데이터는 국내 한 기업의 이미지에 대해 조사한 자료 중 일부이다).[1)]

'데이터 편집기'에 데이터를 직접 입력하는 것은 매우 간단하다. 즉, Excel과 같은 스프레드시트용 프로그램을 사용하는 것과 유사하게 행과 열에 맞추어 단순히 데이터를 입력하면 된다. 이때 <그림 1.3>에서와 같이 변수 이름은 var00001, var00002, …로 자동으로 변경되며, 숫자값은 소수점 2자리까지 나타나게 된다.

1.2.2 변수 보기의 설정

입력 및 관리상의 편리를 위해 자료값을 코드화하여 입력하는 경우가 많다. 예를 들어, <표 1.1> '기업이미지' 데이터의 각 코드값들은 다음과 같은 의미를 가지고 있다(표 1.2).

데이터 편집기 윈도우에서 '변수 보기' 탭을 클릭하면 <그림 1.4>와 같은 화면이 나타나는데, 여기서는 변수의 이름, 유형, 자릿수, 설명, 결측값 등에 대한 설정을 할 수 있다.

---

1) 여기서는 문자변수의 예를 들기 위해 변수 '성'을 문자열(F= '남자', M= '여자')로 코딩하고 있다. 그러나 SPSS의 데이터 관리 및 분석 메뉴 중 일부에서는 문자변수를 처리할 수 없도록 되어 있는 경우가 있으므로, 불가피한 경우가 아니라면 데이터의 코드값을 가급적 숫자(예를 들면, 1= '남자', 2= '여자')로 입력해 두는 것이 좋다.

표 1.1 '기업이미지' 데이터

ID	나이	성	문항1	문항2	문항3
1	1	M	1	1	1
2	2	M	3	3	3
3	4	F	3	3	1
4	4	M	3	3	2
5	4	M	1	1	1
6	5	F	2	9	9
7	3	M	1	1	1
8	5	F	1	1	1
9	5	M	1	1	3
10	2	F	2	3	2

표 1.2 '기업이미지' 데이터에 대한 코드값

변수	코드값
나이	1= '20대' 2= '30대' 3= '40대' 4= '50대' 5= '60대'
성	M= '남자' F= '여자'
문항 1, 2, 3	1= '예' 2= '보통' 3= '아니오' 9= '모름/무응답'

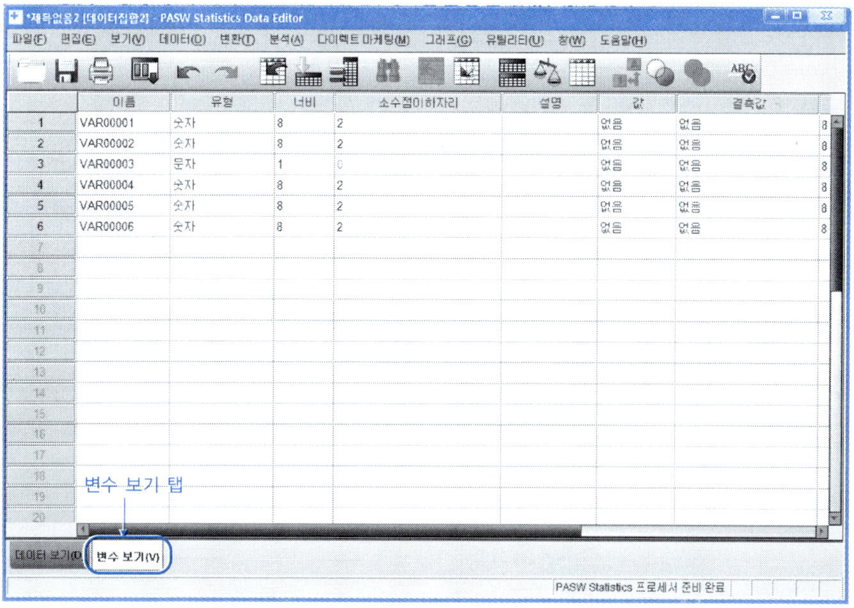

그림 1.4
변수 보기

변수 이름에 대한 규칙

- 변수 이름은 문자로 시작해야 한다. 나머지 부분은 문자, 숫자, 마침표, 부호 (@, #, _, $) 등을 사용할 수 있다.
- 변수 이름은 마침표로 끝내지 않아야 하며, 일부 프로시저에서 생성된 자동 변수와 충돌될 수 있으므로, 이름의 끝에는 _(underscore)를 사용하지 않아

야 한다.
- 이름의 길이는 8자리를 넘지 않아야 한다(한글 한 글자는 2자리로 취급된다).
- 공백과 특수문자(예: !, ?, ? * 등)를 사용하지 않아야 한다. 또한 do, if, and, or 등 특별한 예약어는 변수 이름으로 사용할 수 없다.
- 각 변수의 이름은 중복되지 않고 유일해야 한다. 또한 변수 이름은 대소문자를 구분하지 않는다(즉, NEWVAR, NewVar, newvar 등은 동일한 변수 이름으로 간주된다).

■변수 이름(Variable Name)

변수 이름은 영문자, 한글, 숫자를 사용하여 앞의 규칙에 맞게 8자리 이내의 이름을 사용할 수 있으며, 이름을 변경하기 위해서는 다음과 같이 수행하면 된다.

① 변경하고자 하는 변수 이름의 셀을 마우스로 클릭(또는 더블클릭)한다.
② 원하는 변수 이름을 입력한다.

■변수 유형(Variable Type)

변수 유형은 숫자, 콤마, 문자열 등을 지정할 수 있으며, 변수 유형을 변경하기 위해서는 다음과 같은 과정을 수행하면 된다.

① 변경하고자 하는 변수 유형의 셀을 마우스로 클릭한다.
② 선택된 셀의 오른쪽에 있는 … 버튼을 클릭한다.
③ '변수 유형' 대화상자(그림 1.5)에서 유형, 자릿수, 소수점 이하 자릿수 등을 지정한 후, '확인' 버튼을 클릭한다.

그림 1.5 '변수 유형' 대화상자

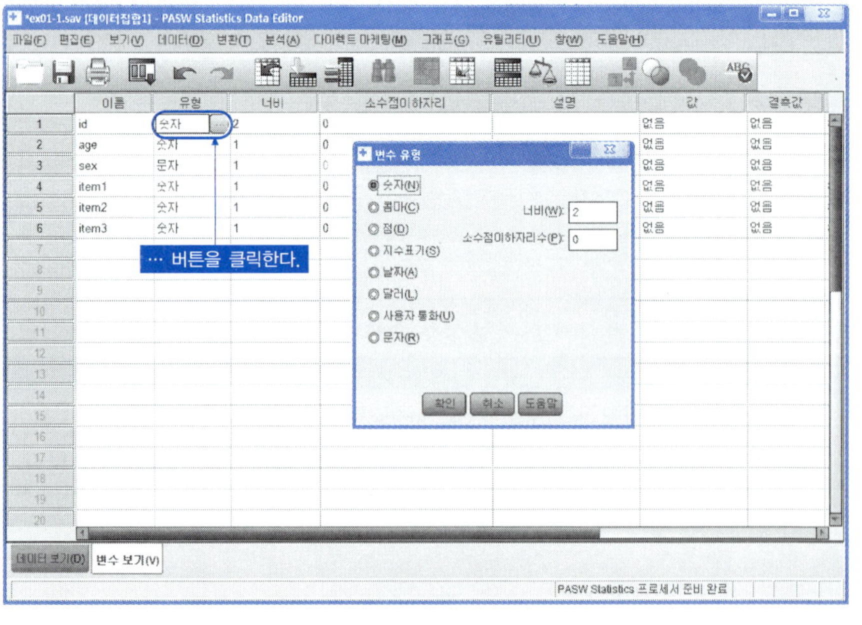

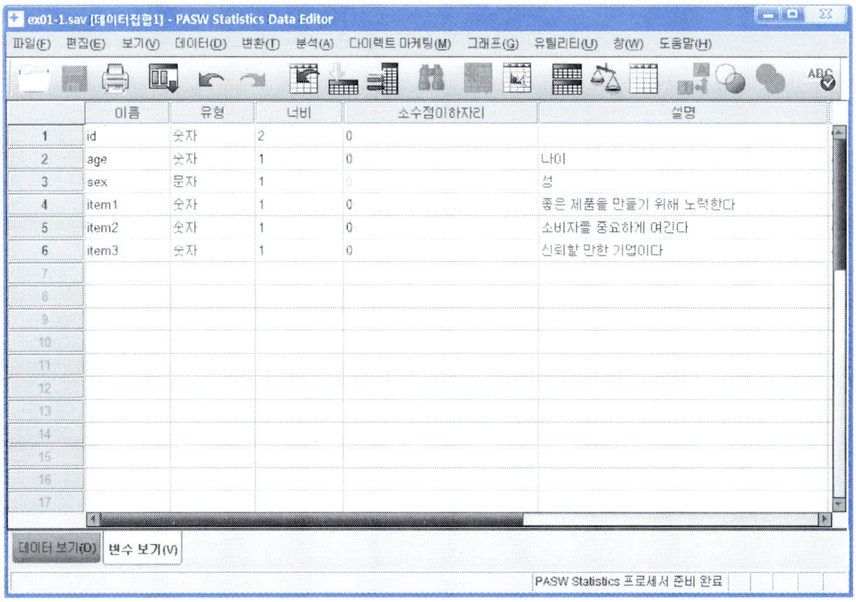

그림 1.6
변수 설명의 입력

■ 변수 설명(Variable Label)

변수 설명은 변수가 가지는 의미를 설명한 것으로, SPSS의 처리결과에서도 변수 설명이 출력되기 때문에 결과의 해석에 매우 유용하다. 변수 설명은 영문 120자(한글 60자)까지 부여할 수 있으며, 설명을 부여하기 위해서는 다음과 같이 수행하면 된다.

① 입력하고자 하는 변수 설명의 셀을 마우스로 클릭한다.
② 적절한 변수 설명을 입력한다.

■ 변수값 설명(Value Label)

변수값 설명은 각 변수값의 의미를 설명한 것으로, 변수 설명과 마찬가지로 SPSS의 처리결과에 변수값 설명이 출력되기 때문에 결과의 해석에 매우 유용하다. 변수값 설명은 영문 60자(한글 30자)까지 부여할 수 있으며, 특정 변수의 각 변수값에 설명을 부여하기 위해서는 다음과 같이 수행하면 된다.

① 입력하고자 하는 변수값 설명의 셀을 마우스로 클릭한다.
② 선택된 셀의 오른쪽에 있는 … 버튼을 클릭한다. 이때 <그림 1.7>에서와 같이 '변수값 설명' 대화상자가 나타난다.
③ '변수값 설명' 대화상자에서 변수값과 설명을 입력하고, '추가(A)' 버튼을 클릭한다. 해당 변수의 모든 변수값에 대해 이러한 과정을 반복한 후 '확인' 버튼을 클릭한다.

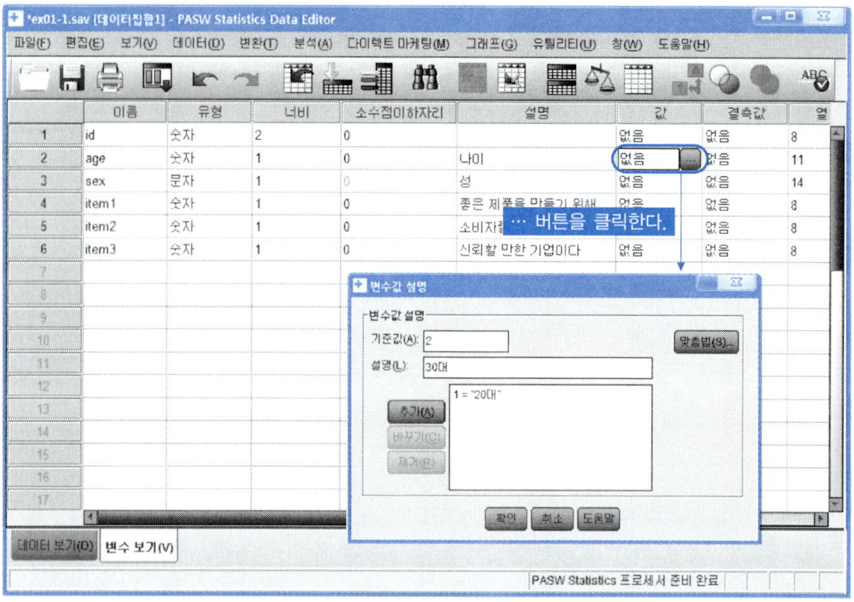

그림 1.7
'변수값 설명' 대화상자

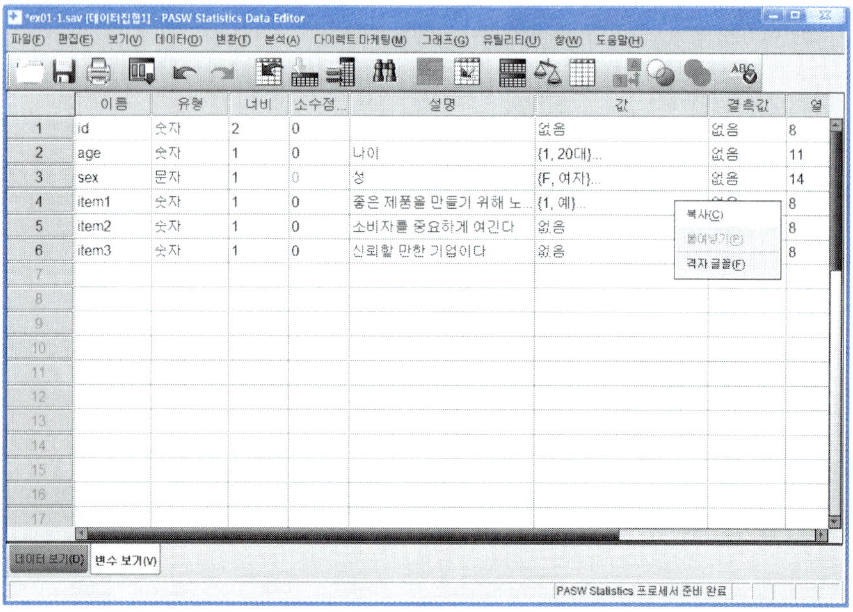

그림 1.8
변수값 설명 복사하기

한편 변수 설명, 변수값 설명, 결측값 설정 등이 동일하거나 유사할 경우, 이를 복사하여 사용할 수 있다. 예를 들어, 변수 item1, item2, item3는 변수값 설명이 모두 동일하므로 item1의 변수값 설명을 지정한 후에 다른 두 변수에 대해서는 다음과 같이 이를 복사하여 붙여 넣으면 된다.

① 복사하기를 원하는 변수값 셀을 오른쪽 마우스로 클릭한 후, 팝업(pop-up) 메뉴에서 '복사'를 선택한다(그림 1.8).
② 붙여 넣을 변수값 셀을 오른쪽 마우스로 클릭한 후, 팝업 메뉴에서

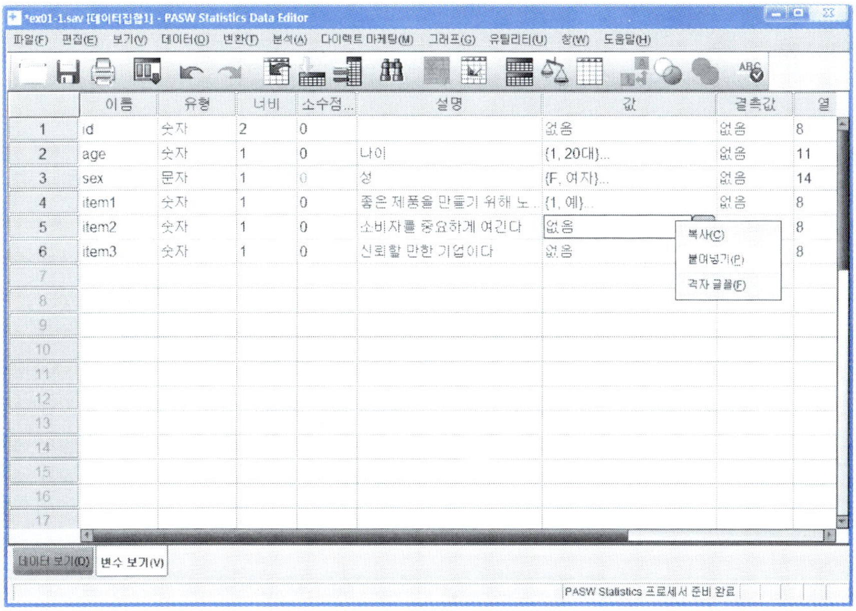

그림 1.9
변수값 설명 붙여넣기

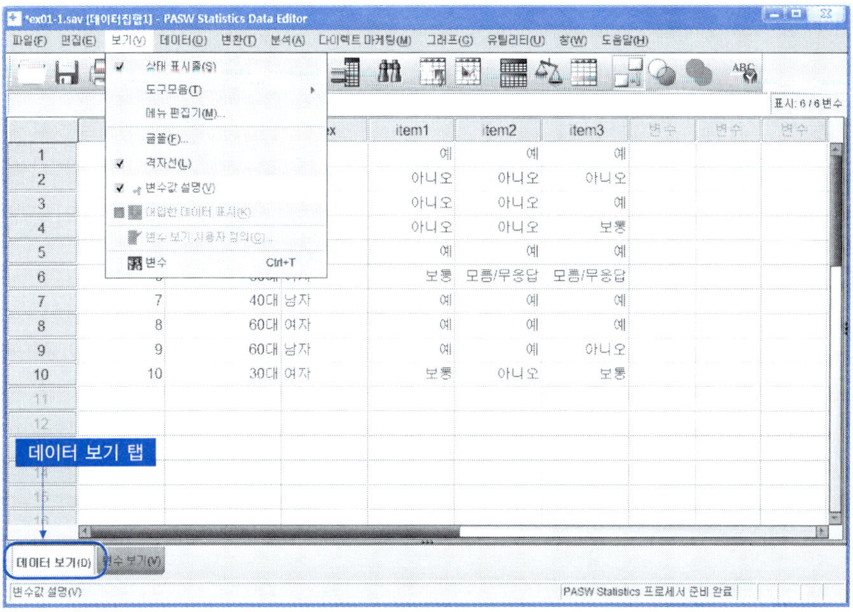

그림 1.10
'보기 → 변수값 설명' 메뉴

'붙여넣기'를 선택한다(그림 1.9). 마우스 끌기(drag)를 이용하여 여러 셀을 동시에 선택한 후, 여러 셀에 대한 붙여넣기를 한 번에 수행할 수도 있다.

■ 변수값 설명으로 보기

모든 변수에 대해서 변수값 설명을 부여한 후에 '데이터 보기' 탭을 클릭하고, <그림 1.10>과 같이 풀다운 메뉴에서 '보기 → 변수값 설명' 메뉴를 선택하면 데이터를 변수값 설명으로 볼 수 있다.

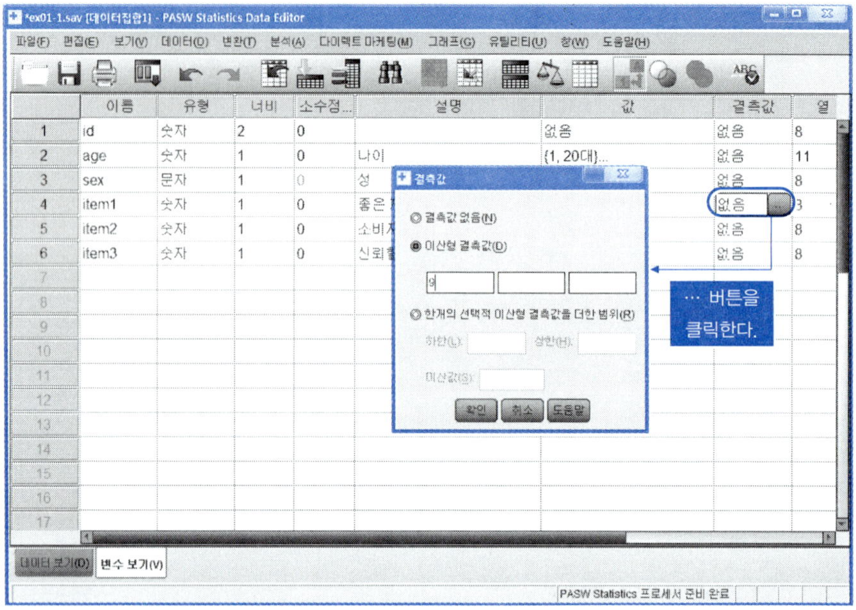

그림 1.11
'결측값' 대화상자

■ 결측값 (Missing Value)

때로는 어떤 개체(응답자)의 특정 속성(변수)에 대해서 값을 얻을 수 없는 경우가 있는데, 이를 결측값이라고 한다. 데이터를 입력할 때 결측값을 '공백'(space) 또는 '.'(마침표)로 입력하는 경우가 많지만(이를 시스템 결측값(system missing)이라고 한다), 사용자가 특정한 숫자를 결측값으로 입력하는 경우도 종종 있다(이를 사용자 결측값(user missing)이라고 한다).

예를 들어, <표 1.1>의 '기업이미지' 데이터에서 문항 1, 2, 3의 코드값 9는 응답자가 질문에 응답하지 않은 경우를 나타내며, 따라서 이러한 무응답은 자료분석 시 결측값으로 처리해 주어야 할 것이다.

특정한 자료값들을 결측값으로 처리하기 위해서는 '변수 보기' 탭에서 다음과 같이 수행하면 된다.

① 결측값을 부여하고자 하는 결측값 셀을 마우스로 클릭한다.
② 선택된 셀의 오른쪽에 있는 … 버튼을 클릭한다.
③ '결측값' 대화상자(그림 1.11)에서 결측값 코드(또는 범위)를 입력하고, '확인' 버튼을 클릭한다.

이러한 결측값 설정도 앞에서와 같은 '복사하여 붙이기(copy and paste)'를 사용하여 다른 변수에 복사할 수 있다.

'결측값' 대화상자의 옵션들

- 결측값 없음(N): 특별한 결측값 코드가 없음을 나타낸다(디폴트).
- 이산형 결측값(D): 각 변수에 대해 세 개까지의 결측값 코드를 부여할 수 있다.

- 한 개의 선택적 이산형 결측값을 더한 범위(R) : 결측값으로 처리할 숫자의 범위와 범위 밖의 추가적인 코드값을 지정할 수 있다.

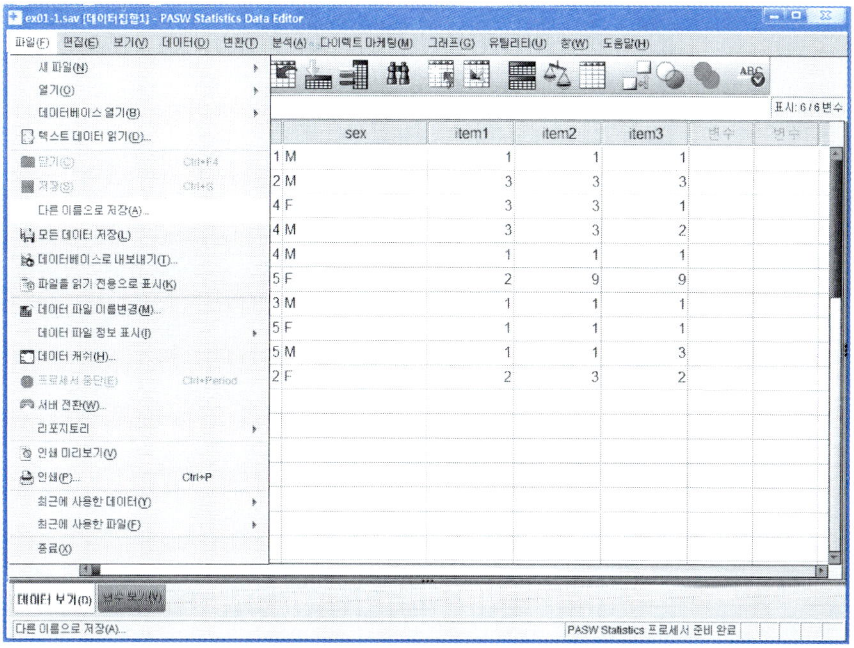

그림 1.12 '파일(F) → 다른 이름으로 저장(A)...' 메뉴

1.2.3 데이터 파일의 저장

새로 입력되었거나 수정된 데이터는 작업 내용이 분실되지 않도록 파일로 저장해 두어야 한다. 새로 입력한 데이터를 SPSS 데이터 파일로 저장하기 위해서는 다음과 같이 수행하면 된다.

① 풀다운 메뉴에서 '파일(F) → 다른 이름으로 저장(A)' 메뉴를 선택한다(그림 1.12). 또는 '파일(F) → 저장(S)' 메뉴를 선택한다.

② '데이터를 다른 이름으로 저장' 대화상자에서 데이터 파일이 저장될 폴더(저장 위치)를 선택한다(그림 1.13).

③ '파일 이름(N)' 란에 파일 이름을 입력한다(여기서는 '기업이미지'를 입력한다).

④ '데이터를 다른 이름으로 저장' 대화상자에서 '저장' 버튼을 클릭한다.

이와 같은 과정을 수행하면 하드 디스크의 지정된 폴더에 SPSS 데이터 파일이 물리적으로 저장된다(SPSS 데이터 파일의 확장자는 *.SAV이다).

1.2.4 Excel 데이터 불러오기

데이터의 관리나 사용상의 편리성 때문에 많은 연구자들은 Excel과 같

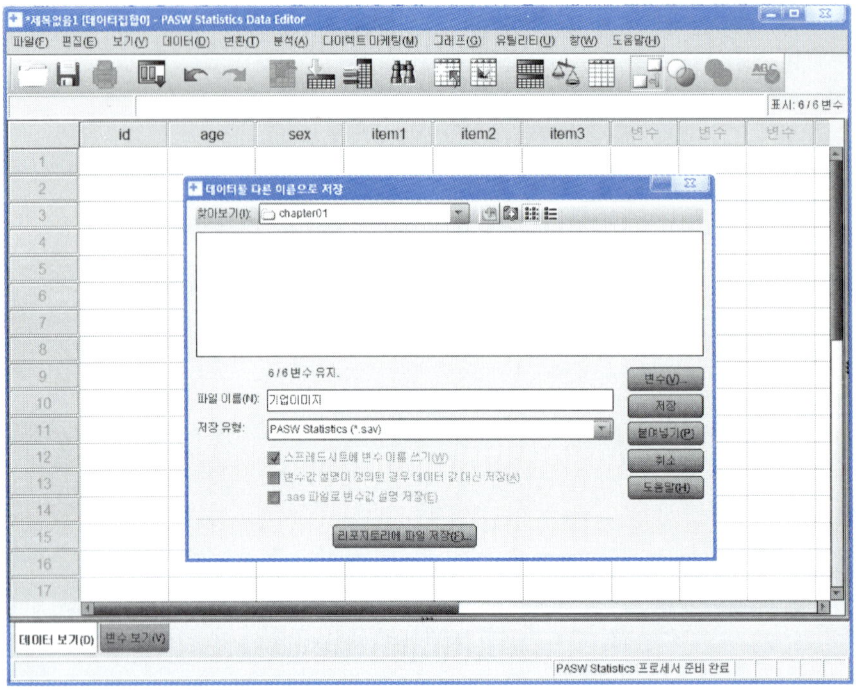

그림 1.13 '데이터를 다른 이름으로 저장' 대화상자

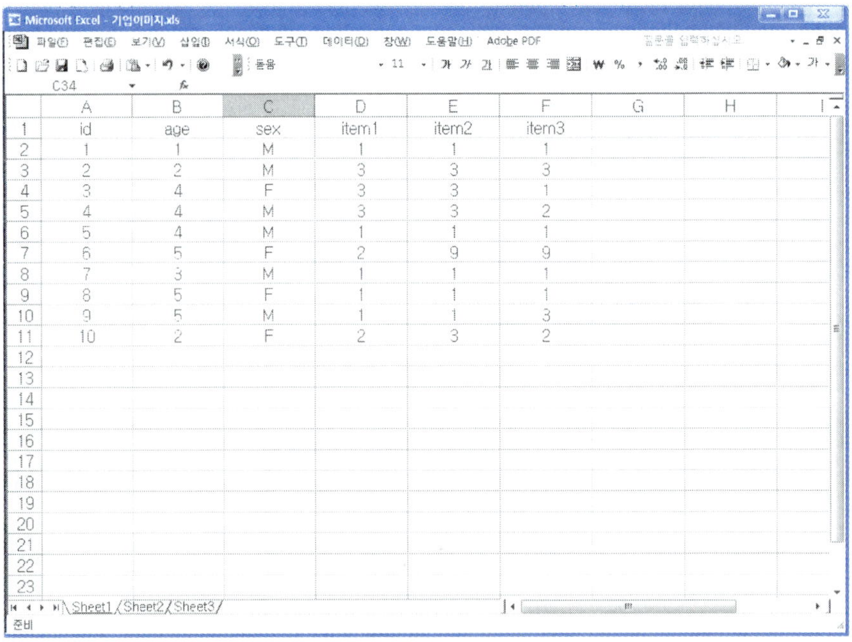

그림 1.14 Excel 데이터 파일의 예

은 워크시트 프로그램을 사용하고 있다(<그림 1.14>는 Excel 데이터 파일의 예이다). SPSS에서는 다음과 같은 과정을 수행하여 Excel과 같은 외부 데이터베이스 파일을 손쉽게 불러올 수 있다(데이터의 양이 많지 않은 경우에는 Excel에서 데이터를 복사한 후, SPSS에서 붙이기를 수행해도 된다. 단, 이 경우 문자변수에 대해서는 먼저 SPSS에서 해당 열에 변수유형을 문

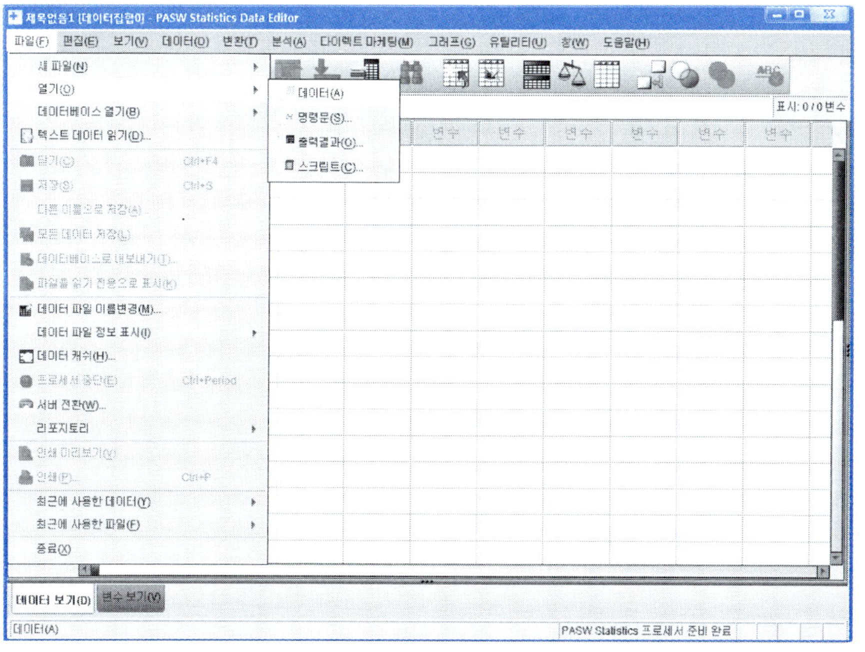

그림 1. 15
'파일(F) → 열기(O) → 데이터(A)...' 메뉴

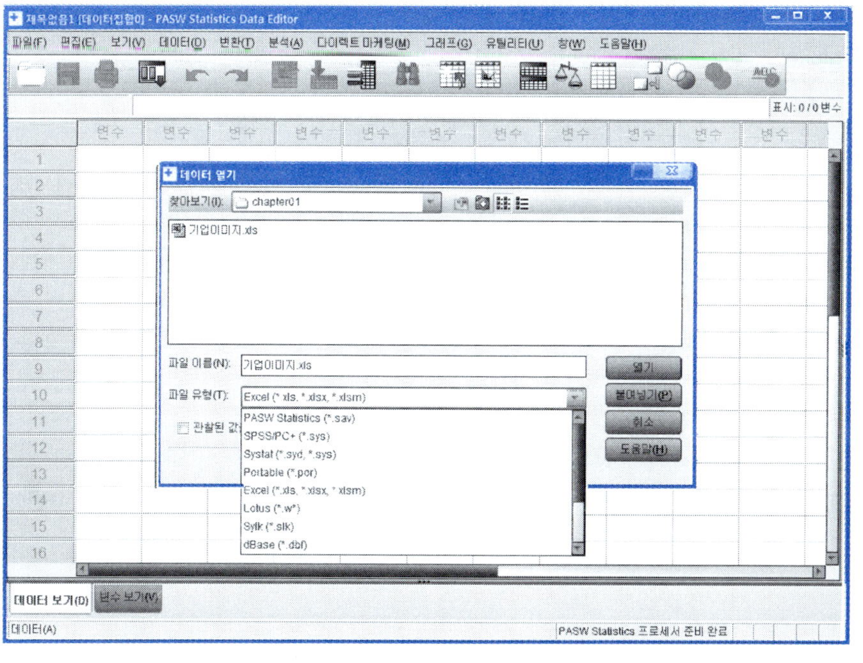

그림 1.16
'파일 형식' 의 지정

자열로 지정해 두어야 한다).

① '파일(F) → 열기(O) → 데이터(A)...' 메뉴를 선택한다(그림 1.15).

② '파일 열기' 대화상자에서 불러올 데이터의 '파일 형식(T)' 을 선택한다. 여기서는 Excel(*.xls)을 선택한다(그림 1.16).

③ 불러올 데이터 파일이 저장되어 있는 폴더(찾는 위치)를 선택하고,

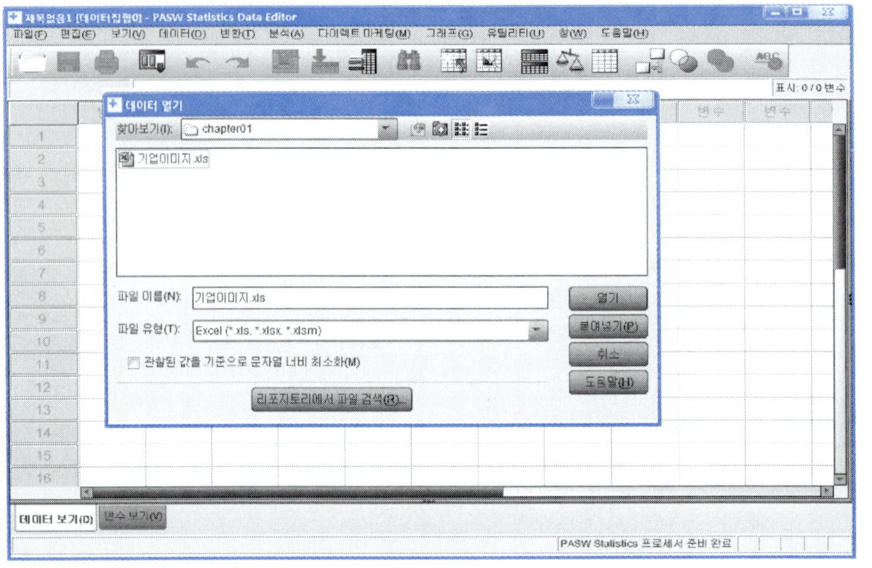

그림 1.17
'파일 이름' 선택

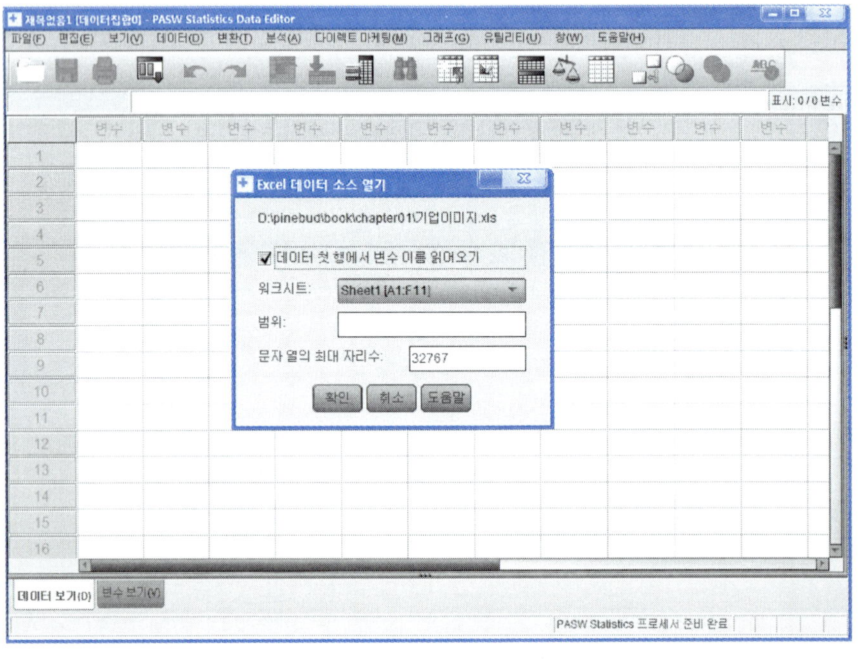

그림 1.18
'Excel 데이터 소스 열기' 대화상자

파일 이름을 선택한 후, '열기' 버튼을 클릭한다(그림 1.17).

④ 'Excel 데이터 소스 열기' 대화상자(그림 1.18)에서 워크시트와 범위 등을 지정한 후 '확인' 버튼을 클릭한다.

1.2.5 텍스트 파일 불러오기

한글이나 워드와 같은 워드프로세서에서 데이터를 입력하는 경우가 종종 있다. 이때 주의할 것 중 하나는 워드프로세서에서 데이터를 저장할 때 다음 <그림 1.19>에서와 같이 '텍스트 문서' 형식으로 저장해야 한다는

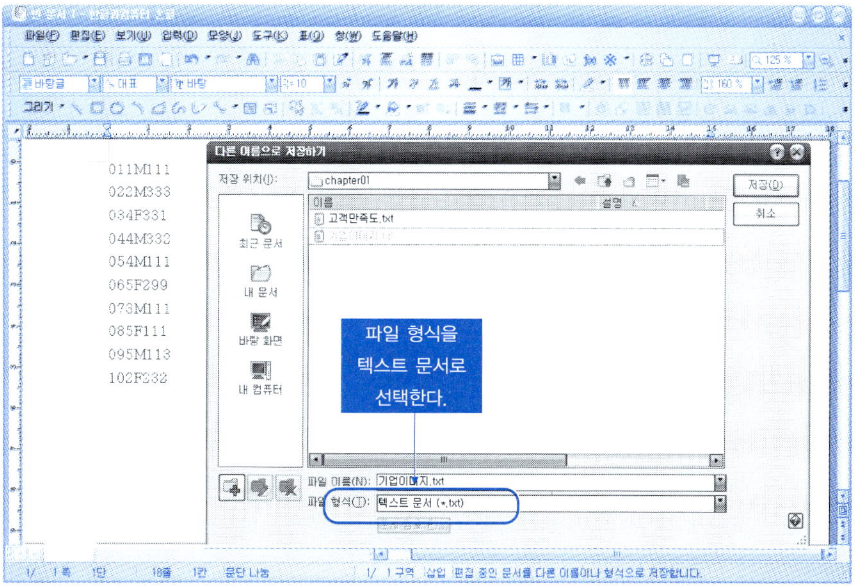

그림 1.19
워드프로세서 '한글'에서 텍스트 데이터 입력하기 및 저장하기

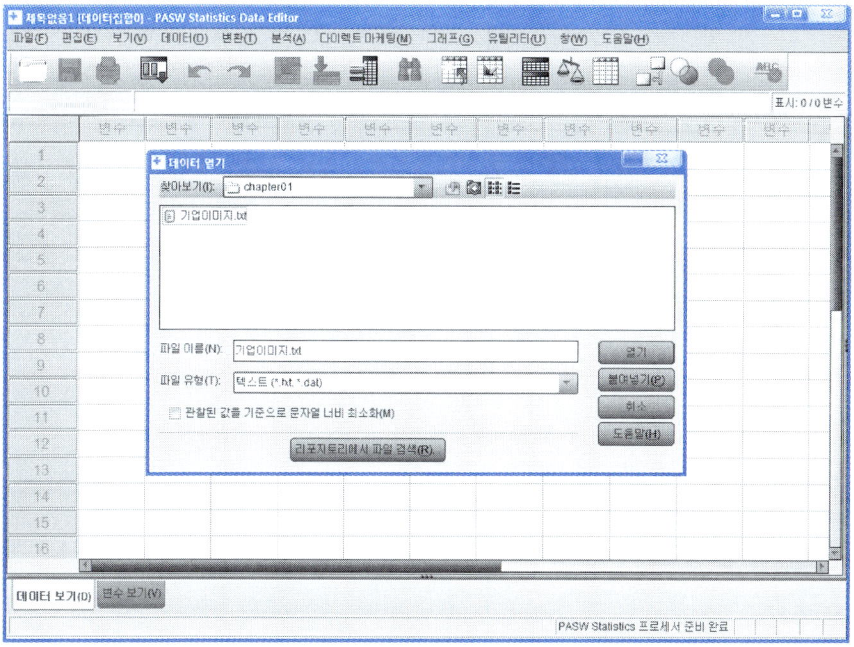

그림 1.20
파일 형식 및 파일 이름 지정하기

것이다. 텍스트(ASCII) 문서를 SPSS에서 불러오기 위해서는 다음과 같이 '텍스트 가져오기 마법사'를 이용하면 된다.

① 풀다운 메뉴에서 '파일(F) → 열기(O) → 데이터(A)...' 메뉴를 선택한다.
② '파일 열기' 대화상자에서 불러올 데이터의 '파일 형식(T)'을 선택하고 (여기서는 텍스트(*.txt)를 선택한다), 불러올 텍스트 파일이 저장되어 있는 폴더와 파일 이름을 선택한 후(그림 1.20) '열기' 버튼을 클릭한다.

이상과 같은 과정을 수행하면 <그림 1.21>에서와 같이 '텍스트 가져오기 마법사' 대화상자가 나타나게 되고, 이 대화상자에서 텍스트 문서에 대한 여러 가지 옵션들을 지정하여 데이터를 불러올 수 있다.

다음은 앞의 <그림 1.19>에서와 같이 입력되어 있는 텍스트 파일을 SPSS 데이터 파일로 바꾸는 예이다.

'텍스트 가져오기 마법사'의 사용 예

- 1 단계 (그림 1.21) : '텍스트 마법사 사전 정의 형식'을 사용할 것인지를 선택한다. 이 예에서는 기존에 저장된 사전 정의 형식이 없으므로 '아니오'에 체크한다. '다음(N)' 버튼을 클릭한다.
- 2 단계 (그림 1.22): 변수값들이 구분자로 구분되어 있는지 아니면 고정 너비로 배열되어 있는지를 지정한다. 이 예에서는 '고정 너비로 배열(F)'에 체크한다. 또한 변수 이름이 파일의 처음에 있는지를 지정한다. 이 예에서는 '아니오(O)'에 체크한다. '다음(N)' 버튼을 클릭한다.
- 3 단계 (그림 1.23) : 데이터의 첫 번째 개체(케이스)가 몇 번째 줄에서 시작되는지, 몇 개의 줄이 한 개체를 나타내고 있는지, 몇 개의 개체를 가져올 것인지 등을 지정한다. '다음(N)' 버튼을 클릭한다.
- 4 단계 (그림 1.24) : 각 변수값 구분 위치를 클릭하여 변수 구분선을 삽입한다. '다음(N)' 버튼을 클릭한다.
- 5 단계 (그림 1.25) : 각 변수를 차례로 클릭한 후, '변수 이름(V)'과 '데이터 형식(D)'을 지정한다. '다음(N)' 버튼을 클릭한다.
- 6 단계 (그림 1.26) : 정의된 텍스트 파일 형식을 저장할 것인지를 지정한다 (이 예에서는 '아니오(O)'에 체크한다). 저장된 텍스트 파일 형식은 다음에 동일한 형식의 다른 데이터를 불러올 때 사용할 수 있다. 또한 명령문을 붙

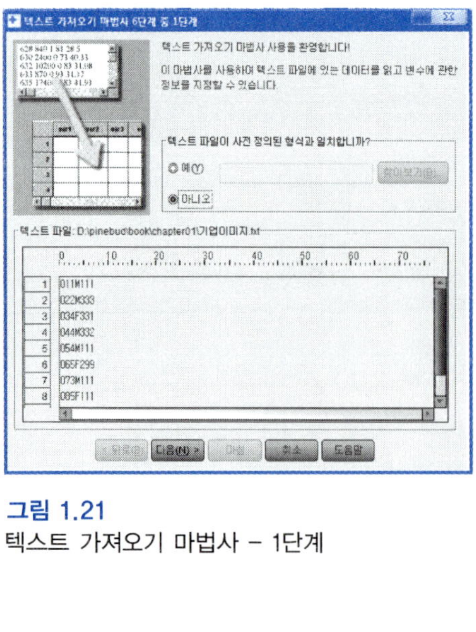

그림 1.21
텍스트 가져오기 마법사 – 1단계

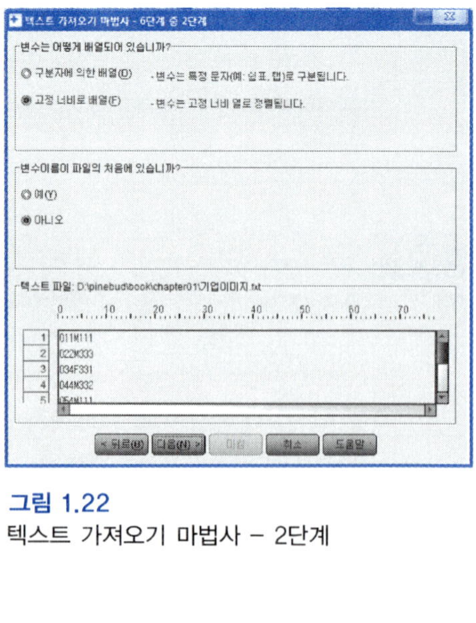

그림 1.22
텍스트 가져오기 마법사 – 2단계

여 넣을 것인지를 선택한다(이 예에서는 '아니오(O)'에 체크한다). 여기서 명령문을 저장해 두면 다음에 명령문을 편집하여 사용할 수 있다(명령문의 사용에 대해서는 1.7절을 참조하기 바란다). '마침' 버튼을 클릭한다.

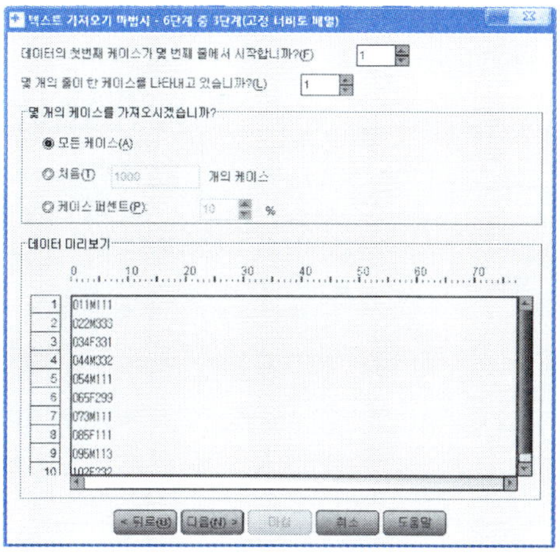

그림 1.23
텍스트 가져오기 마법사 – 3단계

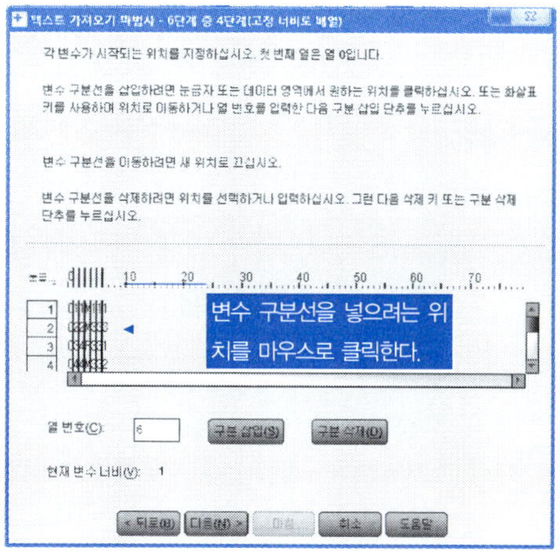

그림 1.24
텍스트 가져오기 마법사 – 4단계

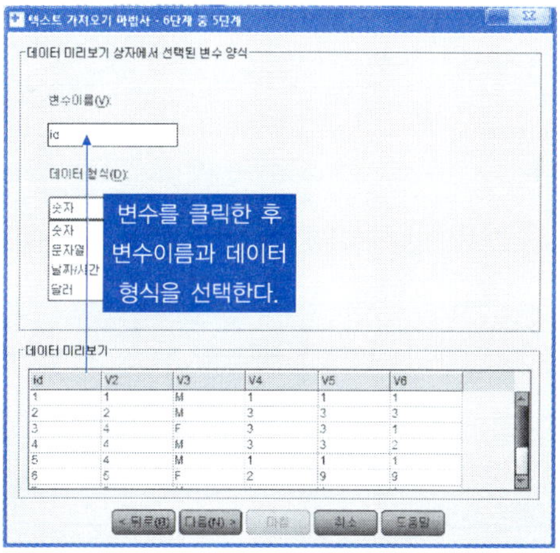

그림 1.25
텍스트 가져오기 마법사 – 5단계

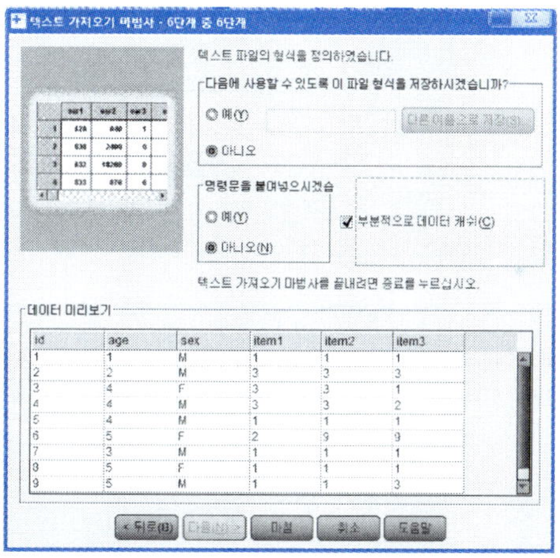

그림 1.26
텍스트 가져오기 마법사 – 6단계

1.3 SPSS 실행과 결과보기

앞 절에서 설명한 여러 가지 방법 중 하나를 이용하여 SPSS 데이터 파일을 만들고, '변수 보기'에 대한 여러 가지 설정을 마치게 되면, '분석(A)' 및 '그래프(G)' 메뉴 등을 이용하여 통계분석을 수행하거나 다양한 그래프를 작성할 수 있다.

1.3.1 SPSS의 실행

여기서는 앞 절에서 만들어진 '기업이미지.SAV' 데이터를 이용하여 간단한 빈도분석을 수행하고, 그 결과를 살펴보도록 하자(빈도분석 메뉴 및 대화상자에 대한 자세한 설명은 3장을 참조하기 바란다).

① 풀다운 메뉴에서 '파일(F) → 열기(O) → 데이터(A)...' 메뉴를 선택

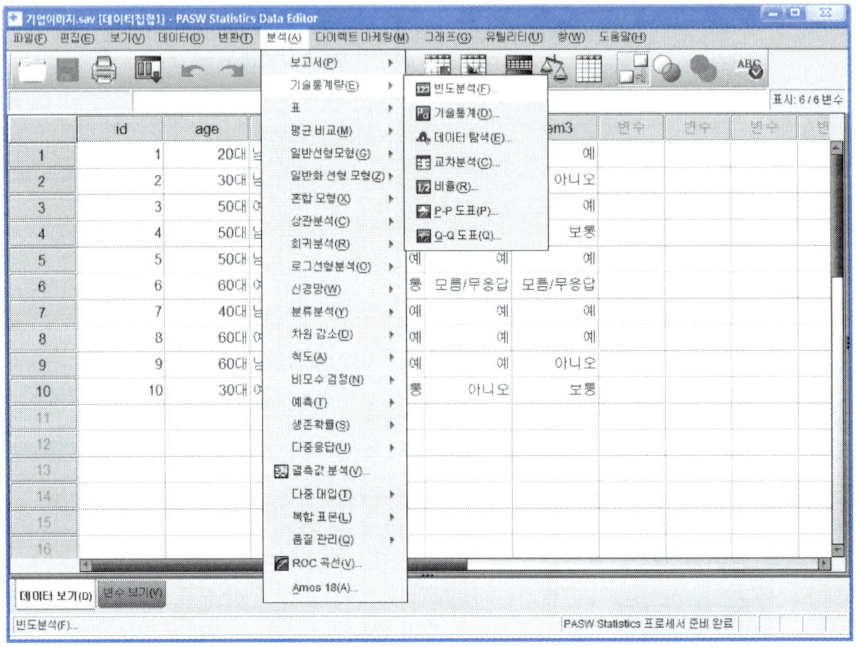

그림 1.27 '분석(A)' 메뉴

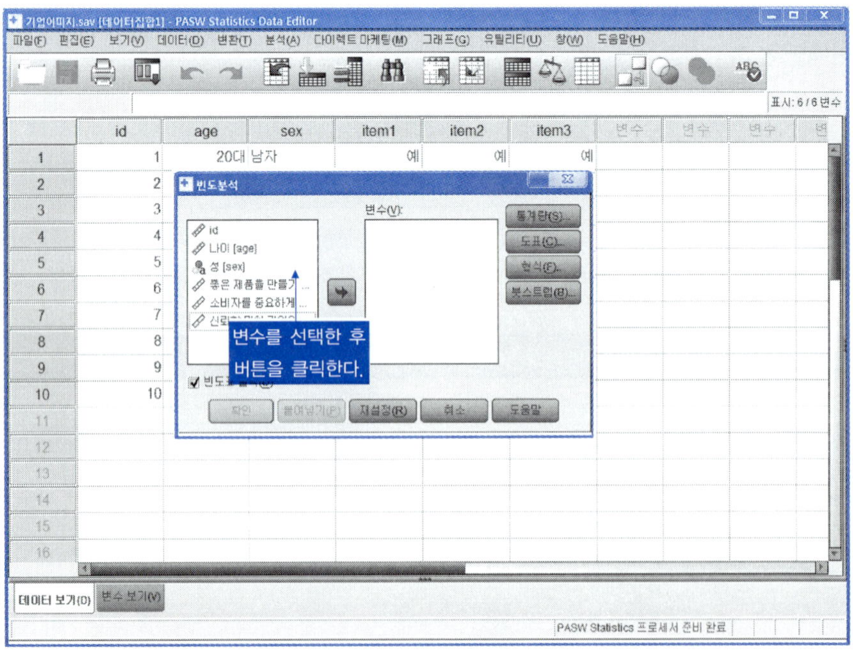

그림 1.28 '빈도분석' 대화상자

하여 분석에 사용할 SPSS 데이터 파일을 연다.

② 풀다운 메뉴에서 '분석(A) → 기술통계량(E) → 빈도분석(F)...' 메뉴를 선택한다(그림 1.27). 이때 <그림 1.28>과 같은 '빈도분석' 대화상자가 나타나게 된다.

③ '빈도분석' 대화상자의 왼쪽 목록에서 분석하고자 하는 변수를 선택하고, 대화상자 중간의 ↩ 버튼을 클릭한다. 그러면 <그림 1.29>에서

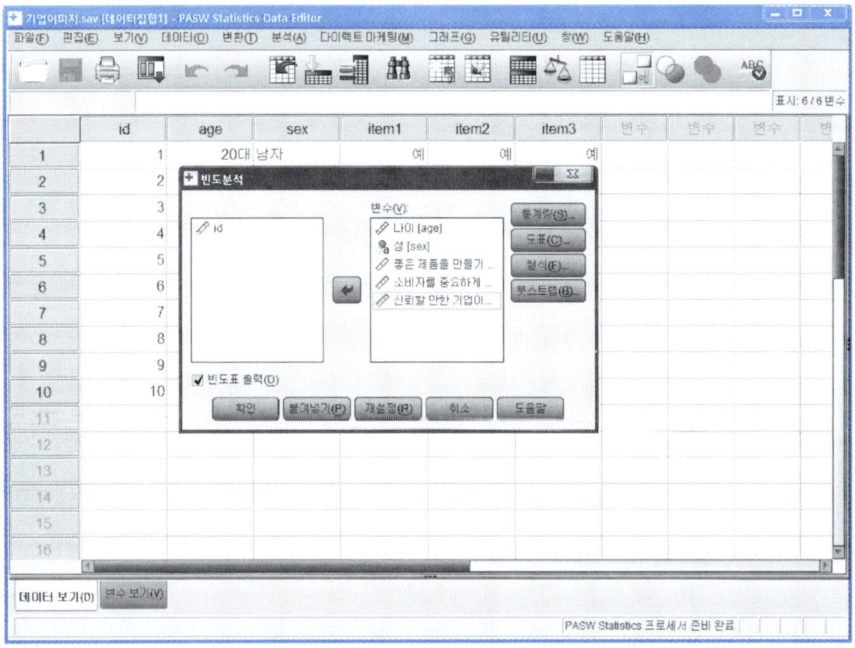

그림 1.29
분석 변수의 선택 예

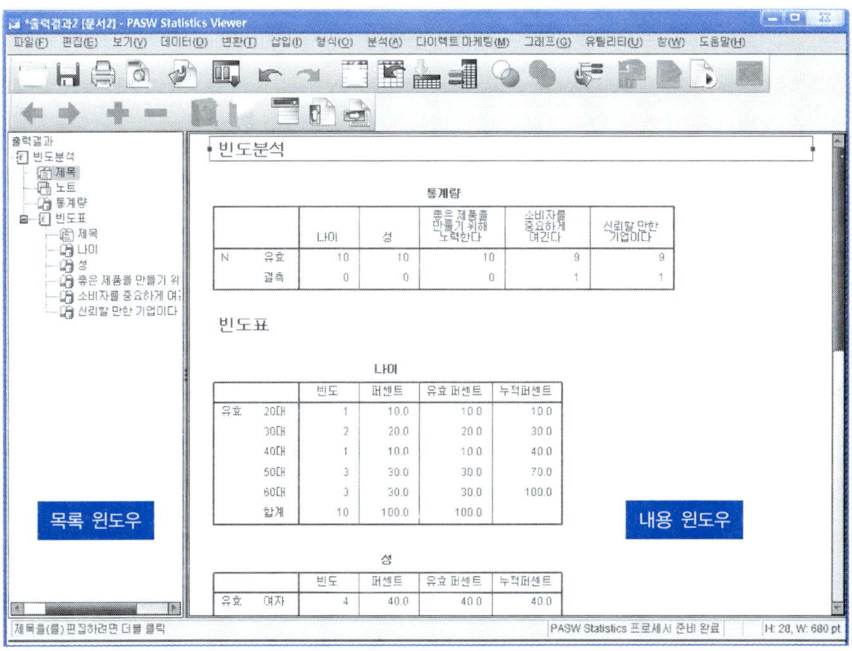

그림 1.30
'뷰어' 윈도우

와 같이 오른쪽의 '변수(V)' 목록에 선택된 변수가 나타나게 된다.

④ 이러한 과정을 거쳐 분석하고자 하는 변수들을 선택한 후, '빈도분석' 대화상자의 '확인' 버튼을 클릭하면(필요한 경우 '통계량(S)...' 이나 '도표(C)...' 버튼을 클릭하여 원하는 결과를 선택한다), <그림 1.30>과 같은 '뷰어' 윈도우가 나타나며, 여기에 빈도분석의 결과들이 출력된다.

변수 목록에서 여러 개의 변수를 한꺼번에 선택하는 방법

Ctrl이나 Shift 키를 이용하면 여러 개의 변수를 한꺼번에 선택할 수 있다. Ctrl 키를 누른 상태에서 변수들을 차례로 클릭하면 클릭한 변수들만 선택된다. 또한 Shift 키를 누른 상태에서 두 개의 변수를 클릭하면 중간의 모든 변수들이 함께 선택된다.

1.3.2 뷰어(출력결과 탐색) 윈도우

'뷰어' 윈도우는 통계분석 결과 및 테이블들이 출력되는 윈도우로서, <그림 1.30>에서와 같이 '목록' 및 '내용' 윈도우로 이루어져 있다. '내용' 윈도우는 분석결과의 내용이 순서대로 출력되어 있는 윈도우이며, '목록' 윈도우는 출력결과의 목록이 나열되어 있는 윈도우로서, 여기에서 특정 목록을 선택하면 출력결과의 내용이 해당 부분으로 이동하게 된다. 또한 '뷰어' 윈도우는 여러 개를 생성시킬 수도 있으며, 가장 마지막으로 생성된 '뷰어' 윈도우에 분석결과가 출력된다.

■출력결과의 저장

'내용' 윈도우에 출력되어 있는 결과를 파일로 저장하여 보관하기 위해서는 다음과 같이 수행하면 된다(SPSS 출력결과 파일의 확장자는 *.SPO이다).

① 풀다운 메뉴에서 '파일(F) → 저장(S)'(또는 '다른 이름으로 저장(A)...') 메뉴를 선택한다.

② '다른 이름으로 저장' 대화상자에서 파일이 저장될 위치(폴더)와 파일의 이름을 지정하고 '저장(S)' 버튼을 클릭한다(그림 1.31).

■출력결과의 복사

'뷰어' 윈도우의 각 내용들은 독립적인 개체(object) 형태를 가지고 있다. 따라서 특정한 결과물을 다른 워드프로세서(한글이나 워드 등)나 워크시트(엑셀 등) 프로그램에 복사하여 사용할 수 있으며, 이를 위해서는 다음과 같이 수행하면 된다.

① 특정 개체를 오른쪽 마우스로 클릭한 후, 팝업(pop-up) 메뉴에서 '복사(C)' 또는 '개체 복사(Y)' 메뉴를 선택한다(그림 1.32).

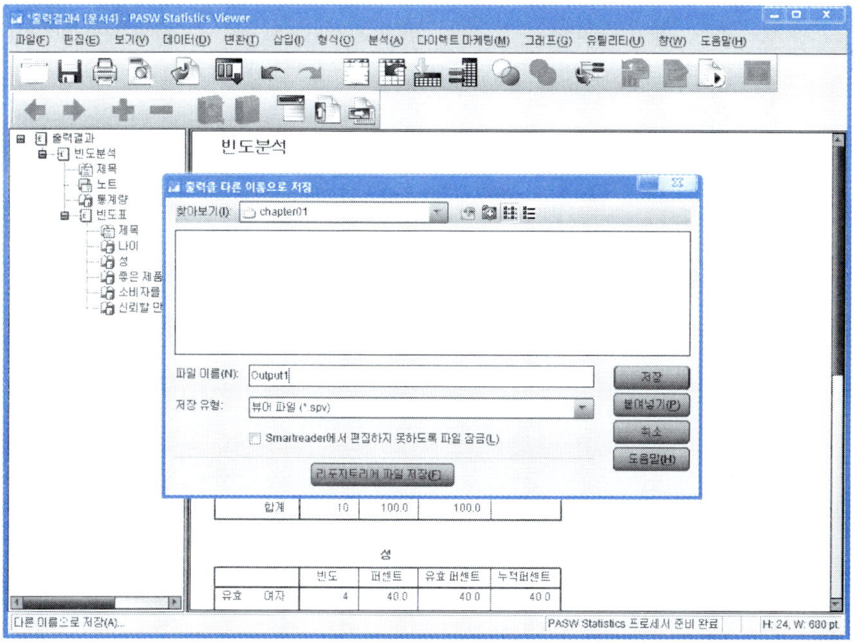

그림 1.31
'다른 이름으로 저장' 대화상자

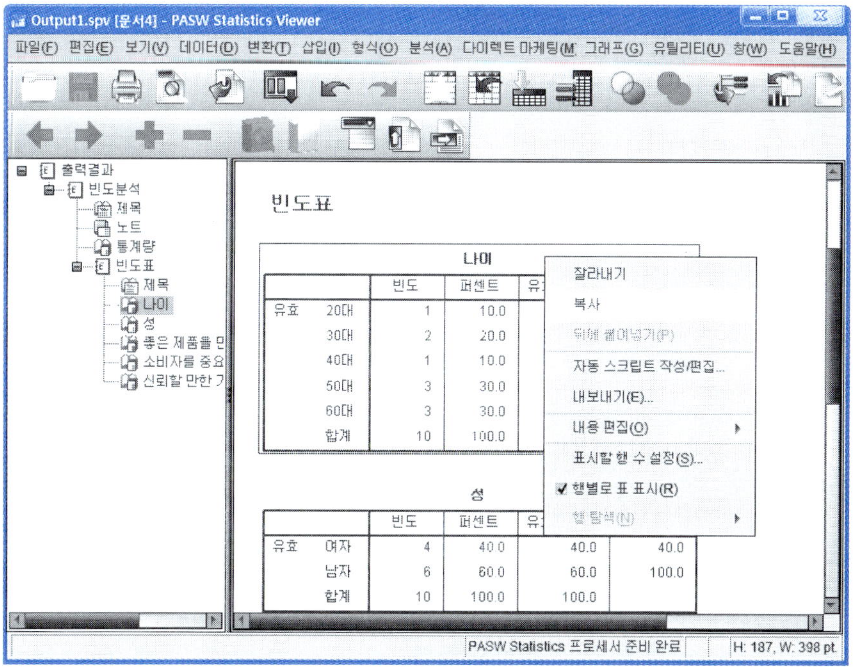

그림 1.32
출력결과의 복사

② 워드프로세서나 워크시트 프로그램을 구동한 후 '붙여넣기'를 수행한다.

출력결과의 복사, 개체 복사, 내보내기

- 복사 : '복사(C)' 메뉴를 이용하면 텍스트 또는 표의 형태로 복사되므로 워드프로세서에서 글자 모양 및 크기, 표의 형태, 선 모양 등을 편집할 수 있다.

- **개체 복사** : '개체 복사(Y)' 메뉴를 이용하면 각 결과물이 독립적인 개체 형태로 복사되므로, 워드프로세서에서의 편집은 불가능하며 그림 편집기 등을 이용하여 편집할 수 있다.
- **내보내기** : '내보내기(E)' 메뉴를 이용하면 선택한 결과물들을 HTML 파일(*.htm) 또는 텍스트(*.txt) 파일로 저장할 수 있다. 이렇게 저장된 파일들은 한글 또는 워드와 같은 워드프로세서에서 불러온 후, 일괄하여 쉽게 편집할 수 있으므로 이 기능을 이용하면 매우 편리하다.

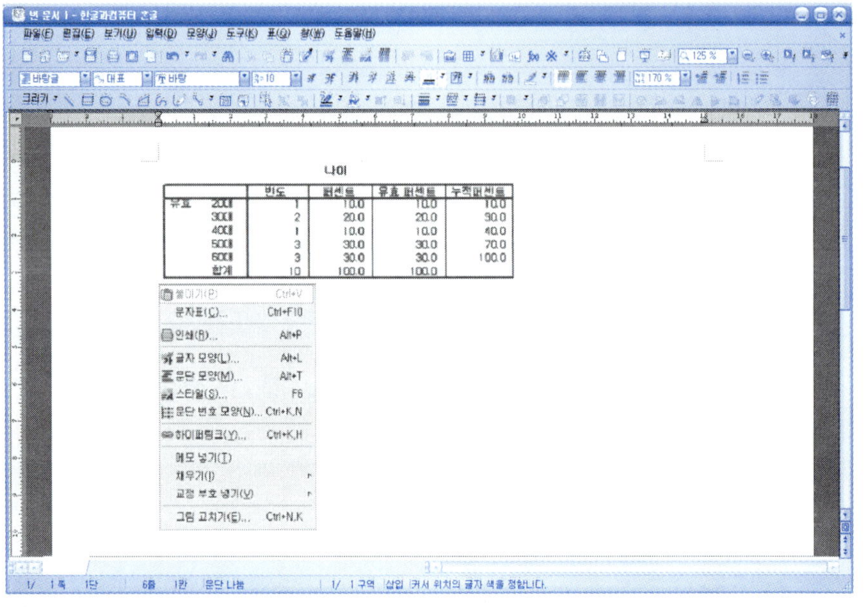

그림 1.33
한글에서 개체 붙여넣기를 수행한 화면

■출력결과 내보내기

'뷰어' 윈도우의 전부 또는 일부 내용을 *.htm 또는 *.txt 파일로 저장하여 사용할 수도 있는데, 이를 위해서는 다음과 같이 수행하면 된다.

① 풀다운 메뉴에서 '파일(F) → 내보내기(E)' 메뉴를 선택한다. 또는 '내용' 윈도우의 특정 부분을 오른쪽 마우스로 클릭한 후, 팝업(pop-up) 메뉴에서 '내보내기(E)' 메뉴를 선택한다(그림 1.34).

② '내보내기 출력결과' 대화상자에서 파일유형을 선택한 후, 파일 이름과 내보낼 대상을 선택하고 '확인' 버튼을 클릭한다(그림 1.35).

이상과 같은 과정을 수행한 다음 다른 워드프로세서에서 저장된 *.htm 또는 *.txt 파일을 불러오면 이것을 적절히 편집하여 사용할 수 있다. 예를 들어, 워드프로세서 한글에서 HTML 파일(*.htm)을 열고자 한다면, 한글을 구동한 다음 풀다운 메뉴에서 '파일 → 불러오기' 메뉴를 선택한

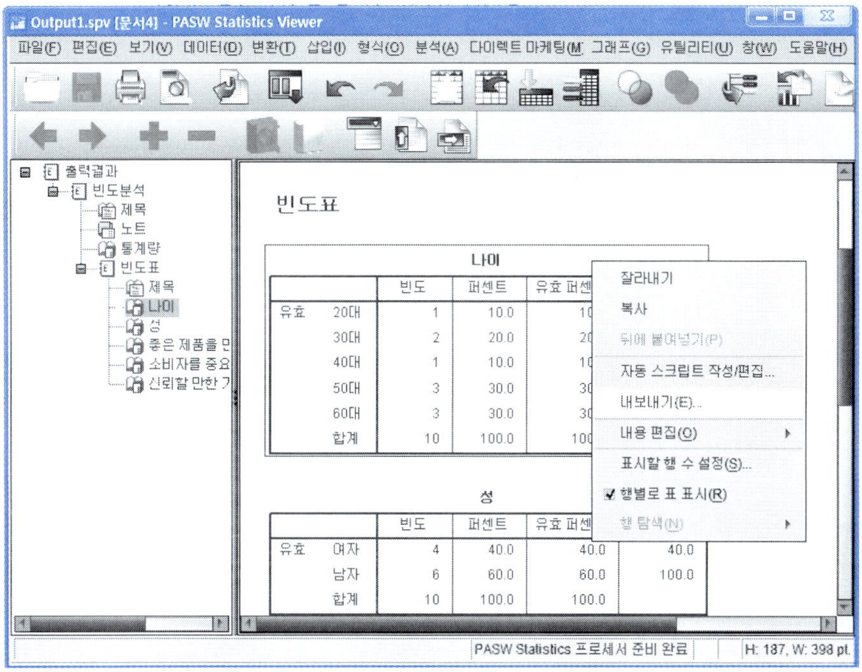

그림 1.34
'내보내기' 메뉴

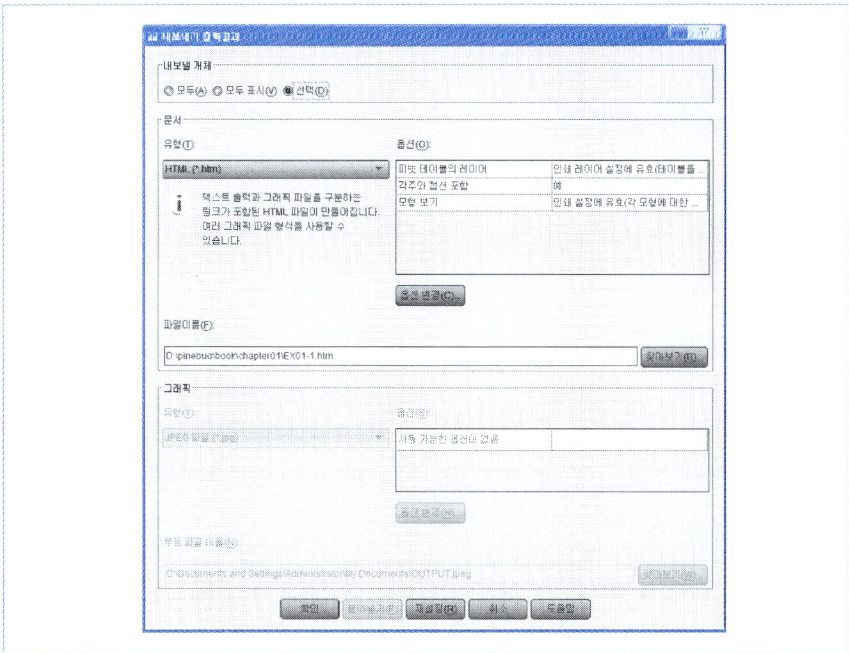

그림 1.35
'내보내기 출력결과' 대화상자

후 <그림 1.36>에서와 같이 파일 형식을 'HTML 파일'로 변경하고 파일 이름을 지정하여 불러오면 된다.

1.4 데이터 변환

풀다운 메뉴의 '변환(T)' 메뉴를 이용하면 새로운 변수의 생성, 기존 변

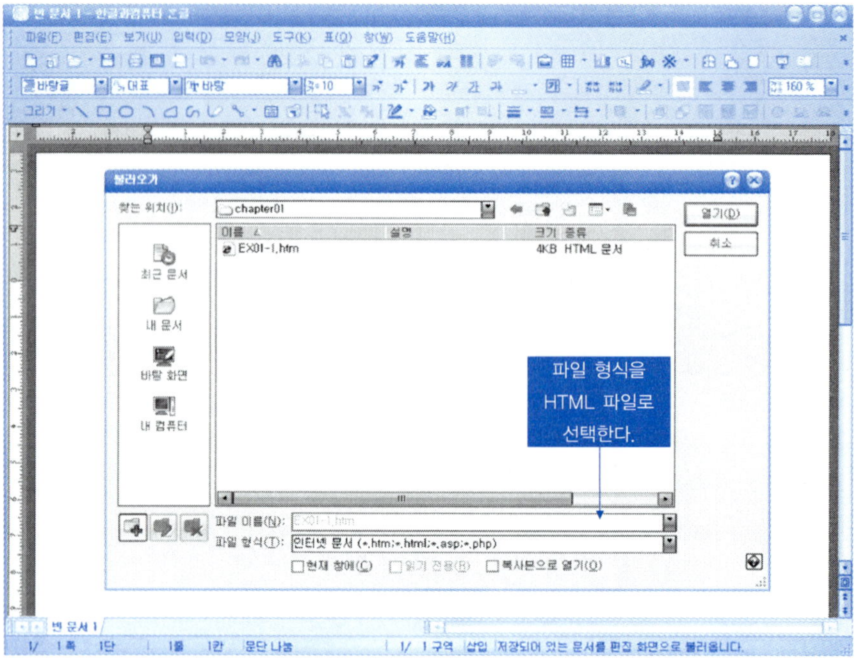

그림 1.36 한글에서 *.htm 파일 불러오기

수의 변환, 코딩변경 등 데이터에 관한 여러 가지 작업을 수행할 수 있다. 이 절에서는 이러한 기능 중 중요한 몇 가지 기능을 살펴보도록 하자.

1.4.1 새로운 변수의 계산

'변환(T) → 변수 계산(C)' 메뉴를 이용하여 새로운 변수를 생성하는 방법은 다음과 같다(여기서는 변수 item1, item2, item3의 합계를 계산해 보도록 하자).

① 풀다운 메뉴에서 '**변환(T) → 변수 계산(C)...**' 메뉴를 선택한다(그림 1.37).

② '변수 계산' 대화상자에서 새로운 변수의 이름을 '대상변수(T)' 란에 입력하고 계산식을 '숫자표현식(E)' 란에 입력한다(그림 1.38). 대화상자의 '확인' 버튼을 클릭한다.

<그림 1.38>에서 볼 수 있는 바와 같이 '변수 계산' 대화상자에서는 연산자 목록과 함수 목록을 이용하여 다양한 형태의 계산식을 사용할 수 있다. 또한 '유형 및 설명(L)' 버튼을 클릭하여 새로운 변수에 대한 설명을 부여할 수도 있다.

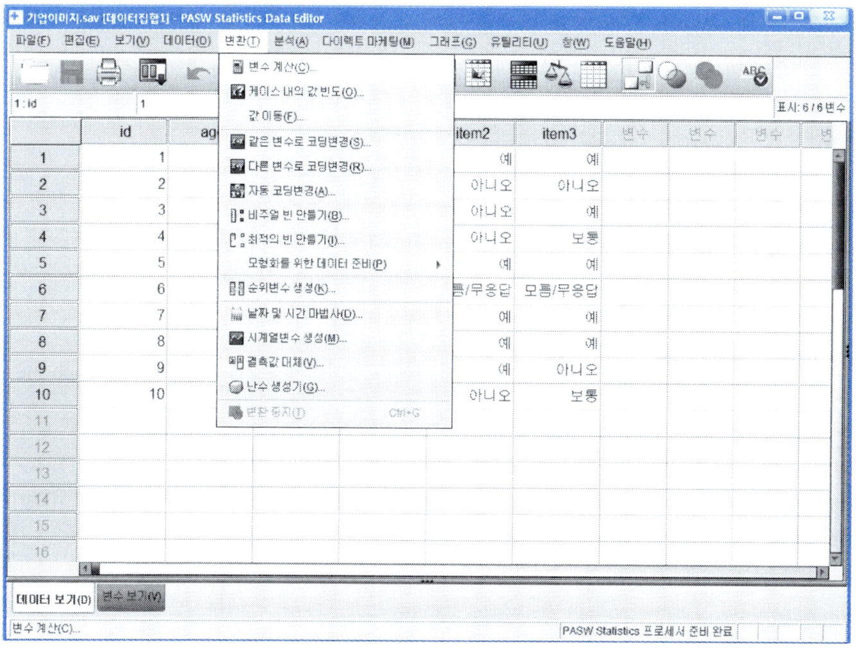

그림 1.37
'변환(T) → 변수 계산(C)...' 메뉴

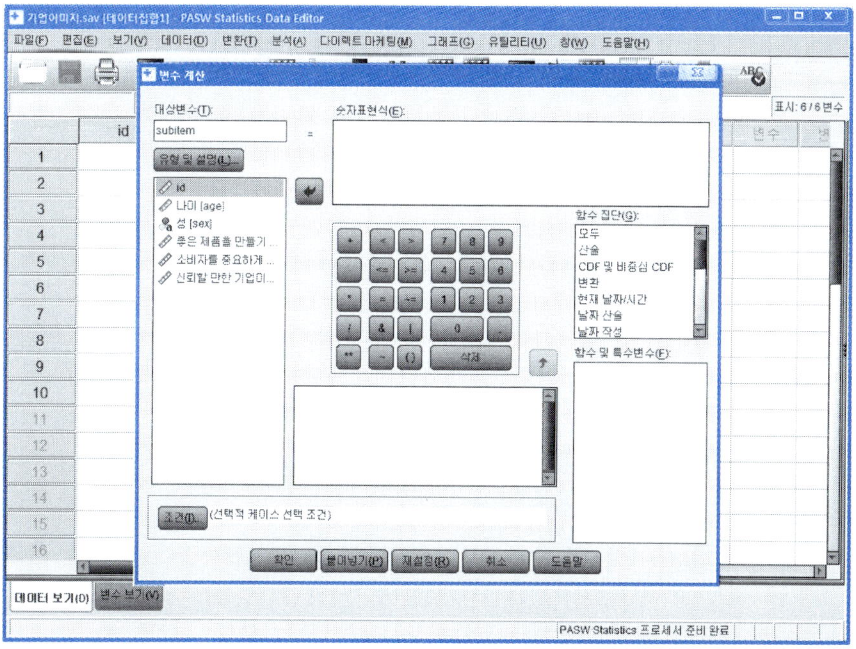

그림 1.38
'변수 계산' 대화상자

계산식에서 결측값의 처리

사칙연산(+, −, *, /)을 이용하는 경우 관련 변수 중 어느 하나라도 결측값을 가지면 해당 개체의 계산값도 결측값이 된다. 예를 들어, 이 예에서 여섯 번째 개체는 변수 item2와 item3가 결측값이므로, 'item1+item2+item3' 의 결과값도 결측값이 된다. 한편, SUM이나 MEAN과 같은 어떤 함수들은 결측값을 특별한 방법으로 처리하므로, 보다 많은 개체들을 분석에 사용하고자 하는 경우 유용하게 사용될 수 있다.

- SUM 함수 : 'SUM(item1,item2,item3)' 과 같이 계산식을 사용하면 결측값이 아닌 변수값들을 더하여 계산한다. 예를 들어, 이 예에서 여섯 번째 개체의 결과값은 2가 된다.
- MEAN 함수 : 'MEAN(item1,item2,item3)' 과 같이 계산식을 사용하면 결측값이 아닌 변수값들의 평균을 계산한다. 예를 들어, 이 예에서 여섯 번째 개체의 결과값은 2/1=2가 된다.

그림 1.39 '다른 변수로 코딩변경' 메뉴

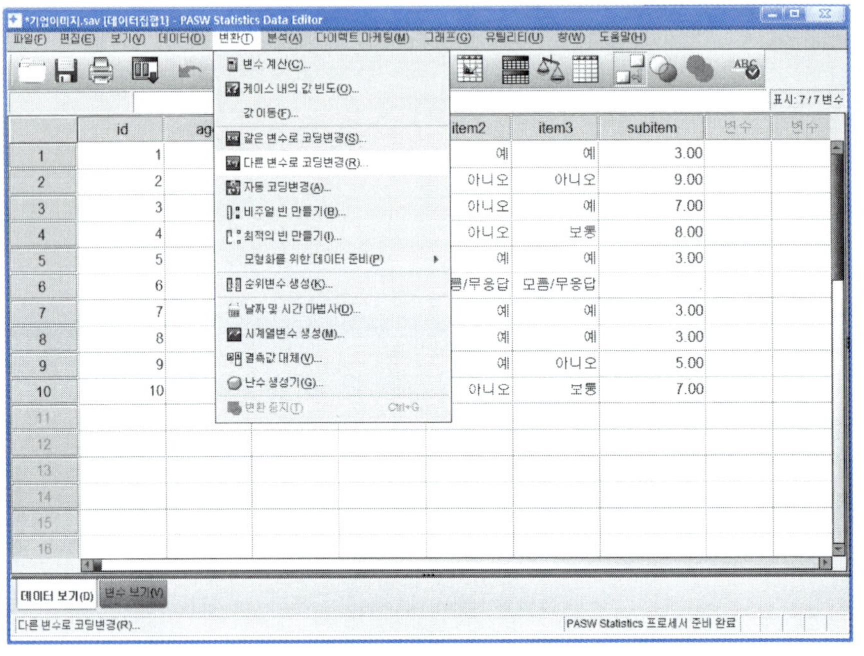

1.4.2 코딩변경

기존 변수의 자료값을 변경해야 하는 경우가 종종 있다. 예를 들어, '기업이미지.SAV' 데이터 파일의 item1, item2, item3은 1= '예' , 2= '보통' 3= '아니오' 로 입력되어 있는데, 이를 '1→3' , '2→2' , '3→1' 로 변경하려고 한다고 하자. 즉, 이후 분석결과의 해석을 쉽게 하기 위하여 값이 클수록 '기업이미지' 가 좋은 것으로 변경하려고 한다.

위의 <그림 1.39>에서 볼 수 있듯이 코딩변경에는 '같은 변수로 코딩을 변경하는 경우' 와 '새로운 변수를 생성하면서 코딩을 변경하는 경우' 두 가지를 사용할 수 있다. 여기서 같은 변수로 코딩을 변경하면 기존 변수의 자료값 자체가 변경되며, 새로운 변수를 생성하면서 코딩을 변경하면 기존 변수는 변경되지 않고 그대로 존재하면서 새로운 변수가 생성된다. 여기서

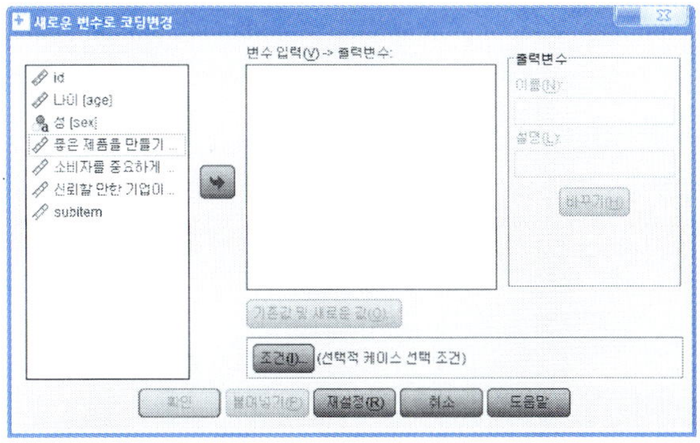

그림 1.40 '코딩변경' 대화상자

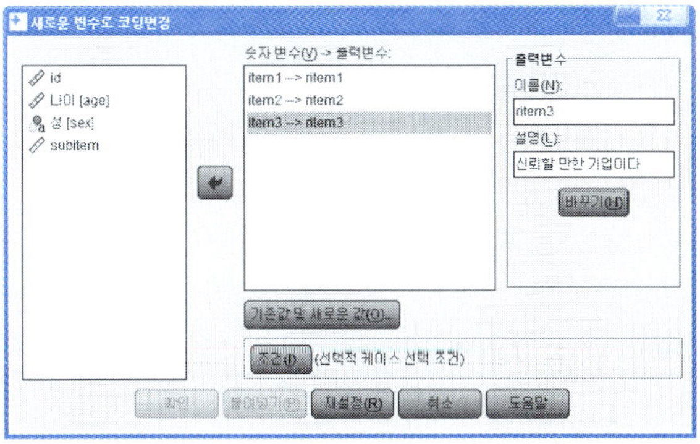

그림 1.41 출력변수 및 설명 입력

는 다음과 같은 과정을 수행하여 새로운 변수를 생성하면서 코딩값을 변경하여 보도록 하자.

① 풀다운 메뉴에서 '**변환(T) → 다른 변수로 코딩변경(R)...**' 메뉴를 선택한다(그림 1.39).

② '다른 변수로 코딩변경' 대화상자의 왼쪽 변수목록에서 기존 변수의 이름을 선택하고 버튼을 클릭한다. 예를 들어, 변수 item1(좋은 제품을 만들기 위해 노력한다)을 선택하고 버튼을 클릭하면 화면에 'item1 --> ?' 가 나타난다.

③ 출력변수의 이름과 설명을 입력하고 '바꾸기(C)' 버튼을 클릭한다. 예를 들어, 새로운 변수의 이름을 ritem1으로 입력하고, '바꾸기(C)' 버튼을 클릭하면 화면에 'item1 --> ritem1' 이 나타난다. 이러한 과정을 다른 두 변수에 대해서도 수행한다(그림 1.41).

④ '새로운 변수로 코딩변경' 대화상자에서 '기존값 및 새로운 값(O)' 버튼을 클릭한다. 이때 <그림 1.42>와 같은 '기존값 및 새로운 값' 대화상자가 나타난다.

⑤ '기존값 및 새로운 값' 대화상자에서 기존값과 새로운 값을 입력하고

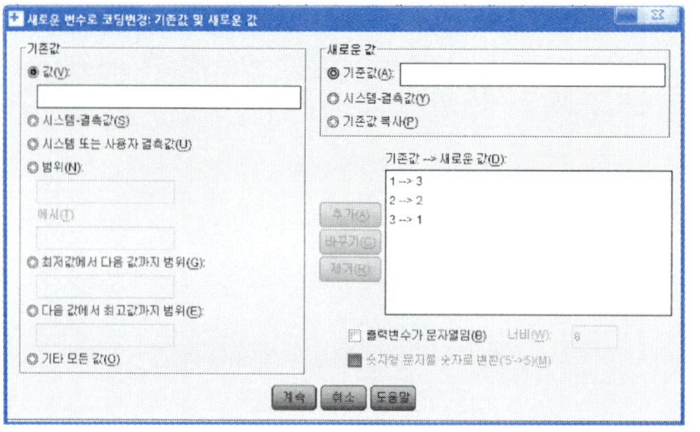

그림 1.42 '기존값 및 새로운 값' 대화상자

'추가(A)' 버튼을 클릭한다. 예를 들어, 기존값에 1을 입력하고 새로운 값에 3을 입력한 후 '추가(A)' 버튼을 클릭하면 화면에 '1 --> 3'이 나타난다. 나머지 값들에 대해서도 동일한 과정을 반복한다.

⑥ '기존값 및 새로운 값' 대화상자에서 '계속' 버튼을 클릭한 후, '새로운 변수로 코딩변경' 대화상자에서 '확인' 버튼을 클릭하면 새로운 변수 ritem1, ritem2, ritem3가 생성될 것이다.

<그림 1.42>에서 볼 수 있는 바와 같이 '기존값 및 새로운 값' 대화상자에서는 기존값의 일정 범위나 결측값을 새로운 특정값으로 변경할 수도 있다. 또한 '같은 변수로 코딩을 변경하는 경우'에도 이와 유사하게 수행하면 된다.

1.5 데이터 관리

풀다운 메뉴의 '데이터(D)' 메뉴를 이용하면 파일 분할, 파일 합치기, 케이스 선택 등 다양한 형태의 데이터 관리를 수행할 수 있다. 이 절에서는 이러한 기능 중 중요한 몇 가지 기능을 살펴보도록 하자.

1.5.1 파일 분할

파일 분할은 특정 변수의 각 집단별로 출력결과를 얻거나 집단별 비교를 수행하고자 할 때 사용할 수 있다. 예를 들어, 성별에 따라 출력결과를 얻고자 한다면 다음과 같이 수행하면 된다.

① 풀다운 메뉴에서 '데이터(D) → 파일분할(F)...' 메뉴를 선택한다(그림 1.43).

② '파일분할' 대화상자에서 '각 집단별로 출력결과를 나타냄(O)'을 선택하고, '분할 집단변수(G)' 란에 변수 sex를 선택한다(그림 1.44). '확인' 버튼을 클릭한다.

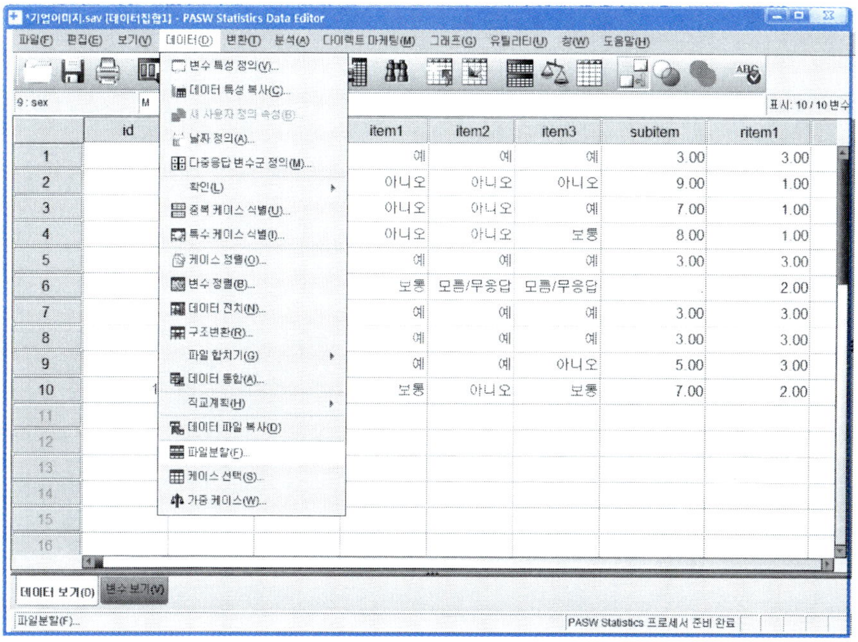

그림 1.43 '데이터(D) → 파일분할(F)' 메뉴

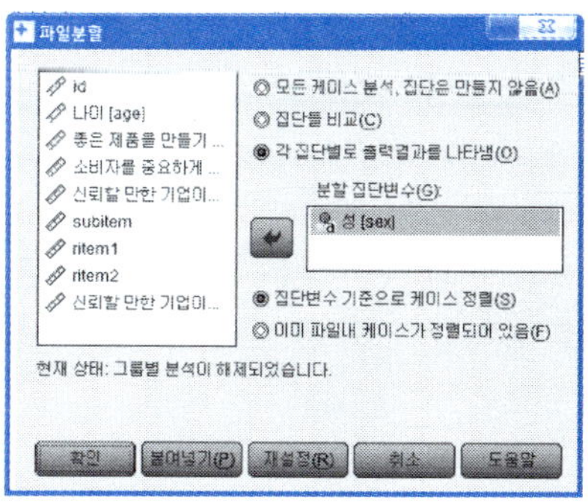

그림 1.44 '파일분할' 대화상자

한편 파일 분할을 해제하고자 한다면 다시 '파일분할' 대화상자를 열고, '모든 케이스 분석, 집단은 만들지 않음(A)'을 선택하거나 '분할 집단변수(G)' 란에서 변수를 제거하면 된다.

이러한 파일 분할 과정을 수행하면 이후의 모든 분석결과가 각 집단별로 출력된다. 예를 들어, <그림 1.45>는 빈도분석을 수행하여 성별에 따른 변수 item1, item2, item3의 빈도표를 얻은 것이다.

1.5.2 케이스 선택

'케이스 선택' 메뉴는 특정 조건을 만족하는 데이터만을 분석대상으로 하고자 할 때 사용된다. 예를 들어, '기업이미지.SAV' 데이터에 대해서 나이가 50대 이상인 경우만을 분석대상으로 하고자 한다면, 다음과 같이 수행하면 된다.

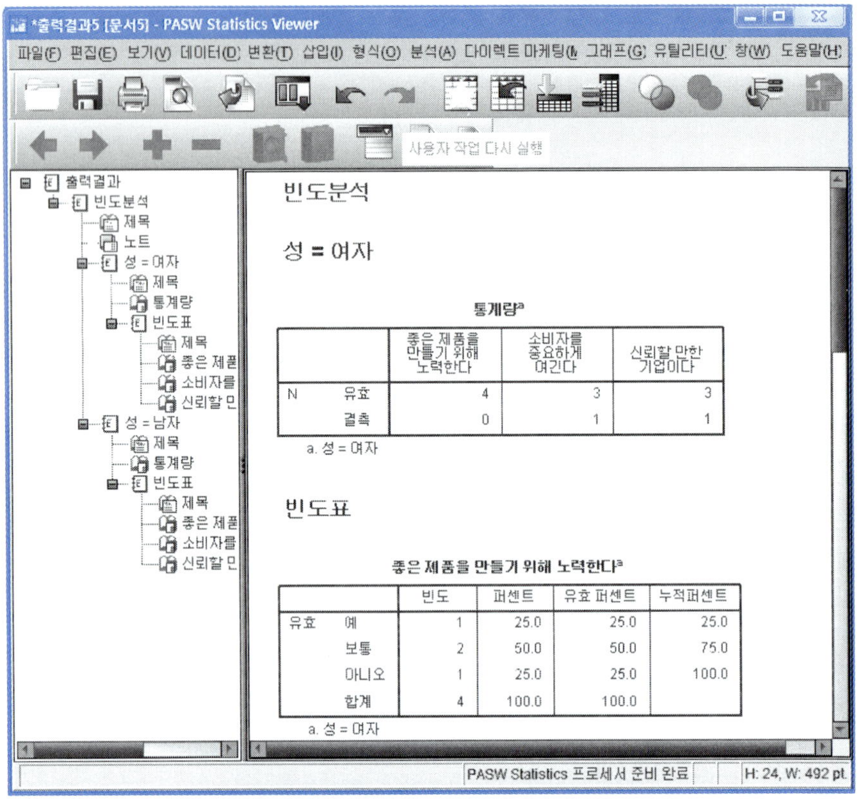

그림 1.45 성별로 출력된 결과

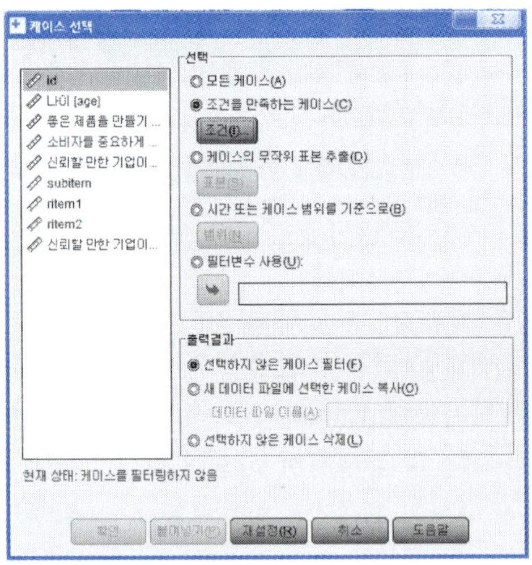

그림 1.46 '케이스 선택' 대화상자

① 풀다운 메뉴에서 '데이터(D) → 케이스 선택(C)...' 메뉴를 선택한다.

② '케이스 선택' 대화상자에서 '조건을 만족하는 케이스(C)'를 선택하고 '조건(I)...' 버튼을 클릭한다(그림 1.46).

③ '조건' 대화상자에서 조건식을 입력한다(그림 1.47).

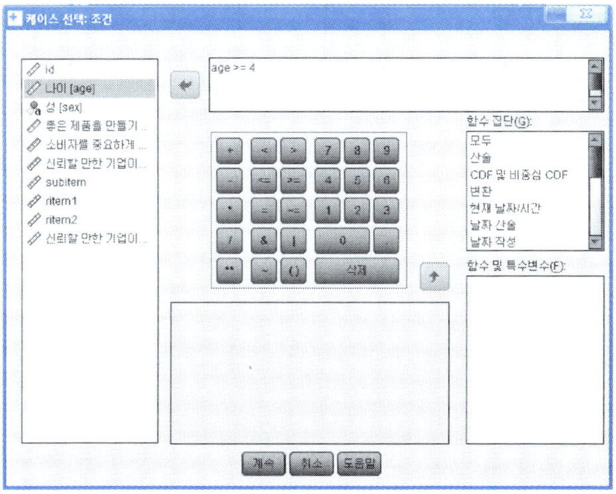

그림 1.47
'조건' 대화상자

④ '조건' 대화상자에서 '계속' 버튼을 클릭한 후, '케이스 선택' 대화상자에서 '확인' 버튼을 클릭한다.

이상과 같은 케이스 선택 과정을 수행하면 이후의 모든 분석이 선택된 데이터에 대해서만 수행된다. 한편 케이스 선택을 해제하고자 한다면 다시 '케이스 선택' 대화상자를 열고 '전체 케이스(A)'를 선택하면 된다.

1.5.3 가중 케이스

입력된 데이터가 원자료가 아니라 특정 변수들에 대해 빈도로 요약된 형태인 경우가 종종 있다. 예를 들어, 다음 <그림 1.48>의 데이터는 20대의 남자 20명, 30대의 남자 50명, 40대의 남자 60명, … 과 같이 사전에 빈도가 계산되어 입력되어 있다. 따라서 이 경우 변수 count가 빈도(가중치)를 나타내는 변수라는 것을 지정해 주어야 하는데, 이를 위해서는 다음과 같이 수행하면 된다.

① 풀다운 메뉴에서 '데이터(D) → 가중 케이스(W)' 메뉴를 선택한다.
② '가중 케이스' 대화상자에서 '가중 케이스 지정(W)'을 선택하고, '빈도변수(F)' 란에 변수 count를 선택한다(그림 1.49).

이상과 같은 과정을 수행하면 이 후의 모든 분석에서 변수 count가 가중치 역할을 하게 된다. 한편 가중 케이스 선택을 해제하고자 한다면 다시 '가중 케이스' 대화상자를 열고 '가중 케이스 사용 않음(D)'을 선택하면 된다.

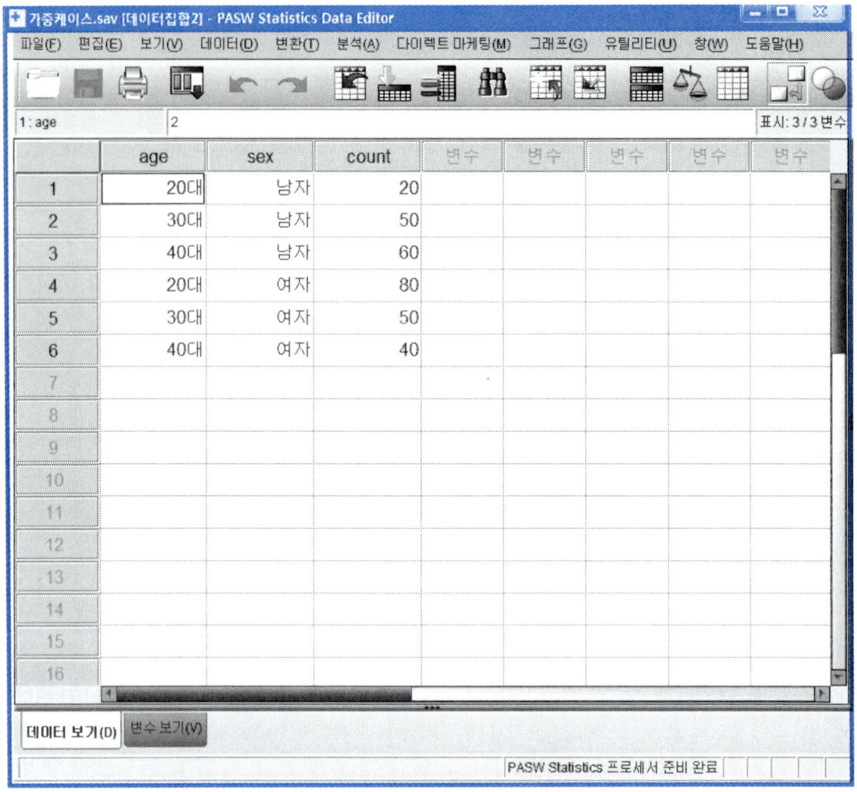

그림 1.48
빈도로 요약된 데이터

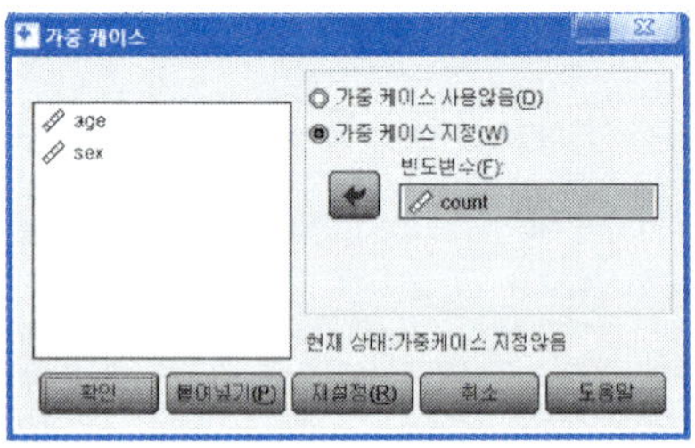

그림 1.49
'가중 케이스' 대화상자

1.5.4 파일 합치기

'파일 합치기' 메뉴는 현재 열려져 있는 데이터 파일에 새로운 데이터를 추가하고자 할 때 사용되며, <그림 1.50>과 같이 '케이스 추가'와 '변수 추가' 두 가지 기능이 있다.

<그림 1.51>에서 볼 수 있듯이 **'케이스 추가'**는 현재의 데이터 파일에 새로운 케이스를 추가하여 세로로 결합하는 것이고, **'변수 추가'**는 현재의 데이터 파일에 새로운 변수를 추가하여 가로로 결합하는 것이다. 특히 '변수 추가'를 사용할 경우 '기준 변수'를 지정하면 이 변수에 의해 정렬된 후 같은 기준 변수를 가지는 케이스들이 가로로 결합된다.

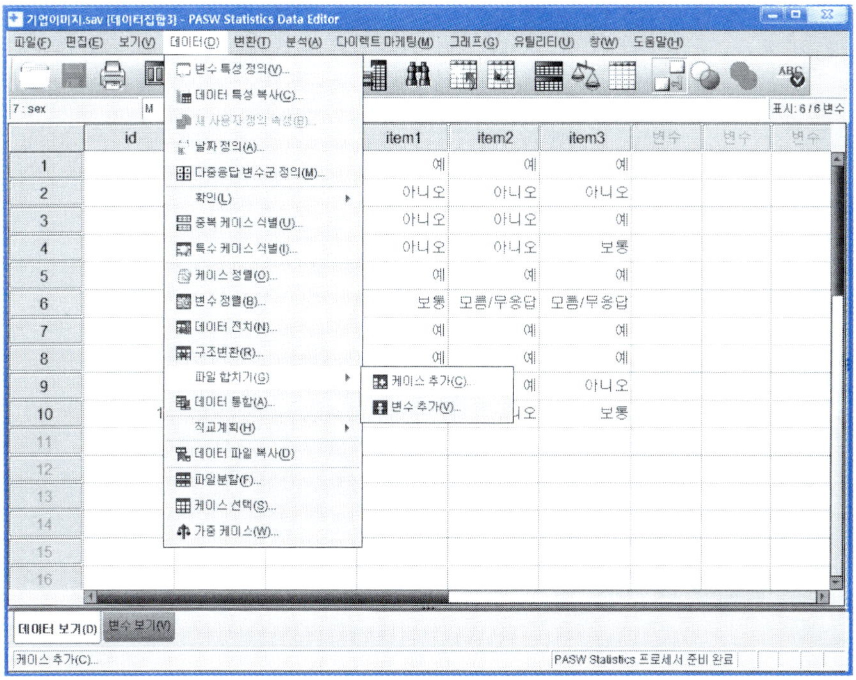

그림 1.50
'파일 합치기' 메뉴

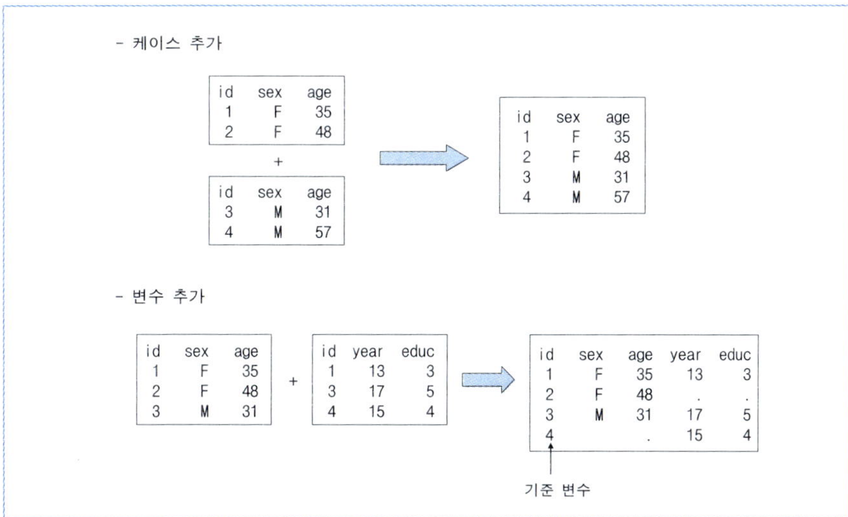

그림 1.51
파일 합치기의 기능

1.6 그래프 작성

다음 <그림 1.52>에서 볼 수 있는 바와 같이 풀다운 메뉴의 '그래프(G)' 메뉴를 이용하면 다양한 형태의 그래프를 쉽게 작성하고 편집할 수 있다. 이 절에서는 간단한 예를 통해 그래프를 작성하고 편집하는 과정을 살펴보도록 하자.

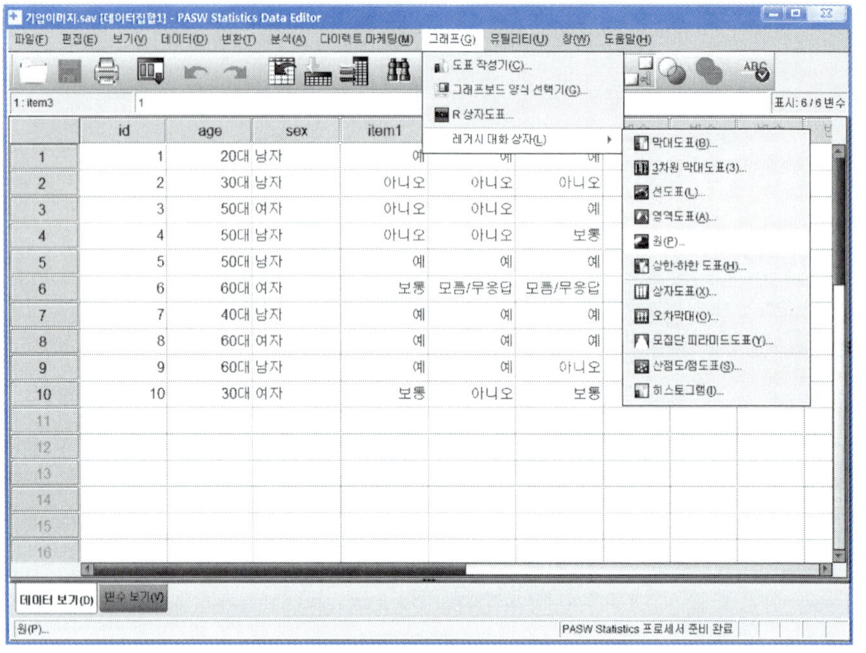

그림 1.52
'그래프(G)' 메뉴

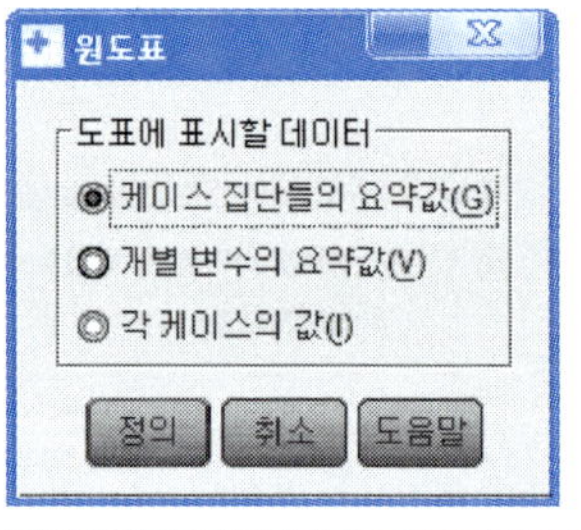

그림 1.53
'원도표' 대화상자

도표 대화상자의 옵션

- 케이스 집단들의 요약값(G) : 한 변수에 대한 요약값를 도표로 작성한다.
- 개별 변수의 요약값(V) : 두 개 이상의 변수들에 대한 요약값를 도표로 작성한다.
- 각 케이스의 값(I) : 요약값를 사용하지 않고 개별 변수값들을 도표로 작성한다.

1.6.1 도표의 작성과 편집

먼저 다음과 같은 과정을 수행하여 '기업지지도.SAV' 데이터에 대해 연령별 원도표를 작성해 보도록 하자.

① 풀다운 메뉴에서 '그래프(G) → 레거시 대화 상자(L) → 원도표(P)...' 메뉴를 선택한다(그림 1.52).

② '원도표' 대화상자에서 '케이스 집단들의 요약값(G)'을 선택하고, '정의' 버튼을 클릭한다(그림 1.53).

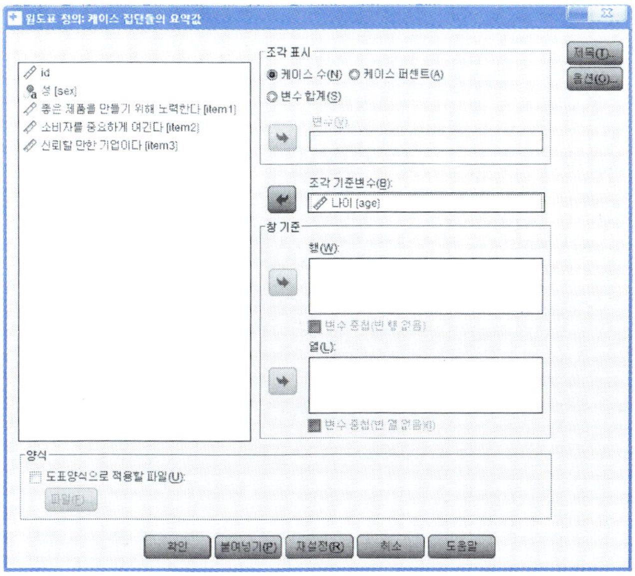

그림 1.54
'원도표 정의' 대화상자

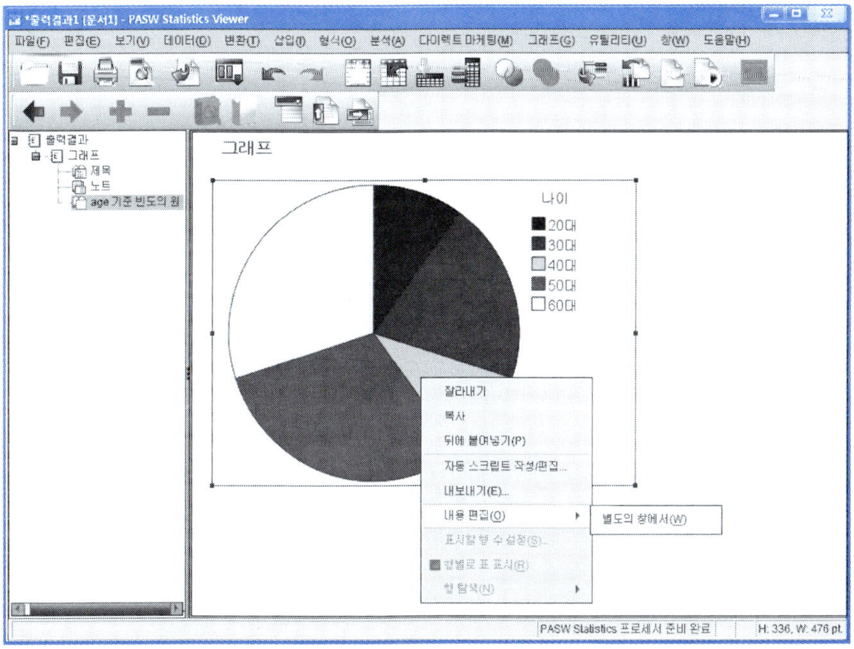

그림 1.55
내용편집(O) → 별도의 창에서(W) 메뉴

③ '원도표 정의' 대화상자에서 '조각 기준변수(B)' 란에 변수 age를 선택하고, '확인' 버튼을 클릭한다(그림 1.54).

이러한 과정을 수행하면 <그림 1.55>에서와 같이 '뷰어 윈도우'에 작성된 원도표가 출력되며, 테이블 개체와 마찬가지로 이를 복사하여 사용할 수 있다. 또한 작성된 도표를 오른쪽 마우스로 클릭한 후 <그림 1.55>에서와 같이 '내용편집(O) → 별도의 창에서(O)' 메뉴를 선택하면, <그림

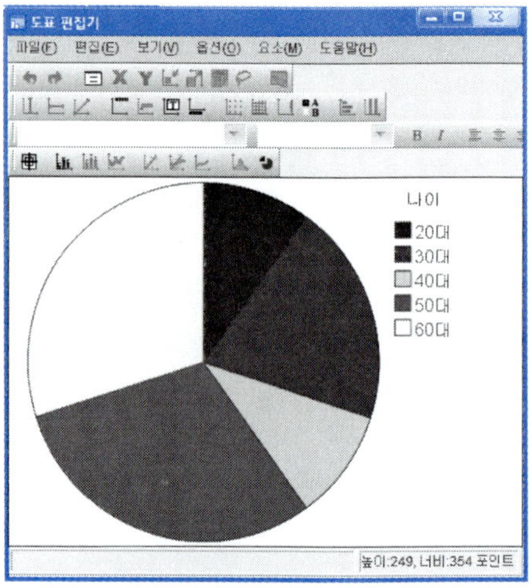

그림 1.56
'도표 편집기' 윈도우

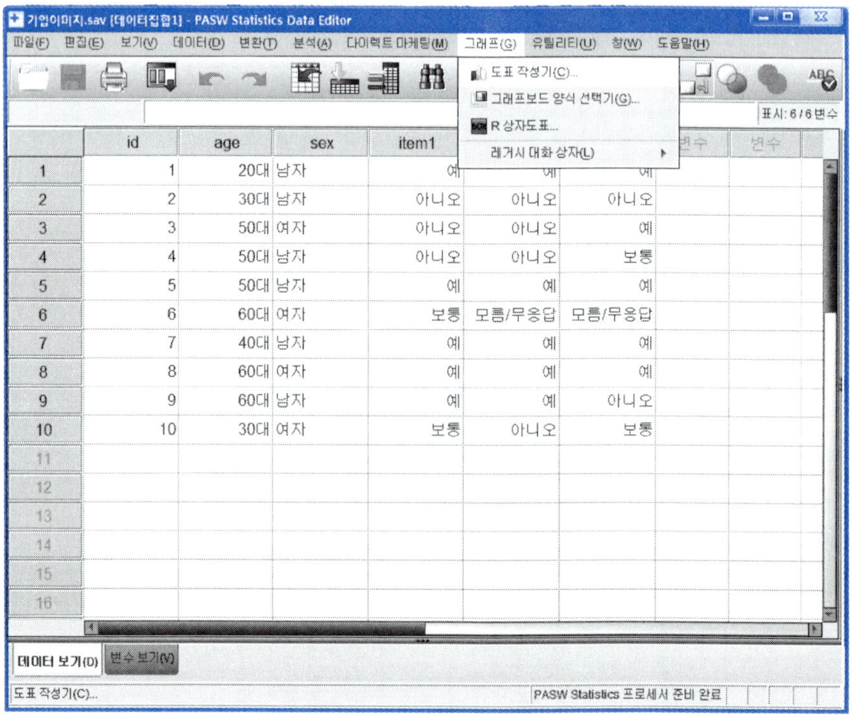

그림 1.57
'도표 작성기(C)' 메뉴

1.56>에서와 같이 '도표 편집기' 윈도우가 나타난다. '도표 편집기' 윈도우에서는 다양한 편집 도구를 이용하여 도표를 편집할 수 있으며, 풀다운 메뉴에서 파일(F) → 도표 내보내기(H)... 메뉴를 선택하여 작성된 도표를 외부 그림파일(*.bmp 등)로 저장할 수도 있다.

1.6.2 도표 작성기

<그림 1.57>과 같이 '그래프(G) → 도표 작성기(C)' 메뉴를 이용하면 다

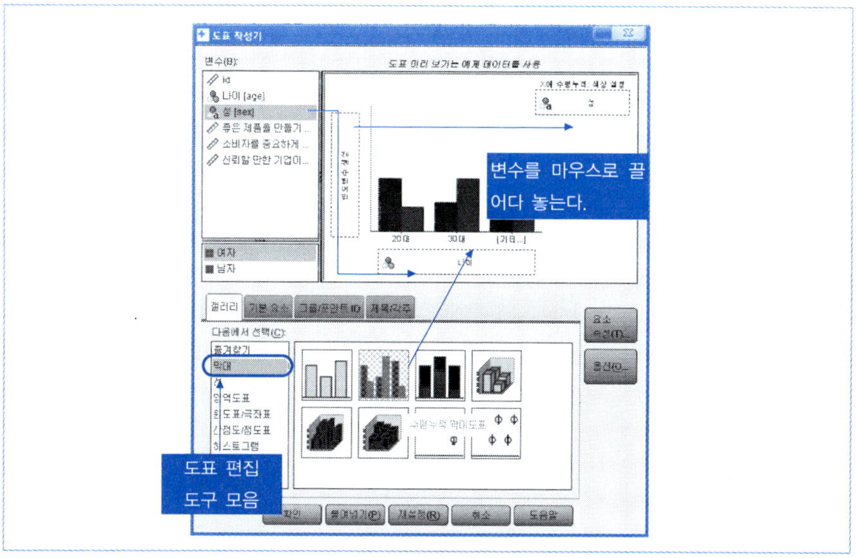

그림 1.58
'도표 작성기' 대화상자

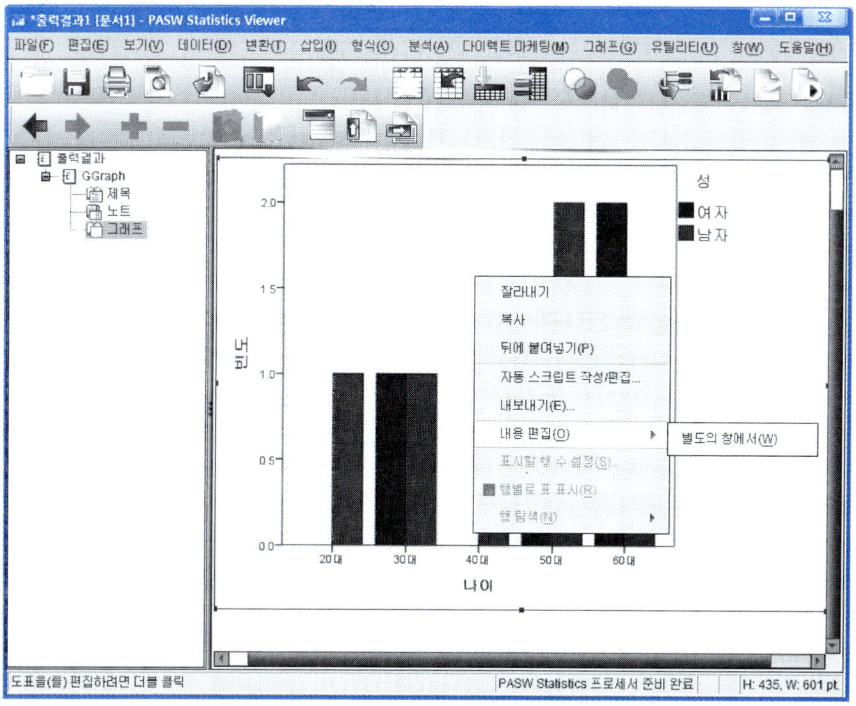

그림 1.59
출력된 막대도표

양한 2차원 및 3차원 그래프를 대화식으로 쉽게 작성할 수 있다. 여기서는 다음과 같은 과정을 수행하여 연령별/성별 막대도표를 작성해 보도록 하자.

① '그래프(G) → 도표 작성기(C)' 메뉴를 선택한다(그림 1.57).

② '갤러리' 탭에서 수평누적막대도표 그림을 클릭하여 위쪽 그림에 끌어다 놓고 변수(B) 목록에서 사용할 변수들을 마우스로 끌어다 놓는다(그림 1.58). '확인' 버튼을 클릭한다.

이러한 과정을 수행하면 <그림 1.59>에서와 같이 '뷰어 윈도우'에 막대도표가 출력되며, 앞에서와 동일한 방법으로 작성된 도표를 복사하거나 편집할 수도 있다.

1.7 명령문 사용하기

앞에서 살펴본 바와 같이 SPSS에서는 풀다운 메뉴, 도구모음, 팝업 메뉴 및 대화상자에서 단순히 필요한 명령을 선택하는 과정을 수행함으로써, 원하는 분석결과를 쉽게 얻을 수 있다. 그러나 이와 같은 메뉴 방식의 분석은 몇 가지 단점을 가지고 있는데, 사용자가 수행한 과정이 기록으로 남지 않을 뿐만 아니라, 유사한 과정을 수행해야 하는 경우 매번 그 과정을 반복해야만 한다.

SPSS에서는 명령어를 이용한 프로그램 방식의 분석도 수행할 수 있는데, 프로그램 방식에서는 작업한 과정을 기록으로 남겨 두었다가 다음에 그 프로그램을 호출하여 사용할 수 있으므로, 유사한 과정을 반복 수행해야 하는 경우 매우 유용하다. 이 절에서는 '명령문 편집기' 윈도우의 사용법과 몇 가지 중요한 명령어에 대해서 간단히 살펴보도록 하자.

1.7.1 명령문의 작성 및 실행

새로운 '명령문 편집기'를 열고 명령문(프로그램)을 작성하기 위해서는 다음과 같이 수행하면 된다.

① 풀다운 메뉴에서 '파일(F) → 새 파일(N) → 명령문(S)' 메뉴를 선택한다(그림 1.60).

② '명령문 편집기' 윈도우에 사용할 명령문을 작성한다. 예를 들어, <그림 1.61>은 빈도분석을 수행하고 막대도표를 작성하는 명령문의 예이다.

이와 같이 작성된 명령문은 풀다운 메뉴에서 '파일(F) → 저장(S)' 메뉴를 이용하여 파일로 저장할 수 있으며, SPSS 명령문 파일의 확장자는 *.SPS이다.

작성된 명령문을 실행하기 위해서는 <그림 1.62>에서와 같이 먼저 실행할 부분을 마우스로 선택한 다음, 풀다운 메뉴에서 '실행(R) → 선택영역(S)' 메뉴를 선택하면 된다. 만약 '명령문 편집기' 윈도우의 모든 명령문을 한꺼번에 실행하고자 한다면, '실행(R)' 메뉴에서 '모두(A)' 메뉴를 선택하면 된다.

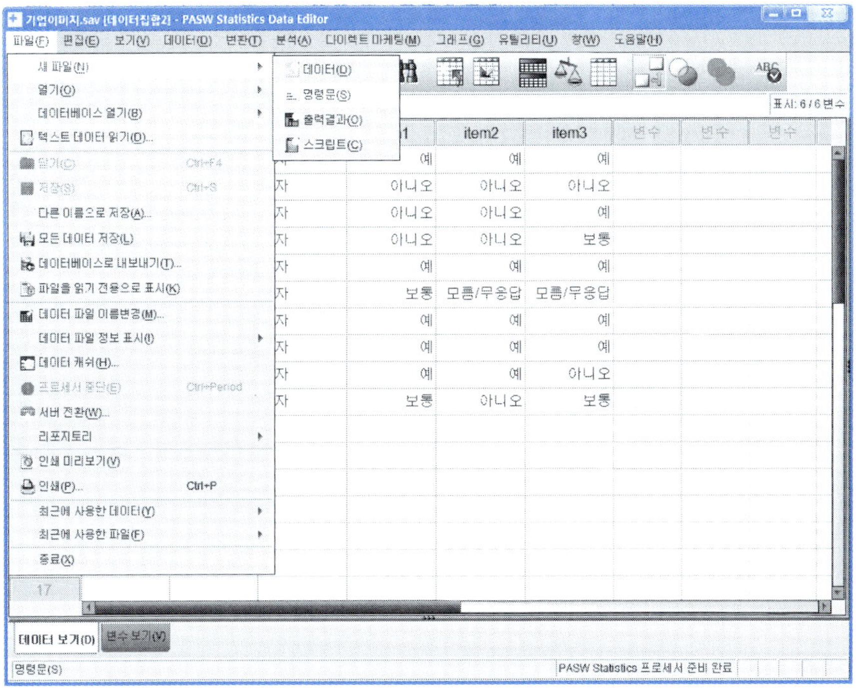

그림 1.60
'파일(F) → 새 파일(N) → 명령문(S)' 메뉴

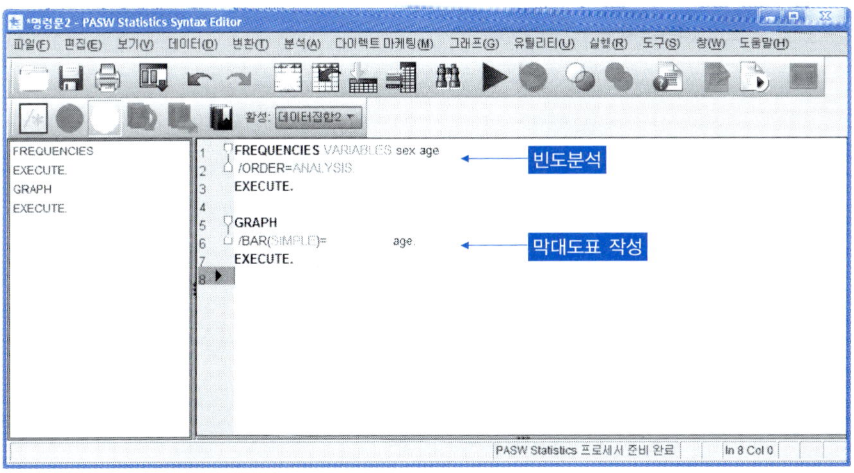

그림 1.61
명령문 작성의 예

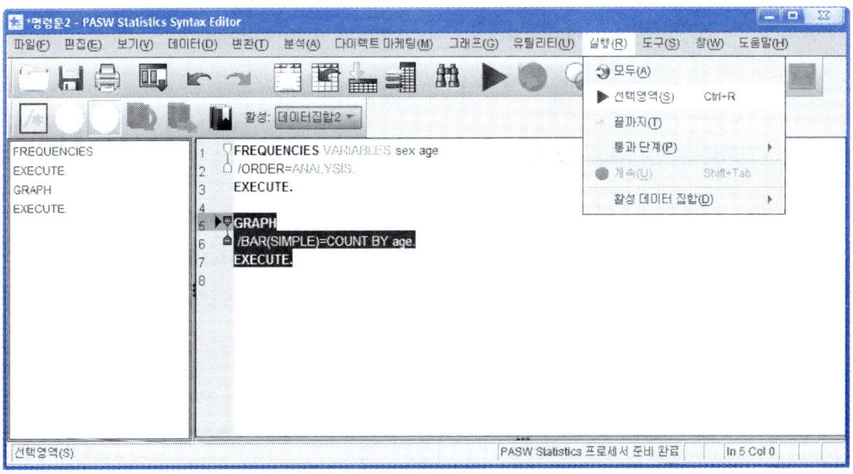

그림 1.62
명령문의 실행

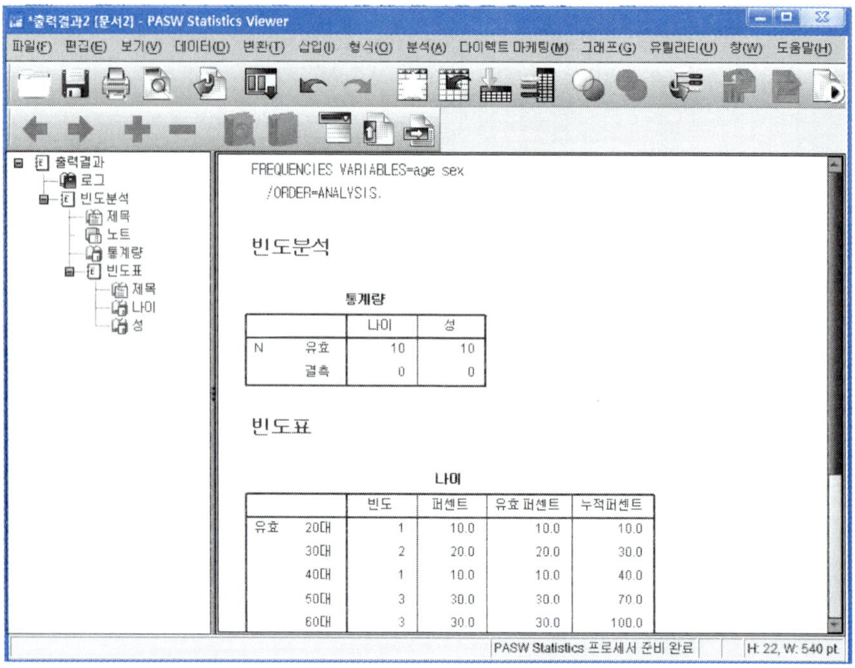

그림 1.63 출력 결과에서 명령문 보기

1.7.2 출력 결과에서 명령문 보기

앞의 <그림 1.61>에서 볼 수 있듯이 각 명령문은 특별한 중심어(예를 들어, FREQUENCIES, GRAPH 등)로 시작하며 '.'(마침표)로 끝난다. 또한 각 명령문의 내용은 해당 명령문의 문법에 맞게 작성되어야 한다. 사실 일반 사용자가 이러한 문법을 모두 기억하고 있기는 쉽지 않은데, 명령문 문법을 쉽게 습득할 수 있는 방법 중 하나는 출력결과에 있는 해당 명령문을 이용하는 것이다.

예를 들어, <그림 1.63>은 '출력결과'에서의 해당 명령문을 출력한 것이다. 이 명령문을 살펴보면, 빈도분석을 수행하는 명령문은 'FREQUENCIES'라는 중심어로 시작되며 'VARIABLES='으로 분석변수를 지정한다는 것을 알 수 있을 것이다.

사용자는 이와 같이 출력된 명령문을 실행시킬 수도 있고, 명령문을 저장해 두었다가 다음에 편집하여 사용할 수도 있다.

1.7.3 뷰어 윈도우에 명령문 출력하기

사용자가 수행한 작업내용을 항상 '뷰어' 윈도우에 명령문으로 출력하도록 옵션을 변경할 수도 있는데, 이를 위해서는 다음과 같이 수행하면 된다.

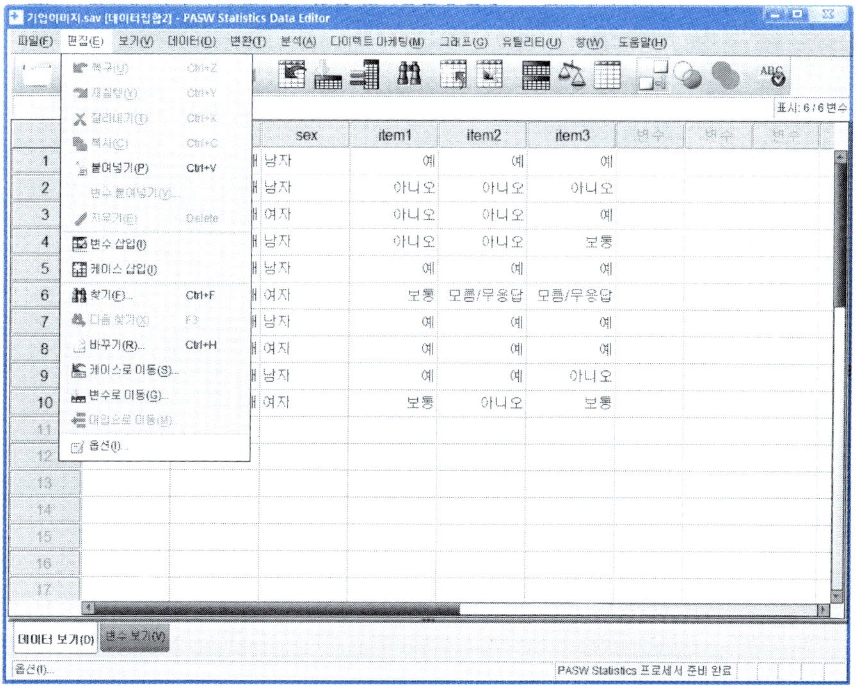

그림 1.64
'편집(E) → 옵션(I)...' 메뉴

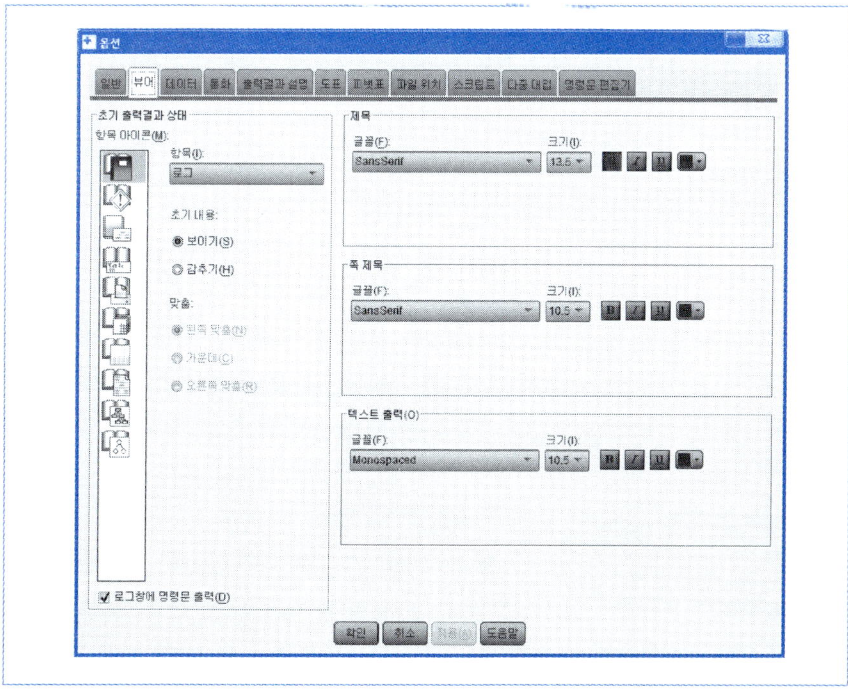

그림 1.65
'옵션' 대화상자의 '뷰어' 탭

① 풀다운 메뉴에서 '편집(E) → 옵션(I)...' 메뉴를 선택한다(그림 1.64).

② '옵션' 대화상자에서 '뷰어' 탭을 클릭하고, '로그창에 명령문 출력(D)'에 체크한다(그림 1.65). '확인' 버튼을 클릭한다.

그림 1.66
명령문이 출력된 '뷰어' 윈도우

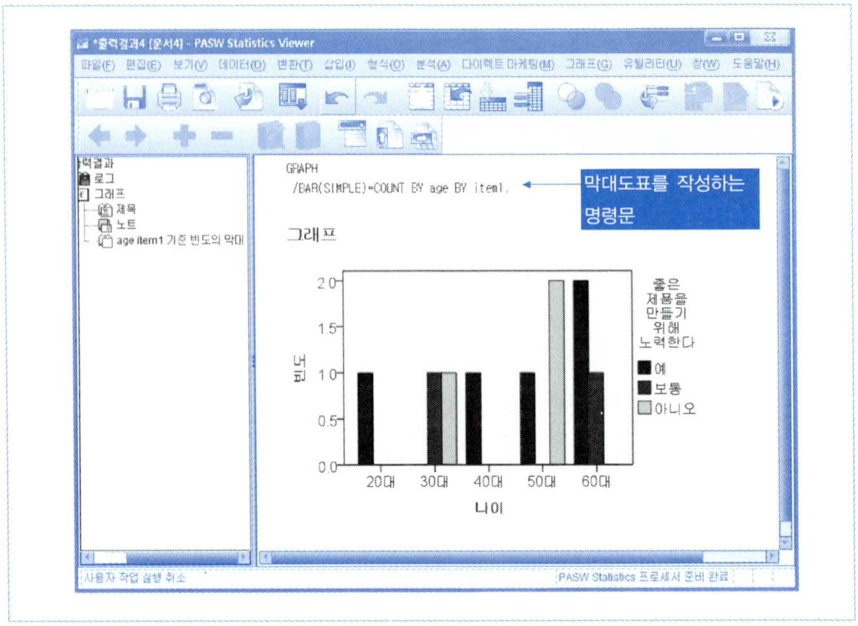

이상과 같은 과정을 수행하면 이후의 모든 분석과정에서 출력결과와 함께 해당 명령문이 '뷰어' 윈도우에 출력된다. 예를 들어, <그림 1.66>은 막대도표를 작성하여 얻은 출력결과의 예이다.

1.7.4 데이터 관리와 관련된 주요 명령문들

앞의 여러 절에서는 풀다운 메뉴를 이용하여 데이터를 입력하거나 편집하는 과정을 설명한 바 있는데, 이 절에서는 이러한 데이터 관리와 관련된 주요 명령문들에 대해서 간단히 살펴보도록 하자. 여러 가지 SPSS 명령문의 기능 및 문법에 대한 자세한 설명은 풀다운 메뉴의 '도움말(H) → 명령문 참조(S)' 메뉴를 참조하기 바라며, 또한 이 장의 부록에는 '고객만족도.SAV' 데이터 파일을 만드는 과정을 명령문으로 작성하여 수록하였으니 이를 살펴보기 바란다(이 명령문 파일은 '고객만족도.SPS' 라는 이름으로 저장되어 있다).

다음 '기업이미지.SPS' 는 앞에서 다룬 바 있는 '기업이미지' 데이터에 대해서 텍스트 데이터 읽기, 변수 보기의 설정, 새로운 변수의 생성 등 여러 가지 작업을 수행하는 명령문의 예이다. 여기서는 이 예를 이용하여 기본적인 명령문들을 설명할 것이다. 앞에서도 서술한 바와 같이 각 명령문은 특별한 중심어(예를 들어, DATA LIST, VARIABLE LABELS, COMPUTE 등)로 시작하며, 반드시 '.'(마침표)로 끝내야 한다는 것을 주의하기 바란다.

명령문의 사용 예 : 기업이미지.SPS

```
DATA LIST FIXED RECORDS=1 FILE= 'c:₩mydata₩기업이미지.txt'
  /1
  id 1-2 age 3 sex 4(A) item1 5 item2 6 item3 7 .

VARIABLE LABELS
   age     '나이'
  /sex     '성'
  /item1   '좋은 제품을 만들기 위해 노력한다'
  /item2   '소비자를 중요하게 여긴다'
  /item3   '신뢰할 만한 기업이다' .
EXECUTE .

VALUE LABELS
   age    1 '20대' 2 '30대' 3 '40대' 4 '50대' 5 '60대'
  /sex    'M' '남자' 'F' '여자'
  /item1 item2 item3
     1 '예' 2 '보통' 3 '아니오' 9 '모름/무응답' .
EXECUTE .

COMPUTE sumitem=item1+item2+item3 .
EXECUTE .

RECODE
  item1 item2 item3 (3=1)(2=2)(1=3)(9=SYSMISS)
  INTO ritem1 ritem2 ritem3.
EXECUTE .

COMPUTE meanitem=MEAN(ritem1,ritem2,ritem3) .
EXECUTE .

VARIABLE LABELS
    ritem1   '좋은 제품을 만들기 위해 노력한다'
   /ritem2   '소비자를 중요하게 여긴다'
   /ritem3   '신뢰할 만한 기업이다'
   /meanitem '기업이미지 평균' .
EXECUTE .

VALUE LABELS
  ritem1 ritem2 ritem3
     1 '아니오' 2 '보통' 3 '예' .
EXECUTE .
```

```
SAVE OUTFILE= 'c:₩mydata₩기업이미지.sav' .
GET FILE= 'c:₩mydata₩기업이미지.sav' .
```

■DATA LIST 명령문

DATA LIST 명령문은 텍스트 파일을 불러올 때 사용되는 것으로(1.2.5절의 '텍스트 파일 불러오기'에 대응되는 명령문이다), 주요 옵션은 다음과 같은 것들이 있다.

- FIXED : 자료값의 입력형태가 '고정포맷'(고정 너비로 배열되어 있음)이라는 것을 지정한다.
- RECORDS=n : 한 개체에 대한 자료값이 몇 개의 레코드(줄)에 걸쳐 입력되어 있는지를 지정한다. 만약, 하나의 개체가 두 개 이상의 레코드를 필요로 하는 경우, 아래에서 '/k'로 구분하여 각 레코드에서의 변수를 나열해야 한다($k = 1, 2, \cdots, n$).
- File=' ' : 불러올 외부 텍스트 파일의 이름과 경로를 지정한다.

이러한 기본 옵션을 지정한 후에 그 아래에 변수 이름과 열(column) 번호를 지정하면 된다. 예를 들어, 'id 1–2'는 변수 id가 1열에서 시작하여 2열에서 끝난다는 것을 지정한 것이고, 'age 3'은 변수 age가 3열에 입력되어 있다는 것을 지정한 것이다. 또한 문자변수에 대해서는 'sex 4(A)'와 같이 열 번호 다음에 'A'를 지정해 주어야 한다.

■VARIABLE LABELS 명령문

VARIABLE LABELS 명령문은 '변수 설명'을 부여하기 위해 사용된다(1.2.2절의 '변수 설명'에 대응되는 명령문이다). 이때 변수명은 사전에 정의되어 있어야 하며, '변수 설명'은 인용부호(' ')로 구분되어야 한다. 또한 여러 개의 변수에 대해서 일괄 처리하고자 하는 경우, 두 번째 변수부터는 변수 이름 앞에 '/'로 구분해 주어야 한다.

■VALUE LABELS 명령문

VALUE LABELS 명령문은 '변수값 설명'을 부여하기 위해 사용된다(1.2.2절의 '변수값 설명'에 대응되는 명령문이다). 이때 '변수값 설명'은 인용부호(' ')로 구분되어야 하며, 문자변수의 경우 자료값에도 인용부호를 붙여주어야 한다. 또한 여러 개의 변수에 대해서 일괄 처리하고자 하는 경우, 두 번째 변수부터는 변수 이름 앞에 '/'로 구분해 주어야 한다. 한편, 앞의 item1, item2, item3의 예에서와 같이 여러 개의 변수들에 대해서 한 번에 동일한 변수값 설명을 부여할 수도 있다(이 경우 'item1 TO item3'와 같이 변수 이름을 생략하여 나열할 수도 있다).

■EXECUTE 명령문

EXECUTE 명령문은 데이터 관리와 관련된 것은 아니며, 다만 현재의 실행을 즉시 수행하도록 SPSS 시스템에게 지시하는 명령문이다.

■COMPUTE 명령문

COMPUTE 명령문은 새로운 변수를 만들거나 기존의 변수를 변환할 때 사용되는 것으로(1.4.1절의 '변환(T) → 변수 계산(C)' 메뉴에 대응되는 명령문이다), '새로운 변수의 이름 = 계산식'의 형식으로 사용하면 된다. 1.4.1절에서 설명한 바와 같이 계산식에는 사칙연산뿐만 아니라 여러 가지 함수를 사용할 수 있다.

■RECODE 명령문

RECODE 명령문은 코드값을 변경하기 위해 사용되는 것으로(1.4.2절의 '변환(T) → 다른 변수로 변경(R)' 메뉴에 대응되는 명령문이다), 변수 이름 다음에 '(이전의 값들 = 새로운 값)'의 형식으로 사용하면 된다. 또한 'item1, item2, item3 … INTO ritem1, ritem2, ritem3'의 예에서와 같이 여러 개의 변수들에 대해서 한 번에 동일한 코드값 변경을 수행할 수도 있다. 만약 'INTO 새로운 변수 이름'을 생략하면 같은 변수에 대해 코드값이 변경된다.

```
RECODE
height (LO THRU 160=1)(161 THRU 170=2)(171 THRU HI=3)
/job (1,2=0)(3=1)(MISSING=9)(ELSE=SYSMIS)
/sex ( 'M' = 'A' )( 'F' = 'B' ) .
EXECUTE .
```

한편, 위 예에서 변수 height에 대해서는 가장 작은 값(lowest)부터 160까지는 1로, 161부터 170까지는 2로, 171부터 가장 큰 값(highest)까지는 3으로 바꾸도록 지정한 것이다. 또한 변수 job의 예에서 'SYSMIS'는 시스템 결측값을 나타내는 예약어이며, 'MISSING'은 시스템 결측값과 사용자 결측값을 모두 포함하는 예약어이다. 문자변수에 대해서는 변수 sex의 예에서와 같이 코드값에 인용부호(' ')를 붙여주어야 한다.

■MISSING VALUES 명령문

MISSING VALUES 명령문은 사용자 결측값을 설정하기 위해 사용되는 것으로(1.2.2절의 '결측값'에 대응되는 명령문이다), 사용형식은 다음과 같다.

```
MISSING VALUES
   sex ( 'K' )
  /weight height (−1)
  /item1 item2 item3 (9, 99, 999) .
EXECUTE .
```

■IF 명령문

IF 명령문은 특정한 수행 조건을 부여하고자 할 때 사용되는 명령문이다. 예를 들어, 다음 예는 변수 age가 2보다 작거나 같으면 변수 x를 1로, age가 3이면 x를 2로, age가 4보다 크거나 같으면 x를 3으로 바꾸도록 작성한 것이다.

```
COMPUTE x=9 .
 IF (age<=2) x=1 .
 IF (age =3) x=2 .
 IF (age>=4) x=3 .
 MISSING VALUE x (9) .
 EXECUTE .
```

IF 명령문에는 EQ(=), NE(< >), LT(<), LE(<=), GT(>), GE(>=) 등의 '관계 연산자'와 AND(\&), OR(|), NOT(\sim) 등의 '논리 연산자'를 사용할 수 있다.

■SVAE 명령문

SAVE 명령문은 현재의 실행 데이터 파일을 외부에 저장할 때 사용되는 명령문으로, OUTFILE=' ' 옵션으로 데이터 파일의 이름과 경로를 지정하면 된다.

■GET 명령문

GET 명령문은 현재의 실행 데이터 파일 또는 외부 데이터 파일을 '데이터 편집기' 윈도우에 불러오기 위해 사용되는 명령문이며, FILE=' ' 옵션으로 데이터 파일의 이름과 경로를 지정하면 된다.

고객만족도.txt - 메모장

파일(F) 편집(E) 서식(O) 보기(V) 도움말(H)

```
00155                51111 511111611111111195112              6321455555522
1327 22502
00251 4 2 854115115111151119 511911511111192115112              6421354555527
1517 33003
0035112 4 255195116111151122 611111511199199195192              5632145555527
2516 12003
00451 4 2 566116116111161111 611221512112211226112              6513423545427
1223 93004
00551 4 2 544195116111151922 611111511119199195112              6521435555527
1516 52003
00651 412 244195115111151129 591111511991191951112              6512343559527
2516 12501
00752                61112 511911511119211126112              6541325646514
1122 93004
00861 2 3 866116116111161111 611111611111111196112              6321546555512
1517 33002
00951 1 510551151151114211 2 511111511111111115112              5643123544526
2223 91702
01051 1121055115115111511111 511111511111111115112              5643125545521
1326 81701
01142                41129 411222411222922941122              3621454444424
2223 92001
01226                52112 611111511111211116112              6512344666424
2416 13001
```

그림 1.67
'고객만족도' 데이터의 입력 형태 : 고객만족도.txt

1.8 부록 : '고객만족도.SAV' 데이터

이 책이 다음 장들에서 예제 데이터로 사용될 '고객만족도.SAV' 데이터 파일은 700명의 고객으로부터 한 컴퓨터 회사의 제품에 대해 조사하여 얻은 것으로, 여러 가지 측면의 만족도 및 기타 사항에 관련된 약 80여개의 변수가 포함되어 있다. 이 데이터 파일의 내용에 대해서 다음 '고객만족도.SPS' 명령문 파일의 내용을 참조하기 바란다.

'고객만족도.SPS' 명령문 파일의 내용

```
DATA LIST FIXED RECORDS=2 FILE= 'c:₩mydata₩고객만족도.txt'
 /1
  id 1-3 q01 4
  q02a 5 q02b1 6-7 q02b2 8-9 q02b3 10-11 q02c 12
  q02d1 13 q02d21 14 q02d22 15 q02e1 16 q02e21 17 q02e22 18
  q02f1 19 q02f21 20 q02f22 21 q02f23 22
  q03a 23 q03b1 24 q03b2 25 q03b3 26 q03b4 27 q03b5 28
  q04a 29 q04b1 30 q04b2 31 q04b3 32 q04b4 33 q04b5 34
  q05a 35 q05b1 36 q05b2 37 q05b3 38 q05b4 39 q05b5 40
  q05b6 41 q05b7 42 q05b8 43 q05b9 44
  q06a 45 q06b1 46 q06b2 47
  q07a1 48 q07a2 49-52 q07a3 53
  q07b1 54 q07b21 55 q07b22 56 q07b23 57 q07b24 58 q07b25 59
  q07c1 60 q07c21 61 q07c22 62 q07c23 63 q07c24 64 q07c25 65
  q08a1 66 q08a2 67 q08a3 68 q08a4 69 q08a5 70 q08a6 71
  q09 72 q10a1 73 q10a2 74
```

```
  q11a1 75 q11a2 76 q12a1 77 q12a2 78
/2
 sex 1 age 2 mar 3 edu 4 job 5-6 inc 7-9 hou 10 .

VARIABLE LABELS
   sex     '성별'
  /age     '연령'
  /mar     '결혼 여부'
  /edu     '교육 수준'
  /job     '직업'
  /inc     '월평균 가계소득'
  /hou     '주거 형태' .
EXECUTE .

RECODE
   edu (1 2 3 5 6=1)(4 7 8=2)(9=9)
  /age (14 THRU 18=1)(19 THRU 25=2)(26 THRU 29=3)
       (30 THRU 34=4)(35 THRU HI=5)
  /inc (999=9)(LO THRU 199=1)(200 THRU HI=2) .
EXECUTE .

VALUE LABELS
   sex       1 '남자'
             2 '여자'
  /age       1 '14-18세'
             2 '19-25세'
             3 '26-29세'
             4 '30-34세'
             5 '35이상'
  /mar       1 '기혼'
             2 '미혼'
  /edu       1 '대재이하'
             2 '대졸이상'
             9 '모름/무응답'
  /job       1 '전업주부'
             2 '사무직'
             3 '자영업'
             4 '판매/서비스직'
             5 '관리직'
             6 '생산직'
             7 '전문직'
             8 '기술직'
             9 '학생'
```

```
              10 '무직'
              11 '파트타임'
              99 '모름/무응답'
    /inc      1 '200만원 미만'
              2 '200만원 이상'
              9 '모름/무응답'
    /hou      1 '단독주택'
              2 '아파트'
              3 '다세대/연립주택'
              4 '빌라'
              5 '상가주택'
              6 '사택/기숙사'
              9 '모름/무응답' .
EXECUTE .

VARIABLE LABELS
    q01       '전반적 만족도'
    /q02a     '구입 경로'
    /q02b1    '구입시 고려 요인 1'
    /q02b2    '구입시 고려 요인 2'
    /q02b3    '구입시 고려 요인 3'
    /q02c     '매장 서비스 만족도'
    /q02d1    '매장 환경 만족도'
    /q02d21   '컴퓨터가 잘 진열됨 '
    /q02d22   '판촉물이 잘 진열됨 '
    /q02e1    '매장 직원 만족도'
    /q02e21   '직원이 친절함'
    /q02e22   '직원이 상품설명 잘함'
    /q02f1    '배달 및 설치 만족도'
    /q02f21   '원하는 시간에 맞춰 배달'
    /q02f22   '요구 한대로 설치'
    /q02f23   '설치후 사용방법 설명'
    /q03a     '디자인 만족도'
    /q03b1    '전체적인 모양이 마음에 듦'
    /q03b2    '색상이 마음에 듦'
    /q03b3    '크기가 적당함'
    /q03b4    '타제품에 비해 디자인이 독특함'
    /q03b5    '무게가 적당함'
    /q04a     '사용 편리성 만족도'
    /q04b1    '필요한 기능이 갖추어짐'
    /q04b2    '사용 및 기능 조작이 편리함'
    /q04b3    '기능이 다양함'
    /q04b4    '키보드의 감촉이 좋음'
```

```
/q04b5  '초보자도 쉽게 작동함'
/q05a   '성능 만족도'
/q05b1  '전체적 성능'
/q05b2  '프로그램 실행 속도가 빠름'
/q05b3  '시스템이 안정적임'
/q05b4  '하드웨어 호환성이 좋음'
/q05b5  '작동시 소음이 적음'
/q05b6  '어떤 소프트웨어든지 잘 작동됨 '
/q05b7  '주변기기와 작동시 에러발생 안됨 '
/q05b8  '모뎀 접속이 잘됨 '
/q05b9  '컴퓨터 문제를 스스로 해결'
/q06a   '고장 및 견고성 만족도'
/q06b1  '견고함'
/q06b2  '잔고장이 없음'
/q07a1  '애프터 서비스 받은적 있음'
/q07a2  '애프터 서비스 받은 년월'
/q07a3  '애프터 서비스 형태'
/q07b1  '애프터 서비스 외근 만족도'
/q07b21 '서비스 신청 과정이 편리했음'
/q07b22 '서비스 기사 방문시간에 만족함'
/q07b23 '수리 결과에 만족함'
/q07b24 '수리 비용이 적당함'
/q07b25 '서비스 기사에 만족함'
/q07c1  '애프터 서비스 내근 만족도'
/q07c21 '서비스 센터 찾기가 쉬웠음'
/q07c22 '접수 직원에 대해 만족함'
/q07c23 '처리 시간에 대해 만족함'
/q07c24 '수리 결과에 만족함'
/q07c25 '수리 비용이 적당함'
/q08a1  '중요도 1'
/q08a2  '중요도 2'
/q08a3  '중요도 3'
/q08a4  '중요도 4'
/q08a5  '중요도 5'
/q08a6  '중요도 6'
/q09    '가격대비 가치'
/q10a1  '사기전 기대 수준'
/q10a2  '사용후 기대 만족도'
/q11a1  '구입 의향'
/q11a2  '추천 의향'
/q12a1  '처음 구입 여부'
/q12a2  '사용 용도' .
EXECUTE .
```

```
VALUE LABELS
   q01 q02c q02d1 q02e1 q02f1 q03a q04a q05a q06a
   q07b1 q07b21 q07b22 q07b23 q07b24 q07b25
   q07c1 q07c21 q07c22 q07c23 q07c24 q07c25 q09
              7 '⑦ 매우 만족'
              6 '⑥ 만족'
              5 '⑤ 약간 만족'
              4 '④ 보통'
              3 '③ 약간 불만'
              2 '② 불만'
              1 '① 매우 불만'
              9 '모름/무응답'
   /q02d21 q02d22 q02e21 q02e22 q02f21 q02f22 q02f23
    q03b1 q03b2 q03b3 q03b4 q03b5
    q04b1 q04b2 q04b3 q04b4 q04b5
    q05b1 q05b2 q05b3 q05b4 q05b5 q05b6 q05b7 q05b8 q05b9
    q06b1 q06b2
              1 '그렇다'
              2 '아니다'
              9 '해당없음/모름'
   /q02a      1 '매장 방문 구입'
              2 '다른 가족이 구입해옴'
              3 '인터넷, PC통신 등의 사이버 쇼핑몰 이용'
              4 '선물, 경품'
              5 '단체구입'
              6 '본인이 구입결정 했지만 매장방문 안함'
              7 '홈쇼핑'
              8 '방문판매'
              9 '모름/무응답'
   /q02b1 TO q02b3
              1 '고장이 없을 것 같아서'
              2 '성능이 우수해서'
              3 '원하는 기능이 있어서'
              4 '사용이 편리해서'
              5 '디자인이 좋아서'
              6 '가격이 적당해서'
              7 '매장 서비스가 우수해서'
              8 'A/S가 편리해서'
              9 '매장 직원이 권해서'
              10 '주위 사람이 추천해서'
              11 '신제품이어서'
              12 '제조 회사가 맘에 들어서'
```

```
/q07a1   1 '예'
         2 '아니오/모름'
/q07a3   1 '서비스 기사가 집에 방문'
         2 '직접 가지고 가서 수리'
/q08a1 TO q08a6
         1 '구입시의 매장 서비스'
         2 '디자인'
         3 '사용 편리성'
         4 '성능'
         5 '고장/ 견고성'
         6 'A / S'
         9 '모름/ 무응답'
/q10a1
         7 '⑦ 매우 높게 기대'
         6 '⑥ 높게 기대'
         5 '⑤ 약간 높게 기대'
         4 '④ 보통으로 기대'
         3 '③ 약간 낮게 기대'
         2 '② 낮게 기대'
         1 '① 매우 낮게 기대'
         9 '모름/무응답'
/q10a2
         7 '⑦ 기대보다 훨씬 좋음'
         6 '⑥ 기대보다 좋음'
         5 '⑤ 기대보다 약간 좋음'
         4 '④ 기대와 같음'
         3 '③ 기대보다 약간 나쁨'
         2 '② 기대보다 나쁨'
         1 '① 기대보다 훨씬 나쁨'
         9 '모름/무응답'
/q11a1   7 '⑦ 꼭 사겠다'
         6 '⑥ 사겠다'
         5 '⑤ 살 것 같다'
         4 '④ 그냥 그렇다'
         3 '③ 사지 않을 것 같다'
         2 '② 사지 않겠다'
         1 '① 절대 사지 않겠다'
         9 '모름/무응답'
/q11a2   7 '⑦ 적극 추천하겠다'
         6 '⑥ 추천하겠다'
         5 '⑤ 추천할 것 같다'
         4 '④ 그냥 그렇다'
         3 '③ 추천하지 않을 것 같다'
```

```
            2 '② 추천하지 않겠다'
            1 '① 절대 추천하지 않겠다'
            9 '모름/무응답'
    /q12a1  1 '아니오'
            2 '예'
    /q12a2  1 '학습'
            2 '문서작성'
            3 '스프래드시트'
            4 '게임'
            5 '프로그래밍'
            6 '그래픽'
            7 '통신'
            8 '업무용'
            9 '모름/무응답' .
EXECUTE .

RECODE
   q01 q02c q03a q04a q05a q06a q07b1 q07c1
   (1 2 3=1)(4=2)(5 6 7=3)(9=SYSMIS)
   INTO rq01 rq02c rq03a rq04a rq05a rq06a rq07b1 rq07c1 .
EXECUTE .

VARIABLE LABELS
     rq01     '전반적 만족도(만족/불만족)'
    /rq02c    '매장 서비스 만족도(만족/불만족)'
    /rq03a    '디자인 만족도(만족/불만족)'
    /rq04a    '사용 편리성 만족도(만족/불만족)'
    /rq05a    '성능 만족도(만족/불만족)'
    /rq06a    '고장 및 견고성 만족도(만족/불만족)'
    /rq07b1   '애프터 서비스 외근 만족도(만족/불만족)'
    /rq07c1   '애프터 서비스 내근 만족도(만족/불만족)' .
EXECUTE .

VALUE LABELS
   rq01 rq02c rq03a rq04a rq05a rq06a rq07b1 rq07c1
          1 '불만족 (①+②+③)'
          2 '보  통 (④)'
          3 '만  족 (⑤+⑥+⑦)' .
EXECUTE .

MISSING VALUES
    q01 q02a q02c q02d1 q02d21 q02d22 q02e1 q02e21 q02e22 q02f1
    q02f21 q02f22 q02f23 q03a q03b1 q03b2 q03b3 q03b4 q03b5 q04a
```

```
    q04b1 q04b2 q04b3 q04b4 q04b5 q05a q05b1 q05b2 q05b3 q05b4
    q05b5 q05b6 q05b7 q05b8 q05b9 q06a q06b1 q06b2 q07b1 q07b21
    q07b22 q07b23 q07b24 q07b25 q07c1 q07c21 q07c22 q07c23 q07c24 q07c25
    q08a1 q08a2 q08a3 q08a4 q08a5 q08a6 q09 q10a1 q10a2 q11a1
    q11a2 q12a2 edu inc hou (9)
    /q07a2 (9999)
    /job (99) .
EXECUTE .

SAVE OUTFILE= 'c:₩mydata₩고객만족도.sav' .
GET FILE= 'c:₩mydata₩고객만족도.sav' .
```

연습문제

'고객 만족도 조사' 질문지

안녕하십니까? 저는 ◎◎◎라는 여론조사회사 면접원 ◎◎◎입니다. 저희는 ◎◎사의 의뢰를 받아 소비자들을 대상으로 ◇◇에 대한 만족도를 조사하고 있습니다. 바쁘시더라도 잠시만 시간을 내주시면 고맙겠습니다.

Q1. ○○님께서는 ◇◇를 사용하고 계십니까? (아니오와 무응답은 면접종료)

Q2. ○○님께서는 ◇◇를 사용하신지 얼마나 되었습니까? (　년)

Q3. 이제부터는 ◇◇에 대해서 몇 가지 여쭙겠습니다.

가 격	1)◇◇은 가격이 적당하다고 생각하십니까?	③ ② ①
품 질	2)◇◇은 품질이 좋다고 생각하십니까?	
디자인	3)◇◇의 디자인이 마음에 드십니까?	
기 업	4) ◎◎사가 소비자를 중요하게 여긴다고 생각하십니까?	
이미지	5) ◎◎사가 신뢰할 만한 기업이라고 생각하십니까?	

예(③), 보통(②), 아니오(①), 모름/무응답(.)

Q4. 마지막으로 몇 가지만 더 여쭙겠습니다.

1). 성별 : 1) 남자　　2) 여자

2). 실례지만 올해 연세는 만으로 몇 세이십니까?
1) 20대　2) 30대　3) 40대　4) 50대　5) 60대 이상

3). ○○님의 직업은 무엇입니까?

1) 자영업	2) 판매/서비스직	3) 기능/숙련공
4) 일반작업직	5) 사무/기술직	6) 경영/관리직
7) 전문/자유직	8) 주부	9) 학생
10) 농/수/축산업	11) 무직	12) 기타(　　)

4). ○○님 댁의 월 평균 소득은 대략 얼마 정도입니까?

1) 100만원 이하	2) 150 200만원	3) 200 250만원
4) 250 300만원	5) 300만원 이상	

1-1 SPSS의 '도움말(H)' 에 있는 여러 가지 부메뉴들을 클릭하여 그 내용을 살펴보아라.

1-2 SPSS 사의 홈페이지 및 관련 웹사이트에서는 사용자들의 여러 가지 문제해결을 위한 방법과 예제 프로그램들을 지원해 주고 있다(www.spss.com, www.spss.co.kr 등). 이러한 웹사이트들의 내용에 대해서 살펴보아라.

1-3 앞의 질문지는 어떤 제품에 대한 '고객 만족도 조사'를 위해 작성된 것이다(실제 조사를 통해 수집된 데이터는 'survey.xls' 이라는 Excel 파일로 저장되어 있으므로 SPSS 데이터로 변환하는 작업이 필요하다).

(가) 변수 및 변수값 설명 붙이기, 결측값 처리 등 분석에 필요한 데이터 처리 작업을 수행하여라.

(나) 사용여부(Q1), 성, 연령대, 직업, 월소득별 빈도표를 각각 작성하여라. 또한 이들 변수에 대한 원도표를 작성하여라.

(다) 사용년수(Q2)에 대해 도수분포표 및 히스토그램을 작성하여라.

(라) 5개 만족도 문항들(Q3_1～Q3_5)의 합계와 평균을 나타내는 변수를 각각 생성하여라.

CHAPTER 2

통계학 및 통계조사의 개요

이 책은 기본적인 통계적 자료분석 이론과 SPSS를 이용하여 실제 자료를 분석하는 과정을 다루고 있다. 이 장에서는 먼저 통계학이 무엇이고, 통계조사가 어떻게 수행되는지 등에 대해서 간단히 살펴보도록 하자.

2.1 통계학이란?

디지털 시대라고 불리는 새로운 시대를 살아가는 우리들의 생활 속에서 통계라고 하는 용어는 이제 더 이상 낯선 용어가 아니다. 신문지상에서 늘 접할 수 있는 각종 통계결과 및 그래프들(주가의 변화, 각종 경제지표, 각종 여론조사 결과, 시청률조사 결과 등), TV 뉴스에서 자주 접하는 각종 통계관련 보도들(흡연 사망률, 교통사고 사망률, 선거여론조사, 현 정부의 정책에 대한 국민들의 의식조사, 어업협상 과정에서 우리 측의 기초통계부실로 인한 문제 등), 각 기업에서 생산되는 제품들에 대한 소비자 만족도 조사결과, 각 회사의 품질만족 경영(6-시그마 전략), 매년 발표되는 수능시험의 성적분포 등 이루 말할 수 없이 많은 통계정보 속에 우리는 살아가고 있다.

또한 최근에는 많은 기업에서 자사가 보유하고 있는 데이터베이스(Data Base)를 이용하여 고객관계관리(CRM: Customer Relationship Management)를 활용하는 사례(통신사, 카드사, 보험사, 증권사, 백화점, 인터넷 쇼핑몰, 각종 전자상거래 사이트 등)가 큰 이슈로 부각되고 있다. 따라서 이제는 통계가 우리 생활 속의 기본 교양뿐만 아니라 기업의 과학적 기업경영에까지 필수 불가결한 요소라 해도 크게 지나치지 않을 것이다.

그렇다면 왜 이렇게 통계가 우리의 생활 속에서 자주 접하게 되는 것일까? 이에 대한 대답은 지식정보화사회에 있어 국가나 사회, 기업, 학교 등의 조직들은 점점 방대해지는데, 이들이 도대체 어떻게 돌아가는지를 파악하기 위해서는 각종 통계가 필요하기 때문이다. 즉, 수치적 표현을 이용하면 복잡한 현상을 단순하고 명확하게 서술할 수 있는데, 이러한 목적을 위해 수집되고 계산된 수량적 자료를 통계자료 또는 **통계**(統計)라고 한다.

예를 들어, 우리나라의 경기동향을 알기 위해서는 무엇을 보아야 할까? 아마도 경기종합지수, 경제성장률, 실업률, 종합주가지수, 가용외환보유액 등과 같은 것을 보면 될 것이다. 이를 위해서는 통계청에서 작성되는 한국통계월보를 참조하면 될 것이다(통계청 홈페이지: http://kostat.go.kr).

통계학(統計學)은 영어로 statistics라고 하는데, 이 statistics라는 단어는 라틴어 status(state, 國家)에서 유래된 것이다. 이는 고대국가에서 인구, 주택, 재산 등에 대한 통계자료가 국가에 의해 수집되고, 이러한 자료가 국가를 운영하는 데 활용되었다는 것과 관계가 있다. 고대 바빌로니아나 이집트 등에서 인구조사를 실시하였다는 기록이 있으며, 우리나라에서도 통일신라시대에 호구수의 실태를 파악하기 위하여 장적(帳籍)을 제정하고, 3년마다 촌락단위로 인구, 경작지, 동식물 등을 조사하여 군정(軍丁), 부역(賦役), 조세(租稅) 등의 자료로 활용하였다는 기록이 남아 있다.

통계학은 데이터(수량적 자료)를 다루는 학문으로 경제, 경영, 사회, 교육, 의학, 보건, 행정, 공업, 농업, 스포츠 등 여러 분야에서 얻어지는 데이터를 정리하고 분석하기 위해서는, 과학적 방법론의 도구인 통계적 방법론이 필수적이라고 할 수 있다. 이제 통계학이 적용되는 사례를 몇 가지만 살펴보도록 하자.

- 고객만족도 조사 : 고객만족도 조사를 통해 현재 소유하고 있는 TV에 대한 만족도, 광고인지도, TV 선택 시 중요 요인, 라이프스타일, 인구학적 특성 등을 조사하여 제품개발, 브랜드 로얄티 분석, 향후 포트폴리오 전략수립, GAP분석, 포지셔닝(positioning) 분석 등에 활용한다.
- 여론조사 : 대통령 선거나 국회의원 선거 등과 같은 중요 정치상황에 대해 선거를 하기 전에 유권자들의 여론 방향을 조사하고, 또한 실제 선거에 있어서의 당선자를 예측해낸다.
- 품질향상 : 많은 기업들은 초우량(Best-In-Class) 기업의 달성 기준을 산업표준으로서 6-시그마(sigma) 수준을 설정하고 있다. 이는 품질에 있어 99.9999998%가 결함이 없는 프로세스이다. 통신산업을 예로 들면 10년 동안 2.6분 서비스가 중단되는 것과 동일할 정도로 완전무결한 수준을 유지한다는 것이다.
- 인간 게놈 프로젝트 : 베일을 벗은 인간 게놈의 신비가 최대 화재로 떠오르고 있는데, 대용량의 데이터 속에서 숨겨진 패턴과 지식을 찾아내는 데이터마이닝(data mining) 통계기술이 인간 게놈의 비밀을 푸는데 결정적으로 기여하였다. 과학자들은 30억 개의 인간 염기 서열 중 3% 정도만이 유용한 것으로 보고 있는데, 30억 개 중 어떤 것이 3%에 해당되는지, 또 그 속에 담겨져 있는 유전자 정보를 찾아내 질병 발생 원인을 밝혀내는데 데이터마이닝 기술이 절대적 기여를 하고 있다(디지털 타임즈, 2000년 8월 30일자).
- 소아마비용 쇼크 백신 : 1954년 백신실험은 엄격한 통제하에 약 40만 명의 어린이들에게 실시되었다. 그 결과에 대한 훌륭한 통계적 분석은 백신의 효능을 확실하게 믿게 하였으며, 오늘날 소아마비는 거의 사라졌다.
- 기타 예 : 가전제품(냉장고 등)에 대한 수명 추측, 체중 감량을 위한

식이요법의 비교, 각종 농산물의 생산량 추정, 휴대폰 수요 예측, 보험사의 고객이탈률 예측, 금융기관에서의 고객들에 대한 신용점수화 문제, 주택 내에서의 고령자 안전사고에 관한 조사 연구, 아파트 주거자의 기거양식과 만족도 평가, 광고대행사의 소비자 라이프스타일 조사, 운동선수들의 각종 기록들을 근거로 최적의 훈련방법 개발 및 우수 선수발굴, 스포츠마케팅 분야 등.

지금까지 통계학의 여러 적용 예를 살펴봄으로써 통계학의 필요성에 대한 의미 부여가 어느 정도는 되었을 것으로 생각된다. 그러면 과연 통계학은 어떤 학문인지 간단하게나마 정의해 보도록 하겠다.

먼저 쉬운 예를 생각해 보자. 올해 약 73만 명의 수능성적자료가 얻어졌다고 해 보자(**데이터 수집**). 이때 자료를 전부 들여다보아도 이 시험에 대한 실상을 이해할 수가 없을 것이다. 이에 대해 이 시험에 대한 평균만을 구해보아도 전년도의 결과와 비교해 어느 정도 이 시험이 쉬웠는지 또는 더 어려웠는지에 대한 생각을 할 수 있을 것이다. 좀 더 나아가 출제된 문항에 대한 난이도나 변별도 분석을 해봄으로써 출제된 문항 중 문제가 있었던 문항은 없었는지 등의 여러 가지 정보를 우리가 알게 될 것이다(**자료의 정리 및 분석**). 이러한 자료를 정리하고 분석한 결과를 활용하면 다음 년도 수능시험의 출제력 향상에 도움이 되도록 정보를 제공해 줄 수 있을 것이다(**최적의 의사결정에 도움이 되도록 정보를 제공**).

한 가지 예를 더 들어 본다면, 제품개발에 있어 소비자 선호도조사를 실시하여 자료를 수집하고(**데이터 수집**), 조사된 자료에 대한 적절한 자료분석을 통해 얻은 결과를 활용하여 소비자들이 요구하는 제품이 무엇인지를 파악함으로써(**자료의 정리 및 분석**), 새로운 제품을 개발하는 정책결정에 도움이 되도록 정보를 제공해 주는 과정을 생각할 수 있을 것이다(**최적의 의사결정에 도움이 되도록 정보를 제공**).

이와 같이 **통계학은 "관심의 대상이 되는 집단으로부터 자료를 수집하고, 이를 과학적으로 정리 · 분석하여 최적의 의사결정을 할 수 있도록 정확한 정보를 제공해 주는 방법론을 체계적으로 연구하는 학문"**이라고 할 수 있다.

2.2 통계학의 구분

앞 절에서 살펴본 바와 같이 통계학은 매우 다양한 분야에서 활용되고 있는데, 통계학은 크게 기술통계학(記述統計學, descriptive statistics)과 추측통계학(推測統計學, inferential statistics)으로 구분할 수 있다.

2.2.1 기술통계학(Descriptive Statistics)

대개의 경우 수집된 방대한 데이터는 요리되지 않은 날 것인 자료(raw data)이기 때문에 직접 그대로는 사용할 수 없고, 이를 잘 정리 · 요약하여야 쓸모가 있는 것이 된다. 예를 들어, 건축에 쓰이는 원자재는 원형 그대로는 사용목적에 부합되지 않고 이를 적절히 사용하여 건물을 지어야만 효용이 있고, 논에서 잘 익어 있는 벼도 수확의 여러 과정을 거쳐 밥상 위의 밥이 되어야만 우리의 목적에 부합되게 되는 것이다. 더군다나 수만 명을 대상으로 하여 얻은 설문조사 결과는 수만 장의 페이지를 들여다보아도 그 실상을 이해할 수가 없으며, 그대로 쓰이는 것은 더욱 더 아니다. 따라서 분량을 축소시키는 자료정리(data reduction)를 거쳐서 양적으로 단순화시킨 후에야 이를 이해하게 되는 것이다.

이런 경우, **기술통계학**(記述統計學)은 "**방대한 자료를 그래프나 표 또는 몇 개의 숫자로 요약하여 주어진 자료의 전반적인 내용을 쉽고 빠르게 파악할 수 있는 기법을 다루는 통계학**"을 말한다. 이는 이 책의 3장에서 다루어질 내용이다.

2.2.2 추측통계학(Inferential Statistics)

실험이나 조사에서 관심의 대상이 되는 모든 자료를 수집하는 것은 실제적 혹은 물리적으로 불합리한 경우가 대부분이다. 예를 들어, 어느 의약품의 효과를 알기 위해 모든 환자에게 임상실험을 하거나, 한 회사에서 생산되는 타이어의 평균수명을 알기 위해 그 회사에서 생산되는 모든 타이어를 검사한다는 것은 불가능하거나 비경제적이다. 따라서 관심이 되는 전체 수집대상 중에서 일부만을 추출하여 자료를 얻고, 이를 분석하는 것이 일반적이라고 할 수 있다.

이때 관심대상이 되는 모든 가능한 자료값들의 집합을 **모집단**(母集團,

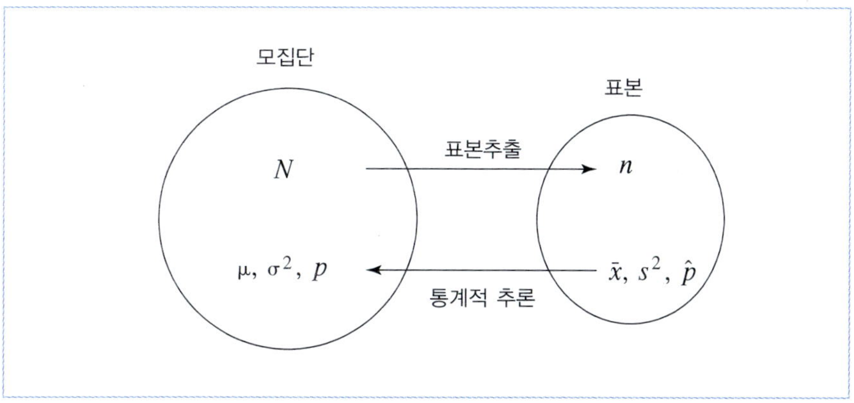

그림 2.1 모집단과 표본의 관계

population)이라고 하며, 통계적 분석을 위해 모집단에서 추출된 실제 관측값들의 집합을 **표본**(標本, sample)이라고 한다.

또한 모집단의 특성을 나타내는 미지의 상수값을 **모수**(母數, parameter)라 하고, 표본에 있는 정보를 양적으로 축약하여 얻는 표본의 함수값을 **통계량**(統計量, statistic)이라고 한다. 따라서 통계처리의 중요한 목적 중의 하나는 표본의 특성인 통계량을 근간으로 모집단의 특성인 모수를 파악하려는 것이다. 즉, 표본평균($\bar{x}$), 표본분산(s^2), 표본비율($\hat{p}$)과 같은 통계량을 통해 이에 대응되는 모평균(μ), 모분산(σ^2), 모비율(p)과 같은 모수들에 대한 통계적 추론을 하는 것이다.

예를 들어, 우리나라 성인 전체에 대한 흡연율을 알아보고자 한다고 해보자(이는 가끔 신문지상에서 발표되는 예이기도 하다). 이 경우 우리나라 성인 전체에 대해 조사를 실시하지는 않는다. 왜냐하면 조사비용이 너무 많이 들 뿐만 아니라 현실적으로 불가능한 경우가 많기 때문이다. 따라서 이에 대한 대안으로 우리나라 성인 중 약 1,500명 정도를 뽑아서 이들에 대한 흡연율을 조사해 보고, 이를 근거로 하여 우리나라 성인 전체에 대한 흡연율을 짐작(또는 추측)하는 것이다.

이와 같이, **"관심의 대상이 되는 전체집단(모집단)으로부터 모집단의 일부(표본)를 뽑고, 표본으로부터 관측된 내용(통계량)을 근거로 하여 모집단의 특성(모수)을 추측하고 특성을 정하는 방법을 다루는 통계학"**을 **추측통계학**(推測統計學)이라 한다(위의 흡연율의 예에서 우리나라 성인 전체가 모집단, 뽑힌 성인 1,500명이 표본, 1,500명 중의 흡연율이 통계량, 우리나라 성인 전체의 흡연율이 모수이다). 이는 이 책의 4장 이후에서 다루어질 내용이다.

이때 통계학에서의 추측이나 예측은 반드시 확률적 서술이 따르게 되어 있다. 왜냐하면, 점쟁이의 예언에서와 같은 예측은 이 예측 결과가 어느 정도의 확실성을 갖는지를 계산할 수 없기 때문에 신뢰성을 주지 못하지만, 통계학에서의 추측이나 예측은 확률이라는 단위로 추측의 확실성 또는 불확실성의 정도(비올 확률 80%, 여론조사 결과 95% 신뢰수준에서 오차의 한계 ±3%, 한 보험사의 보험계약자의 해약확률 18% 등)를 나타내 주기 때문에, 신뢰성을 가지고 이용될 수 있기 때문이다. 따라서 통계학에서 확률을 배우는 이유는 확률이 추측통계학의 기반을 제공해 주기 때문이다.

2.3 통계조사의 소개

이 책에서는 사회여론조사나 마케팅조사를 통해 얻어지는 데이터를 중심으로, SPSS를 활용하여 통계분석을 실시하는 여러 가지 기법들을 소개할 것이다. 이를 위해 이 절에서는 조사를 통해 얻어지는 데이터에 대한 이해를 돕기 위해 통계조사에 대해 간단히 소개하고자 한다.

2.3.1 통계조사란?

우리는 일상생활에서 통계조사의 사례를 자주 접하게 된다. 예를 들어, 언론에서 자주 발표되는 선거여론조사 및 TV 시청률 조사로부터 기업의 입장에서 고객들이 자사의 제품 및 서비스에 대해서 어느 정도 만족하는지를 알아보기 위한 고객만족도 조사, 제품에 대한 재구매 의사(충성도) 조사, 신제품 개발과 관련한 마케팅 조사 등 이루 헤아릴 수 없을 만큼 다양한 조사를 접할 수 있다.

그러면 왜 이렇게 다양한 통계조사들이 이루어지는 것일까? 이는 우리가 관심을 갖고 있는 광범위한 대상집단(모집단)에 대해 알고 싶은 특정 정보를, 통계조사를 통해 체계적이고도 과학적으로 파악하기 위해서라고 할 수 있다. 따라서 통계조사란 광범위한 대상집단으로부터 현 시점의 당면문제를 해결하는데 필요한 특정 정보를 얻기 위해, 자료수집 방법을 설계하고, 자료수집 과정을 수행 · 관리하여 얻은 데이터를 정리, 요약, 분석함으로써 필요한 정보와 시사점을 전달하는 과학적 방법을 의미한다고 할 수 있다.

특히 마케팅 조사는 마케팅 의사결정을 위해 실행 가능한 정보제공을 목적으로, 자료를 체계적으로 획득, 분석, 해석하는 객관적이고 과학적인 과정으로 정의할 수 있다. 이러한 마케팅 조사에는 대표적으로 광고조사(구매동기조사, 광고효과조사 등), 제품조사(신제품의 수용력과 잠재력 조사, 제품의 경쟁력 조사 등), 판매와 시장조사(시장점유율 조사, 시장 특성조사 등), 고객만족도 조사(최종고객 만족도 조사, 종업원 만족도 조사 등) 등이 있다.

사례소개: 고객만족도 조사

국내 모 기업의 사장은 창업 이래 계속적으로 고객만족을 주창해 왔고, 종업원 교육에 있어서도 고객이란 무엇인가의 정신교육을 반드시 실시하는 등 철저하게 고객만족 경영을 실천해 왔다. 이 시점에 고객만족(customer satisfaction) 붐이 일자 사장은 '이제는 우리의 시대다' 라는 자부심이 누구보다도 강했다. 그런데 회사의 실적은 기대와는 달리 향상되지 않았다. 오히려 과거보다 떨어지는 것 같았다. 이를 이상하게 생각한 사장은 점장 한 사람 한 사람을 불러 그 이유를 물어 보았으나 도대체 원인을 발견할 수 없었다. 그래서 내점고객에게 앙케이트조사(만족도 조사)를 실시하게 되었다.

조사 결과를 본 사장은 매우 놀랐다. 왜냐하면 고객들의 반응은 하나 같이 불만족과 점원이 불친절하다는 두 가지 반응에 집중되어 있었다. 이러한 문제점에 대한 원인을 규명한 결과 뜻밖의 사실을 알게 되었다. 그것은 각 점포에 있어서 점원의 평가항목이 매출에만 집중되어 있었던 것이다. 따라서 점원은 평가항목에만 치중한 나머지 내점자를 놓치지 않으려고 필사적으로 판매유도를 했던 것이다. 고객은 이러한 점에 크게 불만을 느끼고 있었던 것이다. 또 그 점포에서 매출을 올리는 사람은 점장이 아니면 안 된다는 불문율까지 있어서, 점원이 접객하고 있는 도중에 전화가 걸려오면 통화중인 틈을 타서 점장이 내점자를 가로채고 마는 상황까지 있다는 것이 판명되었다. 그래서 사장은 평가항목에 대한 철저한 재검토를 지시하게 되었고, 그것을 축으로 중간관리자에 대한 재교육, 사내의 커뮤니케이션 개선, 정기적인 고객만족도 조사 등을 실시하게 되었다. 그 결과 회사의 실적은 크게 개선되었다.

2.3.2 통계조사의 절차

통계조사의 절차는 다양한 방식으로 정의할 수 있으나 일반적으로는 기획, 기초작업, 현지작업, 자료분석 및 보고 단계로 구성된다고 할 수 있다.

(1) 기획 단계

통계조사를 기획하는 데 가장 먼저 해야 할 일은 조사하고자 하는 연구문제를 설정하는 것이다. 따라서 기획 단계에서는 조사의 필요성과 목적을 설정하고, 문헌 및 사례연구 등을 검토해 보는 예비조사(preliminary study) 및 조사설계, 기획, 필요인력, 재원 확보 등을 포괄한 조사계획서를 작성하는 일 등이 수행된다.

(2) 기초작업 단계

기초작업 단계에서는 조사를 실시하기 전에 조사의 현실적 가능성, 조사대상에 대한 접근 가능성, 자료수집의 가능성, 표본추출의 실질성, 조사과정의 관리 가능성 등을 탐색해 보는 탐색조사(pilot survey), 조사 대상을 구체적으로 결정하는 표본설계, 조사틀 선정, 표본추출 방법 선정, 조사방법에 따른 조사도구(설문지)와 조사표 작성, 조사과정에서 나타날 수 있는 여러 가지 문제점을 알아보기 위해, 실제조사(본 조사)를 수행하기 전에 20~50명 정도의 소규모로 미리 실시해 보는 사전조사(pretest), 실제조사에서 조사자나 면접원에 따른 차이를 줄이고, 체계적인 조사를 수행할 수 있도록 조사지침(면접지침)을 작성하는 것, 선정된 조사원 혹은 면접원들에게 조사지침을 숙지하도록 훈련 및 교육을 시키는 것 등이 수행된다.

(3) 현지작업 단계

현지작업 단계는 실제조사(실사)를 진행하는 단계로, 실사장소에서 설문지를 배포하는 일, 면접을 실시하는 일, 오류발생을 방지하기 위해 면접 과정에서 조사원(또는 면접원)들을 감독하고 통제하는 일, 수집된 자료를 확인 검토하는 일 등이 포함된다.

(4) 자료분석 및 보고 단계

조사가 끝나면 이들을 효율적으로 분석하여 보고하는 단계가 남게 된다. 따라서 자료분석 및 보고 단계에서는 자료를 검토하면서 분석이 가능하도록 부호화 할 수 있는 코딩지침을 만드는 것, 코딩지침에 따라 자료를 체계적으로 컴퓨터에 입력하는 자료코딩 및 검색(입력오류 수정), 입력된 자료에 대해 통계패키지(SPSS, SAS 등)를 이용하여 다양한 통계분석을 실시하는 것 등의 자료처리 작업과 조사목적, 연구문제, 가설, 이론과의 관련성, 여러 변수들 간의 관계 등을 고려한 결과 해석, 주요 요인을 중심으로 업무 및 사업전략 개선정책에 대한 입안 등을 포함하는 최종보고서를 작성하는 것 등이 수행된다.

2.3.3 조사방법

통계조사를 실행하는 데 널리 이용되고 있는 방법으로는 면접조사, 전화조사, 우편조사, 인터넷조사 등이 있는데, 각 조사방법은 나름대로 장단점을 가지고 있다.

■ 면접조사

면접조사는 면접원이 응답자를 직접 만나 면접을 통하여 정보를 조사하는 방법으로, 다음과 같은 장점과 단점을 가지고 있다.

장점: (i) 조사원이 응답자를 직접 대면하기 때문에 다른 조사방법에 비해 응답률이 높다(높은 응답률). (ii) 질문의 내용을 자세히 설명해 줄 수 있고, 다소 복잡한 질문도 조사할 수 있으며, 응답이 분명하지 않을 때 다시 물어볼 수 있고, 상황에 따라 적절한 질문방식을 채택할 수 있어 신뢰성이 높은 양질의 응답을 이끌어 낼 수 있다(융통성).

단점: (i) 면접조사 시간, 이동시간, 조사원의 훈련 및 현장감독 등 조사 건당 노력과 조사비용이 많이 든다(비싼 비용). (ii) 면접원의 개인별 능력 차이가 조사결과에 영향을 미쳐 오차를 발생시킬 수 있다(조사원의 편견과 차이). (iii) 조사원의 직접 대면으로 익명성이 떨어진다(낮은 익명성). (iv) 응답자 입장에서 면접원은 낯선 사람이므로 응답자에게 심리적 스트레스를 주어 응답내용의 충실도에 영향을 줄 수 있다(심리적 스트레스).

■ 우편조사

우편조사는 미리 표본으로 추출된 응답자에게 우편으로 설문지를 보낸 후 동봉한 반송용 봉투를 이용하여 응답을 받는 조사 방법이다.

장점: (i) 조사원이 필요 없으므로 최소의 경비와 노력으로 광범위한 지역을 조사할 수 있다(경제성). (ii) 응답자의 익명성과 조사에 정성껏 답할 수 있는 충분한 시간을 줄 수 있다(충분한 시간과 익명성).

단점: (i) 면접조사나 전화조사에 비해 회수율이 낮다(낮은 응답률). (ii) 캐어묻기, 응답순서 이행여부 등 응답자에 대한 통제가 거의 불가능하다(통제성 부족).

■ 전화조사

전화조사는 훈련된 조사원과 선정된 응답자가 전화를 이용하여 면접하고 자료를 수집하는 방법으로, 시사적 쟁점들에 대한 여론조사에 널리 사용되고 있으며, 마케팅 조사에도 자주 활용되고 있다.

장점: (i) 간편하고 신속하며, 시간과 비용이 적게 든다(신속성과 경제성). (ii) 면접조사에 비해 접근이 용이하다(접근의 용이성). (iii) 익명성이 뛰어나다(익명성).

단점: (i) 조사 중에 응답자가 전화를 끊음으로써 면접이 중단될 수 있다(통제 미흡). (ii) 표집에 있어 전화조사의 추출틀(frame)이 되는 전화번호부가 완벽하지 못하다(표집의 문제). (iii) 사회심리적 측면에서 응답자들이 속마음으로 답하지 않는 경향이 있다(응답의 제한).

■ 인터넷조사

인터넷조사는 급증하는 인터넷 인구를 대상으로 인터넷망을 이용하여 자료를 수집하는 조사방법을 말한다. 최근에 정보통신의 발달로 인해 인터넷 사용이 저렴해지고 익숙해지면서, 교육수준과 생활수준 측면에서 폭넓은 대상으로 확대되고 있는 실정이다.

장점: (i) 시간적, 비용적 측면에서 무척 효율적이다(시간성과 경제성). (ii) 확보된 추출틀 (주로 네티즌)에서 표본추출이 용이하고, 설문문항의 표현도 그래픽이나 음성 또는 동영상 등 다양하게 구성할 수 있다(표본추출의 용이함과 설문의 다양성). (iii) 응답자와 대화 형식을 통해서 정성적인 자료도 편리하게 수집할 수 있다(편리성).

단점: (i) 인터넷 사용자 집단이 전국의 일반인들을 대표하지 못한다(대표성 문제). (ii) 같은 인터넷 사용자라 하더라도 활발한 사용자가

패널 가입 가능성이 크고, 표본으로 선택된 대상자가 실제 조사에 응할 가능성이 인센티브 등에 영향을 받아 자기선택편향(self-selection bias)이 개입할 가능성이 크다.

2.3.4 표본추출 방법

앞 절에서 설명한 바와 같이 통계조사는 일반적으로 표본조사를 통해 이루어진다. 매년 5년 간격으로 행해지는 우리나라의 인구 · 주택 총조사와 같은 전수조사도 있지만, 대규모 조사의 경우 비용과 시간이 많이 걸리고 (2000년 11월에 시행된 인구 · 주택 총조사의 경우 조사비용은 약 840억이고, 최종결과는 2001년 12월 산출되었음), 조사가 부실하게 진행될 가능성이 있다. 또한 국가통계의 중요한 기초가 되는 인구 · 주택 총조사와 같이 굳이 전수조사를 할 필요가 없는 경우도 많기 때문에 주로 표본조사를 통해 자료를 수집하게 된다.

이와 같이 조사대상 전체를 조사하지 않고 일부 표본을 통해 조사대상 전체에 대한 특성을 추정해야 하므로 표본이 조사대상 전체를 잘 대표해야 하는데, 주로 사용되는 표본추출 방법에는 단순임의추출, 계통추출, 층화추출, 집락추출 등이 있다.

■ 단순임의추출(simple random sampling)

단순임의추출은 가장 간단한 확률추출법으로 다른 여러 확률추출법의 기초가 되는 추출 방법이다. 단순임의추출은 크기 N인 모집단에서 크기 n인 표본을 추출하고자 할 때, n개의 개체 각각이 동일한 추출기회(추출확률)를 갖도록 표본추출이 시행되는 경우를 말한다.

예를 들어, A 제품에 대한 소비자 만족도 조사를 한다고 할 때, 소비자 각각에 대해 일련번호를 부여한 후 난수(random number)를 발생하여 500명의 소비자를 추출하는 경우가 이에 해당된다.

■ 계통추출(systematic sampling)

계통추출법은 모집단의 크기가 크고, 표본추출단위들을 숫자화하는 것이 편리하거나 가능하지 않을 때 사용되는 확률추출법이다.

만약, 모집단이 4,000,000명으로 구성되어 있고, 여기서 2,000명을 표본으로 추출하기를 원한다면 일련번호를 매기거나 난수표에서 표본을 선정하는 작업이 쉬운 일이 아니다. 이러한 경우 계통추출은 모집단 명부가 임의로 나열되어 있다고 가정하고, 명부를 몇 개의 추출간격으로 구분하여 추출간격에서 계통적으로 표본을 추출한다.

예를 들어, 50,000명의 모집단에서 500명을 조사한다고 할 때, 100

(=50,000/500) 이하의 수에서 하나를 무작위로 추출하고, 해당간격 100을 계속 더해가면서 표본을 추출하는 것이다(최초 무작위 추출번호가 5라면 5, 105, 205, 305, ..., 49905를 추출한다).

■ 층화추출 (stratified sampling)

층화추출은 모집단의 추출단위를 층(strata)이라고 부르는 서로 중복되지 않는 몇 개의 그룹으로 나누어서, 이들 각 층에서 확률표본을 얻는 것을 말한다(일반적으로 성, 연령대, 소득수준, 직업 등이 층을 구분하는데 이용된다).

예를 들어, 서울시민의 월평균소득을 조사하고자 할 때, 서울시민 전체를 고소득층, 중소득층, 저소득층 등으로 층화한 후 각 층에서 100명씩 무작위로 추출하여 서울시민의 월평균소득을 추정하는 경우이다.

■ 집락추출 (cluster sampling)

집락추출은 모집단을 서로 인접한 기본단위들로 묶어 집락을 구성하여, 먼저 집락을 추출하고, 추출된 집락 내의 일부 또는 전체를 조사하는 추출법을 말한다.

예를 들어, 서울에 있는 가구들의 연간 가구당 평균 통신비지출액을 추정하고자 하는 경우, 서울시 22개 구에서 일부 구를 추출하고, 구내에서 일부 동을 추출하며, 동 내에서 일부 통을 추출하고, 최종적으로 통 내에서 가구를 무작위로 추출하는 경우를 말한다. 이때 구, 동, 통은 각각 집락의 1차, 2차, 3차 추출단위가 된다.

지금까지 통계학이 무엇이고 통계조사가 왜 필요한지의 의미부여를 위해 다소 길게나마 준비과정을 가져보았다. 이제 다음 절에서는 실제적으로 데이터를 요약하고 분석하는 데 꼭 알아야 할 자료의 형태에 대해 살펴보도록 한다.

2.4 자료의 형태

기술통계학(descriptive statistics)의 목적은 간단히 말해서 자료가 갖고 있는 특성과 모습을 잘 정리하고 요약해 놓는 것이다. 이를 제대로 하기 위해서는 어떠한 기준에 따라 자료가 수집되었는지를 구분해 주어야 한다.

예를 들어, 통계학을 수강하는 학생 50명의 성별을 조사할 때 남자를 1, 여자를 2로 부호화하여 자료를 입력하였을 경우, 이러한 자료에 대하여 산술계산을 이용하여 평균을 구해보았더니, '성별의 평균이 1.2이다' 라고 말하는 것은 우스꽝스러운 서술이 되는 것이다. 이보다는 수강생 중 40명(80%)은 남성이고, 10명(20%)은 여성이라고 말하는 것이 옳을 것이다.

따라서 보다 정확한 자료기술을 위해서는 자료기술 이전에 자료의 형태가 어떠한 형태인지를 아는 것이 반드시 필요할 것이다. 자료의 형태는 다음과 같이 크게 질적자료(정성적자료)와 양적자료(정량적자료)로 구분된다.

2.4.1 질적자료(Qualitative Data)

질적자료는 성별(남, 여), 혈액형(A, B, AB, O), 순위(1등, 2등, 3등) 등과 같이 어떤 속성을 나타낸 자료를 말하며, 이와 같은 질적자료에는 일반적으로 사칙연산을 적용할 수 없다. 질적자료는 다시 명목형 자료와 순서형 자료로 구분된다.

명목형(名目形, nominal) 자료는 성, 지역, 직업 등과 같이 자료값의 크기나 순서에 대한 의미가 없고, 단지 자료값 자체의 이름만 의미를 부여할 수 있는 변수이다. 때로는 명목형 자료의 각 속성에 대하여 편의상 숫자를 대응시켜 사용하기도 하는데, 이 경우 숫자는 기호로서의 역할을 할 뿐이다. 예를 들면, 성별에 있어 남성을 '1'로 여성을 '2'로 표현했다면 이때 숫자는 집단의 속성을 나타낼 뿐이다. 이러한 명목형 자료의 예로는 혈액형, 종교, 운동선수의 번호, 인종 등이 있다.

이에 반해, **순서형**(順序形, ordinal) 자료는 어떤 기준에 따라 자료값들의 순서에 의미를 부여할 수 있는 자료이다. 예를 들어, 마라톤 경주에서 결승점에 도착하는 순서에 따라 1위, 2위, 3위 등으로 순서를 매긴 경우가 여기에 해당한다. 이러한 순서형 자료에서 각 숫자는 순서를 나타낼 뿐 차이나 비율에는 의미가 없다. 즉, 마라톤 경주에서 1위는 2위보다 결승점에 먼저 도착했다는 뜻이지, 2의 숫자는 1의 숫자의 두 배이므로 2위가 1위보다 2배 늦게 도착했다는 뜻은 아닌 것이다. 순서형 자료의 예로는 연비에 대한 등급, 성적에서의 수, 우, 미, 양, 가 등이 있다.

명목형 자료(때로는 순서형 자료를 포함하여)를 **범주형**(範疇形, categorical) 자료라 부르기도 하는데, 이러한 범주형(질적) 자료의 특성을 파악하기 위해서는 각 범주별 빈도를 계산하는 등 양적자료와는 다르게 처리해야 한다.

2.4.2 양적자료(Quantitative Data)

양적자료는 길이, 무게, 자동차 생산대수 등과 같이 많고 적음을 나타내는 수치로 된 자료를 말하며, 양적자료에 대해서는 사칙연산이 가능하다.

양적자료는 다시 계수형 자료와 연속형 자료로 나누기도 하고, 비율형 자료와 구간형 자료로 나누기도 한다.

먼저, 양적자료를 계수형 자료와 연속형 자료로 구분할 때의 의미를 살펴보자. **계수형**(計數形, count) 자료는 자료가 셀 수 있는 정수 형태인 경우를 말한다. 예를 들어, 형제의 수, 자동차 보유대수, 입사 지원자수, 보험 해약건수 등이 여기에 속한다. 이러한 계수형 자료는 범주형 자료의 경우처럼 이산적인 값을 갖기 때문에 이들을 한데 묶어 **이산형**(離散形, discrete) 자료라고도 한다.

이에 반해, **연속형**(連續形, continuous) 자료는 자료의 측정이 셀 수 없는 소수점을 포함하는 키, 무게, 길이 등과 같은 자료를 말한다.

이제 양적자료를 비율형 자료와 구간형 자료로 구분할 때의 의미를 살펴보자. **비율형**(比率形, ratio) 자료는 수치값들 사이의 차이 뿐만 아니라 비율에도 의미를 부여할 수 있는 변수이다. 예를 들어, 어떤 냉장고 A의 무게가 200kg이고, B의 무게가 100kg이라고 할 때 냉장고 A와 B의 무게 차이는 100kg이고, A의 무게는 B의 두 배라고 말할 수 있다. 또한 이 경우 0은 무게가 없다는 것을 의미한다(즉, 절대영점을 가진다).

이에 반해, **구간형**(區間形, interval) 변수는 수치값들 사이의 차이(구간)에는 의미를 부여할 수 있지만, 비율에는 의미를 부여할 수 없는 변수이다. 예를 들어, 섭씨 20도는 −10도에 비해 온도가 30도 높다고 할 수 있지만, 온도의 비율이 20/(−10) = −2배라고 할 수는 없다. 또한 온도가 0도라고 하는 것은 온도가 없다라는 의미는 아니다(즉, 상대영점을 가진다). 따라서 구간형 자료에 대해서 덧셈과 뺄셈은 의미가 있지만, 곱셈이나 나눗셈에 의한 결과는 큰 의미가 없게 된다.

연습문제

2-1 주위에서 접할 수 있는 표본조사의 예를 하나 조사하여라. 그 예에 대하여

(가) 모집단, 모수, 표본, 통계량은 무엇인가?

(나) 조사방법은 무엇인가?

(다) 표본추출 방법은 무엇인가?

(라) 주요 결과는 무엇이며 그 결과가 어떻게 사용될 수 있는지를 설명하여라.

2-2 통계청, 한국은행 등 주요 국가기관의 웹사이트들을 방문하여, 이들 기관에서 조사, 작성, 발표하고 있는 통계에는 어떤 것들이 있는지를 알아보아라.

CHAPTER 3

데이터의 요약과 기술통계량

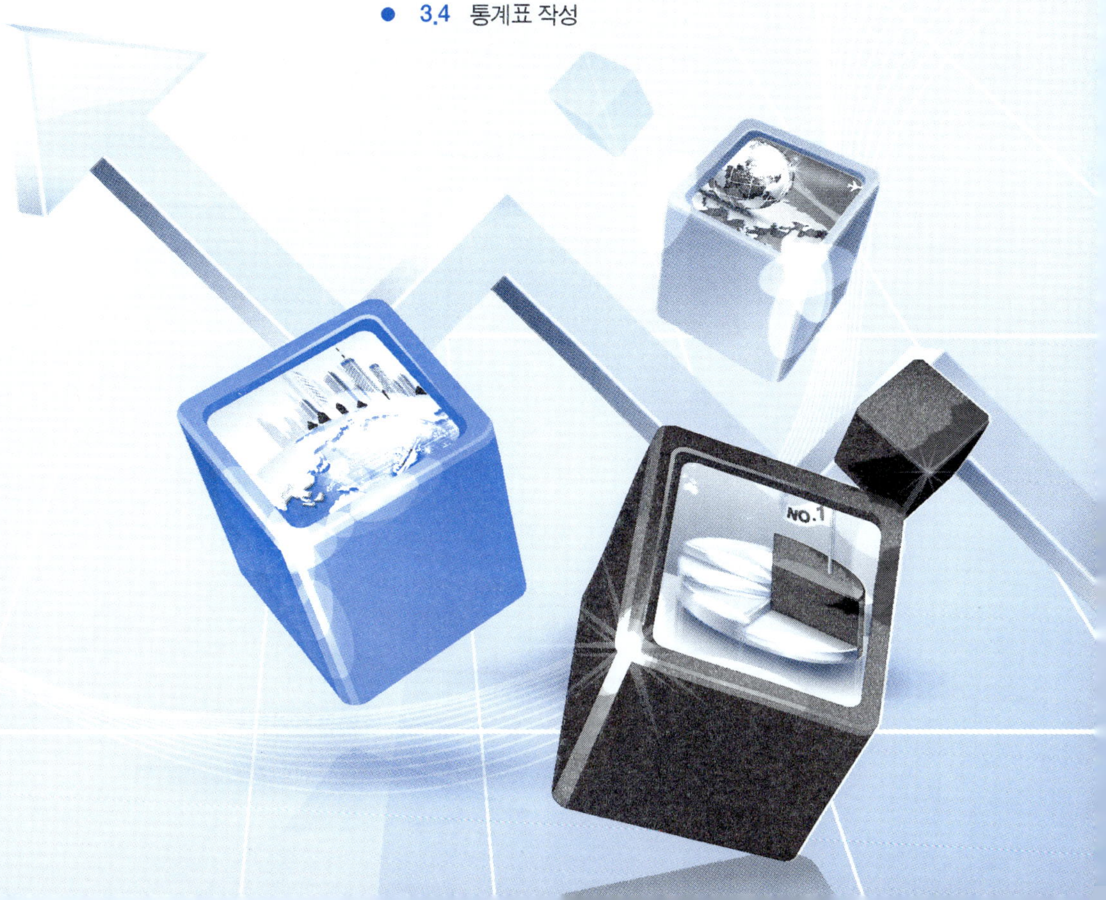

실험이나 조사를 통해 얻어진 자료에서 개별 측정값들은 그 자체가 중요한 정보이지만, 이들은 양적으로 방대하고 다루기도 힘들며, 질적으로 혼돈과 소음을 포함하고 있어 자료의 전반적인 내용을 파악하는 것이 쉽지 않다. 따라서 자료의 특성 내지는 중요한 측면을 쉽게 파악할 수 있도록 빈도나 퍼센트, 대표값, 변이성, 분포의 형태 등을 간결한 형태로 정리, 요약하여 기술(記述, description)해야 할 필요가 있게 된다. 이 장에서는 주어진 자료의 전반적인 내용을 쉽고 빠르게 파악할 수 있도록, 표나 그래프 또는 몇 개의 숫자로 요약하여 표현하는 방법들에 대해서 설명할 것이다.

3.1 빈도분석

앞 장에서 설명한 바와 같이 명목형(또는 순서형) 변수에 대해서는 각 범주별 빈도(frequency)와 퍼센트를 이용하여 데이터를 정리 · 요약하는 것이 일반적이다. 이 절에서는 '빈도분석(F)' 메뉴를 이용하여 빈도표를 작성하고, 막대도표 또는 원도표 등으로 데이터를 표현하는 방법을 살펴보도록 한다.

먼저 1장에서 소개되었던 '고객만족도.SAV' 데이터를 이용하여 다음과 같이 간단한 빈도분석을 수행하여 보자.

① <그림 3.1>에서와 같이 풀다운 메뉴에서 '분석(A) → 기술통계량(E) → 빈도분석(F)' 메뉴를 선택한다.

② 빈도표를 작성하고자 하는 변수 이름을 선택한다(예를 들어, '전반적

그림 3.1 '분석(A) → 기술통계량(E) → 빈도분석(F)' 메뉴

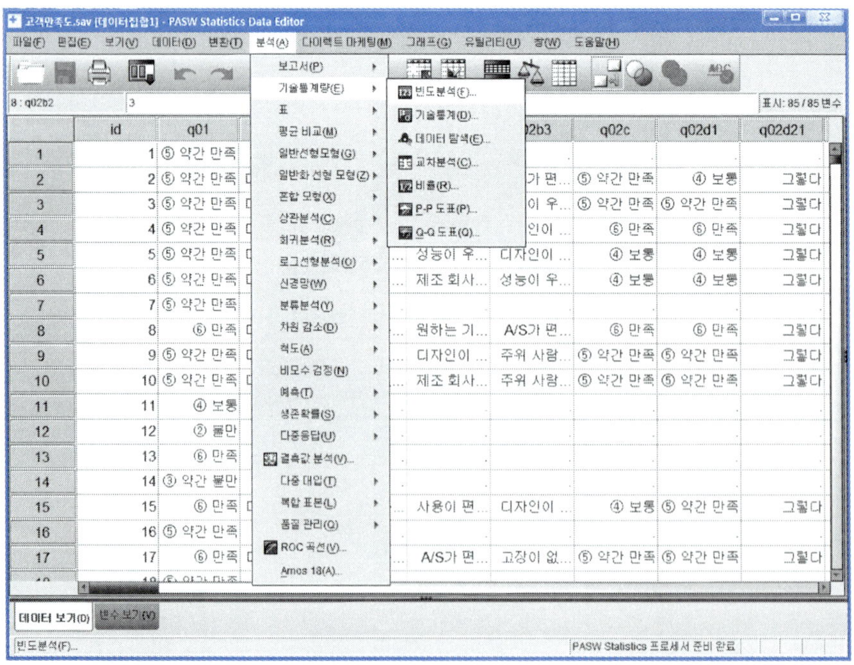

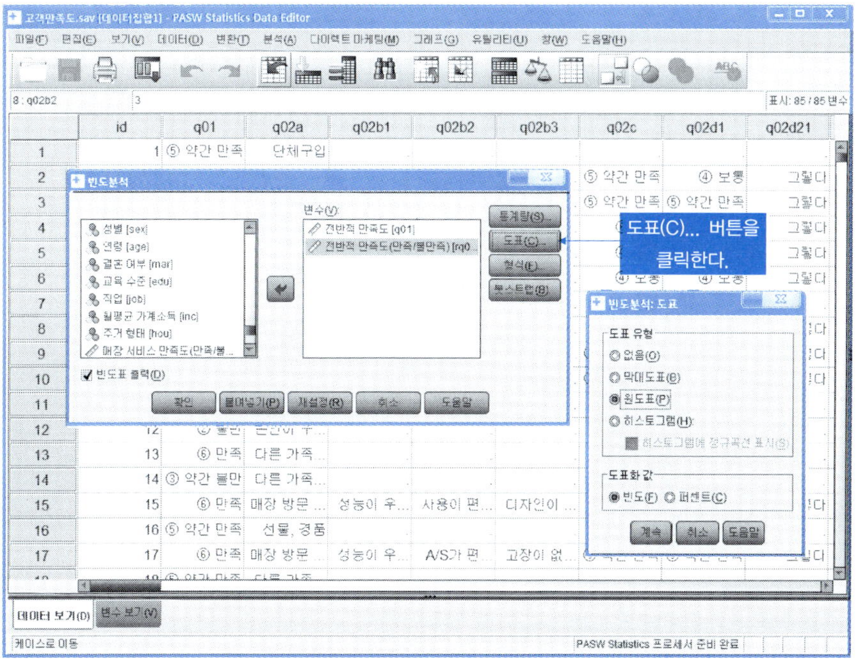

그림 3.2
'빈도분석' 및 '도표' 대화상자

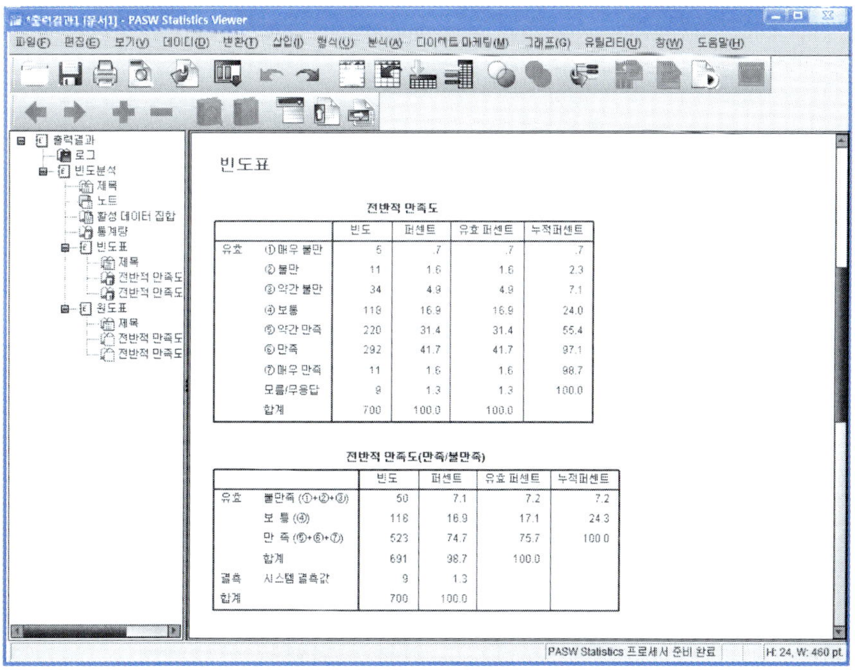

전반적 만족도

		빈도	퍼센트	유효 퍼센트	누적퍼센트
유효	①매우 불만	5	.7	.7	.7
	②불만	11	1.6	1.6	2.3
	③약간 불만	34	4.9	4.9	7.1
	④보통	118	16.9	16.9	24.0
	⑤약간 만족	220	31.4	31.4	55.4
	⑥만족	292	41.7	41.7	97.1
	⑦매우 만족	11	1.6	1.6	98.7
	모름/무응답	9	1.3	1.3	100.0
	합계	700	100.0	100.0	

전반적 만족도(만족/불만족)

		빈도	퍼센트	유효 퍼센트	누적퍼센트
유효	불만족 (①+②+③)	50	7.1	7.2	7.2
	보 통 (④)	116	16.9	17.1	24.3
	만 족 (⑤+⑥+⑦)	523	74.7	75.7	100.0
	합계	691	98.7	100.0	
결측	시스템 결측값	9	1.3		
합계		700	100.0		

그림 3.3
빈도표

만족도' 의 분포를 파악하기 위해 변수 q01과 rq01을 선택한다).

③ '도표(C)...' 버튼을 클릭한 후, <그림 3.2>에서와 같이 '도표' 대화상자에서 '원도표(P)' 를 선택한다.

④ '도표' 대화상자에서 '계속' 버튼을 클릭한 후, '빈도분석' 대화상자로 돌아가서 '확인' 버튼을 클릭한다.

이상과 같은 과정을 수행하면 <그림 3.3>에서와 같이 '빈도' 와 '퍼센

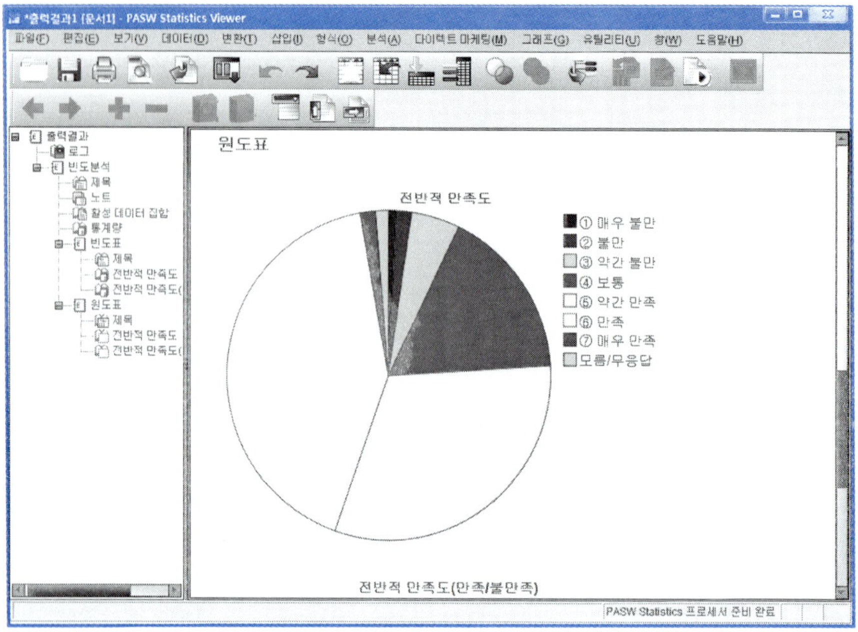

그림 3.4
원도표

트' 로 이루어진 빈도표를 얻을 수 있으며, <그림 3.4>에서와 같은 원도표도 출력된다.

앞의 빈도표(그림 3.3)에서 **'유효 퍼센트'** 는 시스템 결측값을 제외하고 퍼센트를 다시 계산한 것이다(1장의 부록에서 변수 rq01에 대해서는 모름/무응답을 시스템 결측값으로 처리하였음을 살펴보기 바란다). 또한 **'누적 퍼센트'** 는 유효 퍼센트를 차례로 누적시킨 것이다.

3.2 기술통계량

연속형(또는 수치형) 변수의 경우 관찰값들을 대표할 수 있는 몇 개의 의미 있는 수치로 데이터를 요약하는 것이 일반적이다. 이러한 의미 있는 수치들을 **기술통계량**(記述統計量, descriptive statistics)이라고 하는데, 주어진 자료들이 어떤 값을 중심으로 분포되어 있는지(대략 어느 정도의 값을 취한다고 할 수 있는지)를 나타내는 **대표값**과 자료들의 흩어져 있는 정도(퍼져 있는 정도)를 나타내는 **산포도**가 주로 이용된다. 이 절에서는 '빈도분석' 대화상자의 '통계량(S)...' 버튼을 이용하여 여러 가지 기술통계량을 얻는 과정과 각각의 기술통계량들이 가지고 있는 의미를 살펴보도록 하자.

이 절에서 설명을 위해 사용할 데이터는 '서비스만족도' 데이터로서(그림 3.6), 25명(남자 10명, 여자 15명)의 고객으로부터 한 회사의 A/S(애프터서비스)에 대한 만족도를 100점 만점으로 측정한 것이다.

그림 3.5
'빈도분석: 통계량' 대화상자

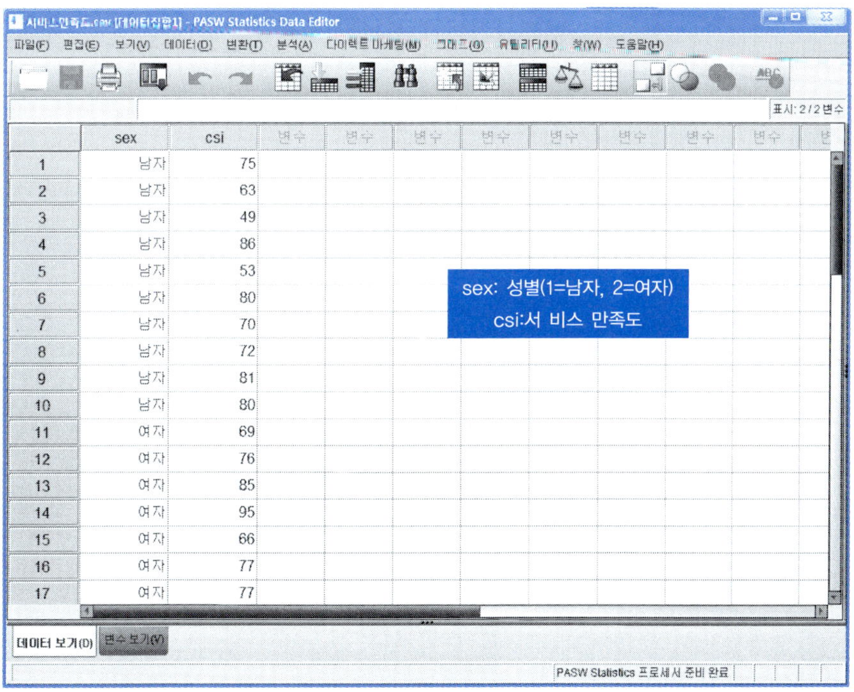

그림 3.6
'서비스만족도.SAV' 데이터

'빈도분석: 통계량' 대화상자의 옵션들(그림 3.5)

- **중심경향** : 평균 등 중심경향을 나타내는 통계량들을 선택할 수 있다.
- **산포도** : 표준편차 등 산포도를 나타내는 통계량들을 선택할 수 있다.
- **백분위수 값** : 사분위수 등 분위수를 선택할 수 있다. 특히 백분위수를 선택할 경우 0과 100 사이의 숫자를 입력하고, '추가(A)' 버튼을 클릭하여 출력

될 백분위수들을 지정해 주어야 한다.
- **분포** : 왜도와 첨도를 선택할 수 있다.
- **값들이 집단 중심점임(L)** : 데이터의 값이 집단의 중심점일 경우(예를 들어, 30대인 사람들의 나이가 모두 35로 코드화되어 입력되어 있는 경우) 집단화되지 않은 원 데이터의 중위수와 백분위수를 추정할 수 있다.

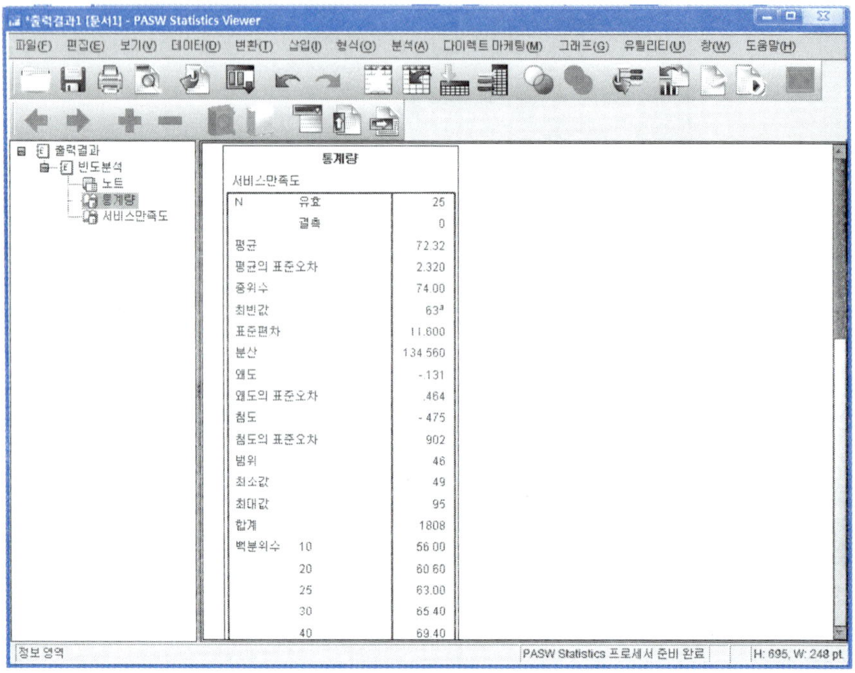

그림 3.7 '서비스만족도' 데이터에 대한 기술통계량

3.2.1 대표값(중심경향, Measure of Centrality)

모집단으로부터 n개의 표본 $x_1, x_2, \cdots, x_n$을 얻었다고 하자. 이때 모집단을 뭉뚱그리는 대표값은, 많은 경우 그 값을 중심으로 n개의 자료가 위치하게 되므로 **위치측도**(measure of location)라고도 한다. 주로 사용되는 대표값으로는 다음과 같은 것들이 있다.

■ 평균(Mean)

일상생활에서 평균 수입, 평균 주행거리, 평균점수 등과 같이 평균을 사용하는 경우가 많다. 이는 일반적으로 대부분의 자료들이 평균을 향하고 있으므로, 평균을 집단의 대표값으로 사용하는 것이 타당한 경우가 많기 때문이다. **평균**(平均)은 자료값들의 합(sum)을 표본크기(관찰값의 개수) n으로 나눈 것을 말한다. 즉,

$$\bar{x} = \frac{x_1 + x_2 + \cdots + x_n}{n} = \frac{1}{n}\sum_{i=1}^{n} x_i. \tag{3.1}$$

앞의 '서비스만족도' 데이터에 대해서 평균을 계산하면 다음과 같다.

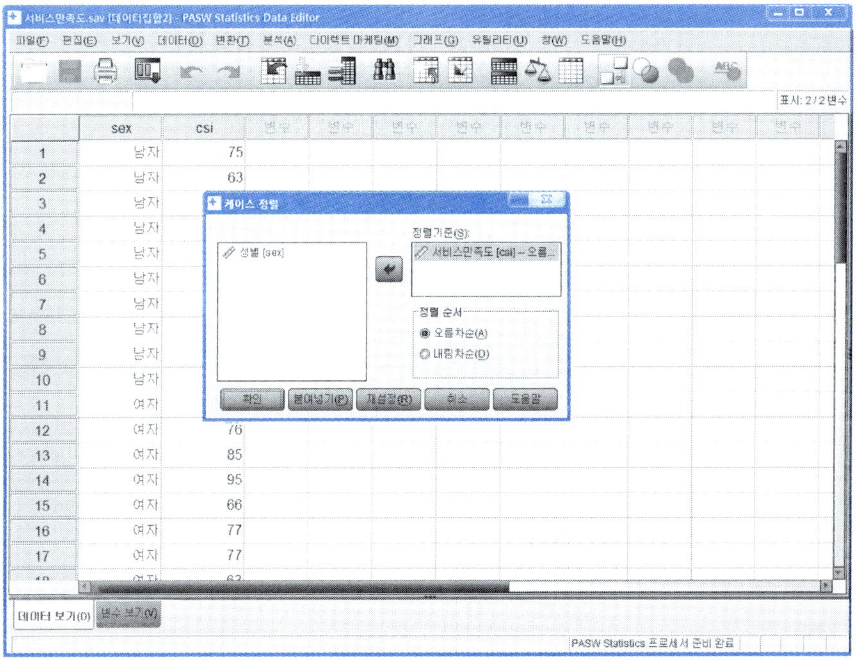

그림 3.8
'케이스 정렬' 대화상자

'케이스 정렬' 메뉴를 이용한 데이터 정렬(그림 3.8)

① 풀다운 메뉴에서 '데이터(D) → 케이스 정렬(O)...' 메뉴를 선택한다.

② '케이스 정렬' 대화상자에서 '정렬기준' 변수와 '정렬순서'를 선택하고 '확인' 버튼을 클릭한다(그림 3.8).

$$\bar{x} = (75 + 63 + 49 + \cdots + 82 + 59 + 60) / 25 = 72.32$$

이와 같은 평균은 사회적 관행 및 통계적 추론에서의 편리성 등으로 인해 가장 널리 사용되는 대표값 중의 하나이다. 그러나 평균은 무게의 중심을 나타내는 것과 같아서 전체 자료 중 몇 개가 나머지와 동떨어져 있을 때, 이들 중 아주 크거나 작은 값에 크게 영향을 받게 되는 단점이 있다. 따라서 비대칭적인 자료에 대해서는 자료의 대표값으로 평균을 사용하는 것이 바람직하지 않은 경우도 있다.

■ 중위수(Median)

자료값들을 크기순으로 정렬하였을 때 중앙에 위치하는 값을 **중위수**이라고 한다. 즉, 자료의 값을 크기 순서대로 나열했을 때 중앙에 있는 값을 전체 자료의 중심성향을 나타내는 대표값으로 보는 것이다. 표본크기 n이 홀수이면 중위수는 "$(n+1)/2$번째의 값"이고, n이 짝수이면 중위수는 "[($n/2$번째의 값) + ($n/2+1$번째의 값)]/2"이다.

예를 들어, <그림 3.8>은 '데이터(D) → 케이스 정렬(O)...' 메뉴를 이용하여 '서비스만족도' 데이터를 오름차순으로 나열한 것인데, 여기서 자료의 개수는 $n = 25$이므로 $(25 + 1)/2 = 13$번째 값인 74가 중위수가 된다. 이러한 중위수는 아주 작거나 큰 극단값(extreme value)에 덜 민감하다는 장점을 가지고 있어, 평균에 대한 대안으로 종종 사용된다.

■ 최빈값(Mode)

자료값들 중 가장 빈도가 많은 자료값을 **최빈값**이라고 한다. '서비스만족도' 데이터에서는 63, 77, 80이 각각 두 번씩 나타나고, 나머지 수치들은 모두 한 번씩 나타나므로 이 값들이 모두 최빈값이 된다(그림 3.7의 SPSS 출력결과에서는 이들 중 가장 작은 값인 63이 출력되어 있다).

최빈값도 중위수와 같이 극단값에 둔감한 성질이 있으며, 자료의 범위가 비교적 작고 서로 겹치는 자료값들이 많은 경우에 유용하다. 그러나 최빈값은 자료의 중심을 대표하지 못할 경우가 많고, 최빈값이 여러 개 존재하는 경우와 존재하지 않는 경우 등이 있어 질적자료의 표현(예를 들면, 공대학생들의 주된 성은 남성이다) 이외에는 그다지 자주 사용되지 않는다.

3.2.2 산포도(Measure of Dispersion)

산포도(散布度)는 자료값들이 얼마나 흩어져 있는가를 나타내는 척도로서, 대표값과 더불어 데이터의 특성을 기술할 때 일반적으로 사용되는 중요한 수치 중 하나이다. 산포도를 나타내기 위해 주로 사용되는 통계량은 다음과 같은 것들이 있다.

■ 분산(Variance)과 표준편차(Standard Deviation)

자료값들이 그의 평균으로부터 얼마만큼 떨어져 있는지를 측정하는 **분산**(分散)은 다음과 같이 계산된다.

$$s^2 = \frac{1}{n-1}\sum_{i=1}^{n}(x_i - \bar{x})^2 = \frac{1}{n-1}\left(\sum_{i=1}^{n}x_i^2 - n\bar{x}^2\right). \tag{3.2}$$

예를 들어, '서비스만족도' 데이터에 대해서 분산은 다음과 같이 계산된다.

$$s^2 = \frac{1}{25-1}[(49 - 72.32)^2 + \cdots + (95 - 72.32)^2] = 134.56.$$

한편 분산의 단위는 자료가 가지고 있는 단위의 제곱이 되므로 자료와 동일한 단위를 가지는 산포도의 측도가 필요한데, 이를 위해 분산에 제곱근을 취한 **표준편차**(標準偏差) $s = \sqrt{s^2}$을 산포도의 측도로 주로 사용한다. 이 예에서 표준편차는 $s = \sqrt{134.56} = 11.6$이다.

■ 변동계수 (Coefficient of Variation)

분산이나 표준편차는 측정단위를 가지고 있기 때문에 측정단위가 다른 자료들의 산포도를 비교하기가 곤란하다. **변동계수**(變動係數)는 다음과 같이 평균에 대한 표준편차의 백분율로 정의되는데,

$$CV = \frac{s}{\bar{x}} \times 100\,(\%) \tag{3.3}$$

이는 측정단위에 의존하지 않으므로 측정단위나 상대크기가 서로 다른 자료들의 산포도를 비교할 때 유용하며, 산포도를 대표값에 대한 상대비율로 표현하는 게 특징이다. 이 예에서 변동계수는 $CV = 11.6/72.32 = 16.04\%$이다.

3.2.3 분위수 (Quantile)

자료값들을 크기순으로 정렬하였을 때 자료를 q등분하는 값들을 q–분위수(分位數)라고 한다. 예를 들어, 자료를 4등분하는 값들을 **사분위수**(quartile)라 하고, 100등분하는 값들을 **백분위수**(percentile)라고 한다. 특히 자료를 4등분하는 세 개의 사분위수를 크기 순서대로 제1사분위수(Q_1), 제2사분위수(Q_2), 제3사분위수(Q_3)라고 하며, 사분위수와 백분위수 그리고 중위수의 관계를 나타내면 다음과 같다.

- 제1사분위수(Q_1) = 제25백분위수
- 제2사분위수(Q_2) = 제50백분위수 = 중위수(Median)
- 제3사분위수(Q_3) = 제75백분위수

'서비스만족도' 데이터에 대해서 사분위수를 구해보면 각각 $Q_1 = 63$(7번째의 값), $Q_2 = 74$(13번째의 값), $Q_3 = 80$(19번째의 값)이다.

■ 범위 (Range)와 사분위범위 (Interquartile Range)

최대값(maximum value)과 최소값(minimum value)의 차이를 **범위**(範圍)라고 하며, 산포도의 측도로 종종 사용된다. <그림 3.6>의 자료에서 최대값은 95이고 최소값은 49이므로, 범위는 95 − 49 = 46이다.

한편, 이와 같은 범위는 자료의 극단값에 큰 영향을 받기 때문에 극단값에 둔감한 **사분위범위**(四分位範圍, $Q_3 - Q_1$)를 범위 대신에 사용하기도 한다. 이 자료에서 사분위범위는 80 − 63 = 17이 된다.

3.2.4 왜도 (Skewness)와 첨도 (Kurtosis)

자료의 분포에 대한 비대칭의 정도를 나타내는 **왜도**(歪度)는 다음과 같이 계산된다.

$$\text{Skewness} = \frac{1}{n-1}\sum_{i=1}^{n}\left(\frac{x_i - \bar{x}}{s}\right)^3. \qquad (3.4)$$

왜도가 0이면 자료분포의 형태가 좌우 대칭이라는 것을 의미하고, 0보다 크면 자료분포가 왼쪽으로 치우쳐진(오른쪽으로 긴 꼬리를 가지는) 형태라는 것을 의미하며, 0보다 작으면 자료분포가 오른쪽으로 치우쳐진(왼쪽으로 긴 꼬리를 가지는) 형태라는 것을 의미한다.

한편, **첨도**(尖度)는 자료분포의 뾰족한 정도를 나타내는 것으로, 다음과 같이 계산된다.

$$\text{Kurtosis} = \frac{1}{n-1}\sum_{i=1}^{n}\left(\frac{x_i - \bar{x}}{s}\right)^4 - 3. \qquad (3.5)$$

표준정규분포의 첨도는 0이 되는데, 첨도가 0보다 크면 자료분포의 형태가 표준정규분포보다 더 뾰족하다는 것을 의미하고, 첨도가 0보다 작으면 자료분포의 형태가 표준정규분포보다 더 납작하다는 것을 의미한다.

3.2.5 기술통계 메뉴

앞에서 설명한 '빈도분석: 통계량' 대화상자는 개별 변수들의 특성을 살펴보고자 할 때 유용하다. 반면에 여러 변수들에 대해서 주요 기술통계량들로 이루어진 간단한 요약표를 얻고자 한다면, <그림 3.9>에서와 같이 '기술통계(D)' 메뉴를 이용하는 것이 보다 편리하다. 여기서는 '고객만족도.SAV' 데이터를 이용하여 여러 만족도 문항에 대한 기술통계량들을 출력해 보도록 하자.

① 풀다운 메뉴에서 '분석(A) → 기술통계량(E) → 기술통계(D)' 메뉴를 선택한다.
② '기술통계' 대화상자에서 원하는 변수들을 선택한다. 예를 들어, 변수 q01, q02c, q03a, q04a, q05a, q06a, q07b1, q07c1을 선택한다.
③ '기술통계' 대화상자에서 '옵션(C)...' 버튼을 클릭하고, '옵션' 대화상자에서 원하는 통계량들을 선택한다(그림 3.10).
④ '옵션' 대화상자에서 '계속' 버튼을 클릭한 후, '기술통계' 대화상자로 돌아가서 '확인' 버튼을 클릭한다.

한편, <그림 3.10>의 '기술통계' 대화상자에서 '표준화값을 변수로 저장(Z)' 란에 체크하면, 다음과 같이 표준화된(standardized) 값이 새로운 변수로 저장된다. 이때 새로 생성되는 변수의 이름은 기존 변수의 이름 앞에 'Z'를 붙여서 만들어진다.

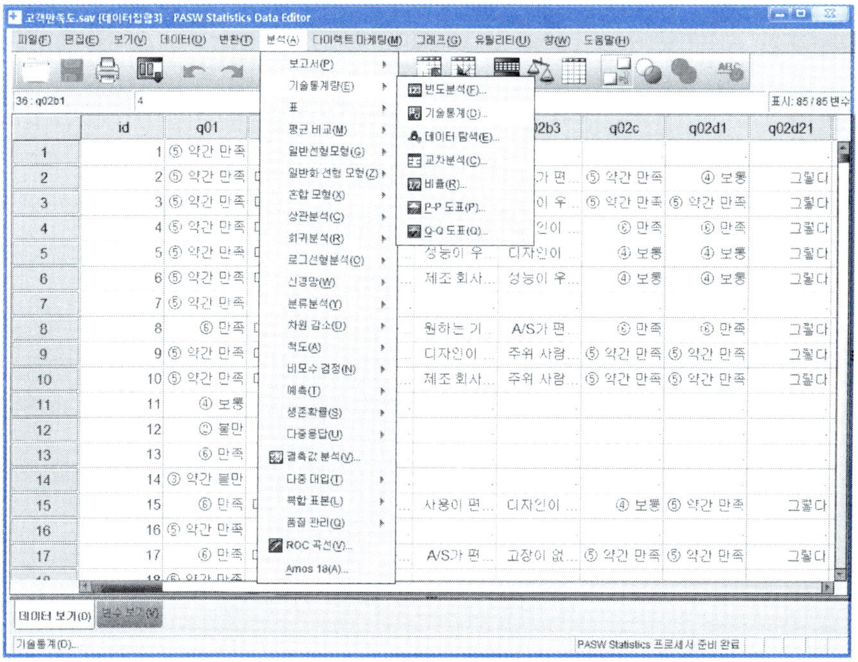

그림 3.9
'기술통계(D)' 메뉴

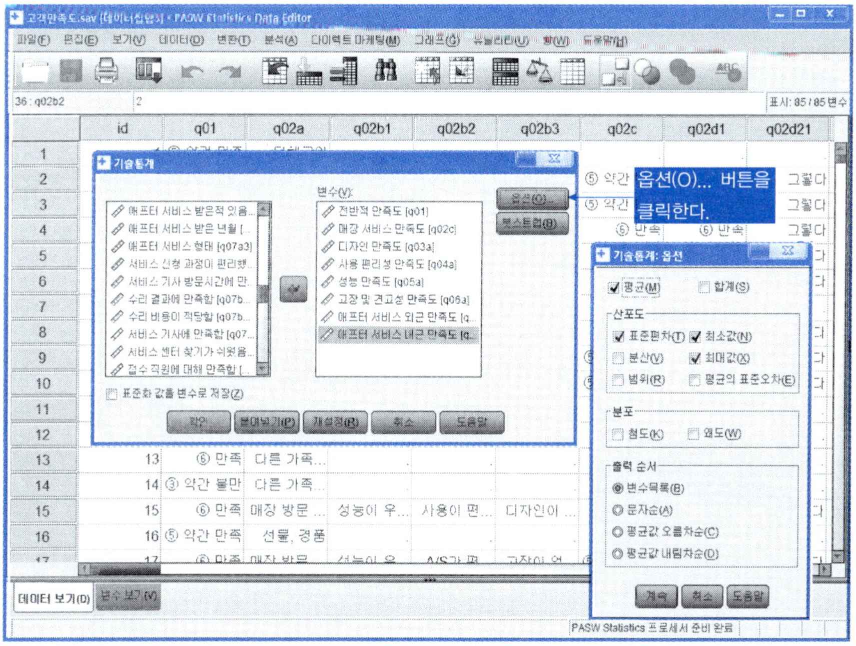

그림 3.10
'기술통계' 및 '옵션' 대화상자

$$Z = \frac{x - \bar{x}}{s}. \tag{3.6}$$

여기서 $\bar{x}$와 s는 각각 원 변수의 평균과 표준편차이다.

이러한 '표준화 변환'을 취하여 얻은 새로운 변수 Z는 평균이 0이 되고(중심화, centering), 표준편차는 1이 된다(척도화, scaling). 따라서 측정단위가 서

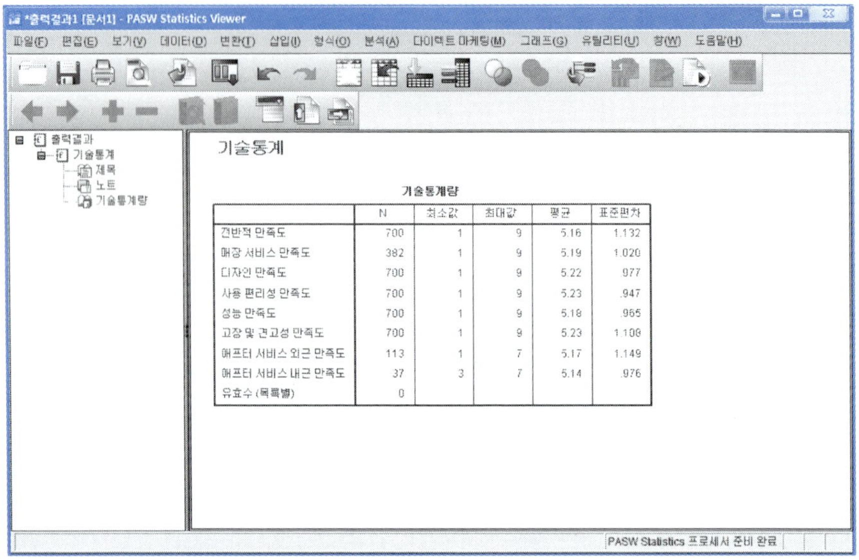

그림 3.11
출력된 기술통계표

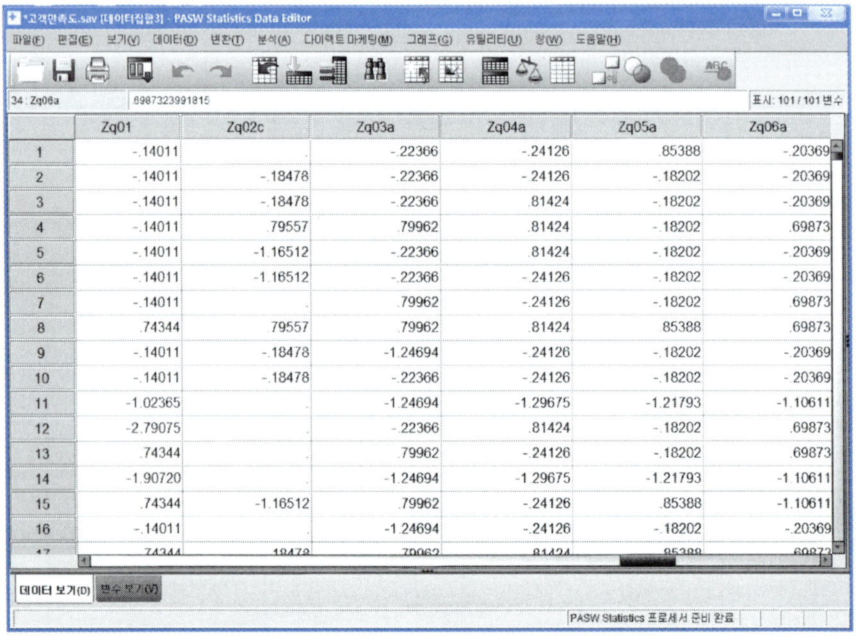

그림 3.12
표준화된 변수들

로 다르거나 평균(중심성향) 및 분산(산포도)이 상이한 변수들의 자료값을 비교하고자 할 때 유용하게 사용할 수 있다(예를 들어, 대학수학능력시험 점수를 표준환산점수로 변환하여 비교하는 것). 또한 측정단위가 서로 다른 변수들을 더하여 새로운 점수를 만들고자 하는 경우에도 종종 사용된다.

3.3 데이터 탐색

'데이터 탐색(E)' 메뉴를 이용하면 여러 가지 기술통계량 및 히스토그

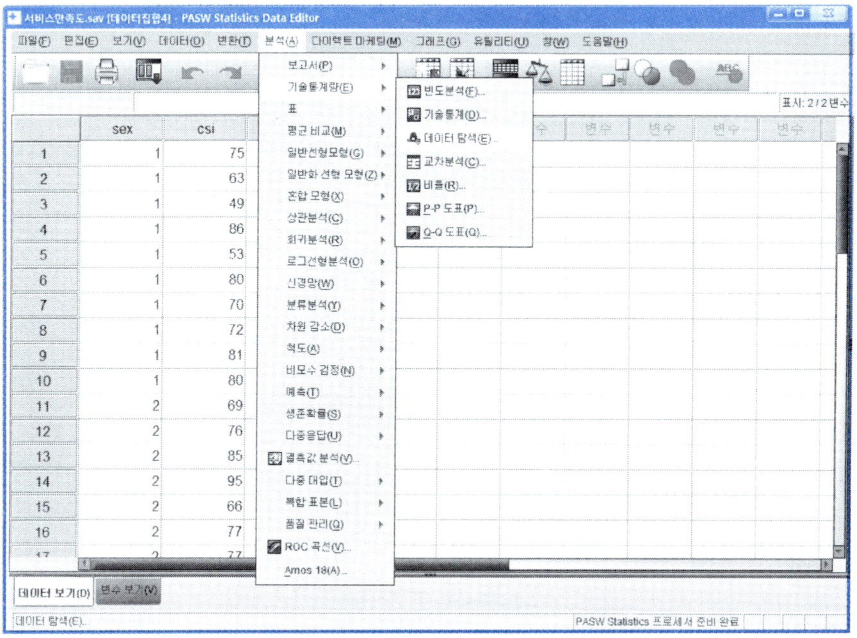

그림 3.13
'데이터 탐색(E)' 메뉴

램, 상자그림, 줄기-잎 그림 등을 통해서 데이터에 대한 다양한 탐색을 수행할 수 있다. 여기서는 '서비스만족도.SAV' 데이터에 대해서 다음과 같이 수행하여, 성별(남, 여)에 따른 만족도 점수의 분포를 살펴보도록 하자.

① 풀다운 메뉴에서 '분석(A) → 기술통계량(E) → 데이터 탐색(E)' 메뉴를 선택한다.
② '데이터 탐색' 대화상자에서 '종속변수(D)' 란에 변수 csi를 선택하고, '요인(F)' 란에 변수 sex를 선택한다(그림 3.14).
③ '데이터 탐색' 대화상자에서 '통계량(S)...' 버튼을 클릭한 후, '통계량' 대화상자에서 원하는 통계량을 선택한다(그림 3.15). '계속' 버튼을 클릭한다.
④ '데이터 탐색' 대화상자에서 '도표(L)...' 버튼을 클릭한 후, '도표' 대화상자에서 원하는 도표들을 선택한다(그림 3.16). '계속' 버튼을 클릭한다.
⑤ '데이터 탐색' 대화상자에서 '확인' 버튼을 클릭한다(그림 3.17).

3.3.1 히스토그램

'히스토그램'은 연속형(수치형) 변수에 대해 적절한 구간으로 나누어 빈도를 계산하고, 이를 막대그래프로 표현한 것이다. 이 예의 경우 <그림

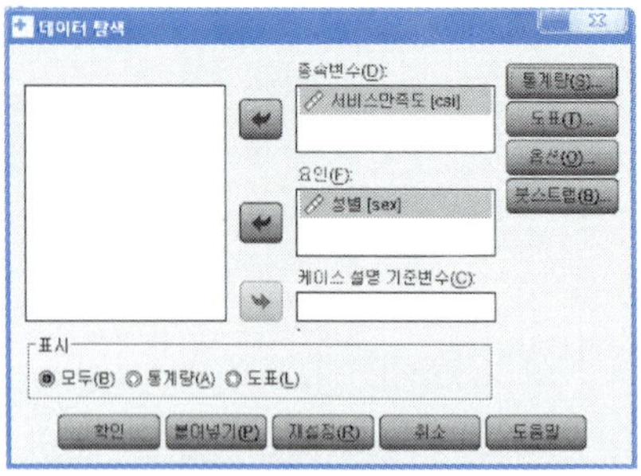

그림 3.14
'데이터 탐색' 대화상자

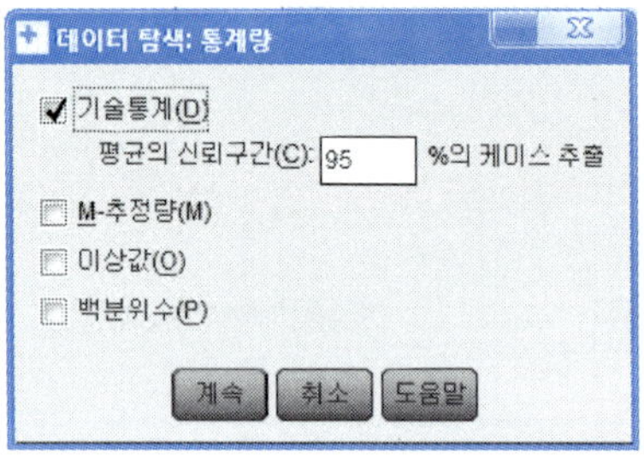

그림 3.15
'통계량' 대화상자

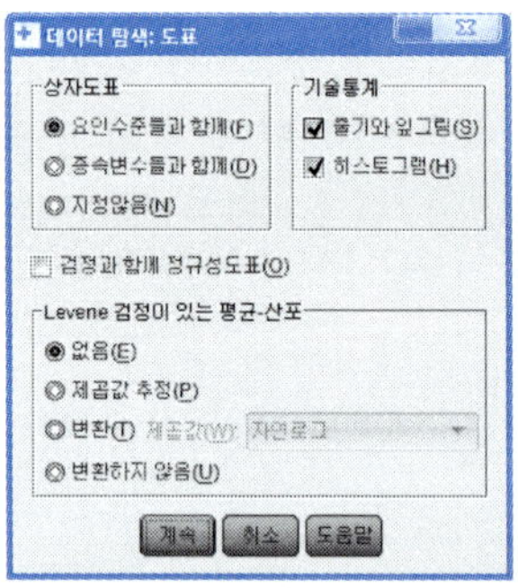

그림 3.16
'도표' 대화상자

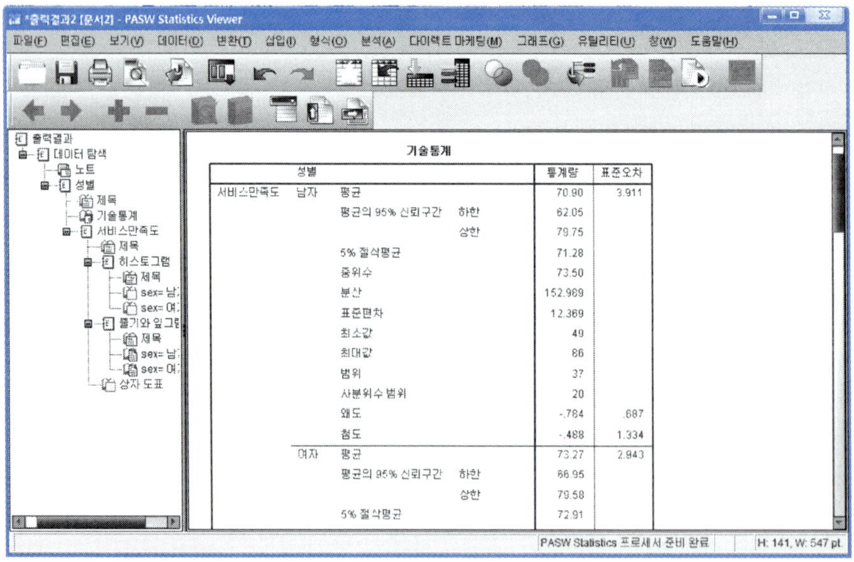

그림 3.17
출력된 기술통계량

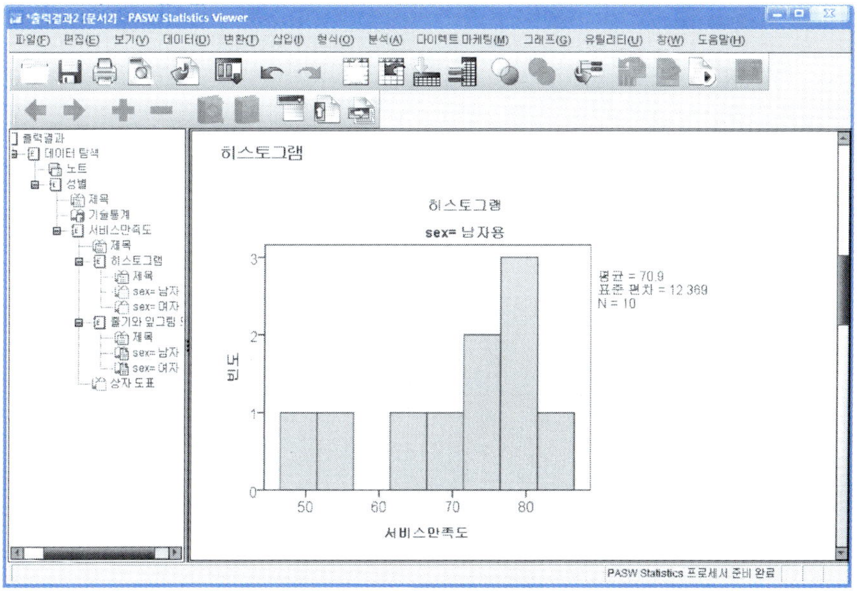

그림 3.18
히스토그램

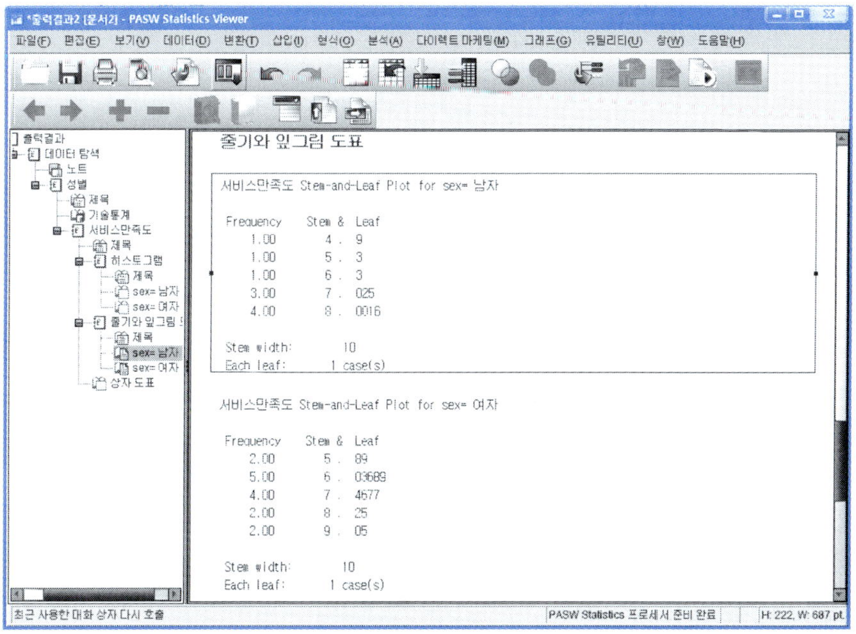

그림 3.19
줄기-잎 그림

3.18>에서 5점 간격으로 만족도 점수의 빈도가 막대로 표시되어 있다는 것을 볼 수 있다.

3.3.2 줄기-잎 그림

'줄기-잎 그림'은 전체 자료를 전시(display)하는 한 가지 방법으로, 줄기(stem) 부분에 자료의 일부 정보를 제시하고, 잎(leaf) 부분에 나머지 정보를 제공하는 것이다. 예를 들어, <그림 3.19>의 줄기-잎 그림은 서비스

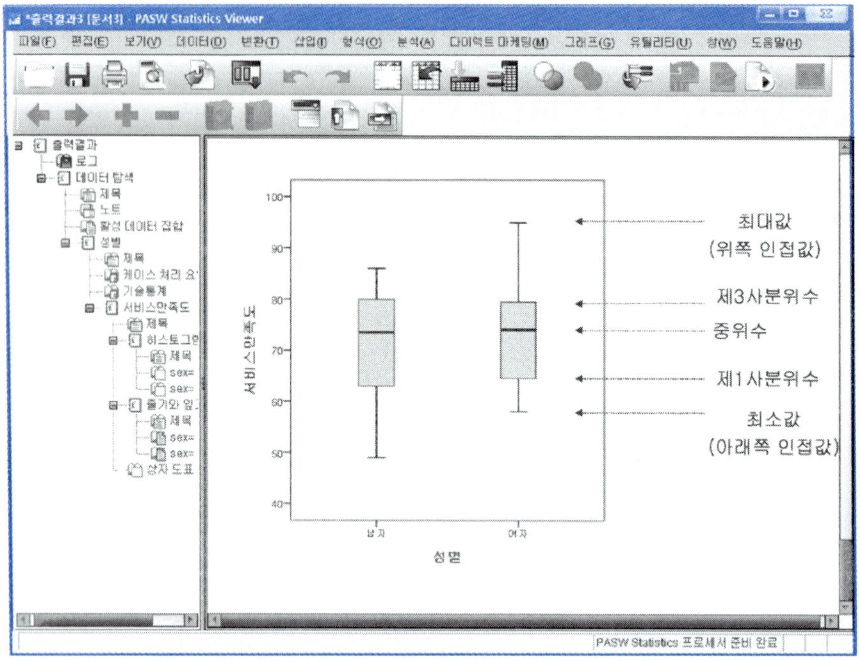

그림 3.20 상자그림

만족도를 10점 단위로 나누어 줄기를 구성한 것으로, 이를 통해 남자 집단의 경우 40점대인 사람이 1명(49)이고, 70점대인 사람이 3명(70, 72, 75)이라는 것 등을 쉽게 파악할 수 있다. 또한 이 줄기-잎 그림을 살펴보면 남자 집단의 경우 70점대와 80점대에 자료값이 많이 몰려 있으며, 여자 집단의 경우는 60점대와 70점대에 자료값이 많이 몰려 있고, 전반적으로 대칭적인 분포형태를 이루고 있다는 것을 알 수 있을 것이다.

3.3.3 상자그림

'상자그림'(box plot)은 극단값 및 사분위수를 이용하여 자료의 분포형태를 상자모양으로 나타낸 것이다. <그림 3.20>에서 보듯이 상자그림은 제1사분위수, 중위수, 제3사분위수로 상자를 표시하고, 최소값(또는 아래쪽 인접값) 및 최대값(또는 위쪽 인접값)을 상자와 선으로 연결한 것이다. 여기서 **아래쪽 인접값**은 제1사분위수로부터 아래쪽으로 1.5배 사분위범위 안에 있는 자료값들 중 가장 작은 값을 의미하며, **위쪽 인접값**은 제3사분위수로부터 위쪽으로 1.5배 사분위범위 안에 있는 자료값들 중 가장 큰 값을 의미한다.

또한 **이상값**(제1 또는 제3사분위수로부터 1.5배 사분위범위를 벗어난 값)이나 **극단값**(제1 또는 제3사분위수로부터 3배 사분위범위를 벗어난 값)이 존재하는 경우에는, <그림 3.21>에서와 같이 이상값 및 극단값과 개체 번호(또는 케이스 설명변수의 값)를 표시해 준다. 따라서 이러한 상자

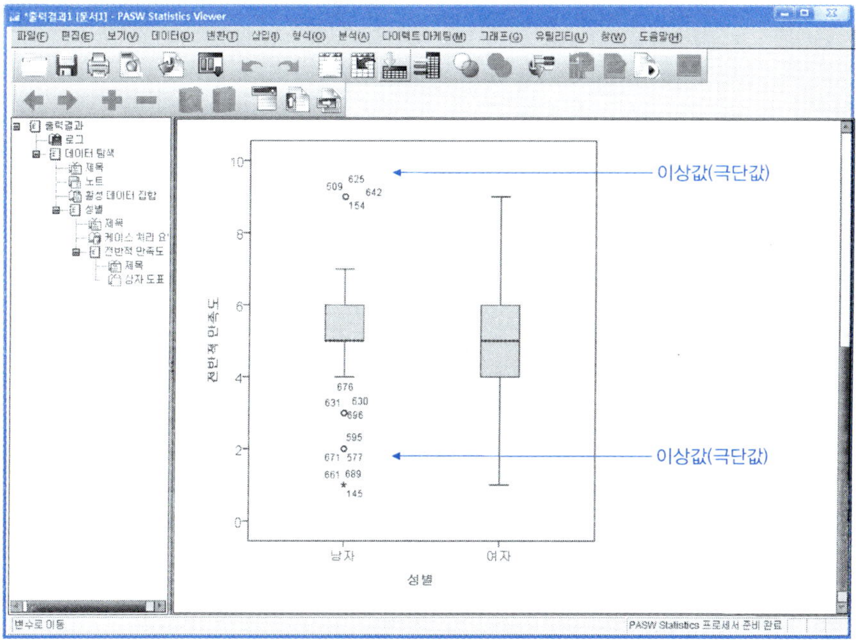

그림 3.21
상자그림: 극단값 표시

그림을 이용하면 데이터의 분포형태 및 이상값의 존재 유무를 한눈에 알 수 있을 뿐만 아니라, 각 집단별 분포를 쉽게 비교할 수 있다.

3.3.4 정규성도표 및 정규성검정

Q-Q 플롯(quantile-quantile plot)은 특정 분포에서의 이론적 분위수와 실제 분위수를 표현한 것으로, 표본의 정보에 기초한 분포가 가정된 분포와 얼마나 일치하는지를 나타내 주는 그림이다. 따라서 자료값을 나타내는 점들이 확률도 상에서 직선형태로부터 크게 이탈되어 있으면 자료의 분포가 가정된 분포와 다르다는 것을 의미한다.

'데이터 탐색' 메뉴에서는 <그림 3.21>에서와 같이 정규분포에 대한 Q-Q 플롯을 출력해 주며, <그림 3.22>에서와 같이 분포의 정규성(normality)에 대한 적합도검정의 결과도 제공한다(정규분포에 대해서는 4장에서 그리고 통계적 검정의 원리에 대해서는 5장에서 자세히 다룰 것이다). '데이터 탐색' 메뉴에서는 정규성검정을 위해 두 가지 검정통계량을 제공하는데, 이들 통계량에 의한 유의확률(p-값)이 유의수준(α)보다 작으면 자료분포의 정규성을 받아들일 수 없게 된다. 두 통계량 중 샤피로-윌크(Shapiro-Wilk) 통계량은 표본의 크기가 2,000 이하일 때, 그리고 콜모고로프-스미르노프(Kolmogorov-Smirnov) 통계량은 표본의 크기가 2,000 이상일 때 유용한 것으로 알려져 있다.

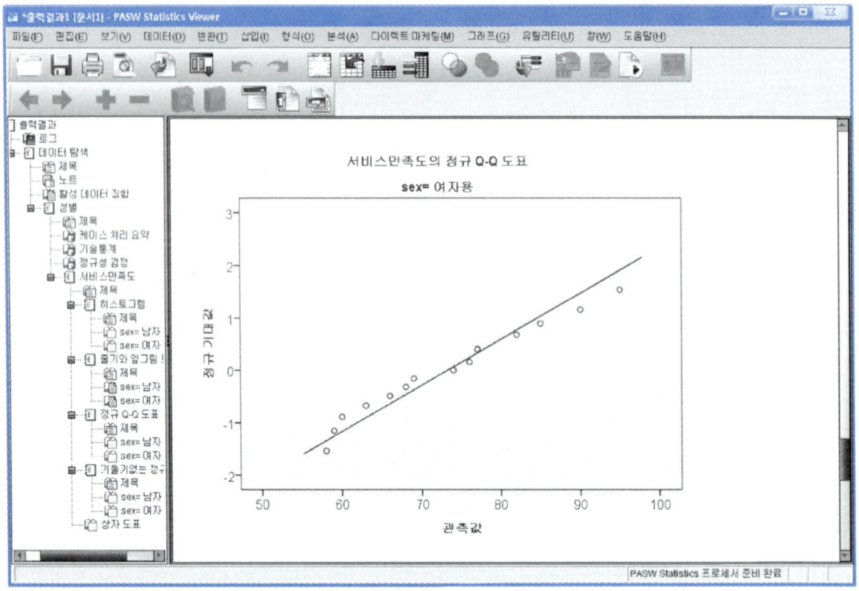

그림 3.22 정규성도표 (Q–Q 플롯)

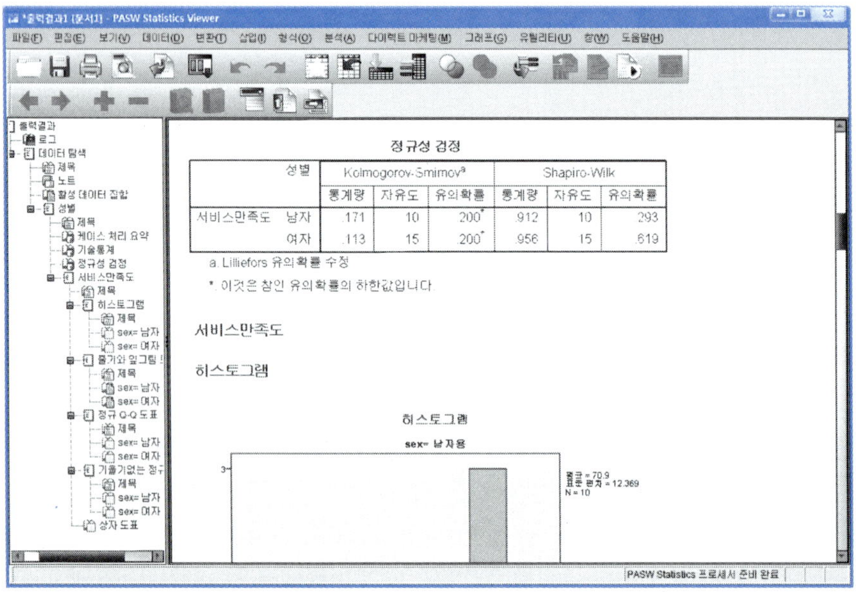

그림 3.23 정규성검정의 결과

3.4 통계표 작성

'분석(A) → 표 → 통계표 작성(C)' 메뉴를 이용하면 다양한 형식의 표를 쉽게 만들 수 있다. 이 절에서는 '고객만족도.SAV' 데이터를 이용하여 몇 가지 형식의 표를 작성해 보도록 하자.

3.4.1 통계표 작성

'통계표 작성(C)...' 메뉴를 이용하면 선택된 요약변수에 대해 평균, 표

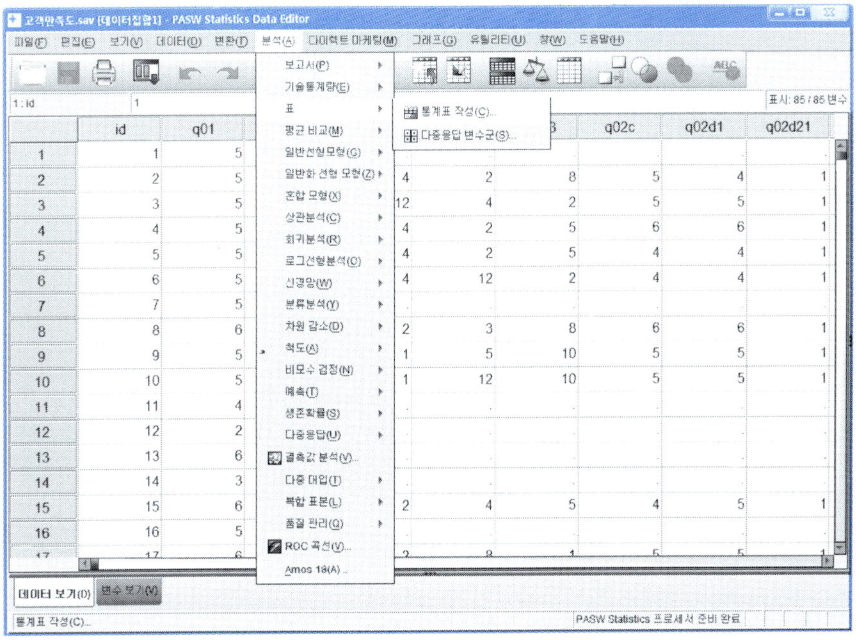

그림 3.24
'분석(A) → 표 → 통계표 작성(C)' 메뉴

준편차, 빈도, 퍼센트 등의 통계량을 부집단별로 작성할 수 있다. 여기서는 다음과 같은 과정을 수행하여 성별, 연령 등 일반적 특성에 따른 빈도표를 작성하여 보자.

① '분석(A) → 표 → 통계표 작성(C)...' 메뉴를 선택한다.

② '통계표 작성'의 '표' 탭의 '변수(V)' 목록에서 변수 sex(성별), age(연령), mar(결혼 여부), edu(교육 수준), job(직업), inc(월평균 가계소득), hou(주거 형태)를 동시에 선택하여 우측 '행(W)'으로 끌어 놓는다(그림 3.25).

③ '통계표 작성'의 '표' 탭에서 '요약통계량(S)...' 버튼을 클릭한 후, '통계량(I)' 목록에서 '빈도'와 '열 N%'를 선택하여 '표시(D)'로 끌어 놓는다(그림 3.26).

④ '표시(D)'의 통계량의 '열 N%'를 클릭한 후, '소수점이하자리(M)' 란에 '2'를 입력한다. 이때 '형식'에서는 '*nnnn.nn%*'로 자동으로 변경된다. 또한 '설명' 란에 '퍼센트'를 입력한다(그림 3.26). '모든 항목에 적용(A)' 또는 '선택한 항목에 적용(S)' 버튼을 클릭하여 '통계표 작성' 대화상자로 돌아간다.

⑤ '통계표 작성' 대화상자에서 '옵션' 탭을 클릭한 후, '데이터 셀 모양' 항목에서 '결측 셀 나타내기'의 '0값 표시(Z)' 란에 체크한다(그림 3.27). '확인' 버튼을 클릭하여 '통계표 작성' 대화상자로 돌아간다.

⑥ '통계표 작성' 대화상자에서 '제목' 탭을 클릭한 후, '제목' 대화상자에서 '제목(T)' 란에 '일반적 특성'을 입력하고, '캡션(C)' 란에 '전

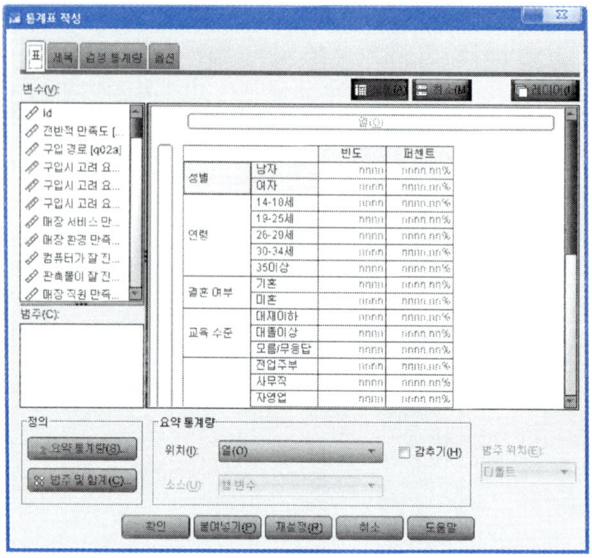

그림 3.25
'통계표 작성'의 표 대화상자

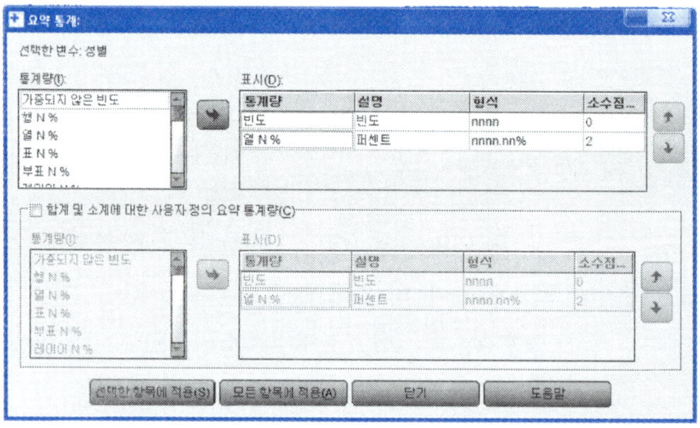

그림 3.26
'요약 통계량' 대화상자

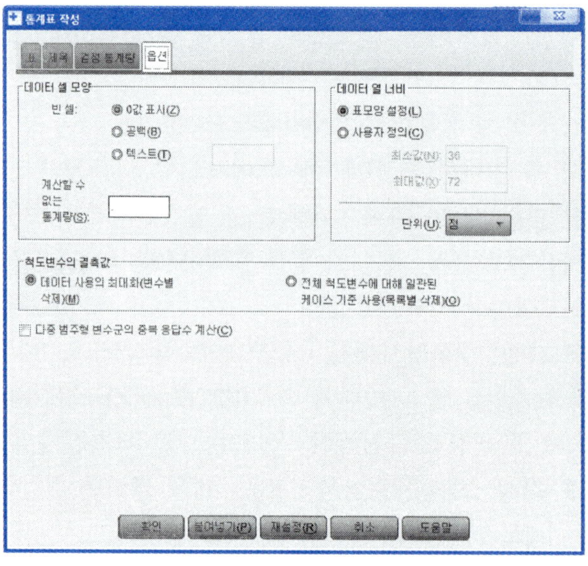

그림 3.27
'옵션' 탭

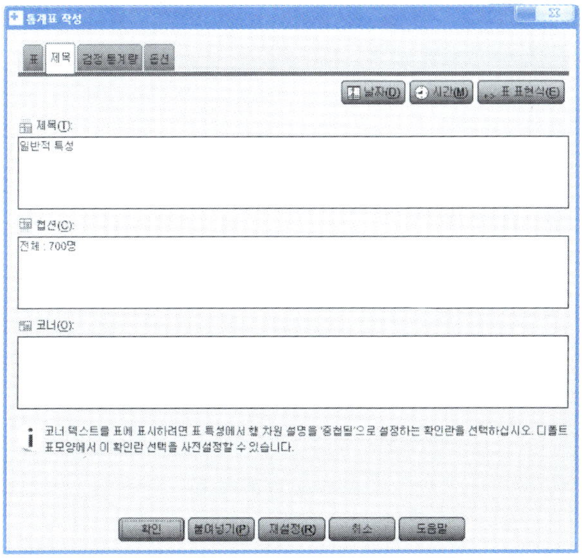

그림 3.28
'제목' 탭

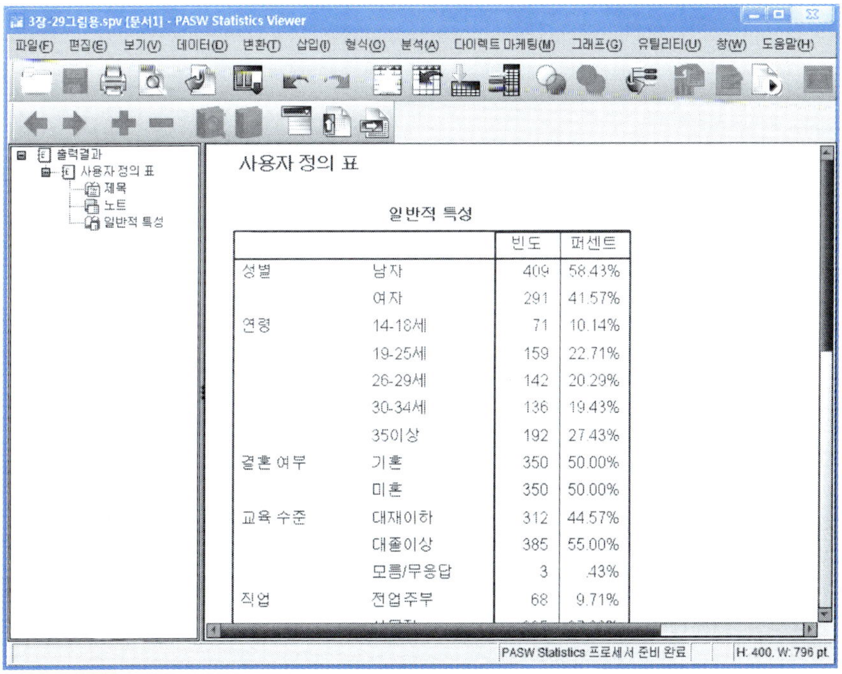

그림 3.29
출력된 기초적 통계표

체: 700명'을 입력한다(그림 3.28). '확인' 버튼을 클릭하여 '통계표 작성' 대화상자로 돌아간다.

이상과 같은 과정을 수행한 후 '통계표 작성' 대화상자에서 '확인' 버튼을 클릭하면 <그림 3.29>에서와 같이 기초적 통계표를 얻을 수 있다.

한편 '통계표 작성' 대화상자의 '통계량' 목록(그림 3.26)에서 평균, 중위수, 표준편차 등 요약변수에 대한 통계량들을 표에 삽입할 수도 있다.

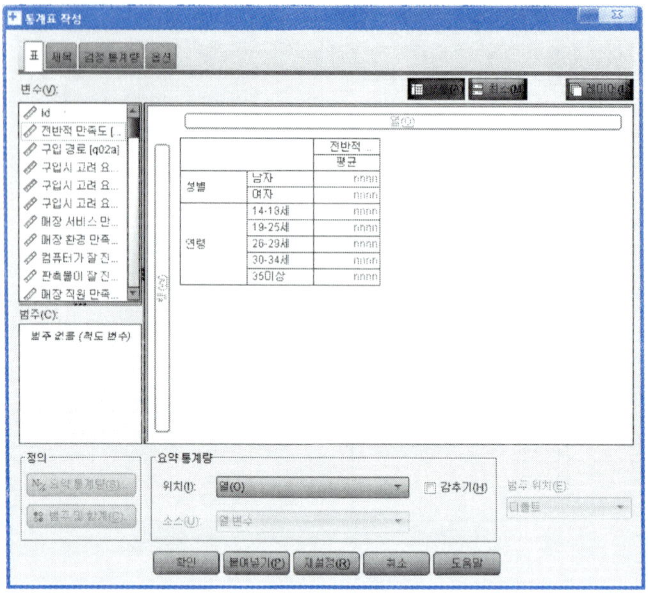

그림 3.30 '통계표 작성' 대화상자

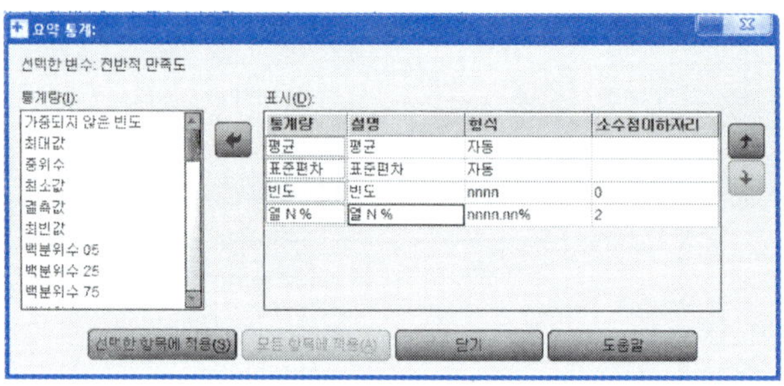

그림 3.31 '요약 통계량' 대화상자

여기서는 다음과 같은 과정을 수행하여 일반적 특성에 따른 '전반적 만족도'의 평균과 표준편차 등을 출력해 보도록 하자.

① '분석(A) → 표 → 통계표 작성(C)...' 메뉴를 선택한다.

② '통계표 작성' 대화상자의 '변수(V)' 목록에서 우측의 '열(O)' 란에 변수 q01(전반적 만족도)를 끌어 놓는다. '행(W)' 란에는 변수 sex(성별), age(연령)을 선택하여 끌어 놓는다(그림 3.30).

③ '통계표 작성' 대화상자에서 '요약통계량(S)...' 버튼을 클릭한 후, '요약통계량' 대화상자의 '통계량(I)' 목록에서 '평균', '표준편차', '빈도', '열 %'를 선택한다(그림 3.31). '표시(D)' 에서 '평균'을 클릭한 후, '소수점이하자리' 란에 '2'를 입력한다(그림 3.31). 동일한 방식으로 '표준편차', '표준편차', '열 N%'의 형식을 지정한다. '선택한 항목에 적용(S)' 버튼을 클릭하여 '통계표 작성' 대화상자로 돌아간다.

그림 3.32
'통계표 작성' 대화상자

일반적 특성

		전반적 만족도			
		평균	표준편차	빈도	열 N %
성별	남자	5	1	409	58.43%
	여자	5	1	291	41.57%
연령	14-18세	5	1	71	10.14%
	19-25세	5	1	159	22.71%
	26-29세	5	1	142	20.29%
	30-34세	5	1	136	19.43%
	35이상	5	1	192	27.43%

전체 : 700명

그림 3.33
출력된 통계표

④ '통계표 작성' 대화상자에서 '요약통계량' 란의 위치(I)를 열로 지정하고, '제목' 등 나머지 옵션들은 앞에서와 유사한 방법으로 옵션을 지정한 후, '통계표 작성' 대화상자에서 '확인' 버튼을 클릭한다(그림 3.32).

이상과 같은 과정을 수행하면 <그림 3.33>에서와 같이 성별, 연령대별로 전반적 만족도에 대한 평균, 표준편차, 빈도, 열 N%에 대한 표를 얻을 수 있다.

3.4.2 다중응답표

다중응답(multiple response)이란 한 응답자가 주어진 보기 중에서 여러 개의 응답을 하는 경우를 의미한다. 예를 들어, '고객만족도.SAV' 데이터에

표 3.1 다중응답을 코딩하는 두 가지 방식

다중응답에 대한 코딩 예

이 컴퓨터 구입시 중요하게 고려한 사항은 무엇인가요?

다음 중에서 3가지만 골라주세요.

(1) (   ) - (2) (   ) - (3) (   )

① 고장이 없을 것 같아서 ② 성능이 우수해서

③ 원하는 기능이 있어서 ④ 사용이 편리해서

⑤ 디자인이 좋아서 ⑥ 가격이 적당해서

⑦ 매장서비스가 우수해서 ⑧ A/S가 편리해서

⑨ 매장직원이 권해서 ⑩ 주위 사람이 추천해서

⑪ 신제품이어서 ⑫ 제조회사가 맘에 들어서

⑬ 기타 (   )

이분형												범주형		
x1	x2	x3	x4	x5	x6	x7	x8	x9	x10	x11	x12	y1	y2	y3
1	0	1	0	0	0	1	0	0	0	0	0	1	3	7
0	0	1	0	0	1	0	0	1	0	0	0	3	6	9
0	0	1	0	1	0	0	0	0	0	0	0	3	5	.
···												···		

서 변수 q01b1, q01b2, q01b3은 위와 같은 질문으로부터 얻어진 것이다.

이와 같은 다중응답을 코딩하는 방법은 여러 가지가 있지만, <표 3.1>과 같은 두 가지 중 하나를 일반적으로 사용한다. 여기서 **이분형** 코딩은 보기의 개수만큼 변수를 만들고, 각 보기가 선택되어 있는지 아닌지를 두 개의 코드(보통은 1과 0)로 구분하는 방식이다. 이에 반해 **범주형** 코딩은 응답자가 선택하는 보기의 개수가 제한적일 때 보통 사용되며, 선택할 수 있는 최대 개수만큼 변수를 만들고, 선택된 보기의 번호를 순서대로 입력하는 방식이다.

SPSS에서는 '분석(A) → 다중응답(U)...' 메뉴를 이용하여 이분형 및 범주형으로 코딩된 다중응답 자료에 대해 쉽게 빈도표를 작성할 수 있다.

■ 다중응답 변수군 정의

다중응답 분석을 수행하기 위해서는 먼저 다음과 같은 과정을 수행하여 다중응답 변수군을 정의해 주어야 한다.

① **'분석(A) → 다중응답(U) → 변수군 정의(E)'** 메뉴를 선택한다(그림 3.34).

② '다중응답 변수군 정의' 대화상자에서 변수군에 포함될 변수들(이

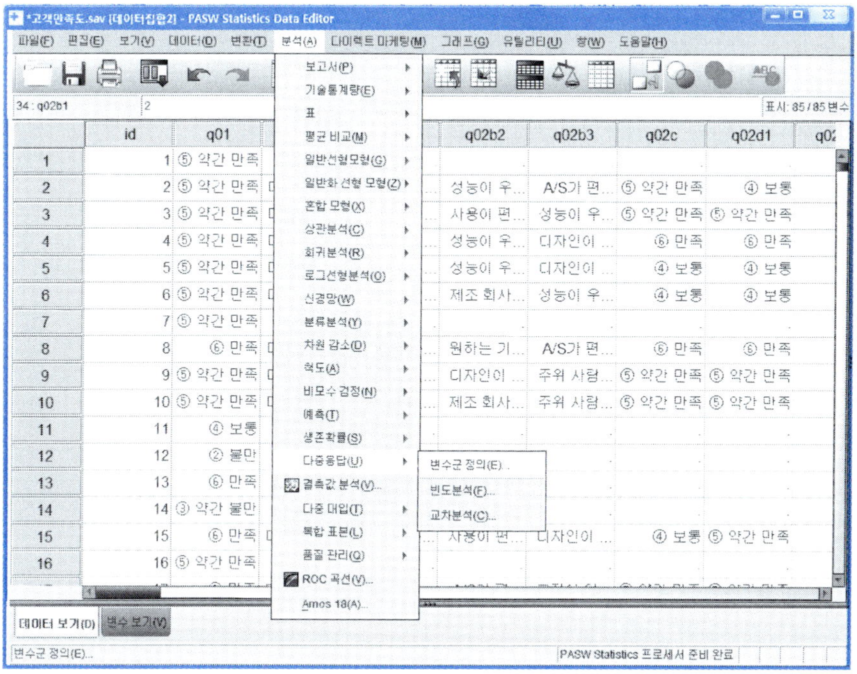

그림 3.34
'분석(A) → 다중응답(U) → 변수군 정의(E)' 메뉴

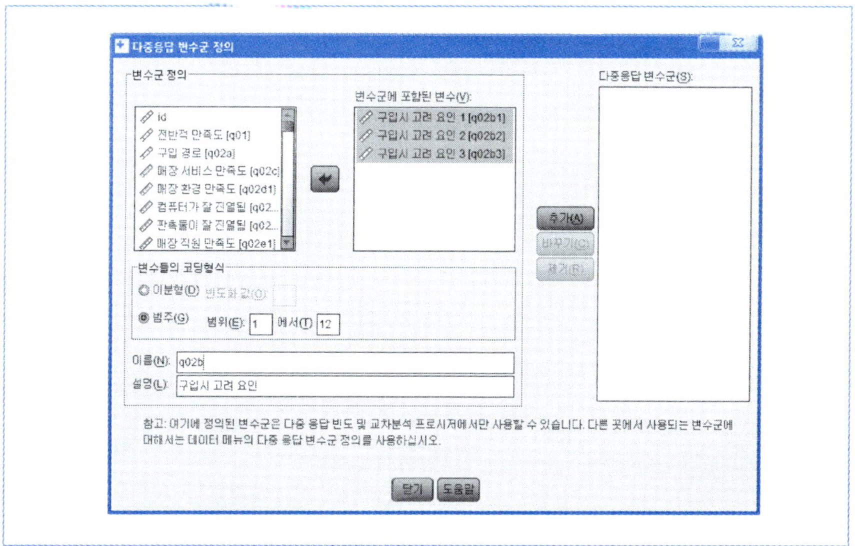

그림 3.35
'다중응답 변수군 정의' 대화상자

예에서는 q02b1, q02b2, q02b3)을 선택한 후, <그림 3.35>에서와 같이 변수들의 코딩형식(이 예에서는 '범주형')을 지정하고, 범위는 최소값 1과 최대값 12를 각각 입력한다. 변수군의 '이름(N)'과 '설명(L)'을 입력한다. 대화상자의 '추가(A)' 버튼을 클릭한다.

그림 3.36
변수군이 추가된 '다중응답 변수군 정의' 대화상자

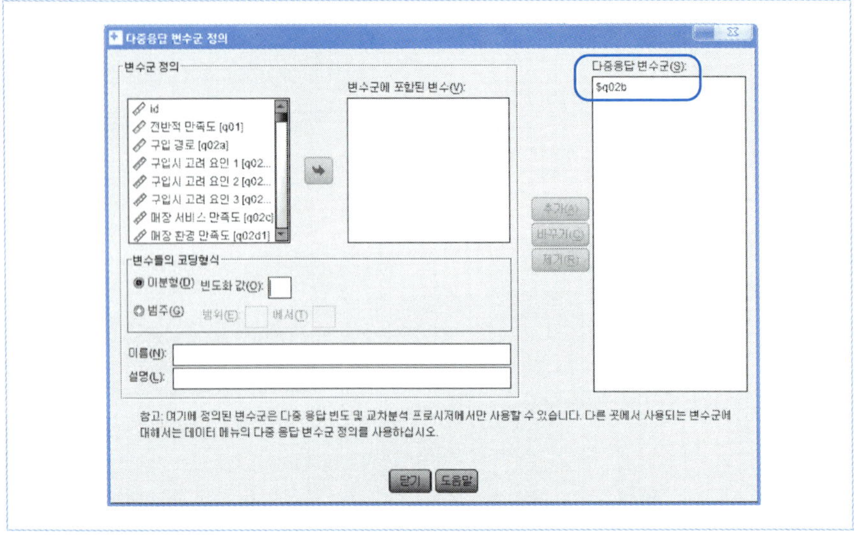

그림 3.37
'분석(A) → 다중응답(U) → 빈도분석(F)' 메뉴

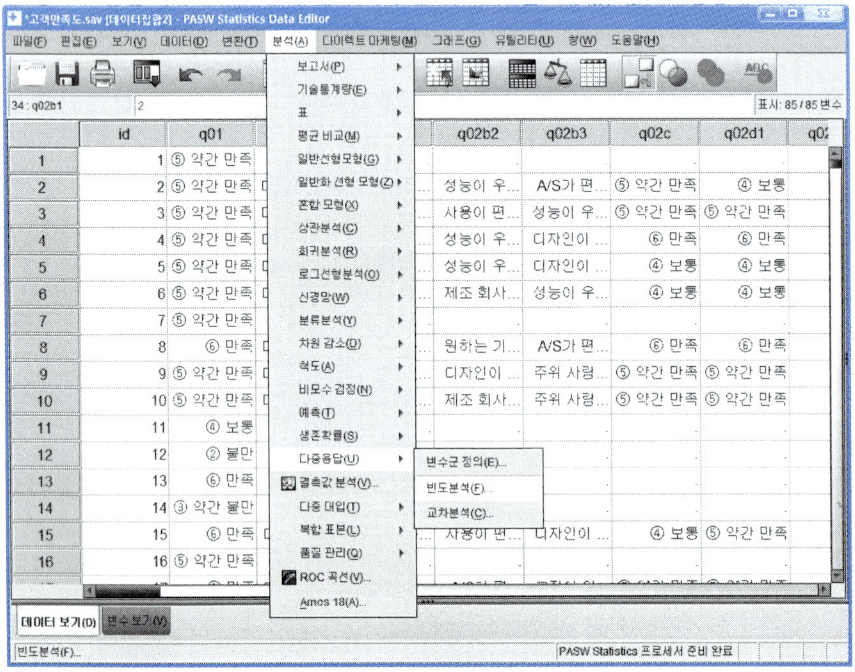

③ '다중응답 변수군 정의' 대화상자의 '다중응답 변수군(S)' 목록에 새로운 변수군 $q02b가 추가된다. '다중응답 변수군 정의' 대화상자 '닫기' 버튼을 클릭한다(그림 3.36).

■다중응답 변수군에 대한 빈도표 작성

이제 다음과 같은 과정을 수행하여 다중응답 변수군에 대해 간단한 빈도표를 작성해 보도록 하자.

① '분석(A) → 다중응답(U) → 빈도분석(F)' 메뉴를 선택한다(그림 3.37).

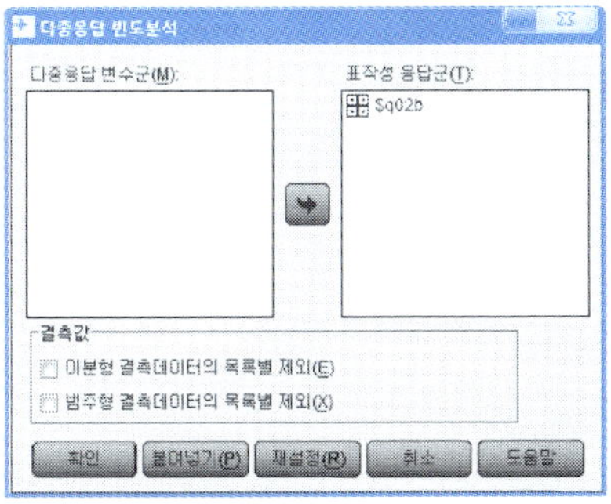

그림 3.38
'다중응답 빈도분석' 대화상자

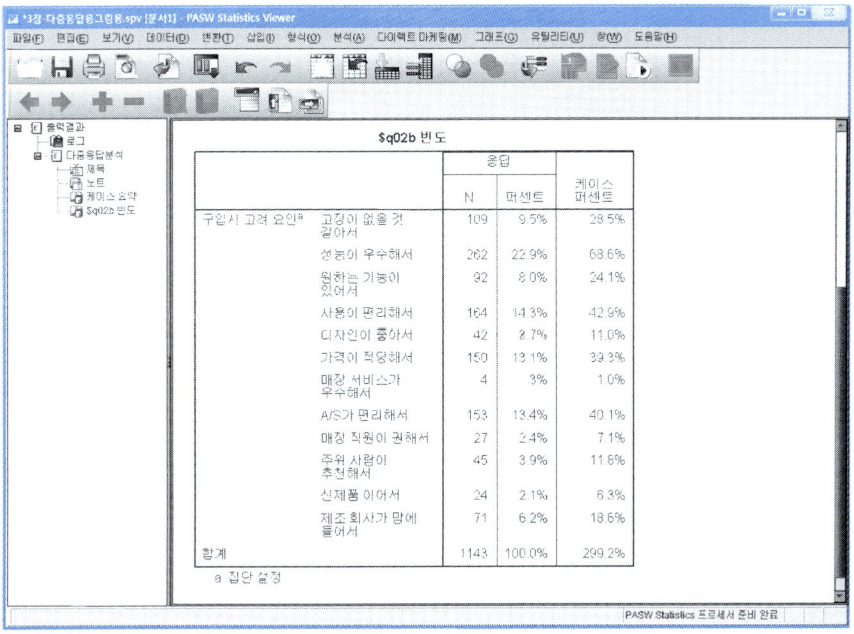

$q02b 빈도

		응답 N	응답 퍼센트	케이스 퍼센트
구입시 고려 요인[a]	고장이 없을 것 같아서	109	9.5%	28.5%
	성능이 우수해서	262	22.9%	68.6%
	원하는 기능이 있어서	92	8.0%	24.1%
	사용이 편리해서	164	14.3%	42.9%
	디자인이 좋아서	42	3.7%	11.0%
	가격이 적당해서	150	13.1%	39.3%
	매장 서비스가 우수해서	4	.3%	1.0%
	A/S가 편리해서	153	13.4%	40.1%
	매장 직원이 권해서	27	2.4%	7.1%
	주위 사람이 추천해서	45	3.9%	11.8%
	신제품 이어서	24	2.1%	6.3%
	제조 회사가 맘에 들어서	71	6.2%	18.6%
합계		1143	100.0%	299.2%

a 집단 설정

그림 3.39
출력된 $q02b의 빈도표

② '다중응답 빈도분석' 대화상자에서 '다중응답변수군(M)' 에서 $q02b 변수를 이용하여 '표작성 응답군(T)' 으로 $q02b 변수를 옮긴다. '확인' 버튼을 클릭한다(그림 3.38).

<그림 3.39>에서 보는 바와 같이 'N' 은 컴퓨터 구입시 중요하게 고려한 각 사항에 응답한 수를 의미한다. 예를 들어, '고장이 없을 것 같아서' 항목은 전체 700명 중 109명이 골랐음을 의미한다. '퍼센트' 열은 기준(분모값)이 총 합 1143에 대한 비율을 나타내며, '케이스 퍼센트' 열은 382(적어도 하나 이상의 보기를 선택한 응답자의 수)를 기준으로 해서 열 퍼센트가 계산된다.

3.4.4 빈도분석 통계표

이 절에서는 동일한 형태의 범주(문항 보기)를 가지는 변수들에 대해서

그림 3.40 '통계표 작성' 대화상자의 표 탭

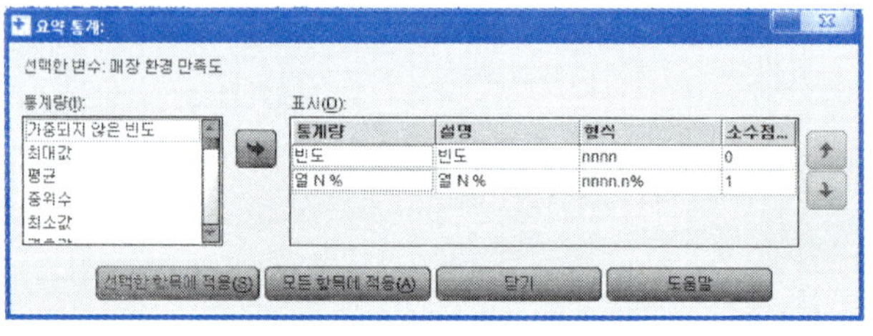

그림 3.41 '요약 통계' 대화상자

빈도표를 작성하는 방법을 살펴보자. 예를 들어, '고객만족도.SAV' 데이터에서 변수 q02d1(매장 환경 만족도), q02e1(매장 직원 만족도), q02f1(배달 및 설치 만족도)는 모두 '7=매우 만족', '6=만족', …, '2=불만', '1=매우 불만'과 같은 동일한 문항 보기를 가지고 있는데, 여기서는 이들 세 변수에 대한 간단한 빈도분석 통계표를 작성해 보도록 하자.

① '그래프(G) → 표 → 도표 작성기(C)' 메뉴를 선택한다.

② '통계표 작성' 대화상자의 표 탭에서 변수 q02d1, q02e1, q02f1을 마우스로 동시 선택하여 우측의 열(O)로 끌어다 놓는다(그림 3.40).

③ '통계표 작성' 대화상자의 '요약통계량(S)...' 버튼을 클릭한 후, '요약통계' 대화상자의 '통계량(I)' 목록에서 '빈도'와 '열 N%'를 선택하고 를 이용하여 '표시(D)' 란으로 옮긴다. '설명'이나 '소수점이하 자리수' 등을 적절하게 지정한다(그림 3.41). '선택한 항목에 적용(S)' 버튼을 클릭하여 '통계표 작성' 대화상자로 돌아간다.

④ 세 변수 중 한 변수 위에 마우스를 놓고 오른쪽 버튼을 눌러 메뉴를

그림 3.42 '모든 열 변수선택(M)' 메뉴

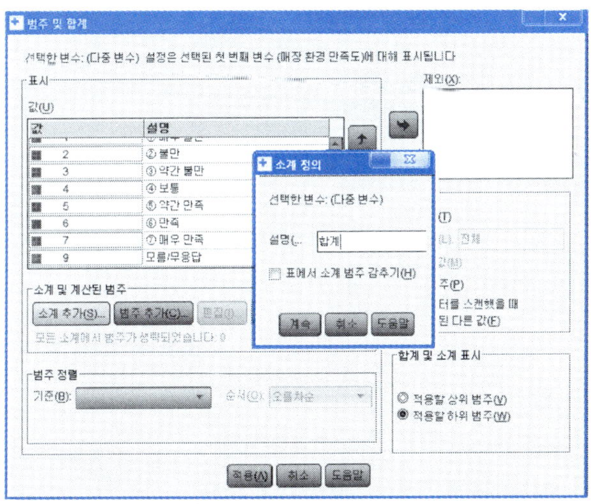

그림 3.43 '범주 및 합계' 대화상자

활성화한다. '모든 열 변수선택(M)'을 선택한다(그림 3.42).

⑤ '통계표 작성' 대화상자의 '범주 및 합계(C)'를 클릭하고, '범주 및 합계' 대화상자에서 '소계 및 계산된 범주' 항목의 '소계 추가(S)'를 선택한다. 팝업된 '소개 정의' 대화상자에서 '설명' 란에 합계를 쓰고 '계속' 버튼을 클릭하여 '범주 및 합계' 대화상자로 돌아온다. '범주 및 합계 대화상자'에서 '적용(A)'을 눌러 '통계표 작성 대화상자'로 돌아간다(그림 3.43).

⑥ '통계표 작성' 대화상자에서 '범주 위치(E)' 항목의 '디폴트'를 '열 설명을 행으로 표시'로 변경한다. 이어 '통계표 작성' 대화상자의

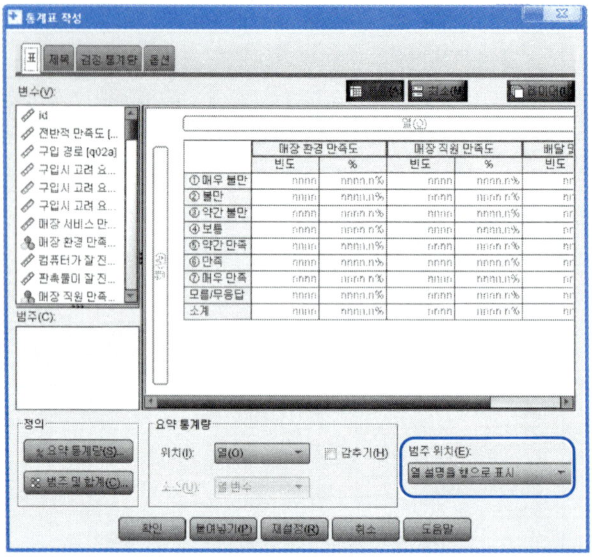

그림 3.44
'통계표 작성' 대화상자의 범주 위치(E)

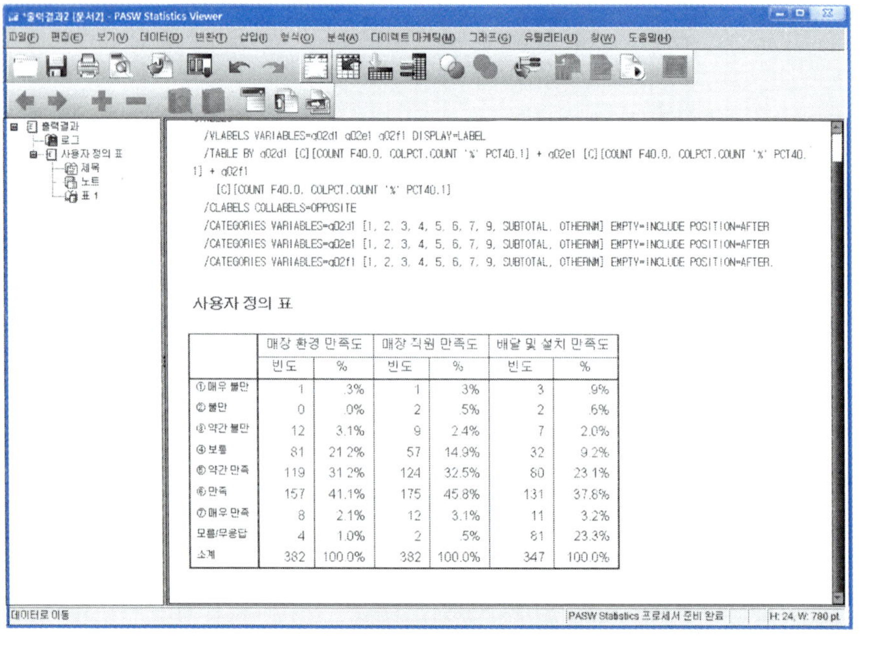

그림 3.45
출력된 빈도분석 통계표

'확인' 버튼을 눌러 결과를 확인한다.

이상과 같은 과정을 수행하면 <그림 3.45>에서와 같이 빈도분석 통계표를 얻을 수 있다.

연습문제

3-1 다음은 유럽 25개 나라에서 하루에 쇠고기로부터 단백질을 섭취하는 양을 조사한 자료이다(단위: 그램).

10.1	8.9	13.5	7.8	9.7	10.6	8.4	9.5	18	10.2
5.3	13.9	9	9.5	9.4	6.9	6.2	6.2	7.1	9.9
13.1	17.4	9.3	11.4	4.4					

(가) 이 자료에 대한 기술통계량들을 출력하여 살펴보아라.
(나) 줄기-잎 그림 및 상자그림을 그려보아라.

3-2 다음은 조선시대 27명의 왕들에 대한 수명을 조사하여 얻은 것이다.

태조	73	정종	62	태종	45	세종	53	문종	38
단종	16	세조	51	예종	28	성종	37	연산군	30
중종	56	인종	30	명종	33	선조	56	광해군	66
인조	54	효종	40	현종	33	숙종	59	경종	36
영조	82	정조	48	순조	44	헌종	22	철종	32
고종	67	순종	52						

(가) 관찰값들을 임진왜란을 기준으로 2개의 그룹으로 나누어 변수 war를 생성하여라.
(나) 연령대를 나타내는 변수 agegroup을 새로 생성하여라.
(다) 임진왜란 전과 후 각각에 대하여 변수 age(나이)의 기술통계량, 줄기-잎 그림, 상자그림 등을 출력하여 비교하여라.
(라) 변수 war와 agegroup의 일차원 빈도표를 각각 작성하고, war*agegroup의 이차원 빈도표를 작성하여라.

3-3 다음은 14종류의 자동차에 대해서 차의 크기(car size), 제조회사(manufacturer), 모델명(model), 주행거리(mileage), 신뢰성(reliability), 주행거리와 신뢰성에 기초한 차의 지수(index)를 조사하여 얻은 것이다.

SIZE	MANUFACT	MODEL	MILEAGE	RELIABLE	INDEX
Small	Chevrolet	Geo Prizm	33	5	4
Small	Honda	Civic	29	5	4
Small	Toyota	Corolla	30	5	4
Small	Ford	Escort	27	3	3
Small	Dodge	Colt	34	.	.
Compact	Ford	Tempo	24	1	3
Compact	Chrysler	Le Baron	23	3	3
Compact	Buick	Skylark	21	3	3
Compact	Plymouth	Acclaim	24	3	3
Compact	Chevrolet	Corsica	25	2	3
Compact	Pontiac	Sunbird	24	1	3
Mid-Sized	Toyota	Camry	24	5	4
Mid-Sized	Honda	Accord	26	5	4
Mid-Sized	Ford	Taurus	20	3	3

(가) mileage와 reliable 변수에 대한 평균, 표준편차를 구하여라.

(나) 변수 size와 index의 각 수준별 일차원 빈도표와 size*index의 이차원 빈도표를 작성하여라.

3-4 다음은 무작위로 추출한 30명에 대해 각 사람의 혈액에 포함되어 있는 콜레스테롤 농도이다.

239	161	210	179	212	195	301	357	233	256
234	195	199	284	245	174	310	286	176	212
297	249	282	233	205	286	269	305	247	292

(가) 도수분포표 및 히스토그램을 작성하여라.

(나) 평균, 중위수, 분산, 표준편차 등 기술통계량들을 구하여라.

3-5 다음 자료는 담배를 피우기 전과 피운 후의 분당 맥박수를 측정한 것이다.

담배를	72	70	68	67	73	71	72	70	69	70	68
피우기 전	72	69	66	73	71	70	72	70	69	72	73
담배를	74	72	69	68	72	72	72	71	67	73	69
피운 후	71	68	74	73	70	74	68	71	74	74	69

(가) 담배를 피우기 전과 피운 후 각각에 대해 도수분포표 및 히스토그램을 작성하고 평균, 중위수, 표준편차 등 기술통계량을 구하여라.

(나) (가)에서 얻은 결과로부터 담배를 피우기 전과 피운 후의 분당 맥박수가 어떤지를 비교하여라.

3-6 다음은 1984년도 8월의 우리나라 기온(℃)이다.

날짜	1	2	3	4	5	6	7	8	9	10
기온	24	27	28	32	30	35	26	29	31	30
날짜	11	12	13	14	15	16	17	18	19	20
기온	35	37	34	33	34	29	35	32	34	34
날짜	21	22	23	24	25	26	27	28	29	30
기온	29	30	29	36	35	33	37	29	40	32

(가) 기온에 대해 도수분포표 및 히스토그램을 작성하여라.

(나) 날짜별 신그래프를 작성하여라.

(다) 평균, 중위수, 분산, 표준편차 등 기술통계량들을 구하여라.

3-7 다음 자료는 네 개의 지역에서 공기 중 일산화탄소량을 측정한 것이다.

A	95	96	92	102	103	93	101	92	95	90	
B	184	202	215	204	195	201	169	182	192		
C	215	214	197	216	215	208	228	208	216	214	227
D	155	142	146	149	146	152	159				

(가) 네 개의 지역에 대해서 각각 도수분포표 및 히스토그램을 작성하고, 평균, 중위수, 표준편차 등 기술통계량을 구하여라.

(나) (가)에서 얻은 결과로부터 지역별 일산화탄소량이 어떤지를 비교하여라.

CHAPTER 4

확률과 분포함수

통계적 추측이나 예측에는 반드시 확률적 서술이 따라야 한다. 왜냐하면, 점쟁이의 예언 같은 예측은 이 예측 결과가 어느 정도의 확실성을 갖는지 계산할 수 없기 때문에 신뢰성을 주지 못하지만, 통계학에서의 추측(또는 예측)은 확률이라는 단위로 추측의 확실성 또는 불확실성의 정도를 나타내 줌으로써 신뢰성을 가지고 이용될 수 있다.

확률이란 어떤 특정한 사건이 일어날 가능성을 수량으로 나타낸 것을 말하는데(예를 들어, 내일 비가 올 확률은 70%), 이 장에서는 앞으로 다룰 추측통계학(통계적 추정과 검정)의 기반이 되는 확률의 개념 및 기본적인 확률이론과 여러 가지 분포함수에 대해서 간단히 소개할 것이다.

4.1 확률과 확률법칙

확률(確率, probability)이란 어떠한 사상(event, 사건)이 발생할 가능성의 정도를 0과 1 사이의 값으로 나타낸 것이다. 이때 확률값이 0에 가까울수록 특정한 사상이 발생할 가능성이 작다는 것을 의미하고, 1에 가까울수록 사상이 발생할 가능성이 크다는 것을 의미한다.

예를 들어, 주사위를 던져서 1부터 6 사이의 어떤 눈이 나올 확률은 모두 1/6이라고 할 수 있다. 이것은 실제로 주사위를 던지는 실험을 60번 반복했을 때 반드시 1이 10번 나타난다는 것을 의미하는 것은 아니며, 단지 1이 나타날 가능성이 10번 정도임을 의미한다. 만약 주사위를 던지는 실험을 무수히 많이 반복한다면, 1이 나타날 확률은 1/6에 가까이 접근할 것이다. 이와 같은 원리를 대수의 법칙(law of large number)이라고 하는데, N번의 무수히 많은 반복 실험을 통해 특정한 사상 A가 f번 나타났다면 사상 A가 일어날 경험적 확률 $P(A)$는 다음과 같다.

$$P(A) = \frac{\text{어떤 사상 } A\text{가 일어날 횟수}}{\text{전체 시행횟수}} = \lim_{N \to \infty}\left(\frac{f}{N}\right).$$

4.1.1 사상의 확률(Probability of Event)

사상의 확률(事象의 確率)이란 특정 사상이 일어날 가능성의 척도를 나타내는 수치이다. 즉, 실험이나 관측의 결과로서 나타날 수 있는 상황이 일정하지 않을 때 그 불확실성을 설명하기 위해 확률이 이용된다.

동전을 세 번 반복해서 던지는 시행을 예로 들어보자. 동전의 앞면이 나오면 H(head)로, 뒷면이 나오면 T(tail)로 표현할 때 첫 번째, 두 번째 및 세 번째가 각각 앞면인지 또는 뒷면인지에 따라 HHH부터 TTT까지 모두

8가지의 서로 다른 결과를 얻을 수 있다. 이렇게 실험에서 나올 수 있는 모든 결과들을 모아 놓은 집합을 **표본공간**(標本空間, sample space)이라고 한다. 동전을 세 번 던지는 예에서 표본공간은 다음과 같다.

$$S = \{\mathrm{HHH, HHT, HTH, HTT, THH, THT, TTH, TTT}\}.$$

또한, 표본공간의 부분집합으로 어떤 특성을 갖는 결과들의 집합을 **사상**(事象, event)이라고 한다. 동전을 세 번 던지는 시행에서 동전의 앞면이 두 번 나오는 사상은 표본공간 중에서

$$A = \{\mathrm{HHT, HTH, THH}\}$$

이다. 따라서 사상의 확률은 이러한 사상이 발생할 확률을 의미하며, 동전을 세 번 반복해서 던지는 경우 동전의 앞면이 두 번 나오는 사상의 확률은 $P(A) = 3/8$이다. 이와 같이 확률이란 표본공간에서 정의되는 함수로써 다음과 같은 특징을 갖는다.

- 전혀 불가능하게 나타나는 사상의 확률은 0이다.
- 확실하게 나타나는 사상의 확률은 1이다.
- 모든 사상의 확률은 0과 1사이의 값으로 표현된다.
- 모든 가능한 사상이 나타날 확률을 합한 값은 1이다.
- 상호배반적(mutually exclusive) 사상에 대하여 사상의 합집합의 확률은 각 사상의 확률의 합과 같다.

4.1.2 결합확률(Joint Probability)

두 개의 사상 A와 B의 결합으로 합사상(union), 곱사상(intersection) 및 여사상(complement) 등을 들 수 있다.

- **합사상** $(A \cup B)$: 사상 A 또는 사상 B에 속하는 모든 집합을 나타낸다.
- **곱사상** $(A \cap B)$: 사상 A와 사상 B에 동시에 속하는 집합을 나타낸다.
- **여사상** (A^c) : 사상 A에 속하지 않는 집합을 나타낸다.

이러한 내용은 <그림 4.1>의 벤다이어그램으로 쉽게 알아 볼 수 있으며, 사상 A와 사상 B가 발생할 확률을 각각 $P(A)$와 $P(B)$로 표기하였을 때 각 확률은 다음과 같다.

- $P(A \cup B) = P(A) + P(B) - P(A \cap B)$: 사상 A 또는 사상 B 중 적어도 하나의 사상이 나타날 확률.
- $P(A \cap B)$: 사상 A와 사상 B가 동시에 나타날 확률.

그림 4.1
벤다이어그램

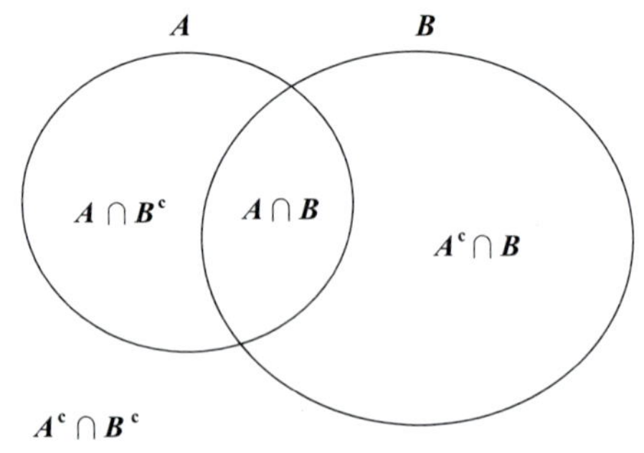

표 4.1 성별에 따른 지지후보

	이회창	김대중	이인제	기타후보	합계
남자	97	153	85	11	346
여자	137	131	71	5	344
합계	234	284	156	16	690

- $P(A^c) = 1 - P(A)$: 사상 A가 나타나지 않을 확률.

또한, 두 사상이 동시에 일어날 수 없을 때 이 두 사상을 서로 배반인 사상(mutually exclusive event)이라고 한다. 즉, 사상 A와 사상 B에 공통적으로 속하는 결과가 하나도 없는 경우($A \cap B = \phi$) 사상 A와 사상 B를 배반사상(排反事象)이라 한다. 이때 배반사상이 일어날 확률은 $P(A \cap B) = P(\phi) = 0$이 된다.

결합확률(joint probability)은 두 개 이상의 사상이 동시에 결합하여 나타날 확률을 의미한다. 사상 A와 사상 B가 있다고 하였을 때, 두 개의 사상이 동시에 나타나는 확률을 $P(A \cap B)$로 표현한다.

<표 4.1>은 1997년 제15대 대통령 선거예측조사에서 전화조사를 실시하여 얻은 결과표이다. 여기서 이회창 후보를 지지하는 사상을 A, 김대중 후보를 지지하는 사상을 B, 이인제 후보를 지지하는 사상을 C, 기타후보를 지지하는 사상을 D라 표기하고, 성별이 남자인 사상을 E, 여자인 사상을 F라 하자.

이 표에서 조사대상자 중 남자이면서 이회창 후보를 지지하는 결합확률을 다음과 같이 얻을 수 있다.

$$P(E \cap A) = P(A \cap E) = 97/690 = 0.140.$$

이와 유사하게 모든 사상들에 대해 결합확률을 구하면 <표 4.2>와 같다.

표 4.2 결합확률표

	이회창(A)	김대중(B)	이인제(C)	기타후보(D)	행의 합
남자(E)	0.14	0.222	0.123	0.016	0.501
여자(F)	0.199	0.19	0.103	0.007	0.499
열의 합	0.339	0.412	0.226	0.023	1

4.1.3 주변확률 (Marginal Probability)

주변확률은 <표 4.2>와 같은 결합확률표가 주어졌을 때 표의 가장자리 주변에 위치한 확률이다. 예를 들어, <표 4.2>에서 이회창 후보를 지지하는 주변확률은 $P(A) = 0.339$이다. 이러한 주변확률 $P(A)$는 각각의 결합확률들을 합하여 다음과 같이 얻을 수 있다.

$$P(A) = P(A \cap E) = P(A \cap F) = 0.140 + 0.199 = 0.339.$$

4.1.4 조건부확률 (Conditional Probability)

조건부확률(條件附確率)은 어떠한 사상이 발생하였다는 조건하에서 다른 사상이 나타날 확률을 의미하며, 사상 B가 발생했다는 조건하에서 사상 A가 발생할 조건부확률은 다음과 같이 표현할 수 있다.

$$P(A \mid B) = \frac{P(A \cap B)}{P(B)}, \text{ (단, } P(B) > 0). \qquad (4.1)$$

따라서 주변확률과 조건부확률만 알고 있는 경우, 결합확률을 다음과 같이 표현할 수 있다.

$$P(A \cap B) = P(A)P(B \mid A) = P(B)P(A \mid B). \qquad (4.2)$$

즉, 사상 A와 사상 B의 결합확률은 '사상 A의 확률과 사상 A가 발생했다는 가정하에서 사상 B가 발생할 조건부확률의 곱' 또는 '사상 B의 확률과 사상 B가 발생했다는 가정하에서 사상 A가 발생할 조건부확률의 곱'으로 표현할 수 있다.

앞의 <표 4.2>에서 남자(E)란 사상이 주어졌을 때, 이회창 후보를 지지할 조건부확률을 구해보면 다음과 같다.

$$P(A \mid E) = \frac{P(A \cap E)}{P(E)} = \frac{0.140}{0.501} = 0.279.$$

4.1.5 확률적 독립 (Independence)

동전을 던질 때 처음에 앞면이 나온 사상은 두 번째 동전을 던질 때 앞면이 나오는 사상과 아무런 관련이 없고 영향을 주지 않는다. 이와 같이

사상 A가 일어났다 하더라도 사상 B가 일어날 확률에 아무런 영향을 미치지 않는다면, 즉

$$P(B \mid A) = P(B) \tag{4.3}$$

이면 두 사상 A와 B를 **독립사상**(獨立事象, independent events)이라 한다. 따라서 두 사상 A와 B가 확률적으로 독립일 때, 다음 식이 성립한다.

$$P(A \cap B) = P(A)P(B \mid A) = P(B)P(A \mid B) = P(A)P(B). \tag{4.4}$$

4.1.6 베이즈 정리(Bayes' Theorem)

베이즈 정리란 18세기 영국의 수학자인 Bayes가 특수한 사상이 주어진 조건하에서, 어떠한 사상이 일어날 확률을 산출하는 이론을 정리한 것이다. 추가적인 정보가 있기 전의 어떤 사상에 대한 확률을 **사전확률**(事前確率, prior probability)이라 하고, 추가적인 정보가 얻어진 후의 수정된 확률을 **사후확률**(事後確率, posterior probability)이라 하는데, 베이즈 정리는 사전확률과 추가적인 정보를 활용하여 사후확률을 구하고자 하는 것이다.

이를 보다 논리적으로 설명하면 다음과 같다. 상호배반적인 n개의 사상이 $A_1, A_2, \cdots, A_n$으로 구성되어 있을 때, 주어진 사상 B에 대한 사상 A_k의 조건부확률을 **베이즈 정리**라고 하며, 이를 식으로 표현하면 다음과 같다.

$$P(A_k \mid B) = \frac{P(A_k)P(B \mid A_k)}{\sum_{i=1}^{n} P(B \mid A_i)P(A_i)} \tag{4.5}$$

여기서 $P(A_k)$는 사전확률이고, $P(B)$는 사후확률이 된다. 그리고 사상 B가 추가적인 정보라고 할 수 있을 것이다.

베이즈 정리의 예를 들어 보기로 하자. 어느 대학교의 학생들이 등교하는 방법은 두 가지로, 버스를 이용하는 경우가 60%이고, 지하철을 이용하는 경우는 40%라 한다. 그런데 버스로 등교하는 경우 교통 체증으로 인해 30% 정도가 지각하며, 지하철 이용 시에는 10% 정도가 지각을 하게 된다고 한다. 어느 날 한 학생이 지각을 하였다면 그 학생이 버스로 등교했을 확률은 얼마인가? 베이즈 정리를 이용하여 이 확률을 구하면 다음과 같다.

$$P(\text{버스} \mid \text{지각}) = \frac{P(\text{지각}|\text{버스})P(\text{버스})}{P(\text{지각}|\text{버스})P(\text{버스}) + P(\text{지각}|\text{지하철})P(\text{지하철})}$$

$$= \frac{(0.30)(0.60)}{(0.30)(0.60) + (0.10)(0.40)} = 0.81.$$

4.2 확률변수와 확률분포

표본의 함수인 통계량은 통계적 추정과 검정을 위한 기본적 요소이며, 표본정보에 근거한 통계적 의사결정을 수행하기 위해서는, 통계량의 확률적 상황을 묘사하는 통계적 확률분포를 반드시 알아야 한다. 먼저 이 절에서는 확률변수 및 확률분포의 기본적인 개념에 대해서 설명할 것이다.

4.2.1 확률변수(Random Variable)

통계적 실험이나 조사로부터 얻은 결과가 숫자일 경우엔 그대로 사용할 수 있고, 얻은 결과를 적절하게 변형시킬 수도 있다. 그러나 얻은 결과가 숫자가 아닐 경우 통계적 분석이나 추론에 편리하도록 숫자로 바꾸어 주는 경우가 많다. 이와 같이 **확률변수**(確率變數)란 표본공간의 모든 결과들을 새로운 표본공간인 수직선상의 수치값으로 대응시켜 주는 함수이다.

동전을 세 번 반복해서 던지는 실험을 예로 들어보자. 동전의 앞면이 나오면 H로 뒷면이 나오면 T라 표현할 때, 실험에서 나올 수 있는 모든 결과로 구성되는 표본공간은 $S=\{HHH, HHT, HTH, HTT, THH, THT, TTH, TTT\}$으로 나타낼 수 있다. 이제 확률변수 X를 앞면이 나타나는 횟수라고 정의할 때, 새로운 표본공간 $S'=\{0, 1, 2, 3\}$으로 나타낼 수 있다. 이상에서 볼 때 새롭게 정의된 표본공간 S'은 원래의 표본공간 S에 비하여 표본공간을 구성하는 원소의 개수도 작아졌을 뿐만 아니라, HHH는 3 그리고 TTT는 0으로 표시되는 등 다루기가 좀 더 간편해졌음을 알 수 있다.

4.2.2 확률분포(Probability Distribution)

확률변수 X와 확률을 대응시켜 주는 관계를 확률변수 X의 **확률분포**(確率分布)라고 한다. 앞에서 다룬 동전 던지기의 예에서 발생할 수 있는 모

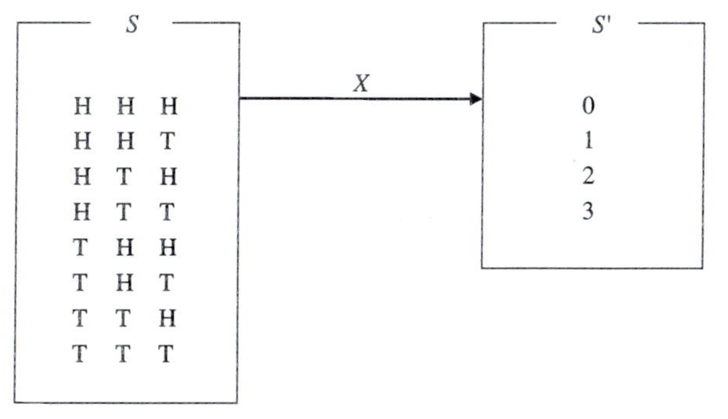

그림 4.2 동전 던지기에서의 표본공간

표 4.3 앞면의 수에 대한 확률

표본공간	확률분포표	
S	X	$P(X=x)$
{TTT}	0	1/8
{HTT, THT, TTH}	1	3/8
{HHT, HTH, THH}	2	3/8
{HHH}	3	1/8

그림 4.3
확률분포도

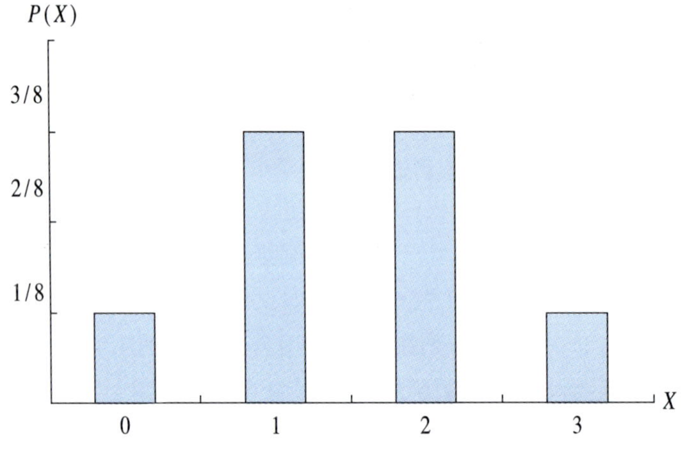

든 경우는 HHH부터 TTT까지 여덟 가지이며, 각 경우가 발생할 확률은 모두 1/8로 동일하다. 여기서 앞면이 나타날 횟수를 확률변수 X로 정의할 때, 확률변수 X가 취할 수 있는 값은 0, 1, 2, 3 네 가지가 되며, 각 값이 발생하게 될 확률은 해당하는 경우의 수에 따라 달라지게 된다.

<표 4.3>에서 살펴볼 수 있듯이 확률분포에서 모든 가능한 확률의 합은 1이다. 한편 이러한 확률분포는 <표 4.3>에서와 같이 테이블 형태로 나타낼 수도 있지만, <그림 4.3>과 같이 그래프로 나타내면 각 확률변수값에 대한 상대적인 확률을 더욱 효과적으로 파악할 수 있다. 확률분포를 그래프로 작성하기 위해서는 수평축에 확률변수 X의 가능한 값의 범위를 나타내고, X의 각 값에서부터 수직으로 그 값이 나타날 확률을 막대의 길이로 표현하면 된다.

지금까지 확률분포를 표나 그래프로 나타낼 수 있음을 알아보았는데, 확률분포는 수학적 함수관계로도 표현할 수 있다. 즉, 확률변수 X가 임의의 값 x를 가질 때의 확률을 수학적 함수 $P(X=x)$로 나타낼 수 있다. 앞에서 다루었던 동전을 세 번 반복해서 던지는 실험을 생각해 보자. 이때 동전의 앞면이 나올 횟수를 확률변수 X로 정의하면 이에 대한 확률분포는 다음과 같은 수식으로 표현할 수 있다.

$$P(X=x)=\frac{3!}{x!(3-x)!}(1/2)^3, \qquad x=0,1,2,3.\ (\text{단},\ 0!=1)$$

이와 같은 확률분포는 확률변수가 이산형인지 연속형인지에 따라 이산형 확률분포와 연속형 확률분포로 구분된다.

확률변수 X가 취할 수 있는 가능한 값들이 이산(離散)적인 값 $x_1, x_2, \cdots$ 중 하나일 때, X를 **이산확률변수**(discrete random variable)라고 한다. 예를 들어, 동전을 두 번 던져서 나오는 앞면의 수나 '주사위를 한 번 던져서 나오는 눈의 값' 등은 이산확률변수이다. 이산확률변수가 가질 수 있는 각각의 값에 대하여 확률 $f(x_1)=P(X=x_1)$, $f(x_2)=P(X=x_2), \cdots$를 대응시켜 주는 함수 $f(x)$를 **확률질량함수**(確率質量函數, probability mass function)라고 하며, 다음과 같은 성질을 가진다.

이산형 확률분포 : 확률질량함수의 성질

(a) $f(x_i)=P(X=x_i)\geq 0,$

(b) $\sum_i f(x_i)=1,$

(c) $P(a<X\leq b)=\sum_{a<x_i\leq b} f(x_i).$

키, 몸무게, 서비스 대기시간 등을 나타내는 확률변수 X는 적절한 구간 내의 연속(連續)적인 모든 값을 가질 수 있으며, 이런 확률변수를 **연속확률변수**(continuous random variable)라고 한다. 연속확률변수에 대한 확률은 **확률밀도함수**(確率密度函數, probability density function)에 의해서 결정되는데, 확률밀도함수 $f(x)$는 연속확률변수에 관하여 X축에는 확률변수의 값을 그리고 Y축에는 확률변수의 값이 일정구간에 포함될 확률을 나타내는 곡선으로 표현된다. 확률밀도함수는 다음과 같은 성질을 가진다.

연속형 확률분포 : 확률밀도함수의 성질

(a) $f(x)\geq 0, -\infty<x<\infty$

(b) $P(X=x)=0$

(c) $P(-\infty\leq x\leq\infty)=\int_{-\infty}^{\infty} f(x)\,dx=1$

(d) $P(a\leq X\leq b)=\int_a^b f(x)\,dx$

4.2.3 기대값과 분산

다음과 같은 동전 던지기 게임을 생각해 보자. 동전을 두 번 던져서 앞면이 0번 나오면 5000원을 상대방에 주고, 앞면이 1번 나오면 1000원을 받고, 앞면이 2번 나오면 2000원을 받는다고 하자. 한 번의 게임에서 받는 금

표 4.4 금액 X에 대한 확률분포표

−5000	1/4
1000	2/4
2000	1/4

표 4.5 금액 $Y(=3X)$에 대한 확률분포표

−15000	1/4
3000	2/4
6000	1/4

액을 확률변수 X라고 하면, X의 확률분포표는 <표 4.4>와 같다.

그러면 이러한 게임을 계속한다고 할 때 평균적으로 따져 한 번에 얼마만큼의 기대이득이 있을 것인가? 한 번의 게임으로부터 얻을 수 있는 금액에는 각각 확률이 부여되어 있으므로, 기대이득은 다음과 같이 계산할 수 있을 것이다.

$$\text{기대이득} = (-5000)\frac{1}{4} + (1000)\frac{2}{4} + (2000)\frac{1}{4} = -250 \text{ 원}.$$

즉, 한 번의 게임에서는 5000원을 잃든가 1000원 또는 2000원을 벌든가 하겠지만, 이 게임을 계속하면 평균적으로 250원을 계속 잃는 셈이 된다는 것이다.

이와 같이 확률변수 X에 대해 확률을 가중치로 하여 계산된 가중평균을 기대값(expected value)이라고 하는데, 이산확률변수 X의 기대값은

$$\mu = E(X) = x_1 P(X = x_1) + x_2 P(X = x_2) + \cdots$$

와 같이 계산된다(단, 여기서 x_i는 확률변수 X의 한 실현값이다). 일반적으로 확률변수 X의 기대값을 $\mu = E(X)$로 표기하며, 확률변수 X의 위치를 나타내는 모수로서 평균(mean)이라 부르기도 한다. 그러나 엄밀한 의미에서 생각해 보면 평균은 자료가 얻어진 후의 무게 중심을 말하고, 기대값은 아직 자료를 얻지 않은 상황에서 미래의 결과를 확률로 예측하여 얻은 평균인 것이다.

이제 게임에 걸린 금액을 세 배로 하여 한 번의 게임에서 받는 금액을 확률변수 $Y(=3X)$라고 하자. 그러면 확률변수 Y의 확률분포표는 <표 4.5>와 같고, 따라서 Y의 기대값은 다음과 같이 계산된다.

$$E(Y) = (-15000)\frac{1}{4} + (3000)\frac{2}{4} + (6000)\frac{1}{4} = -750 \text{ 원}.$$

이산확률변수 X에 대해 함수 $g(X)$의 기대값은 다음과 같이 계산된다.

$$E[g(X)] = g(x_1)P(X = x_1) + g(x_2)P(X = x_2) + \cdots.$$

한편, 확률변수 X의 특별한 함수로써 $g(X) = (X - \mu)^2$를 고려할 때 이 함수의 기대값

$$\sigma^2 = E[(X - \mu)^2]$$

을 X의 **분산**(variance)이라고 하며, $Var(X)$로 표기하기도 한다. <표 4.4>의 확률변수 X에 대해서 분산을 계산하면 다음과 같다.

$$\begin{aligned} Var(X) &= [-5000 - (-250)]^2 \frac{1}{4} + [1000 - (-250)]^2 \frac{2}{4} \\ &\quad + [2000 - (-250)]^2 \frac{1}{4} \\ &= 7687500. \end{aligned}$$

이와 같은 분산은 확률변수 X의 분포가 평균 μ로부터 떨어진 정도를 나타내므로 산포도(measure of dispersion)의 측도로 흔히 사용된다.

확률변수의 기대값과 분산에 대한 공식은 이산확률변수와 연속확률변수에 따라 다른데, 먼저 이산확률변수의 기대값은 확률변수의 각 값들에 확률을 곱한 후 합한 것이다. 여기서 모평균 μ는 X에 대한 기대값이며, 모분산 σ^2은 $(X - \mu)^2$에 대한 기대값이다.

이산확률변수의 기대값과 분산

$$\mu = E(X) = \sum_i x_i P(x_i)$$
$$\sigma^2 = E[(X - \mu)^2] = \sum_i (x_i - \mu)^2 P(x_i) = E(X^2) - \mu^2$$

한편, 연속확률변수의 기대값과 분산은 이산확률변수의 기대값을 구할 때 사용한 Σ(합) 대신에 $\int$(적분)을 사용하여 계산된다.

연속확률변수의 기대값과 분산

$$\mu = E(X) = \int_{-\infty}^{\infty} x f(x)\, dx$$
$$\sigma^2 = E[(X - \mu)^2] = \int_{-\infty}^{\infty} (x - \mu)^2 f(x)\, dx = E(X^2) - \mu^2$$

앞에서 설명한 기대값과 분산에 대한 몇 가지 성질을 살펴보도록 하자. 먼저 X와 Y를 확률변수 그리고 a와 b는 상수라고 할 때, 기대값과 분산에 대해 다음과 같은 식이 성립한다.

기대값과 분산의 성질

• 기대값의 성질

(a) $E(a) = a$

(b) $E(aX) = aE(X)$

(c) $E(aX \pm bY) = aE(X) \pm bE(Y)$

(d) $E(XY) = E(X)E(Y)$ (단, X와 Y가 확률적으로 독립인 경우)

• 분산의 성질

(a) $Var(a) = 0$

(b) $Var(X) \geq 0$

(c) $Var(X \pm b) = Var(X)$, $Var(aX) = a^2 Var(X)$

(d) $Var(aX \pm b) = a^2 Var(X)$

4.3 이산형 확률분포

앞에서 설명한 바와 같이 확률변수 X가 취할 수 있는 가능한 값들이 이산적인 값 $x_1, x_2, \cdots$ 중 하나일 때 X를 이산확률변수(discrete random variable)라고 하는데, 이 절에서는 몇 가지 중요한 이산형 확률분포에 대해서 살펴보도록 하자.

4.3.1 이항분포(Binomial Distribution)

동등한 실험조건하에서의 실험 결과가 단지 두 가지의 가능한 결과만을 가질 때 이를 **베르누이 시행**(Bernoulli trial)이라고 한다. 즉, 어떤 시행(trial)이나 실험(experiment)에서 그 결과가 '성공' 또는 '실패' 중 하나로 나타나며, 그 결과가 성공이면 확률변수 X가 1의 값을 가지고 실패이면 0의 값을 가지며, 확률변수 X는 베르누이 시행을 따른다. 이러한 베르누이 시행은 다음과 같은 조건을 만족한다.

① 매 시행은 2가지의 가능한 결과만을 나타난다. 편의상 그 결과를 '성공'과 '실패'로 구분한다.

② '성공'의 확률을 p라고 하면 '실패'의 확률은 $1-p$이다.

③ 어느 한 시행결과가 다른 시행결과에 영향을 미치지 않는다(즉, 매 시행의 결과는 서로 독립적이다).

베르누이 시행의 한 예로 주사위를 던지는 게임을 생각해 보자. 주사위를 던지는 게임에서 홀수의 눈이 나오면 '성공'이고, 짝수가 나오면 '실패'라 할 때, (1) 주사위를 던지면 성공(주사위의 눈이 홀수가 나오는 경우)아니면 실패(주사위의 눈이 짝수가 나오는 경우) 2가지의 가능한 결과가 나타난다. (2) 성공의 확률은 1/2이며 실패의 확률도 1 − 1/2 = 1/2이다. (3) 처음 주사위를 던져서 나온 결과는 다음 번 주사위를 던졌을 때 나오는 결과에 영향을 주지 않으므로, 매 시행결과는 독립적이다. 이 이외에도 품질검사에서 제품의 합격과 불합격 판정, 사망보험 가입자에 대한 사망과 생존, 세일즈맨의 판촉에 대한 성공과 실패 등 베루누이 상황은 현실에서 이루 말할 수 없이 많이 존재한다.

이항분포는 n번의 베르누이 시행에서 성공이 나타나는 회수에 대한 분포로써, 확률변수 X는 $\{0, 1, \cdots, n\}$의 이산적인 값을 가진다. 이항분포의 확률질량함수는 다음과 같이 정의되는데, 확률변수 X가 이러한 분포를 갖는다는 것을 $X \sim B(n, p)$로 나타낸다.

이항분포

- **확률질량함수 : $B(n, p)$**

$$P(X = x) = f(x) = \binom{n}{x} p^x (1-p)^{n-x}, \quad x = 0, 1, \cdots, n.$$

여기서, $\binom{n}{x} = {}_nC_x = \dfrac{n!}{x!(n-x)!}$

- **평균과 분산**

$\mu = E(X) = np,$

$\sigma^2 = Var(X) = np(1-p).$

이항분포에서 확률분포가 어떻게 나타나는지를 설명하기 위해 동전을 4번 던지는 경우를 생각해 보자. 동전을 4번 던져서 앞면이 나타나는 수를 확률변수 X라 하면, X는 시행횟수 4번과 성공의 확률 1/2을 갖는 이항분포 $B(4, 1/2)$를 따른다. 이때 이항분포의 확률질량함수는 다음과 같다.

$$P(X = x) = \binom{4}{x}(1/2)^x (1/2)^{4-x}, \quad x = 0, 1, \cdots, 4.$$

따라서 앞면이 나타나는 수의 확률분포는 앞의 이항분포의 확률질량함수를 통하여 다음과 같이 구할 수 있다.

$$P(X = 0) = \binom{4}{0}(1/2)^0 (1/2)^4 = \frac{4!}{0!4!}(1/2)^0 (1/2)^4 = 1/16$$

$$P(X = 1) = \binom{4}{1}(1/2)^1 (1/2)^3 = \frac{4!}{1!3!}(1/2)^1 (1/2)^3 = 4/16$$

$$P(X = 2) = \binom{4}{2}(1/2)^2 (1/2)^2 = \frac{4!}{2!2!}(1/2)^2 (1/2)^2 = 6/16$$

$$P(X = 3) = \binom{4}{3}(1/2)^3 (1/2)^1 = \frac{4!}{3!1!}(1/2)^3 (1/2)^1 = 4/16$$

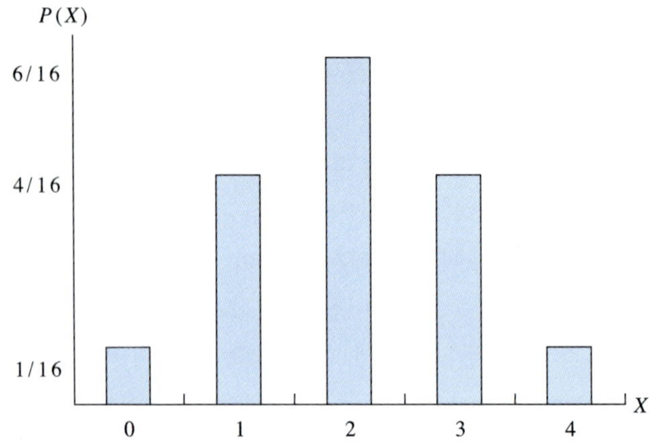

그림 4.4 이항분포 $B(4, 1/2)$에 대한 확률분포도

$$P(X=4) = \binom{4}{4}(1/2)^4(1/2)^0 = \frac{4!}{4!0!}(1/2)^4(1/2)^0 = 1/16$$

이러한 이항분포를 확률분포도로 나타내면 <그림 4.4>와 같다. 여기서 이항분포 $B(4, 1/2)$를 따르는 확률변수 X의 평균 μ와 분산 σ^2은 각각 $\mu = np = 4 \times (1/2) = 2$와 $\sigma^2 = np(1-p) = 4 \times (1/2) \times (1/2) = 1$이다.

4.3.2 초기하분포 (Hyper Geometric Distribution)

주머니 속에 흰공 7개와 검은공 3개가 들어 있다고 하자. 주머니 속에서 임의로 한 개의 공을 랜덤추출하였을 때, 흰공이 나올 확률은 7/10이다. 추출된 공을 주머니 속에 넣고 다시 한 개의 공을 추출하였을 때 흰공이 나올 확률은 역시 7/10이 된다. 이와 같은 추출방식을 **복원추출법**(復元抽出法, sampling with replacement)이라고 하며, 이러한 복원추출에서는 베르누이 시행이 되기 위한 조건들을 만족한다. 그러나 추출된 공을 주머니 속에 다시 넣지 않고 나머지 공에서 두 번째 공을 추출하는 방식을 생각해 볼 수 있는데, 이러한 방식을 **비복원추출법**(非復元抽出法, sampling without replacement)이라고 한다. 비복원추출법에서는 베르누이 시행에서의 조건이 만족되지 않음을 알 수 있다.

N개로 구성된 모집단에서 A개가 '성공'(흰공)이고 나머지 $N-A$개가 '실패'(검은공)라고 하자. N개 중에서 n개를 비복원추출하였을 때 그중 '성공'일 경우의 수를 확률변수 X라 하자. 이와 같은 X에 대한 확률질량함수는 다음과 같다(여기서 $m = min(n, A)$이다).

초기하분포

- 확률질량함수 : $HG(N, A, n)$

$$P(X=x)=f(x)=\frac{\binom{A}{x}\binom{N-A}{n-x}}{\binom{N}{n}}, \quad x=0,1,\cdots,m.$$

- 평균과 분산

$\mu = E(X) = np,$

$\sigma^2 = Var(X) = np(1-p)\left(\frac{N-n}{N-1}\right).$

이와 같이 질량함수를 가지는 확률분포를 **초기하분포** $HG(N, A, n)$라고 한다. 만약 N이 크고 이에 비하여 n이 작을 경우 초기하분포를 따르는 확률변수 X는 n과 $p=A/N$을 모수로 하는 이항분포에 근사적으로 따르게 된다.

4.3.3 포아송분포 (Poisson Distribution)

'하루 동안 경부고속도로 상에서 일어나는 교통사고 건수(차량통과대수 n은 매우 크고 사고확률은 매우 작은 경우)', '일정시간 안에 걸려오는 전화의 수', '생산된 1000개의 부품당 불량품의 개수', '일주일 동안에 어느 보험회사에서 접수되는 사망보험금 청구건수' 등과 같이 단위 시간당 또는 단위 면적당 나타나는 '성공'의 횟수를 설명하는데 자주 사용되는 확률분포로 **포아송분포**라는 것이 있다. 포아송분포는 희귀사건(rare event)의 건수에 대한 확률분포라고 할 수 있다.

포아송분포는 '성공'이 일어나는 확률이 아주 작은 이항분포로부터 유도되며(즉, 이항분포 $B(n, p)$에서 시행횟수 n이 매우 크고 성공의 확률 p가 0에 가까운 경우), 이러한 확률변수 X에 대한 확률질량함수는 다음과 같다. 여기서 μ는 단위당 일어나는 평균건수이고, e는 자연대수의 밑으로서 2.71828…의 값을 가지는 무리수이다.

포아송분포

- 확률질량함수: $Poi(\mu)$

$$P(X=x)=f(x)=\frac{e^{-\mu}\mu^x}{x!}, \quad x=0,1,2,\cdots$$

- 평균과 분산:

$\mu = E(X) = \mu,$

$\sigma^2 = Var(X) = \mu$ (단, $\mu > 0$).

포아송분포가 어떻게 이용될 수 있는지를 알기 위해 다음과 같은 예를 들어보도록 하자. 어떤 생명보험회사에는 15만 명의 보험가입자가 있으며, 과거의 자료로부터 보험가입자가 어떤 사고를 당하여 일정기간 동안에 보

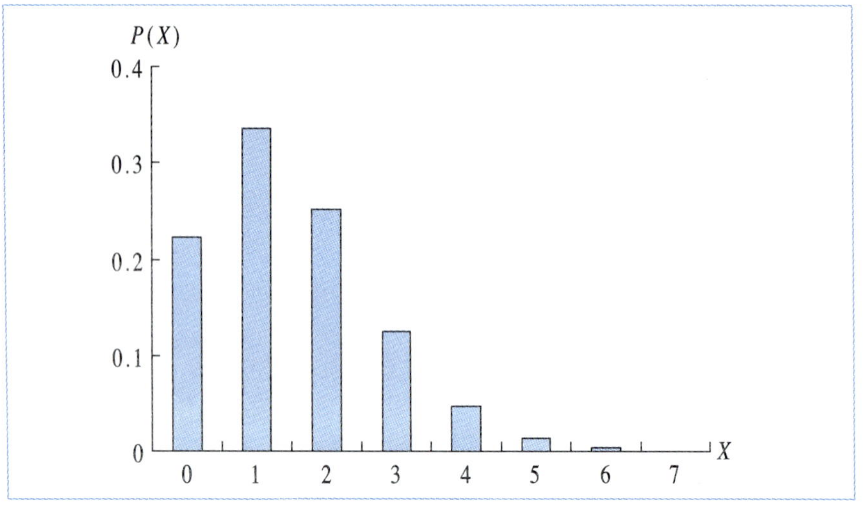

그림 4.5 포아송분포 $P(1.5)$에 대한 확률분포도

험금을 지급 받을 확률이 0.001%라고 한다. 즉, 시행횟수 $n = 150,000$으로 매우 크고 성공의 확률 $p = 0.00001$로 매우 드문 현상을 나타낸다. 이 경우 가입자의 수는 시행횟수이고 사고로 인하여 보험금을 지급 받을 확률은 성공의 확률로 생각할 수 있다. 이때 X를 사고로 보험금을 지급할 건수라고 하면 확률질량함수는 다음과 같다.

$$P(X=0) = \frac{1.5^0 e^{-1.5}}{0!} = 0.2231$$
$$P(X=1) = \frac{1.5^1 e^{-1.5}}{1!} = 0.3347$$
$$P(X=2) = \frac{1.5^2 e^{-1.5}}{2!} = 0.2510$$
$$P(X=3) = \frac{1.5^3 e^{-1.5}}{3!} = 0.1255$$
$$\cdots$$

여기서 평균 $\mu = np = 1.5$이고 분산 또한 $\sigma^2 = \mu = 1.5$이다. 이러한 포아송분포를 그래프로 나타내면 <그림 4.5>와 같다.

4.4 연속형 확률분포

앞에서 설명한 바와 같이 확률변수 X가 적절한 구간 내의 연속적인 모든 값을 가질 수 있을 때 X를 연속확률변수(continuous random variable)라고 하며, 연속형 확률분포에는 정규분포(normal distribution), 지수분포(exponential distribution), 와이블분포(weibull distribution), 베타분포(beta distribution), 감마분포(gamma distribution) 등이 있다. 이러한 연속형 확률분포 중에서 가장 중요하고 자주 이용되는 분포는 정규분포라고 할 수 있는데, 이 절에서는 정규분포의 중요한 성질들에 대해서 살펴보도록 하자.

4.4.1 정규분포 (Normal Distribution)

확률변수 X가 평균이 μ이고 표준편차가 σ이며, 다음과 같은 확률밀도함수를 가지는 경우, X는 **정규분포** $N(\mu, \sigma^2)$을 따른다고 한다. 여기서 π는 원주율 3.1415…이고, $\exp(y) = e^y$이다(e는 자연대수의 밑으로서 2.71828…의 값을 가지는 무리수이다).

정규분포 확률밀도함수 : $N(\mu, \sigma^2)$

$$f(x) = \frac{1}{\sqrt{2\pi}\,\sigma}\exp\left[-\frac{(x-\mu)^2}{2\sigma^2}\right], \quad -\infty < x < \infty.$$

이러한 정규분포곡선은 1730년대 드 므아브르(De Moivre)에 의해서 발견되었으나, 1820년경 가우스(Gauss)의 오차이론에서 유도되었다는 점에서 가우스 곡선(Gaussian curve)이라고도 한다. 정규분포가 통계학에서 중요시되고 있는 이유로 다음과 같은 몇 가지를 들 수 있다.

① 자연현상이나 사회현상에서의 측정값들의 분포는 정규분포와 유사한 형태를 가지는 것들이 많다. 예를 들어, 사람들의 키, 나무열매의 길이, 제품의 크기 등은 근사적으로 정규분포의 형태를 따른다.

② 정규분포를 따르지 않는 측정값들에 대해서도 제곱근이나 로그변환 등의 변환방법을 통해 정규분포에 근사하도록 유도할 수가 있다.

③ 정규분포는 수리적으로 다루기가 쉬우며, 정규분포의 가정하에서 유도되는 수리통계학적 결과는, 그 확률변수가 정규분포를 따르지 않는 경우에 대해서도 유용하게 활용된다. 즉, 정규분포에서 얻은 이론적 결과는 이산확률변수나 정규분포를 따르지 않는 변수에 대해서도 대체적으로 잘 적용되는 경우가 많다.

④ 정규분포를 따르지 않는 측정값들에 대해서도 표본의 크기가 큰 경우, 표본평균은 근사적으로 정규분포를 따른다는 것이다(이 점에 대해서는 다음 절에서 다시 다룰 것이다).

정규확률밀도함수를 그림으로 나타내면 <그림 4.6>에서와 같이 $(-\infty, \infty)$를 구간으로 하여, 평균 μ를 중심으로 좌우대칭의 종 모양을 취함을 알 수 있다. 또한 정규분포의 확률은 평균 μ와 표준편차 σ 사이에 일정한 관계를 갖는다.

즉, <그림 4.6>에서와 같이 μ로부터 $\pm\sigma$의 구간은 0.683, μ로부터 $\pm 2\sigma$의

그림 4.6
정규분포곡선의 확률적 특성

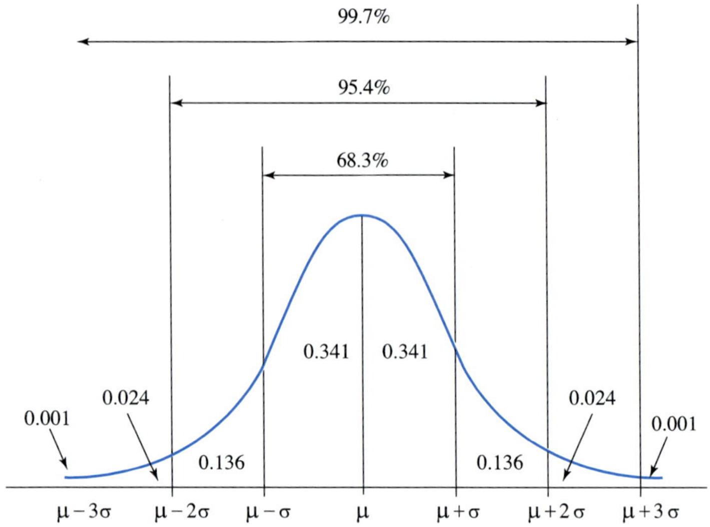

그림 4.7
μ와 σ의 변화에 따른 정규분포의 형태

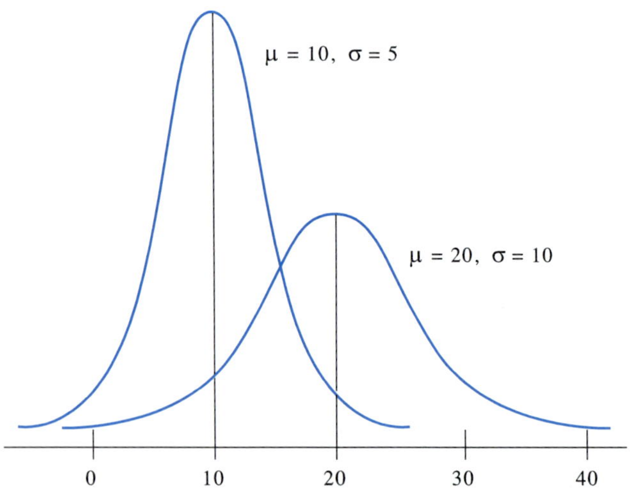

구간은 0.954 그리고 μ로부터 ±3σ의 구간은 0.997의 확률을 갖는다. 이러한 정규분포의 확률적 특성을 식으로 요약하면 다음과 같다.

$$P(\mu - \sigma \le X \le \mu + \sigma) = 0.683.$$
$$P(\mu - 2\sigma \le X \le \mu + 2\sigma) = 0.954.$$
$$P(\mu - 3\sigma \le X \le \mu + 3\sigma) = 0.997.$$

한편 <그림 4.7>은 평균과 표준편차가 다른 경우에 대한 정규분포의 형태를 보여 준다. 여기서 μ(평균)에 따라 중심의 위치가 바뀌는 것을 볼 수 있으며, σ(표준편차)에 따라 곡선의 형태가 변하는 것을 볼 수 있다(즉, σ

가 크면 곡선의 높이가 낮아지고, 그 대신 μ를 중심으로 하여 대칭적으로 널리 퍼지게 된다는 것을 알 수 있다). 이러한 의미에서 μ를 **위치모수** (location parameter)라 하고, σ를 **척도모수**(scale parameter)라고 한다.

정규분포를 따르는 확률변수들의 합은 정규분포를 따른다. 뿐만 아니라 확률변수 X가 정규분포 $N(\mu, \sigma^2)$을 따를 때, 확률변수 X에 상수 b를 더하거나 뺀 확률변수 $X \pm b$는 정규분포 $N(\mu \pm b, \sigma^2)$을 따르고, 확률변수 X에 상수 a를 곱한 확률변수 aX는 정규분포 $N(a\mu, a^2\sigma^2)$을 따른다. 이러한 정규분포의 성질을 다음과 같이 정리할 수 있다.

정규분포의 성질

- $X \sim N(\mu, \sigma^2)$일 때 상수 a와 b에 대하여

$$aX + b \sim N(a\mu + b, a^2\sigma^2)$$

- $X_1 \sim N(\mu_1, \sigma_1^2)$, $X_2 \sim N(\mu_2, \sigma_2^2)$이고, X_1과 X_2가 서로 독립일 때

$$X_1 + X_2 \sim N(\mu_1 + \mu_2, \sigma_1^2 + \sigma_2^2)$$

4.4.2 표준정규분포 (Standard Normal Distribution)

평균이 0이고 표준편차가 1인 정규분포를 **표준정규분포**라고 한다. 정규분포 $N(\mu, \sigma^2)$을 따르는 확률변수 X는 다음과 같은 정규화(표준화) 변환

$$Z = \frac{X - \mu}{\sigma} \tag{4.6}$$

을 통해 표준정규분포로 변환할 수 있다. 표준정규분포에 따르는 확률변수 Z의 확률밀도함수는 다음과 같다.

$$f(z) = \frac{1}{\sqrt{2\pi}} e^{-z^2/2}, \quad -\infty < z < \infty \tag{4.7}$$

정규분포는 평균과 분산의 값에 따라 위치와 분포의 모양이 다르기 때문에, 확률변수 X가 특정한 범위에 있을 확률을 계산하는 것이 매우 불편하다. 따라서 모든 정규확률변수인 X를 Z로 표준화하면 표준정규분포를 이용하여 확률을 계산하는 것이 편리해지기 때문에, 표준정규분포를 자주 사용하게 된다.

예를 들어, 초등학교 학생의 몸무게를 X라는 확률변수로 나타내어 정규분포 $N(42, 25)$를 따른다고 하자. 즉, X는 평균 $\mu = 42$와 분산 $\sigma^2 = 25$인 정규분포를 따른다. 이러한 분포로부터 어느 한 학생을 무작위로 뽑았을 때, 학생의 몸무게가 40~54kg 사이에 있을 확률을 구하고자 하는 경우

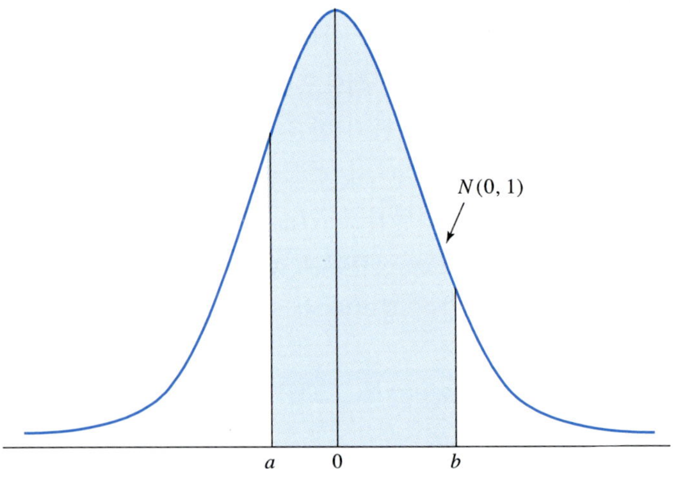

그림 4.8
표준정규분포에서 $P(a < Z < b)$의 확률

$$
\begin{aligned}
P(40 < X < 54) &= P\left(\frac{40-\mu}{\sigma} < \frac{X-\mu}{\sigma} < \frac{54-\mu}{\sigma}\right) \\
&= P\left(\frac{40-42}{5} < Z < \frac{54-42}{5}\right) \\
&= P(-0.4 < Z < 2.4)
\end{aligned}
$$

와 같으므로 이는 표준정규분포에서 −0.4와 2.4 사이의 확률이 된다.

또한 정규분포의 대칭성[즉, $P(-z < Z < 0) = P(0 < Z < z)$]을 이용하면

$$
\begin{aligned}
P(-0.4 < Z < 2.4) &= P(-0.4 < Z < 0) + P(0 < Z < 2.4) \\
&= P(0 < Z < 0.4) \quad + P(0 < Z < 2.4)
\end{aligned}
$$

가 성립함을 보일 수 있다. 이제 부록의 부표 3에서 $P(0 < Z < 0.4) = 0.1554$와 $P(0 < Z < 2.4) = 0.4918$임을 알 수 있으므로, 구하고자 하는 확률값을

$$P(0 < Z < 0.4) + P(0 < Z < 2.4) = 0.1554 + 0.4918 = 0.6472$$

와 같이 계산할 수 있다.

4.5 표본분포

통계분석의 중요한 목적 중 하나는 모집단에서 추출된 표본으로부터 관심 있는 모집단의 특성을 추측해내는 일이다. 이러한 모집단의 특성은 평균과 표준편차 등과 같이 수치로 표현되는데, 이를 모수(parameter)라고 한다는 것을 2장에서 설명한 바 있다. 일반적으로 모수는 미지의 상수이며, 이 값은 모집단을 전부 조사하는 전수조사를 통해서만 알 수 있다. 그

러나 모집단을 전부 조사한다는 것은 경제적 또는 시간적 제약 때문에 매우 어렵거나 때로는 불가능하다. 따라서 모집단의 일부인 표본을 조사함으로써 모수(모평균, 모분산, 모비율 등)에 대응되는 통계량(표본평균, 표본분산, 표본비율 등)을 이용하여 추론을 하게 된다. 이 절에서는 통계학에서 널리 이용되는 표본평균의 분포 및 중심극한정리를 설명하고, 중요한 몇 가지 표본분포를 소개하고자 한다.

4.5.1 표본평균의 분포

평균(기대값)이 μ이고 표준편차가 σ인 모집단으로부터, 크기 n인 확률표본 $x_1, x_2, \cdots, x_n$을 추출하여 표본평균 $\bar{x}$와 표본분산 s^2을 계산하였다고 하자.

$$\bar{x} = \frac{1}{n}\sum_{i=1}^{n} x_i, \qquad (4.8)$$

$$s^2 = \frac{1}{n-1}\sum_{i=1}^{n}(x_i - \bar{x})^2. \qquad (4.9)$$

이때 모집단의 분포가 어떤가에 관계없이 항상 다음 관계가 성립한다.

$$E(\bar{x}) = \mu, \quad E(s^2) = \sigma^2, \qquad (4.10)$$

$$Var(x) = \sigma^2/n. \qquad (4.11)$$

즉, 표본평균 $\bar{x}$는 모평균 μ의 불편추정치(unbiased estimate)이고, 표본분산 s^2은 모분산 σ^2의 불편추정치이다. 또한 표본평균의 표준편차는 $SE = \sigma/\sqrt{n}$이 된다는 것을 알 수 있는데, 이를 표본평균의 **표준오차**(standard error for mean)라고 하며, 표본평균이 모평균으로부터 얼마나 떨어져 있는가를 나타내주는 척도라고 할 수 있다.

결론적으로 표본평균 $\bar{x}$의 평균은 모집단의 평균과 같으며, 표본크기 n이 클수록 그 분산이 0에 가까워져, 결국 표본의 크기가 클 때 $\bar{x}$는 모집단의 평균인 μ 근처에 밀집되어 분포한다는 사실을 알 수 있는 것이다.

더 나아가 모집단의 분포가 정규분포이면 $\bar{x}$는 정규분포 $N(\mu, \sigma^2/n)$을 따르고, $\bar{x}$에 대해 다음과 같이 정규화변환을 취하면

$$z = \frac{\bar{x} - \mu}{\sigma/\sqrt{n}} \qquad (4.12)$$

z는 평균이 0이고 표준편차가 1인 표준정규분포 $N(0, 1)$을 따른다.

만약 모집단의 분포가 정규분포가 아니라면 어떻게 될까? 이 경우 표본평균 $\bar{x}$의 분포가 정확히 정규분포를 따르지는 않지만, 표본크기 n이 충분히 큰 경우 근사적으로 정규분포를 따르게 된다. 이와 같은 사실을 **중심극한정리**(central limit theorem)라고 하며, 여러 통계량들의 근사분포를 구하는 데 중요한 역할을 한다.

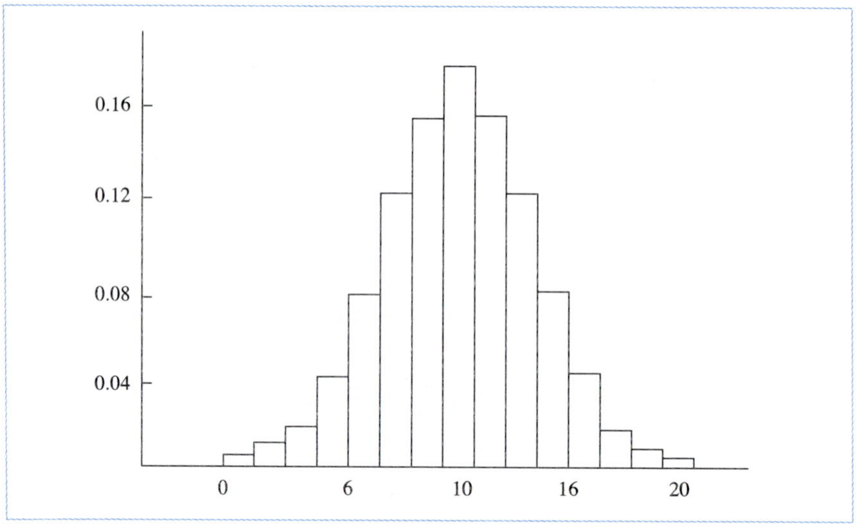

그림 4.9 $B(20, 0.5)$의 확률분포

중심극한정리에 의하면 모집단의 분포가 연속형이든, 이산형이든 또는 비스듬하게 치우친 형태이든 간에 표본의 크기가 클수록 표본평균 $\bar{x}$의 분포가 근사적으로 정규분포 $N(\mu, \frac{\sigma^2}{n})$에 접근한다는 것이다. 여러 통계적 모형에서 일반적으로 정규분포 가정을 하고 있는데, 이러한 가정은 중심극한정리를 고려한 것이라고 할 수 있다.

4.5.2 이항분포의 정규근사

앞에서 설명한 중심극한정리를 이용하면 정규분포를 이용하여 많은 다른 형태의 분포에 대한 확률을 근사적으로 구할 수 있다. 여기서는 이항분포의 확률을 정규분포에 의해 근사적으로 구하는 것을 설명하고자 한다.

확률변수 X가 이항분포 $B(n, p)$를 따를 때 n이 작은 숫자이면 이항분포의 확률을 직접 계산하거나, 이항분포표(부록의 부표 1 참조)에 의해 쉽게 구할 수 있다. 그러나 n이 커지면 확률계산은 아주 복잡하며, 많은 시간을 소모하게 된다. 한편 <그림 4.9>에서 볼 수 있는 바와 같이 이항분포에서 n이 커지면 점차 정규분포에 가까운 형태가 되는 것을 볼 수 있다. 이항분포 $B(n, p)$의 평균은 $\mu = np$이고, 분산은 $\sigma^2 = np(1-p)$이므로, 분포의 형태가 $N(np, np(1-p))$에 가까워진다. 이러한 경우 이항분포 $B(n, p)$를 따르는 확률변수 X에 대하여,

$$Z = \frac{X - np}{\sqrt{np(1-p)}} \tag{4.13}$$

의 분포는 근사적으로 표준정규분포 $N(0, 1)$에 가까워진다. 따라서 이항분포에서 시행횟수 n이 클 때 표준정규분포표를 이용하여 확률을 계산하면 편리하게 된다.

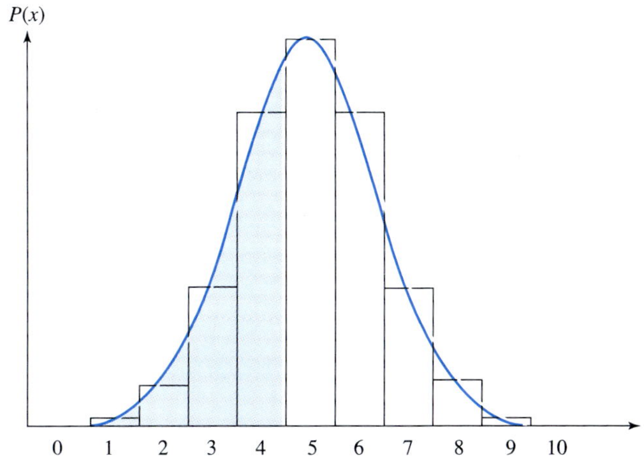

그림 4.10
$B(10, 0.5)$와 $N(5, 2.5)$의 확률분포

일반적으로 이산확률분포에서 연속확률분포로의 근사를 보다 정확히 하기 위해서는 보정이 필요한데, 이것을 **연속성 수정**(continuity correction)이라고 한다. 예를 들어, 확률변수 X가 이항분포 $B(n,p)$를 따를 경우 $P(X=k)$ (단, k는 정수)를 $P(k-0.5<X<k+0.5)$로 수정하는 것을 의미한다.

<그림 4.10>은 이항분포 $B(10, 0.5)$와 이에 대응하는 $\mu = np = (10)(0.5) = 5$, $\sigma^2 = np(1-p) = (10)(0.5)(0.5) = 2.5$인 정규분포 $N(5, 2.5)$를 함께 나타낸 것이다. 여기서 음영부분은 $P(x \le 4)$에 해당하는 확률을 정규분포 상에 나타내고 있다. 부록의 부표 1에서 $P(x \le 4) = 0.377$임을 알 수 있는데, 0.5의 연속성 수정을 하여 정규분포로부터 확률을 구하면 다음과 같다.

$$\begin{aligned} P(X \le 4) &= P(X < 4 + 0.5) = P\left(Z < \frac{4.5-5}{\sqrt{2.5}}\right) \\ &= P(Z < -0.32) = 0.3745. \end{aligned}$$

그러므로 $n=10$인 경우와 같이 n이 그리 크지 않는 경우에도, 정규분포에 의한 근사적 확률이 이항분포로부터 구한 실제 확률 0.377에 상당히 가까운 것을 볼 수 있다.

이제 확률변수 X가 이항분포 $B(20, 0.7)$을 따를 때 $P(10 \le X \le 16)$을 이항분포와 정규분포에 의한 근사적 계산으로 비교하여 보자. 먼저 이항분포표에서

$$\begin{aligned} P(10 \le X \le 16) &= P(X \le 16) - P(X \le 9) \\ &= 0.893 - 0.017 = 0.876 \end{aligned}$$

임을 알 수 있다. 다음으로 정규분포에 의한 근사적 확률은 $\mu = (20)(0.7) = 14$,

$\sigma^2 = (20)(0.7)(0.3) = 4.2$를 가지는 정규분포로 계산한다. 즉,

$$\begin{aligned} P(10 \le X \le 16) &= P(10 - 0.5 \le X \le 16 + 0.5) \\ &= P\left(\frac{9.5 - 14}{\sqrt{4.2}} < Z < \frac{16.5 - 14}{\sqrt{4.2}}\right) \\ &= P(-2.20 < Z < 1.22) \\ &= P(-2.20 < Z < 0) + P(0 < Z < 1.22) \\ &= P(0 < Z < 2.20) + P(0 < Z < 1.22) \\ &= 0.4861 + 0.3888 = 0.8749. \end{aligned}$$

4.5.3 t-분포 (Student's t-Distribution)

모집단의 분포가 정규분포를 따르고 모수 μ와 σ를 알고 있다면 표본평균 $\bar{x}$의 분포가 정규분포를 따르므로, $\bar{x}$에 대한 확률값을 쉽게 계산할 수 있다. 그러나 모표준편차 σ를 모를 때는 어떻게 될까? 1908년 고셋(W. S. Gosset, 필명 Student)은 정규분포 $N(\mu, \sigma^2)$로부터 추출된 표본평균 $\bar{x}$에 대해서, 표본표준편차 s를 이용하여 다음과 같은 변환을 하였다.

$$t = \frac{\bar{x} - \mu}{s/\sqrt{n}} \tag{4.14}$$

이는 표준정규분포를 하지 않고 표본크기 n에 따라서 분포형태가 달라진다는 것을 발견하였다. 이 통계량의 분포는 그 후 피셔(R. A. Fisher)에 의해서 규명되었으며, 이와 같은 분포를 자유도(degree of freedom) $\nu = n - 1$을 가지는 '스튜던트의 t-분포' 라고 하였다.

<그림 4.11>은 t-분포에 대한 확률밀도함수로써 실선으로 그려져 있는 것

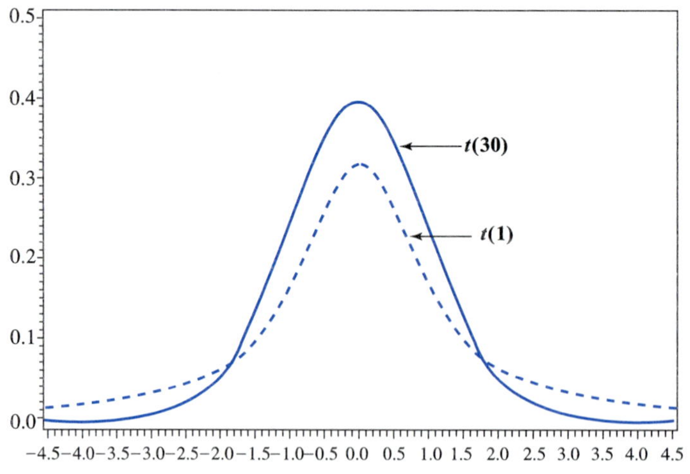

그림 4.11 t-분포(실선 : $\nu = 30$, 점선 : $\nu = 1$)

은 $\nu = 30$의 경우이고, 점선으로 그려져 있는 것은 $\nu = 1$의 경우이다. 이 그림에서 t-분포도 표준정규분포와 마찬가지로 평균 0을 중심으로 좌우대칭이고, 자유도가 커지면 높이가 커지면서 폭이 좁아진다는 것을 알 수 있다. 그러나 일반적으로 t-분포는 표준정규분포에 비해서 두터운 꼬리를 가지고 있으며, 따라서 표준정규분포에 비해서 극단적인 값이 나타날 확률이 더 크다. 한편, 자유도가 커서 30 이상이 되면 표준정규분포와 거의 유사하게 된다.

4.5.4 카이제곱분포(Chi-square Distribution)

앞에서 다룬 t-분포는 평균에 관한 통계적 추론에 유용하다. 이제 표본분산 s^2의 분포에 대해서 살펴보자. 수리통계학적 이론에 의하면 서로 독립인 n개의 표준정규변수 $z_1, z_2, \cdots, z_n$에 대해서 그들의 제곱합

$$\chi^2 = \sum_{i=1}^{n} z_i^2 \tag{4.15}$$

은 자유도 $\nu = n$인 카이제곱분포 $\chi^2(\nu)$을 따른다.

또한 정규모집단 $N(\mu, \sigma^2)$에서 추출한 n개의 랜덤표본 $x_1, x_2, \cdots, x_n$으로부터 계산된 s^2에 대해

$$\frac{(n-1)s^2}{\sigma^2} \tag{4.16}$$

이 자유도 $n-1$인 χ^2-분포를 따른다는 것을 보일 수 있다.

<그림 4.12>는 카이제곱분포의 확률밀도함수로써, 실선으로 그려져 있

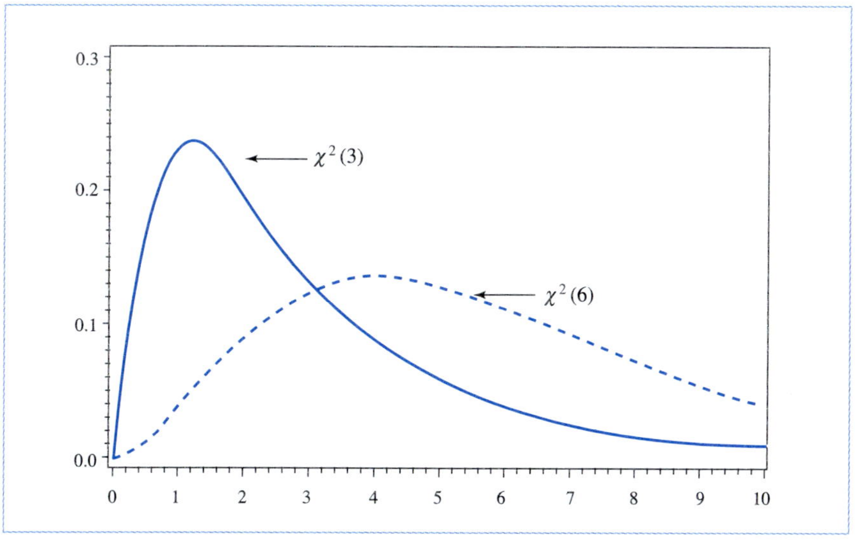

그림 4.12 χ^2-분포 (실선 : $\nu = 3$, 점선 : $\nu = 6$)

는 것은 $\nu=3$의 경우이고 점선으로 그려져 있는 것은 $\nu=6$의 경우이다. 확률변수 X가 $\chi^2(\nu)$에 따른다고 할 때 X는 0 이상의 값을 가지는 연속확률변수로써, 그 평균과 분산은 다음과 같다.

$$E(X)=\nu,\quad Var(X)=2\nu.$$

4.5.5 *F*-분포 (*F*-Distribution)

F-분포는 두 정규모집단의 분산비에 대한 추론에 주로 사용된다. 두 확률변수 χ_1^2과 χ_2^2가 각각 자유도 ν_1과 ν_2인 카이제곱분포를 따르고, 서로 독립이라고 할 때, 통계량

$$F=\frac{\chi_1^2/\nu_1}{\chi_2^2/\nu_2} \tag{4.17}$$

는 자유도 (k_1, k_2)인 F-분포 $F(\nu_1, \nu_2)$를 따른다.

이제 $x_1, \cdots, x_{n_1}$과 $y_1, \cdots, y_{n_2}$가 각각 두 정규모집단 $N(\mu_1, \sigma_1^2)$과 $N(\mu_2, \sigma_2^2$ 에서 독립적으로 추출된 확률표본이라고 하자. 이때 s_1^2과 s_2^2을 두 표본에서의 표본분산이라고 하면 다음 두 확률변수에 대해

$$\frac{(n_1-1)s_1^2}{\sigma_1^2}\sim\chi^2(n_1-1),\quad \frac{(n_2-1)s_2^2}{\sigma_2^2}\sim\chi^2(n_2-1) \tag{4.18}$$

이 성립하며 이들은 서로 독립이므로, 확률변수

$$\frac{\sigma_2^2/s_2^2}{\sigma_1^2/s_1^2} \tag{4.19}$$

은 자유도 (n_1-1, n_2-1)인 F-분포를 따른다.

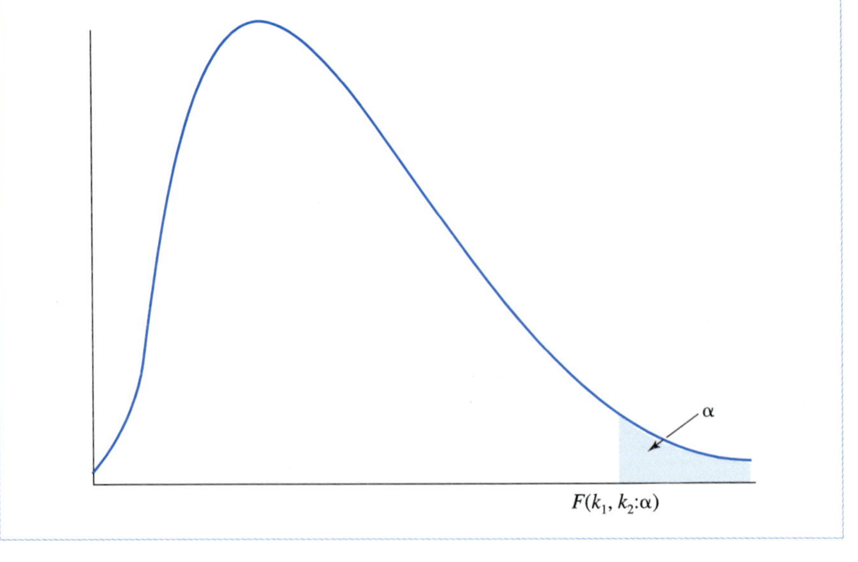

그림 4.13
F-분포의 형태

연습문제

4-1 20대의 기계를 가동 중인 공장에서 하루 동안 어느 한 대가 고장을 일으킬 확률이 0.05라고 한다. 이항분포 함수를 이용하여 다음의 확률을 계산하여라. 또한 포아송분포 함수를 이용하여 확률을 근사적으로 계산하여 보아라.

(가) 한 대도 고장이 나지 않을 확률은 얼마인가?

(나) 3대 이상이 고장을 일으킬 확률은 얼마인가?

4-2 1,000명의 사람 중 950명은 남자이고, 50명은 여자라고 하자. 복원추출과 비복원추출 각각에 대해 10명을 랜덤추출하여 여자가 한 명도 추출되지 않을 확률을 구하여라.

4-3 성인 남자의 키는 $\mu = 170$cm이고 $\sigma = 5$cm인 정규분포를 한다고 하자.

(가) 성인 남자 중에서 한 사람을 추출하였을 때 그 사람의 키가 180cm 이상일 확률은 얼마인가?

(나) 성인 남자 중에서 100명을 추출하였을 때 표본평균이 175cm 이하일 확률은 얼마인가?

(다) 크기 25인 랜덤표본을 추출하여 표본평균을 구하였을 때 평균의 표준오차는 얼마인가? 표본의 크기가 10일 때는 어떻게 되는가?

4-4 2개의 공정한 주사위를 던질 때 적어도 한 주사위의 눈의 개수가 3보다 작을 확률을 구하여라.

4-5 어느 신혼부부가 3명의 아이를 낳을 계획이라 하고, 아들과 딸의 확률이 각각 57%, 43%라고 가정하자.

(가) 딸이 적어도 한 명 이상일 확률을 계산하여라.

(나) 아들이 적어도 한 명 이상인 확률을 계산하여라.

(다) 아들과 딸이 적어도 한 명 이상인 확률을 계산하여라.

4-6 어떤 노름꾼의 주머니 속에는 앞면과 뒷면이 나올 확률이 같은 동전(fair coin) 1개와 앞면만 나오게 되어 있는 동전(unfair coin)이 1개 있다고 하자. 이 노름꾼이 노름판에서 그의 주머니에서 동전 1개를 꺼내어 던졌는데 앞면이 나왔다. 이 동전이 앞면과 뒷면이 나올 확률이 같은 동전이었을 확률을 구하여라.

4-7 주머니가 2개가 있는데 첫 번째 주머니에는 흰공 2개, 검은공 7개가 들어 있고, 두 번째 주머니에는 흰공 5개, 검은공 6개가 들어 있다. 동전 1개를 던져서, 앞면이 나오면 첫 번째 주머니에서 뒷면이 나오면 두 번째 주머니에서 공 1개를 꺼낸다고 하자. 이 때 흰공이 1개 꺼내졌는데 이 공이 첫 번째 주머니에서 나왔을 확률을 구하여라.

4-8 세 가지 사상 A, B, C와 세 사상의 결합확률이 다음과 같다.

$$P(A) = 0.14,\ \ P(B) = 0.23,\ \ P(C) = 0.37.$$
$$P(A \cap B) = 0.08,\ \ P(A \cap C) = 0.09,$$
$$P(B \cap C) = 0.13,\ \ P(A \cap B \cap C) = 0.05.$$

확률 $P(A\,|\,B)$, $P(A\,|\,B \cup C)$, $P(A\,|\,A \cup B \cup C)$, $P(A \cup B\,|\,C)$를 각각 구하여라.

4-9 2개의 주사위를 던졌을 때, 이 중 하나의 주사위의 숫자가 3이 나온 것을 알았다.
(가) 이때 다른 하나도 3일 확률을 구하여라.
(나) 두 주사위의 합이 7일 확률을 구하여라.

4-10 어느 도시의 가구 중 40%가 A신문을 구독하며, 그중 50%가 B신문을 같이 구독한다고 한다. 또한 전체의 50%가 B신문을 구독한다고 한다. 한 가구를 무작위 추출하였을 때 그 가구가 A 또는 B 신문 중 적어도 하나를 구독할 확률을 구하여라. 또한 A와 B신문 중 어느 것도 구독하지 않을 확률을 구하여라.

4-11 한 전기제품의 내부에 부품 3개가 병렬로 연결되어 있다. 적어도 하나가 작동을 한다면 전기제품은 정상적으로 움직이고, 각 부품이 고장나는 사상은 서로 독립적이고 각 부품이 고장날 확률이 0.05라고 하면, 이 전기제품이 정상적으로 움직일 확률이 얼마인지를 계산하여라.

4-12 어떤 공장에서 불량품이 나올 수 있는 확률이 각각 7%, 11%인 기계 두 대를 A, B라고 하자. 기계 A는 전체 제품의 40%를 생산하고, 기계 B는 60%를 생산한다. 이 공장의 제품 가운데 불량품을 1개 뽑았는데, 이 불량품이 기계 A에서 제조되었을 확률을 계산하여라.

4-13 남녀의 수가 같은 어느 대학교에서 남자는 5%, 여자는 0.25%가 색

맹이라고 한다. 색맹인 사람을 1사람 뽑았을 때 이 사람이 남자일 확률을 계산하여라.

4-14 하나의 주사위를 두 번 던지는 실험에서 X와 Y가 아래와 같을 때 다음 물음에 답하여라.
X=두 번의 실험에서 나타난 짝수의 횟수
Y=두 번의 실험에서 나타난 3의 배수의 횟수
(가) X와 Y의 결합확률분포를 구하여라.
(나) X와 Y의 주변확률분포를 각각 구하여라.

4-15 A군은 두 대의 자가용을 소유하고 있는데, 하나는 대형차이고 또 하나는 소형차이다. 그런데 회사의 주차공간이 협소하여 주차하는데 많은 시간이 소요되므로, 소형차를 타고 출근할 날 10%의 지각을 그리고 대형차를 이용하는 날은 40%의 지각률을 나타낸다고 한다. 이러한 문제로 A군은 출근하는 날의 75%는 소형차를 그리고 25%는 대형차를 이용한다고 한다. 여기서 오늘 아침에 A가 지각하지 않고 정상적으로 출근하였을 때, 소형차를 이용하였을 확률을 계산하여라

4-16 금형을 제작하는 어느 공장에서 3대의 압연기 A, B, C가 각각 전체 생산량의 20%, 30%, 50%를 생산한다고 하자. 또한 각 기계에서 생산된 금형의 불량률은 각각 1%, 2%, 3%라고 한다.
(가) 검사결과 불량품으로 판명되었을 경우, 그것이 A기계 제품일 확률을 베이스 정리를 이용하여 구하여라.
(나) 검사결과 양품으로 판명되었을 경우, 그것이 A기계 제품일 확률을 베이스 정리를 이용하여 구하여라.

4-17 한 개의 동전을 던져 앞면이 나오면 1,000원을 받고, 뒷면이 나오면 500원을 준다고 할 때,
(가) 확률변수의 분포를 구하여라.
(나) 기대금액을 구하여라.

4-18 학생의 학부모가 통계학 과목에서 A^+학점을 받으면 5천원, A학점을 받으면 3천원, B^+학점을 받으면 2천원, B학점을 받으면 1천원을 준다는 약속을 했다. 각 경우의 확률이 다음과 같을 때 기대값과 분산을 구하여라.

	A^+	A	B^+	B
확률	0.12	0.18	0.33	0.37

4-19 확률변수 X의 확률분포가 다음과 같다.

X	0	1	2	3	4	5
$P(X=x)$	0.05	0.3	0.3	0.2	0.1	0.05

(가) $E(X)$와 $Var(X)$를 구하여라.
(나) $E(2X-1)$와 $Var(2X-1)$를 구하여라.

4-20 확률밀도함수가 $f(x)=ax^2$, $0 \le x < 1$일 때,
(가) a의 값을 구하여라.
(나) $P(X \le 1/2)$, $P(X \le 1/3)$, $P(1/4 \le X \le 3/4)$을 구하여라.

4-21 자유투 성공률이 90%인 선수가 100번의 자유투를 시도할 경우 다음의 확률을 구하여라.
(가) 자유투 성공횟수가 70번 미만인 확률을 구하여라.
(나) 자유투 성공횟수가 90번 이상인 확률을 구하여라.
(다) 정확히 85번 성공할 확률을 구하여라.

4-22 어느 상점에 손님이 5분당 1명 꼴로 물건을 사러온다고 한다. 이때 25분간 주인이 자리를 비웠을 때 손님이 3명 미만 왔다 갔을 확률을 구하여라.

4-23 어느 잡지에는 한 면당 오자가 발생할 확률이 10%라고 한다. 총 15면으로 발행되는 신문에서 오자가 3면 이상 나타날 확률을 구하여라.

4-24 어느 교환대에서는 5분 동안 평균적으로 2번의 발신음이 있다. 어떤 특정한 5분 동안의 발신음의 수를 확률변수라 할 때, 다음과 같은 분포를 따른다고 알려져 있다.

$$P(X=x)=\frac{e^{-2}2^x}{x!}.$$

(가) X가 취할 수 있는 값을 구하여라.
(나) 어느 특정한 5분 동안 발신음이 하나도 없을 확률을 구하여라.

4-25 평균이 30이고, 표준편차가 5인 정규분포를 따르는 확률변수 X에

대하여 확률 $P(X \geq 32.5)$, $P(X \leq 40)$, $P(X \leq 37.5)$, $P(35 \leq X \leq 40)$, $P(22.5 \leq X \leq 25)$, $P(25 \leq X \leq 32.5)$를 각각 구하여라.

4-26 52장의 트럼프 카드 중에서 2장을 뽑았을 때 두 숫자의 합에 관심이 있다고 할 때 (A=1, J=11, Q=12, K=13),

(가) 2장의 숫자의 합의 확률분포는 어떠한 확률분포를 따르는가?

(나) 두 숫자의 합이 16 미만이면 1,000원을 받고, 17 이상이면 1,000원을 준다고 했을 때 기대값을 구하여라.

4-27 어떤 항아리 속에 검은공이 2개, 흰공이 3개 들어 있는데, 이 항아리 속에서 2개를 꺼냈을 때 검은공의 개수를 세어 본다고 하자.

(가) 표본공간을 구하여라.

(나) 검은공의 개수에 따른 확률을 계산하여 확률분포를 만들어라.

4-28 한 가정에서 아침식사로 빵과 우유 한잔을 먹는다고 가정하자. 빵에서 섭취하는 열량은 평균이 200, 표준편차가 15인 정규분포를 따르고, 우유 한잔으로부터 섭취하는 열량은 평균이 80, 표준편차가 5인 정규분포를 따른다.

(가) 이 가정의 아침식사에서 일인낭 십취하는 열량의 평균과 표준편차를 각각 구하여라.

(나) 이 가정이 매일 아침식사에서 300칼로리 이상을 섭취하려고 목표한다면, 1년 중 몇 %에 해당하는 날에 목표가 달성되겠는가?

4-29 발전소에서 매일 방출되는 황산의 양은 평균 134파운드, 표준편차 22파운드인 정규분포를 따른다고 한다. 임의로 추출된 5일의 황산 방출량의 총합이 700파운드 이상일 확률을 구하여라.

4-30 어느 고등학교 신장의 평균이 170cm이고, 표준편차가 5cm라고 알려져 있다. 100명을 무작위추출하여 표본평균이 168cm 이상 171cm 이하일 확률을 구하여라.

4-31 3개의 동전을 동시에 던지는 시행을 600번 반복하여 앞면이 2개, 뒷면이 1개 나오는 회수를 X라고 할 때 다음을 구하여라.

(가) X의 평균과 표준편차를 구하여라.

(나) $P(X \leq 220)$을 계산하여라.

(다) $P(X \geq 250)$을 계산하여라.

4-32 χ^2은 자유도가 8인 카이제곱분포를 따른다고 할 때 다음을 구하여라.

(가) $P(\chi^2 \leq 15.507)$을 계산하여라.

(나) $P(\chi^2 \geq 2.180)$을 계산하여라.

(다) $P(1.647 \leq \chi^2 \leq 13.362)$을 계산하여라.

4-33 어느 전구회사에서 하루에 20,000개의 전구를 생산한다. 과거 전구의 품질검사에 의하면 전구의 수명은 평균 2400시간이고 분산이 300인 정규분포를 따른다고 한다. 어떤 특정한 날에 11개의 전구를 추출하여 검사를 하였을 때, 표본분산이 480 이상으로 나타날 확률은 얼마인지를 구하여라.

4-34 확률변수 T는 자유도가 8인 t-분포를 따른다고 할 때 다음을 구하여라.

(가) $P(T \leq 1.397)$을 계산하여라.

(나) $P(-1.397 \leq T \leq 1.180)$을 계산하여라.

(다) $P(T \geq t) = 0.025$일 때 t 값을 계산하여라.

4-35 두 정규모집단 $N(1, 2^2)$, $N(2, 2^2)$으로부터 각각 크기 10인 확률표본을 추출하여 구한 표본분산을 s_1^2, s_2^2이라고 할 때, $P(s_1^2 \leq ys_2^2)$가 성립하는 y값을 구하여라.

CHAPTER 5

통계적 추정과 검정

실험이나 조사에서 관심의 대상이 되는 모든 자료를 수집한다는 것은, 실제적 혹은 물리적으로 불합리한 경우가 대부분이다. 예를 들어, 우리나라의 흡연율을 알기 위해 국민 전체를 모두 조사한다거나, 한 회사에서 생산되는 타이어의 평균수명을 알기 위해 그 회사에서 생산되는 모든 타이어를 검사한다는 것은 불가능하거나 비경제적이다. 따라서 관심이 되는 전체 수집대상 중에서 일부만을 추출하여 자료를 얻고, 이를 분석하는 것이 일반적이라고 할 수 있다.

2장에서 설명한 바와 같이 이때 관심대상이 되는 모든 가능한 자료값들의 집합을 **모집단**(母集團, population)이라고 하며, 통계적 분석을 위해 모집단에서 추출된 실제 관측값들의 집합을 **표본**(標本, sample)이라고 한다. 또한 모집단의 특성을 나타내는 미지의 상수값을 **모수**(母數, parameter)라고 하고, 표본에 있는 정보를 양적으로 축약하여 얻은 표본의 함수값을 **통계량**(統計量, statistic)이라고 하는데, 통계처리의 중요한 목적 중의 하나는 통계량을 근간으로 모집단의 특성을 파악하는 것이다. 즉, 표본평균($\bar{x}$), 표본분산(s^2), 표본비율($\hat{p}$)과 같은 통계량을 통해 이에 대응되는 모평균(μ), 모분산(σ^2), 모비율(p)과 같은 모수들에 대한 통계적 추론을 하는 것이다.

5.1 통계적 추정

모평균 μ와 모분산 σ^2을 모수로 하는 모집단에서 확률표본을 추출하는 경우, 표본평균 $\bar{x}$와 표본분산 s^2의 기대값이 각각 μ와 σ^2이 된다는 것을 앞 장에서 설명한 바 있다. 이와 같은 성질에 의해 표본평균 $\bar{x}$와 표본분산 s^2을 각각 μ와 σ^2의 **불편추정량**(不偏推定量, unbiased estimator)이라고 한다.

하나의 모수를 추정하는 방법으로 여러 가지를 생각할 수 있다. 예를 들어, 모평균 μ의 추정치로 표본평균을 사용할 수도 있고, 표본중위수나 표본최빈수 등을 사용할 수도 있다. 대부분의 경우에는 표본평균 $\bar{x}$를 모평균 μ에 대한 추정치로 사용하는데, 이는 표본평균이 불편성 등 여러 가지 좋은 성질들을 가지고 있기 때문이다. 추정량의 성질을 평가하는 기준으로 이와 같은 불편성(unbiasedness) 이외에도 일치성(consistency), 효율성(efficiency), 충분성(sufficiency) 등을 생각할 수 있으나, 이 책에서는 이에 관한 이론적 설명은 생략하도록 하겠다. 다만 이 책에서 다루고 있는 대부분의 추정량들은 앞에서 나열한 여러 가지 좋은 성질들을 가지고 있다는 것이 잘 알려져 있다는 정도만 언급하기로 한다.

참조 : 단순임의추출에서 주요 모수에 대한 불편추정량

크기 N인 모집단 $X_1, X_2, \cdots, X_N$에서 크기 n인 표본 $x_1, x_2, \cdots, x_n$을 추출한 경우[1)]

- 모평균 : $\mu = \sum_{i=1}^{N} X_i / N$
- 표본평균 : $\bar{x} = \sum_{i=1}^{n} x_i / n$
- 모분산 : $\sigma^2 = \sum_{i=1}^{N} (X_i - \mu)^2 / N$
- 표본분산 : $s^2 = \sum_{i=1}^{n} (x_i - \bar{x})^2 / (n-1)$

특정한 속성을 가진 집단의 개수가 X인 N개의 모집단에서, n개의 표본을 추출하였을 때 이 중 x개가 특정한 속성을 가진 집단일 경우

- 모비율 : $p = X/N$
- 표본비율 : $\hat{p} = x/n$

앞에서 언급한 바와 같이 표본평균이 모평균에 대한 추정치로서 여러 가지 좋은 성질들을 가지고 있다 하더라도, 이러한 사실이 $\bar{x}$가 μ와 똑같다는 것을 의미하는 것은 아니다. 따라서 $\bar{x}$의 표준오차 및 분포의 형태 등을 이용하여 μ에 대한 추론을 수행할 필요가 있는 것이다. 앞 장에서 여러 가지 형태의 표본분포를 설명한 것도 바로 이런 이유에서이다.

5.1.1 점추정과 구간추정

모평균 μ의 추정치로 보통 표본평균 $\bar{x}$를 사용한다. 이와 같이 하나의 값으로 모수를 추정하는 것을 **점추정**(點推定, point estimation)한다고하는데, 이와 같은 점추정은 오차의 정도에 관하여 신뢰성 있는 정보를 제공하지 못한다. 왜냐하면 점추정은 모수의 값과 가까울 것으로 생각되는 표본의 추정치이지만, 이 값이 어느 정도나 옳을 것인지(표본으로부터 구한 추정치가 미지인 모수와 어느 정도 차이가 나는지) 알 수가 없기 때문이다.

이에 반해 미지인 모수가 속할 구간(추정하고자 하는 모수의 추측에 대해 확률(신뢰성)을 가지고 모수가 포함될 구간)으로 모수를 추정하는 것을 **구간추정**(區間推定, interval estimation)한다고 하는데, 모수 θ에 대해

$$P[L(\hat{\theta}) \le \theta \le U(\hat{\theta})] \ge 1 - \alpha \tag{5.1}$$

을 만족하는 구간 $(L(\hat{\theta}), U(\hat{\theta}))$을 모수 θ에 대한 $100(1-\alpha)\%$은 **신뢰구간**(信

1) 모분산 σ^2의 추정량으로 $\tilde{s}^2 = \sum_{i=1}^{n} (x_i - \bar{x})^2 / n$을 사용하기도 하는데, 이는 최대우도추정량(maximum likelihood estimator)으로 불편성을 가지지는 않지만, 표본크기가 충분히 큰 경우 근사적으로 불편성을 가지며 일치성, 효율성, 충분성 등 좋은 성질을 가지고 있다.

賴區間, confidence interval)이라고 한다. 이때 $1-\alpha$를 신뢰수준(信賴水準, confidence level)이라고 하고, $L(\hat{\theta})$를 신뢰하한(信賴下限, lower confidence limit) 그리고 $U(\hat{\theta})$를 신뢰상한(信賴上限, upper confidence limit)이라고 한다.

예를 들어, 모분산 σ^2이 알려져 있는 정규모집단 $N(\mu, \sigma^2)$의 모평균 μ에 대해 추정하는 경우, 점추정량으로는 표본평균 $\bar{x}$를 사용할 수 있고, $100(1-0.05)=95\%$ 신뢰구간은 다음과 같이 주어진다.

$$\left(\bar{x}-1.96\frac{\sigma}{\sqrt{n}},\ \bar{x}+1.96\frac{\sigma}{\sqrt{n}}\right).$$

사실 한 번의 관측에서 이와 같은 신뢰구간은 고정된 미지의 모수 μ를 포함하지 않을 수도 있다. 다만 이러한 신뢰구간이 의미하는 것은 구간추정 방법 $(\bar{x}-1.96\sigma/\sqrt{n},\ \bar{x}+1.96\sigma/\sqrt{n})$을 사용하여 반복적으로 μ에 대한 구간추정을 수행한다면, 100번 중 약 95번 정도가 참값 μ를 포함할 것으로 기대할 수 있다는 것이다. 이때 $1.96\sigma/\sqrt{n}$를 95% 신뢰수준하에서의 오차한계(誤差限界, limit of error)라고 하는데, 이는 추정량 $\bar{x}$를 사용하여 모수 μ를 100번 정도 추정한다면 오차가 $1.96\sigma/\sqrt{n}$ 이내인 경우가 95번 정도라고 할 수 있다는 것을 의미한다.

최근 신문이나 TV에서 "정부의 이번 정책에 대해 표본조사를 실시한 결과 찬성한다는 비율이 74%이었다. … 이번 조사의 신뢰수준은 95%이고 오차한계는 ±4%이다"와 같은 보도를 자주 접하게 된다. 이 경우 찬성률에 대한 점추정치는 0.74로서, 국민 전체에 대한 찬성률을 한 수치로 추정한다면 74%라고 할 수 있다는 것이다. 또한 신뢰구간은 $(0.74-0.04,\ 0.74+0.04)$로서, 이번 조사결과를 이용하여 미지인 찬성률에 대해 구간추정을 수행한다면 (70%, 78%)라고 할 수 있다는 것을 의미한다.

또 다른 예로 "이번 선거에 대해 표본조사를 실시한 결과 A 후보의 지지율은 51%이고, B 후보의 지지율은 49%이었다. … 이번 조사의 오차한계는 ±3%로써, 두 후보의 지지율은 오차범위 내에 존재한다"라는 조사결과를 생각해 보자. 이 경우 두 후보의 지지율에 대한 신뢰구간은 각각 (48%, 54%)과 (46%, 52%)로써, 두 후보의 신뢰구간이 겹치게 되므로 어느 후보가 승리할지 예측하기 어려운 상황이라는 것을 의미하고 있다.

이제 이러한 개념을 이용하여 모평균, 모비율, 모분산 등 흔히 관심대상이 되는 몇 가지 모수에 대한 통계적 추정을 다루어 보도록 하자.

5.1.2 모평균에 대한 추정

모분산 σ^2이 알려져 있는 정규모집단 $N(\mu, \sigma^2)$의 모평균 μ에 대한 추정에 대해서 생각해 보자. 크기 n인 확률표본의 표본평균 $\bar{x} = \sum_{i=1}^{n} x_i / n$가 평균이 μ이고, 분산이 σ^2/n인 정규분포를 따른다는 것을 4장에서 설명한 바 있다. 즉,

$$\bar{x} \sim N(\mu, \sigma^2/n) \text{ 또는 } z = \frac{\bar{x} - \mu}{\sigma/\sqrt{n}} \sim N(0,1). \tag{5.2}$$

이와 같은 사실을 이용하면

$$P\left(-z_{\alpha/2} \le \frac{\bar{x} - \mu}{\sigma/\sqrt{n}} \le z_{\alpha/2}\right) = 1 - \alpha \tag{5.3}$$

임을 쉽게 보일 수 있고, 위 식을 μ에 관하여 정리하면 다음과 같은 식을 얻을 수 있다.

$$P\left(\bar{x} - z_{\alpha/2}\frac{\sigma}{\sqrt{n}} \le \mu \le \bar{x} + z_{\alpha/2}\frac{\sigma}{\sqrt{n}}\right) = 1 - \alpha. \tag{5.4}$$

정규모집단 $N(\mu, \sigma^2)$의 모평균 μ에 대한 $100(1-\alpha)\%$ 신뢰구간 : σ^2이 알려져 있는 경우

$$\left(\bar{x} - z_{\alpha/2}\frac{\sigma}{\sqrt{n}},\ \bar{x} + z_{\alpha/2}\frac{\sigma}{\sqrt{n}}\right).$$

그런데 이와 같은 구간추정법을 이용하는데는 현실적으로 어려움이 따르는 데, 그 이유는 모분산 σ^2을 모르는 경우가 많기 때문이다. 따라서 모분산 σ^2을 표본분산 $s^2 = \sum_{i=1}^{n}(x_i - \bar{x})^2/(n-1)$로 대체하여 신뢰구간을 구하게 된다. 즉, 4장에서 설명한 바와 같이

$$T = \frac{\bar{x} - \mu}{s/\sqrt{n}} \sim (n-1) \tag{5.5}$$

가 성립하므로, 이를 이용하면 다음 식을 얻을 수 있고

$$P\left(\bar{x} - t_{\alpha/2}(n-1)\frac{s}{\sqrt{n}} \le \mu \le \bar{x} + t_{\alpha/2}(n-1)\frac{s}{\sqrt{n}}\right) = 1 - \mu. \tag{5.6}$$

따라서 이 경우 모평균 μ에 대한 $100(1-\alpha)\%$ 신뢰구간은 다음과 같다.

정규모집단 $N(\mu, \sigma^2)$의 모평균 μ에 대한 $100(1-\alpha)\%$ 신뢰구간 : σ^2이 알려져 있지 않은 경우

$$\left(\bar{x} - t_{\alpha/2}(n-1)\frac{s}{\sqrt{n}},\ \bar{x} + t_{\alpha/2}(n-1)\frac{s}{\sqrt{n}}\right).$$

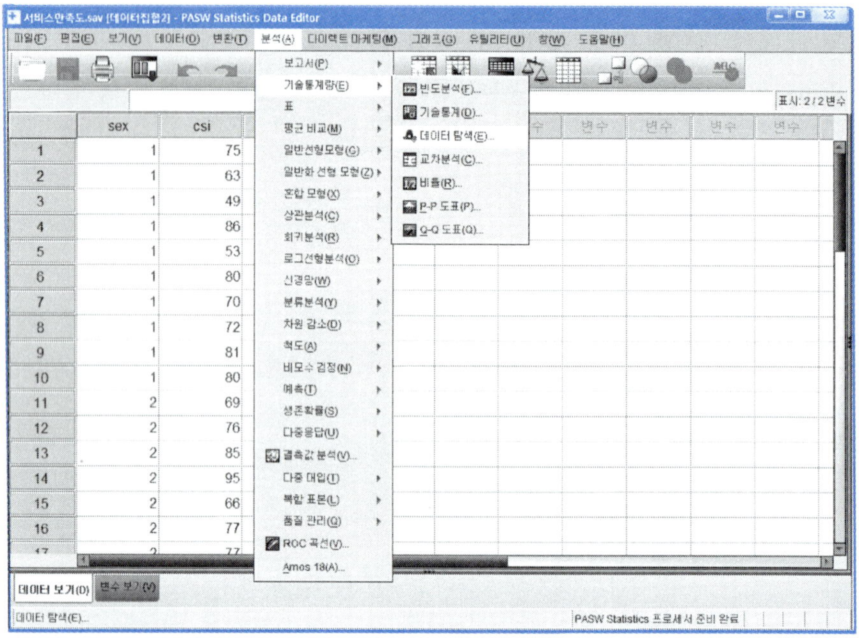

그림 5.1
'분석(A) → 기술통계량(E) → 데이터 탐색(E)' 메뉴

한편 모분산 σ^2이 알려져 있지 않은 경우라도 표본의 크기 n이 충분히 크다면(대략 $n > 30$인 경우), $t_{\alpha/2}(n-1)$이 $z_{\alpha/2}$와 거의 같아지므로, 모평균 μ에 대한 신뢰구간을 $(\bar{x} - z_{\alpha/2}\, s/\sqrt{n},\ \bar{x} + z_{\alpha/2}\, s/\sqrt{n})$을 이용하여 구할 수도 있다.

■ '데이터 탐색(E)' 메뉴의 이용

SPSS에서는 <그림 5.1>의 '분석(A) → 기술통계량(E) → 데이터 탐색(E)' 메뉴를 이용하여 모평균에 대한 신뢰구간을 얻을 수 있는데, 여기서는 '서비스만족도.SAV' 데이터를 이용하여 만족도에 대한 신뢰구간을 구해보도록 하자.

① 데이터 파일을 열고 '분석(A) → 기술통계량(E) → 데이터 탐색(E)' 메뉴를 선택한다(그림 5.1).

② '데이터 탐색' 대화상자에서 '종속변수(D)' 란에 변수 csi(서비스만족도)를 선택한다(그림 5.2).

③ '데이터 탐색' 대화상자에서 '통계량(S)...' 버튼을 클릭한 후, '기술통계(D)' 란에 체크하고 '평균의 신뢰구간(C)' 란에 $(1-\alpha)$%를 입력한다(그림 5.2).

④ '통계량' 대화상자에서 '계속' 버튼을 클릭한 후, '데이터 탐색' 대화상자로 돌아가서 '확인' 버튼을 클릭한다.

이상과 같은 과정을 수행하면 <그림 5.3>과 같이 뷰어 윈도우에 신뢰구

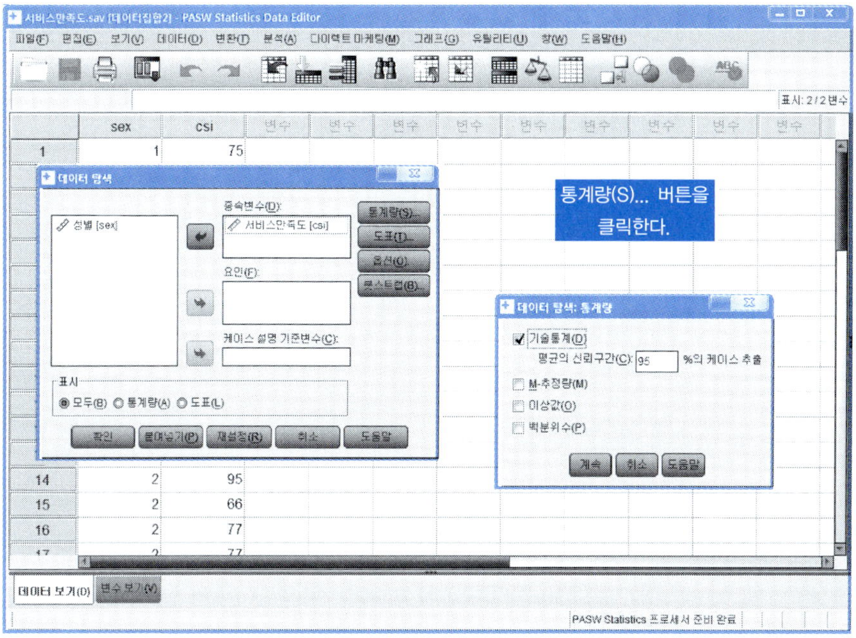

그림 5.2
'데이터 탐색' 및
'통계량' 대화상자

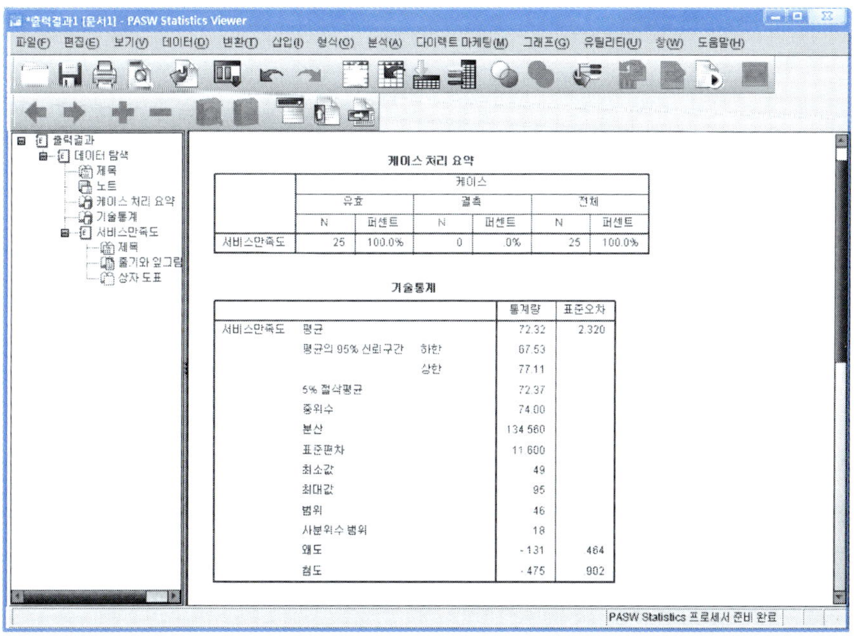

그림 5.3
출력된 신뢰구간

간 및 여러 가지 기술통계량들이 출력된다. 이 출력결과를 살펴보면 먼저 표본평균과 표준편차가 각각

$$\bar{x} = 72.32,\ s = 11.60$$

이고, 평균에 대한 표준오차(standard error)가

$$SE = s / \sqrt{n} = 2.32$$

로 계산되어 있음을 알 수 있다. 또한 부록의 '부표 4'에서 $t_{0.025}(24) = 2.064$임을 알 수 있고, 오차한계

$$t_{0.025}(24)\frac{s}{\sqrt{n}} = 2.064\frac{11.60}{\sqrt{25}} = 2.064(2.32) = 4.79$$

를 얻을 수 있다. 따라서 '서비스만족도'의 모평균에 대한 95% 신뢰구간은 다음과 같다.

$$(72.32 - 4.79,\ 72.32 + 4.79) = (67.53,\ 77.11).$$

5.1.3 모비율에 대한 추정

크기가 n인 표본으로부터 성공횟수가 x일 때 모비율 p에 대한 통계적 추론은 표본비율 $\hat{p} = x/n$에 의해서 이루어진다. 즉, 확률변수 x가 이항분포 $B(n, p)$를 따른다는 사실을 이용하여 통계적 추정과 검정을 수행할 수 있다. 이때 x의 평균과 분산이 각각 $E(x) = np$와 $Var(x) = np(1-p)$임을 앞 장에서 설명한 바 있다.

한편 표본의 크기 n이 충분히 큰 경우 4장에서 설명한 중심극한정리에 의해 표본비율 $\hat{p}$의 분포는 근사적으로 정규분포에 가까워지며, 이때 $\hat{p}$의 평균과 표준편차는 각각 다음과 같다.

$$E(\hat{p}) = p,\quad Var(\hat{p}) = p(1-p)/n. \tag{5.7}$$

따라서 표본의 크기가 충분히 큰 경우

$$z = \frac{\hat{p} - p}{\sqrt{p(1-p)/n}} \mathrel{\dot{\sim}} N(0, 1) \tag{5.8}$$

가 성립한다는 사실을 이용하여, 다음과 같이 근사(approximate) 신뢰구간을 구할 수 있다.

모비율에 대한 정규근사 신뢰구간

표본크기 n이 충분히 큰 경우(대략 $n\hat{p} \ge 5$ 또는 $n(1-\hat{p}) \ge 5$), 모비율 p에 대한 $100(1-\alpha)\%$정규근사 신뢰구간은

$$\left(\hat{p} - z_{\alpha/2}\sqrt{\frac{\hat{p}(1-\hat{p})}{n}},\quad \hat{p} + z_{\alpha/2}\sqrt{\frac{\hat{p}(1-\hat{p})}{n}}\right).$$

예를 들어, 어떤 선구구의 유권자 중에서 400명을 임의로 추출하여 입후보자 A에 대한 지지여부를 알아본 결과, 220명이 지지하는 것으로 나타났다고

할 때, 지지율 p에 대한 95% 신뢰구간을 구해보도록 하자. 이 예에서 표본 지지율은 $\hat{p} = 220/400 = 0.55$이고, 표준오차의 추정치는 $\sqrt{\hat{p}(1-\hat{p})/n} = 0.025$이며 $Z_{0.025} = 1.96$(부록의 부표 3 참조)이므로, 지지율 p에 대한 95% 근사신뢰구간은 다음과 같이 계산된다.

$$(0.55 - 1.96 \times 0.025,\ 0.55 + 1.96 \times 0.025) = (0.501,\ 0.599).$$

5.1.4 모분산에 대한 추정

모평균 μ와 모분산 σ^2을 가지는 정규모집단에서 표본크기 n인 확률표본을 추출하는 경우, 표본분산

$$s^2 = \frac{1}{n-1}\sum_{i=1}^{n}(x_i - \overline{x})^2$$

을 계산하면 s^2은 모분산 σ^2의 불편추정량이 된다. 또한 다음 확률변수

$$\chi^2 = \frac{(n-1)s^2}{\sigma^2}$$

은 자유도가 $n-1$인 카이제곱분포를 따른다는 것을 4장에서 설명한 바 있다. 따라서 이와 같은 사실을 이용하면

$$P\left(\chi^2_{1-\alpha/2}(n-1) < \frac{(n-1)s^2}{\sigma^2} < \chi^2_{\alpha/2}(n-1)\right) = 1 - \alpha \qquad (5.9)$$

가 성립함을 보일 수 있고, 따라서 모분산 σ^2에 대한 $100(1-\alpha)\%$ 신뢰구간은 다음과 같이 주어진다.

모분산에 대한 신뢰구간

정규모집단 $N(\mu, \sigma^2)$의 모분산 σ^2에 대한 $100(1-\alpha)\%$ 신뢰구간은

$$\left(\frac{(n-1)s^2}{\chi^2_{\alpha/2}(n-1)},\ \frac{(n-1)s^2}{\chi^2_{1-\alpha/2}(n-1)}\right).$$

앞의 <그림 5.3>에 출력된 서비스만족도의 예에서 모분산 σ^2에 대한 95% 신뢰구간을 구해보도록 하자. 먼저 출력결과로부터 표본분산이 $s^2 = 134.56$임을 알 수 있으며, 부록의 '부표 5'로부터 $\chi^2_{0.025}(24) = 39.36$과 $\chi^2_{0.975}(24) = 12.40$임을 찾을 수 있다. 따라서 서비스만족도의 모분산에 대한 95% 신뢰구간은 다음과 같이 계산된다.

$$\left(\frac{(24)(134.56)}{39.36},\ \frac{(24)(134.56)}{12.40}\right) = (82.05,\ 260.44).$$

5.1.5 표본크기의 결정

모집단에 대한 조사를 설계하는 단계에서 가장 먼저 생각해야 할 것은, 표본의 크기를 몇으로 정해야 할 것인가 하는 문제이다. 이것은 조사목적과 추론결과의 정밀도에 대한 요구에 따라 결정되는 것인데, 여기서는 모평균과 모비율의 추정에 있어서 표본의 크기를 결정하는 문제를 소개하기로 하겠다.

모평균을 추정하는 경우, 표본의 크기가 추정치의 정밀도에 어떠한 영향을 미치는지 생각해 보자. 표본의 크기가 고정되어 있는 경우 신뢰수준이 높을수록 신뢰구간의 길이는 길어지게 되어 정밀도는 떨어지게 된다. 따라서 똑같은 신뢰수준을 유지하면서 신뢰구간의 정밀도를 높이기 위해서는 표본의 크기를 크게 해야 한다. 그러나 표본의 크기를 무한정 크게 할 수는 없다. 왜냐하면 표본의 크기는 곧 소요되는 시간과 비용에 직결되기 때문이다. 따라서 신뢰구간이 요구하는 정밀도를 만족하기 위해서, 필요한 최소 표본의 크기를 어떻게 결정해야 할지 알아보도록 하자.

정규모집단의 모분산 σ^2이 알려져 있는 경우 모평균 μ에 대한 $100(1-\alpha)\%$의 신뢰구간은 다음과 같다는 것을 앞에서 설명한 바 있다.

$$\left(\bar{x} - z_{\alpha/2}\frac{\sigma}{\sqrt{n}},\ \bar{x} + z_{\alpha/2}\frac{\sigma}{\sqrt{n}}\right).$$

이때 $z_{\alpha/2}\sigma/\sqrt{n}$은 추정치 $\bar{x}$와 모평균 μ의 차이를 표현하는 값으로 **오차한계**(誤差限界, limit of error)라고 하며, 이것은 추정치의 정밀도를 표시한다. 여기서 알 수 있듯이 오차한계는 표본크기 n에 의존하게 된다. 즉, 표본크기 n이 커지면 오차한계는 작아지고, 추정치의 정도는 높아지게 된다.

한편, 연구자는 실험이나 조사를 실시하기 전에 모평균 μ를 어느 정도의 오차범위 내에서 추정하려 하는가를 구체적으로 정해 놓아야 하는데, 이를 최대 **허용오차**라고 한다. 이때 연구자는 오차한계를 사전에 규정된 최대 허용오차 d보다 작거나 같게 하기를 원하게 되는데, 따라서 필요한 표본크기는 다음과 같이 결정된다.

$$z_{\alpha/2}\frac{\sigma}{\sqrt{n}} \le d. \tag{5.10}$$

이제 위 식을 n에 관하여 풀면 다음과 같은 식을 얻는다.

모평균의 추정에서 표본크기 n의 결정 : $100(1-\alpha)\%$ 오차한계를 d 이하로 하고자 하는 경우

$$n \ge \left(\frac{z_{\alpha/2}\sigma}{d}\right)^2.$$

그런데 위와 같은 식을 실제 문제에 적용하는 경우 모분산 σ^2을 모르는 경우가 많기 때문에 적용상 어려움이 따르게 된다. 따라서 과거의 경험으로부터 σ^2에 대해 예측되는 값을 이용하거나, 작은 크기의 표본을 예비적으로 추출하여 얻어지는 표본분산으로 σ^2을 추정하여 사용하기도 한다.

모비율에 대한 구간추정의 경우에도 정규근사법을 사용하여 모평균의 경우와 유사하게 표본크기를 결정할 수 있다. 즉, 모비율 p에 대한 추정에 있어 근사 오차한계가 $z_{\alpha/2}\sqrt{\hat{p}(1-\hat{p})/n}$이 된다는 것을 앞에서 설명한 바 있는데, 이를 이용하여 표본크기를 결정할 수 있다. 그런데 이 경우도 자료가 수집되기 전에는 $\hat{p}$을 알 수 없으므로, 실제로는 사전정보를 이용하여 모비율 p에 가까울 것으로 예측되는 값 p^*를 이용하게 된다. 즉, 최대 허용오차를 d라고 할 때

$$d \ge z_{\alpha/2}\sqrt{p^*(1-p^*)/n} \qquad (5.11)$$

를 만족하는 n을 표본크기로 결정하는 것이다. 한편, p에 대한 사전정보가 전혀 없는 경우에는 $p^* = 0.5$로 두어 표본크기를 계산하기도 한다.

모비율의 추정에서 표본크기 n의 결정 : $100(1-\alpha)$% 오차한계를 d 이하로 하고자 하는 경우

p에 대한 사전정보(p^*)가 있는 경우 :

$$n \ge p^*(1-p^*)\left(\frac{z_{\alpha/2}}{d}\right)^2$$

p에 대한 사전정보가 없는 경우 :

$$n \ge \frac{1}{4}\left(\frac{z_{\alpha/2}}{d}\right)^2$$

예를 들어, p에 대한 사전정보가 없는 경우 최대 허용오차 d를 0.03(즉, 3%)으로 한다면, $n \ge (1/4)(1.96/0.03)^2 = 1068$로부터 필요한 표본크기가 $n = 1068$임을 알 수 있다.

5.2 통계적 가설검정

일상생활에서 주관적인 판단이나 경험적 사실을 토대로 어떠한 집단의 특성에 대하여 가설을 설정하고, 자료를 통하여 그 가설이 맞는지에 대한 타당성을 검토해 보는 경우가 있다. 이와 같이 관심이 되는 모집단의 특성에 대한 어떠한 주장을 확인하기 위하여, 그 모집단으로부터 표본을 추출하여 분석해 봄으로써 모집단에 대한 어떠한 주장의 타당성을 검토해 보

는 것을 가설검정이라 한다.

앞 장에서 소개한 점추정 및 구간추정이 미지의 모수를 추정하는 데 목적이 있다면, 가설검정(또는 검증)은 모수에 관한 가설의 타당성에 대하여 경험적 증거를 제시하는 데 목적이 있다 하겠다. 이 절에서는 통계적 가설검정의 기본개념과 절차에 대해서 설명할 것이다.

5.2.1 귀무가설과 대립가설

통계적 가설(statistical hypothesis)이란 모집단의 특성인 모수에 관한 주장이나 서술을 의미한다. 예를 들어, '가구당 월소득의 평균은 250만원이다', '새로운 약품의 치유율이 기존 약품의 치유율보다 더 높다', '남학생과 여학생의 학업성취능력의 평균은 같다' 등은 통계적 가설의 예이다. 모수에 관한 이러한 가설은 표본으로부터 도출된 (검정)통계량에 기초한 일련의 통계적 검정절차를 통해, 그 가설의 진위여부에 관한 결론을 유도하게 되는데, 이를 통계적 **가설검정**(假說檢定, testing hypothesis)이라 한다.

통계적 가설검정에서는 모수에 관한 가설을 두 개로 설정하고, 표본으로 얻어진 자료를 분석하여 두 가설 중 어느 하나를 선택하는 방법을 사용한다. 예를 들어, '새로운 약품의 평균 치료기간(μ)은 기존 약품의 평균 치료기간(15일)보다 작다고 할 수 있는가?'와 같은 문제를 검정하는 경우, 고려되는 두 개의 가설은 다음과 같이 표현할 수 있다.

- $H_0: \mu = 15$ (새로운 약품의 평균 치료기간은 15일이다.)
- $H_1: \mu < 15$ (새로운 약품의 평균 치료기간은 15일보다 작다.)

이와 같은 두 개의 가설에서 **대립가설**(對立假說, alternative hypothesis)은 관측된 자료를 통해 입증하고자 하는 가설로 H_1으로 표기하고, **귀무가설**(歸無假說, null hypothesis)은 대립가설에 상반되는 가설로 H_0로 표기한다.

- 귀무가설(H_0) : 효과가 없다, 차이가 없다, 서로 다르지 않다(반증의 대상).
- 대립가설(H_1) : 효과가 있다, 차이가 있다, 서로 다르다(연구의 관심).

예1 : 소비자 고발센터에 접수된 불만은 치약의 함량이 기준치인 150g을 대부분 미달한다는 것이었다. 이러한 접수결과를 검정하기 위하여 귀무가설과 대립가설을 설정하면 다음과 같다.

- 귀무가설(H_0) : 치약의 함량기준치가 150g이다.
- 대립가설(H_1) : 치약의 함량기준치가 150g에 미달한다.

예2 : 휴대폰을 만드는 회사에서 휴대폰의 색상에 따라 남성과 여성의 선호도가 같은지를 알기 위하여 설문조사를 하였다. 이때 선호도를 검정하기 위하여 귀무가설과 대립가설을 설정하면 다음과 같다.

- 귀무가설 (H_0) : 휴대폰의 색상에 따라 남성과 여성의 선호도가 같다.
- 대립가설 (H_1) : 휴대폰의 색상에 따라 남성과 여성의 선호도가 다르다.

5.2.2 검정통계량과 기각역

귀무가설과 대립가설 중 어느 하나를 채택하는 데 사용되는 통계량을 **검정통계량**(檢定統計量, test statistic)이라고 한다. 예를 들어, $x_1, x_2, \cdots, x_n$이 정규분포를 따르는 모집단으로부터 추출되었고, 모분산 σ^2이 알려져 있다고 가정할 때, 다음과 같은 가설을 검정하고자 하는 경우

$$H_0 : \mu \geq 15 \quad vs \quad H_1 : \mu < 15$$

표본평균 $\bar{x}$를 검정통계량으로 이용할 수 있다. 즉, 모평균의 추정량인 $\bar{x}$의 값이 15보다 작으면 작을수록 대립가설 $H_1 : \mu < 15$를 채택할 수 있는 강한 증거로 여길 수 있다는 것이다.

이러한 검정통계량은 가설의 형태와 대상 모집단의 분포에 관한 가정에 의해서 달라지게 된다. 또한 검정통계량의 실제값에 따른 결정은 '귀무가설 H_0를 기각할 수 있다' 또는 '귀무가설 H_0를 기각할 수 없다'는 형식으로 이루어지는데, 귀무가설 H_0를 기각하여 대립가설 H_1을 채택하는 검정통계량의 영역을 **기각역**(棄却域, rejection region, critical region)이라고 한다. 앞의 예에서는 기각역이 적절한 상수 c에 대해 '$\bar{x} \leq c$'의 형태로 주어지게 된다.

5.2.3 제1종 오류와 제2종 오류

가설검정을 할 때마다 매번 옳은 결정을 하게 하는 검정방법을 사용할 수 있다면 좋은 일이겠지만 대부분의 경우 현실적으로 이러한 검정방법은 존재하지 않으며, 통계적 가설검정이 표본이라는 모집단의 부분정보에 기초하는 귀납적 추론의 범주에 속하므로 의사결정에 따른 오류의 수반은 필연적이라 할 수 있다. 통계적 가설검정에서 고려될 수 있는 오류는 다음과 같은 두 가지이다.

- 제1종 오류 : 귀무가설이 사실일 때 귀무가설을 기각하는 오류
- 제2종 오류 : 대립가설이 사실일 때 귀무가설을 채택하는 오류

이러한 오류를 살인사건의 재판에 비유하여 보자. 검사는 혐의자를 기소하여 유죄를 주장한다. 이 경우 검사의 주장은 대립가설 H_1이 된다. 그러나 모든 사람은 재판의 유죄판결이 있기까지는 무죄이며, 이러한 무죄의

표 5.1 가설검정에서 발생하는 오류의 형태

실제 의사결정	H_0가 참 (H_1이 거짓)	H_0가 거짓 (H_1이 참)
H_0를 채택 (H_1을 기각)	옳은 결정 $(1-\alpha)$	**제2종 오류** (β)
H_0를 기각 (H_1을 채택)	**제1종 오류** (α)	옳은 결정 $(1-\beta)$

주장이 귀무가설 H_0가 된다. 재판에서 검사는 유죄를 입증할 증거나 자료를 제시하게 함으로써 유죄를 주장할 것이다. 그러나 이러한 증거가 불충분할 때 피고는 자동적으로 본연의 위치인 무죄로 판결받게 된다. 그러므로 유죄를 뒷받침하지 못하면 무죄는 저절로 성립된다.

여기서 무죄인 혐의자가 유죄판결을 받는 잘못은 귀무가설이 참일 때 이를 기각하여 생기는 오류와 유사하며, 이러한 오류를 **제1종 오류**(type I error)라 한다. 즉, 귀무가설 H_0가 맞는데도 불구하고 잘못하여 이를 기각하고 대립가설 H_1을 채택하는 오류로서 α로 표시한다.

반대로 살인자가 무죄 판결로 풀려나는 오판과 같이 대립가설이 참일 때 이를 기각하고 귀무가설을 채택하여 생기는 오류가 있는데, 이런 오류를 **제2종 오류**(type II error)라 한다. 즉, 대립가설 H_1이 맞는데도 불구하고 귀무가설 H_0를 채택하는 오류로 β로 표시한다.

이와 같이 두 종류의 오류는 전혀 다른 것으로 꼭 구별되어야 할 것이다. 그리고 가설검정에서 오류를 완전히 배제할 수는 없으며, 단지 어느 정도의 작은 확률로 이를 피하고자 할 수밖에 없다. 즉, 제1종 오류를 범하는 확률 α를 0으로 하면, 제2종 오류를 범하는 확률 β를 1로 만들게 된다. 이는 마치 죄없는 선량한 백성에게 유죄판결이 되지 않게 하려면, 범인을 포함한 모든 사람을 무죄로 하면 될 것이다. 반대로 범인을 하나도 빠뜨리지 않고 유죄판결이 되도록 하려면, 이를 확실하게 하는 방법은 모든 사람을 유죄로 하면 된다.

실제로 가설검정을 수행할 때 이와 같은 두 가지 오류를 범할 확률을 되도록 작게 하는 것이 바람직할 것이다. 그러나 두 가지 오류를 동시에 최소로 할 수 있는 검정방법은 일반적으로 존재하지 않고, 따라서 실제적으로 보다 중요한 의미를 가지는 제1종 오류(즉, 귀무가설이 사실임에도 불구하고 대립가설을 채택하여 연구자의 주장을 받아들이는 오류)를 범할 확률을 미리 지정된 확률 이하로 하는 검정방법을 사용한다. 이때 제1종 오류를 범할 확률의 최대 허용한계를 **유의수준**(有意水準, significance level)이라 하고, 보통 $\alpha = 0.01, 0.05, 0.10$과 같은 값을 선택한다. 즉, 유의

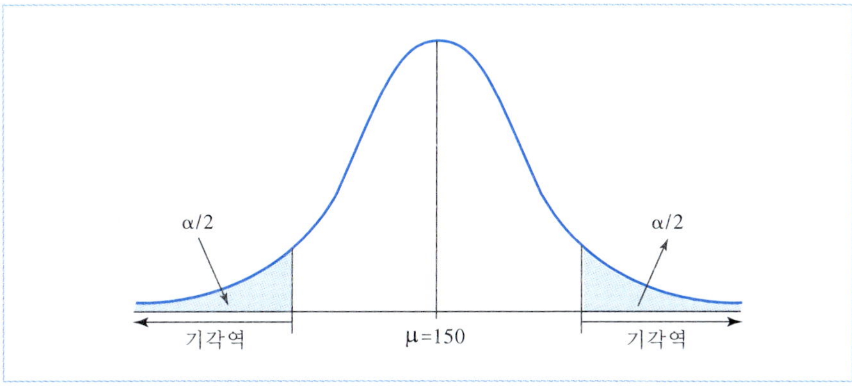

그림 5.4
양측검정에서의 기각역

수준이 0.05(5%)인 검정방법이란 제1종 오류를 범할 확률이 0.05 이하인 검정방법을 의미한다.

한편 살인사건의 재판에서 혐의자에게 무죄 판결을 내리는 것이, 혐의자가 실제로 죄가 없음을 증명하는 것이 아닌 것처럼(즉, 유죄 판결을 내리기에는 현재의 증거가 불충분함을 의미한다), 귀무가설을 채택한다는 것이 귀무가설이 실제로 사실이라는 것을 증명하는 것은 아니다. 이는 다만 현재의 표본(자료)으로부터 얻어진 정보로는 대립가설이 사실임을 주장할 만한 충분한 증거가 되지 못한다는 것을 의미한다.

5.2.4 단측검정과 양측검정

대립가설은 보통 다음과 같은 두 가지 형태 중 하나를 취하게 되는데, 대립가설의 형태에 따라 양측검정(two-sided test, two-tailed test)과 단측검정(one-sided test, one-tailed test)으로 구분한다.

양측검정(two-sided test)은 기각역이 각각 왼쪽과 오른쪽 두 부분으로 구성되는 가설검정이다. 예를 들어, 어느 회사에서 생산하는 치약의 함량치가 150g인지 아닌지에 대하여 검정하고자 하는 경우, 귀무가설과 대립가설은 다음과 같이 표현할 수 있고

$$H_0: \mu = 150 \quad vs \quad H_1: \mu \neq 150$$

이 검정에 대한 기각역은 <그림 5.4>와 같이 주어진다.

단측검정(one-sided test)은 기각역이 왼쪽 또는 오른쪽 중 한쪽으로만 구성되는 가설검정으로, 각각 왼쪽 검정과 오른쪽 검정으로 구분한다. 즉, 왼쪽 검정(left-sided test)은 기각역이 왼쪽에 있는 검정방법이고, 오른쪽 검정(right-sided test)은 기각역이 오른쪽에 있는 검정방법이다.

예를 들어, 치약의 함량치가 150g인지 아니면 그보다 작은지에 대하여 검정하고자 하는 경우, 귀무가설과 대립가설은 다음과 같고(**왼쪽 단측검정**),

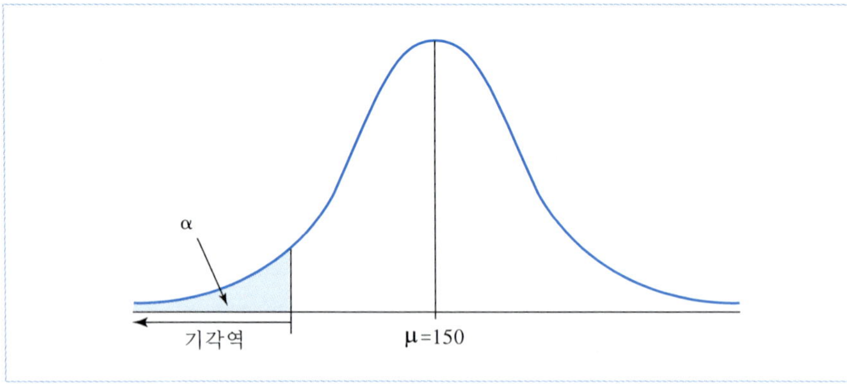

그림 5.5 왼쪽 단측검정에서의 기각역

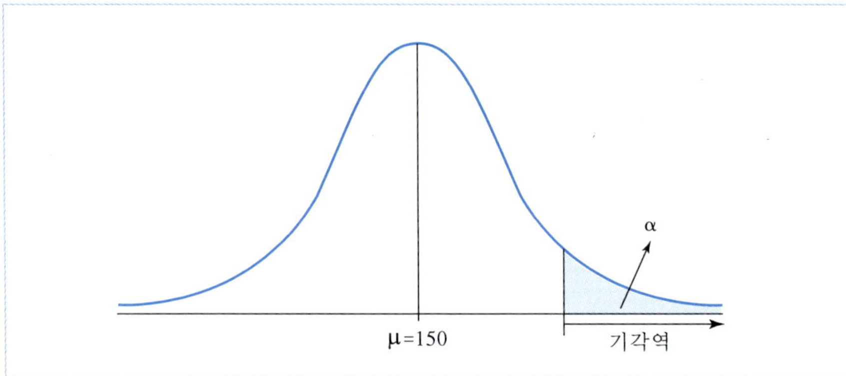

그림 5.6 오른쪽 단측검정에서의 기각역

$$H_0: \mu = 150\ (\text{또는 } \mu \geq 150) \quad vs \quad H_1: \mu < 150$$

이 검정에 대한 기각역은 <그림 5.5>와 같이 주어진다. 또한 치약의 함량치가 150g인지 아니면 그보다 큰지에 대하여 검정하고자 하는 경우, 귀무가설과 대립가설은 다음과 같이 표현할 수 있고(오른쪽 단측검정),

$$H_0: \mu = 150(\text{또는 } \mu \leq 150) \quad vs \quad H_1: \mu > 150$$

이 검정에 대한 기각역은 <그림 5.6>과 같이 주어진다.

5.3 단일모집단에 대한 검정

이 절에서는 단일모집단에서 모평균(μ), 모비율(p), 모분산(σ^2)에 대한 검정을 설명하고자 한다.

5.3.1 모평균에 대한 검정(단일표본 t-검정)

정규분포 $N(\mu, \sigma^2)$을 따르는 모집단으로부터 n개의 표본 $x_1, x_2, \cdots, x_n$이 추출되었고, 모분산 σ^2이 알려져 있는 경우, 모평균 μ에 대한 가설검정은 표본평균 $\bar{x}$의 함수인 다음과 같은 검정통계량을 이용하여 수행할 수 있다.

$$Z = \frac{\bar{x} - \mu_0}{\sigma / \sqrt{n}}. \quad (5.12)$$

그러나 모분산 σ^2을 알지 못하는 경우가 많기 때문에, 실제로는 위와 같은 검정통계량을 사용하기가 어렵게 된다. 따라서 이 경우 σ^2의 추정치인 표본분산 s^2을 고려한 다음과 같은 통계량을 사용하여 검정을 수행할 수 있다.

$$T = \frac{\bar{x} - \mu_0}{s / \sqrt{n}}. \quad (5.13)$$

모평균 μ에 대한 검정 : 모분산 σ^2을 아는 경우

검정통계량 : $Z = \frac{\bar{x} - \mu_0}{s / \sqrt{n}}$

기각역 :

	귀무가설	대립가설	기각역
(a)	$H_0: \mu \le \mu_0$	$H_1: \mu > \mu_0$	$Z \ge z_\alpha$
(b)	$H_0: \mu \ge \mu_0$	$H_1: \mu < \mu_0$	$Z \le -z_\alpha$
(c)	$H_0: \mu = \mu_0$	$H_1: \mu \ne \mu_0$	$\|Z\| \ge z_{\alpha/2}$

모평균 μ에 대한 검정 : 모분산 σ^2을 모르는 경우

검정통계량 : $T = \frac{\bar{x} - \mu_0}{s / \sqrt{n}}$

기각역 :

	귀무가설	대립가설	기각역
(a)	$H_0: \mu \le \mu_0$	$H_1: \mu > \mu_0$	$T \ge t_\alpha(n-1)$
(b)	$H_0: \mu \ge \mu_0$	$H_1: \mu < \mu_0$	$T \le -t_\alpha(n-1)$
(c)	$H_0: \mu = \mu_0$	$H_1: \mu \ne \mu_0$	$\|T\| \ge t_{\alpha/2}(n-1)$

식(5.13)의 T 통계량은 H_0가 사실일 때 자유도(degree of freedom)가 $n-1$인 t-분포를 따른다는 것을 4장에서 설명한 바 있고, 이러한 사실을 이용하여 단일모집단의 평균에 대한 가설검정을 수행할 수 있다. 한편 모분산 σ^2이 알려져 있지 않은 경우라도 표본크기 n이 충분히 크다면(대략 $n > 30$인 경우), $t_\alpha(n-1)$(또는 $t_{\alpha/2}(n-1)$)이 z_α(또는 $z_{\alpha/2}$)와 거의 같게 되므로, 정규분포로부터 기각역을 구할 수도 있다.

SPSS에서는 <그림 5.7>의 '분석(A) → 평균 비교(M) → 일표본 T 검정(S)' 메뉴를 이용하여 단일모집단의 모평균에 대한 검정을 수행할 수 있는데, 여기서는 '서비스만족도.SAV' 데이터를 이용하여 '서비스만족도의 모평균이 70 이상' 이라는 대립가설에 대해 검정을 해보자. 즉,

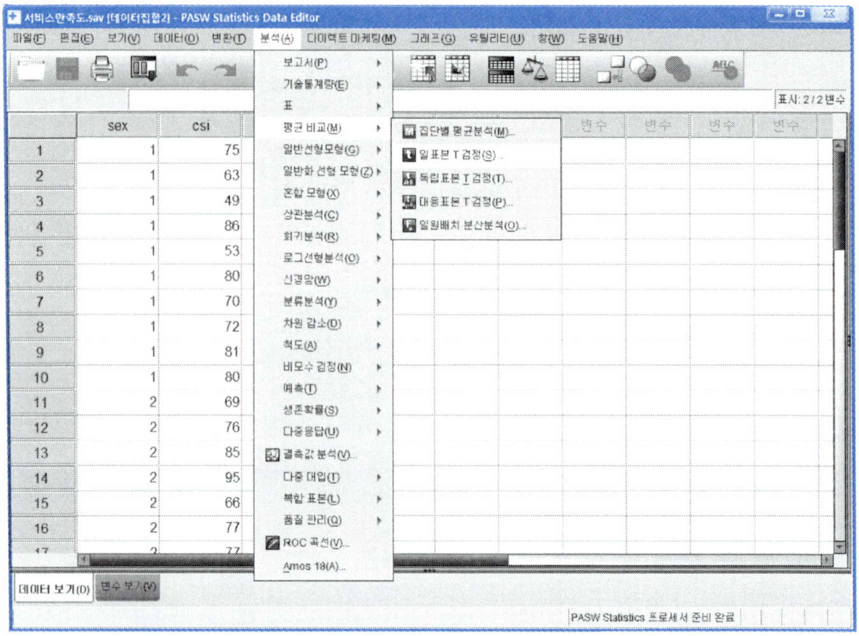

그림 5.7 '분석(A) → 평균 비교(M) → 일표본 T 검정(S)' 메뉴

$$H_0 : \mu = 70 \quad vs \quad H_1 : \mu > 70$$

과 같은 가설에 대해 유의수준 5%하에서 검정을 수행해 보도록 하자.

① 풀다운 메뉴에서 '분석(A) → 평균 비교(M) → 일표본 T 검정(S)...' 메뉴를 선택한다(그림 5.7).

② '일표본 T 검정' 대화상자에서 '검정변수(T)' 란에 변수 csi(서비스만족도)를 선택하고, '검정값(V)' 란에 70을 입력한다(그림 5.8).

③ '일표본 T 검정' 대화상자에서 '옵션(O)...' 버튼을 클릭한 후, '신뢰구간(C)' 란에 (1 − α)%를 입력한다(그림 5.8).

④ '옵션' 대화상자에서 '계속' 버튼을 클릭한 후, '일표본 T 검정' 대화상자로 돌아가서 '확인' 버튼을 클릭한다.

이상과 같은 과정을 수행하면 <그림 5.9>와 같이 뷰어 윈도우에 간단한 기술통계량 및 t-검정의 결과가 출력된다. 이 출력결과를 살펴보면 먼저 표본평균 $\bar{x} = 72.32$와 표준편차 $s = 11.60$임을 알 수 있고, 검정통계량 T의 값을 구하면 다음과 같다.

$$T = \frac{\bar{x} - \mu_0}{s/\sqrt{n}} = \frac{72.32 - 70}{11.60/\sqrt{25}} = 1.000.$$

또한 부록의 '부표 4' 에서 기각치가 $t_{0.05}(24) = 1.711$임을 알 수 있다. 따라서 검정통계량의 값 1.000은 기각치인 1.711보다 크지 않으므로, H_0를 기각할 수 없고 '서비스만족도의 모평균이 70 이상' 이라고 할 수 없다.

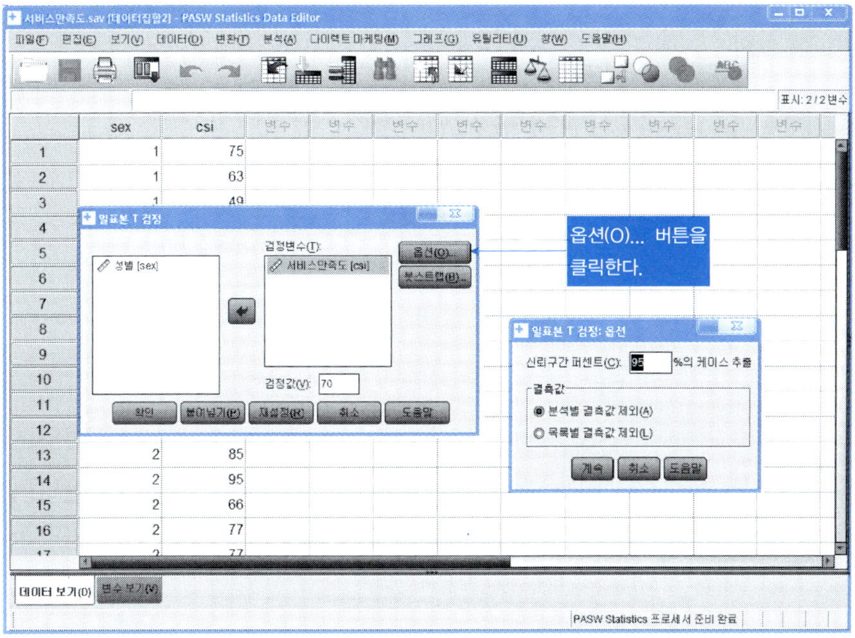

그림 5.8
'일표본 T 검정' 대화상자 및 '옵션' 대화상자

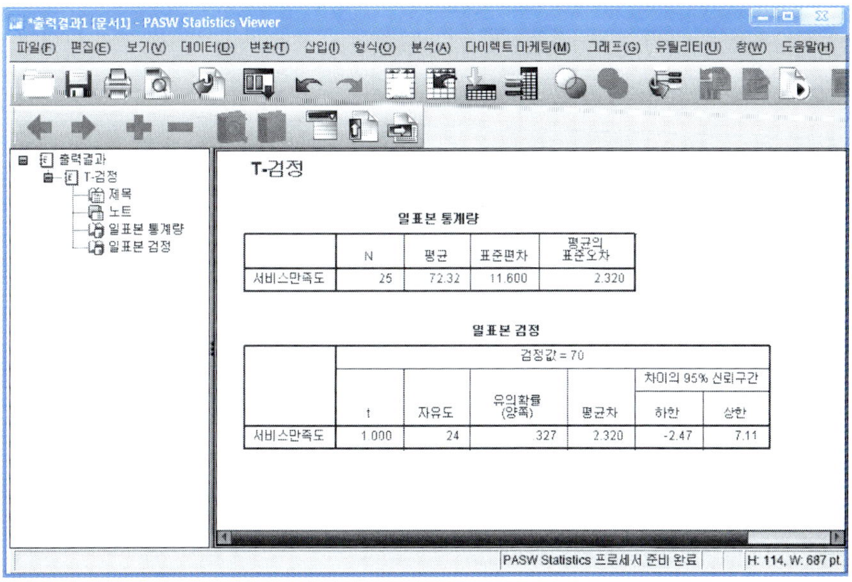

그림 5.9
단일표본 t-검정의 결과

5.3.2 유의확률 (p-값)

앞의 예에서 볼 수 있듯이 통계적 가설검정에서는 검정통계량의 값과 기각치를 비교하여 결론을 내리게 된다. 즉, 자료로부터 구한 검정통계량의 값이 기각역에 포함되면 귀무가설을 기각하고, 검정통계량의 값이 기각역에 포함되지 않으면 귀무가설을 채택하게 된다.

그런데 이와 같은 과정에서는 연구자가 검정통계량의 확률밀도함수 또는 확률분포표를 이용하여 매번 기각치를 찾아야 하므로, 여간 불편한 일

그림 5.10
p-값과 유의수준(α)

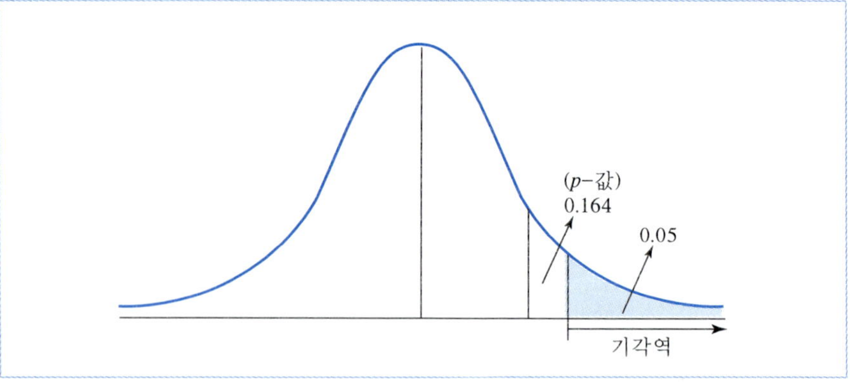

이 아니다. 따라서 SPSS를 비롯한 대부분의 통계 소프트웨어에서는 소위 p-값(p-value)이라고 하는 **유의확률**(significance probability)을 제공하여, 연구자가 가설검정을 쉽게 수행할 수 있도록 도움을 주고 있다. 여기서 p-값은 꼬리확률이라고도 하는데, 이는 '귀무가설하에서 관측된 사건과 그것보다 더 귀무가설에 반하는 총사건에 대한 확률(즉, 귀무가설하에서 관찰된 검정통계량의 값보다 더 극단적인 값이 나올 확률)'로써 그 값이 작을수록 귀무가설 H_0에 반하는 강한 증거가 된다.

앞의 예에서 p-값$=P(T \geq 1.000) = 0.164$이고, 유의수준은 $\alpha = P(T \geq 1.711) = 0.05$이다(SPSS '일표본 T 검정'에서는 양측검정의 p-값만을 출력해 주는데, 단측검정의 p-값은 출력된 양측검정의 p-값을 2로 나누어 계산하면 된다. 즉, 이 경우 단측검정의 p-값은 $0.327/2 = 0.164$가 된다. 이 예를 통해서 알 수 있듯이 검정통계량의 값이 기각역에 포함되면 p-값이 유의수준(α)보다 작게 되고, 검정통계량의 값이 기각역에 포함되지 않으면 p-값이 유의수준(α)보다 크게 된다. 따라서 이러한 사실을 이용하면 굳이 확률분포표로부터 기각치를 찾지 않아도 소프트웨어에서 제공하는 p-값을 통해 가설검정을 쉽게 수행할 수 있다.

결론적으로 말하자면 p-값이 유의수준(α)보다 작으면 검정통계량의 실제값이 기각역에 포함되어서 귀무가설을 기각하고, 대립가설을 채택할 수 있다는 것을 의미하며, p-값이 유의수준(α)보다 크면 귀무가설을 기각할 수 없다는 것을 의미한다.

5.3.3 모비율에 대한 검정

찬성률, 치료율, 불량률 등과 같이 모집단 내에서 특정한 그룹이 차지하는 비율 p에 대한 가설검정에 대해 살펴보자. 예를 들어, 어느 제조회사에서 새로운 공정방법을 도입하려고 하는데 기존의 공정방법에 의한 불량률은 10%라고 하자. 이 회사에서는 새로운 공정방법에 의한 불량률이 10%

보다 작은지를 알아보기 위해 n개의 제품을 생산하였고, 그중 불량품이 x개였다. 이 경우 관심이 되는 가설은 다음과 같다.

$$H_0: p = p_0 (= 0.1) \quad vs \quad H_1: p < p_0 (= 0.1).$$

한편 표본의 크기 n이 충분히 큰 경우 표본비율 $\hat{p} = x/n$은 평균이 p이고, 분산이 $p(1-p)/n$인 정규분포를 따른다는 것을 앞 절에서 설명한 바 있다. 따라서 이 경우 다음과 같은 검정통계량을 사용하여 모비율에 대한 검정을 수행할 수 있다.

모비율 p에 대한 검정 : 표본크기가 충분히 큰 경우

검정통계량 : $z = \dfrac{\hat{p} - p_0}{\sqrt{p_0(1-p_0)/n}}$

기각역 :

	귀무가설	대립가설	기각역
(a)	$H_0: p \le p_0$	$H_1: p > p_0$	$Z \ge z_\alpha$
(b)	$H_0: p \ge p_0$	$H_1: p < p_0$	$Z \le -z_\alpha$
(c)	$H_0: p = p_0$	$H_1: p \ne p_0$	$\lvert Z \rvert \ge z_{\alpha/2}$

모비율에 대한 검정의 예를 들어보자. 어느 회사의 제품에 대한 불량률은 15% 정도이며, 이 불량률을 줄이기 위해 새로운 재료를 사용하려고 한다. 새로운 재료를 사용한 제품 중 400개를 뽑아 조사한 결과 54개의 불량품이 발견되었다. 불량률이 종전(15%)에 비해 낮아졌다고 할 수 있는지를 유의수준 5%하에서 검정하여 보자.

먼저 이 예에 대한 귀무가설과 대립가설은 다음과 같고

$$H_0: p = 0.15 \quad vs \quad H_1: p < 0.15,$$

검정통계량 Z값을 구하면 다음과 같다.

$$Z = \frac{\hat{p} - p_0}{\sqrt{p_0(1-p_0)/n}} = \frac{0.135 - 0.15}{\sqrt{(0.15)(0.85)/400}} = -0.84.$$

또한 부록의 '부표 3'에서 기각치가 $-z_{0.05} = -1.645$임을 알 수 있고, 검정통계량의 값 -0.84는 기각치인 -1.645보다 크므로 귀무가설 H_0를 기각할 수 없다. 따라서 불량률이 종전(15%)보다 낮아졌다고 할 수 없다.

5.3.4 모분산에 대한 검정

고도의 정밀도를 요구하는 현대산업에서 분산에 관한 정보는 매우 중요시 된다. 제품의 균일성 확보나 품질의 향상은 분산을 줄이는 것과 밀접한 관련이 있기 때문이다. 이제 정규모집단의 모분산 σ^2에 대해 다음 가설을 고려해 보자.

$$H_0: \sigma^2 = \sigma_0^2 \quad vs \quad H_1: \sigma^2 < \sigma_0^2.$$

이때 크기가 n인 확률표본으로부터 구한 표본분산 s^2의 값이 작을수록 대립가설 H_1이 사실이라고 할 수 있을 것이다.

통계량 $(n-1)s^2/\sigma^2$이 자유도가 $n-1$인 카이제곱분포를 따른다는 것을 앞 장에서 설명한 바 있다. 따라서 다음과 같은 검정통계량을 사용하여 모분산에 대한 검정을 수행할 수 있다.

모분산 σ^2에 대한 검정

검정통계량 : $\chi^2 = \dfrac{(n-1)S^2}{\sigma_0^2}$

기각역 :

	귀무가설	대립가설	기각역
(a)	$H_0: \sigma^2 \le \sigma_0^2$	$H_1: \sigma^2 > \sigma_0^2$	$\chi^2 \ge \chi^2_{\alpha}(n-1)$
(b)	$H_0: \sigma^2 \ge \sigma_0^2$	$H_1: \sigma^2 < \sigma_0^2$	$\chi^2 \le \chi^2_{1-\alpha}(n-1)$
(c)	$H_0: \sigma^2 = \sigma_0^2$	$H_1: \sigma^2 \ne \sigma_0^2$	$\chi^2 \ge \chi^2_{\alpha/2}(n-1)$ 또는 $\chi^2 \le \chi^2_{1-\alpha/2}(n-1)$

모분산에 대한 검정의 예를 들어보도록 하자. 다음은 새 측정기구의 정확도를 검사하기 위해 어떤 액체에 포함된 불순물의 양을 16번 측정한 결과이다.

3.6 3.4 3.6 3.7 3.3 3.2 3.7 3.6 3.5 3.3 3.4 3.4 3.1 3.3 3.5 3.2

기존 측정기구의 분산이 0.09로 알려져 있다고 할 때, 새 측정기구의 분산이 0.09보다 작다고 할 수 있는지 유의수준 5%하에서 검정하여 보자.

먼저 이 예에 대한 귀무가설과 대립가설은 다음과 같고,

$$H_0: \sigma^2 = 0.09 \quad vs \quad H_1: \sigma^2 < 0.09.$$

검정통계량 χ^2값을 구하면 다음과 같다.

$$\chi^2 = \frac{(n-1)s^2}{\sigma_0^2} = \frac{(15)(0.034)}{0.09} = 5.667.$$

또한 부록의 '부표 5' 에서 기각치가 $\chi^2_{0/95}(15) = 7.261$임을 알 수 있고, 검정통계량의 값 5.667은 기각치인 7.261보다 작으므로 귀무가설 H_0를 기각할 수 있다. 따라서 새 측정기구의 분산이 0.09보다 작다고 할 수 있다.

연습문제

5-1 한 자동차 회사에서는 새로 생산된 자동차의 연비가 평균적으로 리터당 20km라고 한다. 이 회사의 주장이 정당한지를 검정하기 위해 자동차 20대를 임의로 선택하여 조사해 본 결과, 다음과 같은 데이터를 얻었다. 적절한 가설을 세우고 유의수준 5%하에서 검정하여라.

21.0	22.7	25.8	20.6	18.5	21.4	19.3
17.6	22.7	20.6	17.9	18.3	24.7	23.3
24.3	21.5	20.0	19.8	22.9	19.9	

5-2 사슴의 앞다리(foreleg)와 뒷다리(hindleg)에 관한 데이터가 다음과 같이 주어져 있다.

hindleg	142	140	144	144	142	146	149	150	142	148
foreleg	138	136	147	139	143	141	143	145	136	146

(가) 다리길이의 차이(hindleg-foreleg)를 나타내는 변수 diff를 생성하여라.

(나) 이 데이터에 대해서 연구자가 어떤 생각으로 표본을 생산하게 되었는지를 서술하여라.

(다) (나)에 서술한 내용에 대응되는 귀무가설과 대립가설을 세워 보아라.

(라) (다)의 통계적 가설에 대해 생각할 수 있는 두 가지 유형의 오류(혹은 그의 확률)의 내용을 구체적으로 설명하여라.

(마) '유의수준을 5%로 한다'라는 말의 의미를 이 데이터에 기초하여 설명하고, 통상적으로 제2종 오류(β) 대신 제1종 오류(α)를 고정하고, 통계적 검정을 수행하는 이유를 정당화하여 보아라.

(바) 주요 통계량(대표값, 변이, 분위수 등)을 구하고, 이들에 기초하여 이 데이터의 전반적 내용을 요약하여라.

(사) 줄기-잎 그림, 상자그림 등을 이용하여 변수 diff의 분포형태

를 묘사하여라.

(아) (나)에 규정된 관심대상의 가설을 검정하고, 그 결과를 서술하여라.

5-3 우리나라 프로농구팀에 소속된 농구선수들 중에서 81명을 표본추출하였다. 이 선수들의 신장을 조사한 결과 평균신장은 198cm이고, 표준편차는 4cm이다. 전체 농구선수들의 평균신장이 얼마인지 95% 신뢰구간을 구하여라.

5-4 H대학교 학생 중 100명을 무작위로 뽑아 나이를 조사하니 평균나이는 20세이고, 표준편차는 2이다. 이 대학교 학생의 평균나이에 대한 95%의 신뢰구간을 구하여라.

5-5 대한민국 군인의 평균키는 171cm이고, 표준편차는 6cm라고 한다.

(가) 100명의 군인을 표본으로 반복하여 뽑을 때 표본평균들의 95%가 포함되리라고 예상되는 구간을 구하여라.

(나) 위에서 400명의 군인을 표본으로 할 때는 구간은 어떠하겠는가? 또한 문제 (가)에서 구한 구간이 (나)보다 큰 이유는 무엇인가?

5-6 어느 공장에서 생산되는 제품인 나사 5개를 무작위로 뽑아 나사직경을 측정한 결과는 {6.33, 6.37, 6.32, 6.36, 6.37}(단위:mm)과 같다. 나사직경의 모평균과 모분산에 대한 불편추정치를 구하고, 95% 신뢰구간을 구하여라.

5-7 커피 한잔에 포함되어 있는 카페인의 양을 조사하기 위하여 50잔의 커피를 조사하였더니, 평균 114mg, 표준편차 8.4mg이었다. 이 커피 한잔에 포함된 카페인의 평균 양의 95% 신뢰구간을 구하여라.

5-8 H대학교 총학생회장 선거에서 A, B 두 학생이 후보자로 나섰다. 100명의 학생을 뽑아 조사하니 그중 55명이 A학생을 지지하는 것으로 나타났다. 이때 A학생 지지율에 대한 95% 신뢰구간을 구하여라.

5-9 가족계획연구소에서 아들 선호도 경향을 알아보기 위해 100쌍의 신혼부부를 뽑아 조사하니 67쌍이 딸보다 아들을 원하였다. 아들 선호도 비율에 대한 99%의 신뢰구간을 구하여라.

5-10 새로운 법안에 대한 지지율을 알아보기 위해 여론조사를 실시하

고자 한다. 이때 모집단의 지지율에 대한 신뢰구간을 구함에 있어 오차한계를 0.03으로 하고, 신뢰계수가 $1-\alpha=0.95$가 되도록 하려고 한다. 이때 적절한 표본의 크기를 구하여라.

5-11 어느 대학교 의과대학에서 흰쥐를 뽑아 주사함으로써 새로 만든 약품의 반응시간을 추정하고자 한다. 예비실험으로 반응시간의 표준편차가 12초임을 알았을 때, 평균 반응시간의 추정오차 한계가 4초가 넘지 않도록 하고, 신뢰계수를 95%로 할 때 몇 마리의 흰쥐가 필요한가?

5-12 전구와 같이 일상용품에 있어서는 그 수명의 표준편차를 알고 있는 것이, 어떤 일정기간 후에 모든 전구를 바꾸어 끼울 것인가 아니면 그때그때 바꿔 끼울 것인가 하는 문제를 결정하는데 중요한 역할을 한다. 전구의 개수가 71이고, 전구의 수명에 대한 표본편차가 4라고 할 때 귀무가설 $H_0:\sigma^2=30$과 대립가설 $H_1:\sigma^2<30$에 대하여 유의수준 5% 하에서 검정하여 보아라.

5-13 어느 농부가 재배한 호박의 평균무게를 조사하기 위하여 표본을 추출하고자 한다. 이때 오차의 허용한계를 0.1kg으로 하고 신뢰계수를 95%되게 하고자 할 때, 표본을 몇 개 이상 추출해야 하는가? 단, 호박무게의 표준편차는 2kg이다.

5-14 어느 지역에서 200명의 표본을 추출하여 건강조사를 실시하였다. 지난 1년간 의사의 처방전을 받은 횟수를 조사한 결과 평균과 표준편차로 각각 6.7과 2.8을 얻었다. 모집단의 평균을 μ라 할 때 귀무가설 $H_0:\mu=5.0$이고 대립가설 $H_1:\mu>5.0$일 때 유의수준 5% 하에서 가설을 검정하여 보아라.

5-15 어느 대학교 학생의 IQ는 근사적으로 분산이 100인 정규분포를 따른다고 한다. $H_0:\mu=110$ *vs* $H_1:\mu>110$의 검정을 위해 이 학교 학생 16명을 뽑아 IQ조사를 해보니 평균 IQ는 113.5였다. 유의수준 5% 하에서 귀무가설 H_0를 기각할 것인지 아닌지를 검정하여 보아라.

5-16 건강한 성인의 맥박은 1분에 평균 60회 정도이고, 표준편차는 5로 알려져 있다. 성인 16명을 대상으로 주변온도를 높여서 맥박을 조사한 결과 1분에 평균 70번으로 나타났다. 이때 성인의 맥박이 주변온도에 따라서 변화가 있다고 말할 수 있는지 유의수준 5% 하

에서 가설을 검정하여 보아라.

5-17 담배회사와 소비자보호연맹 사이에 담배에 포함된 니코틴 함유량 문제로 의견이 대립되고 있다. 담배 한 개피당 니코틴 함유량이 14mg이라는 회사측의 설명에 대하여, 소비자보호연맹에서는 그 이상이라고 주장하기 때문이다. 이러한 문제를 해결하기 위하여 무작위 추출로 20개피의 담배를 분석한 결과, 니코틴 함유량이 평균 14.8mg이고, 표준편차가 2.4mg으로 나왔다. 이때 적절한 가설을 설정하고, 유의수준 5% 하에서 가설을 검정하여 보아라.

5-18 어떤 야금학자가 망간이 녹는 온도를 측정한 결과, 1269℃, 1271℃, 1263℃, 1265℃를 얻었다. 이 학자는 망간이 녹는 평균 온도가 1267℃라고 주장하려 한다. 이 주장을 유의수준 10% 하에서 검정하여 보아라. 단, 망간이 녹는 온도는 분산이 5인 정규분포라고 가정한다.

5-19 어떤 자동차 회사의 사장은 휘발유 1ℓ당 20km를 주행할 수 있다고 주장한 차종을 판매해 왔다. 이 종류의 차량 8대를 뽑아 검사한 결과 1ℓ당 평균 18km를 주행하고, 표준편차는 3km이다. 이 회사의 주장이 옳은지 아니면 이 차종의 주행거리가 20km보다 작은지를 유의수준 5% 하에서 검정하여 보아라.

5-20 어느 회사의 평균 출근율이 90%라고 한다. 3일의 연휴 다음날 출근상태를 조사한 결과 200명 가운데 40명이 결근하였다. 이때 평균 출근율과 같다고 말할 수 있는지를 유의수준 5% 하에서 검정하여 보아라.

5-21 해충을 죽이는 효과가 50%인 살충제에 다른 특수약품을 첨가한 다음, 200마리의 해충에 뿌려보니 120마리가 죽었다. 특수약품을 첨가함으로써 전보다 살충효과가 좋아졌는지를 유의수준 5% 하에서 검정하여 보아라.

5-22 어떤 주사위를 240회 던져보니 6이 52회 출현하였다. 이 주사위가 바른 주사위인지 아닌지를 유의수준 10% 하에서 검정하여 보아라.

5-23 시험공부를 전혀 하지 않은 학생이 O, × 문제에서 그 답을 추측하는 능력이, 동전을 던져 판단하는 것보다는 나은지에 관해 알아보려고 한다. 총 200문항에서 110개의 답을 맞추었다고 할 때 유의

수준 5% 하에서 검정하여 보아라.

5-24 서울시의 고등학교 3학년생에 대하여 영어 종합고사를 실시한 결과 그중 40%가 불합격권에 들었다. 그런데 강남고등학교 3학년생 중 120명을 조사해 보니 그중 54명이 불합격권에 속한다고 한다. 강남고등학교 3학년생의 영어 실력이 서울시 전체에 비교하여 열등한지를 유의수준 5%에서 검정하여 보아라.

5-25 어느 산부인과 의사에 따르면 요즘 출생한 어린이는 여아보다 남아가 많다고 한다. 이를 확인하기 위하여 갓난 아이 200명에 대하여 성별을 조사한 결과, 110명이 남아였고 90명은 여아였다. 이를 근거로 하여 산부인과 의사의 주장이 옳은지를 유의수준 5% 하에서 검정하여 보아라.

5-26 시계추의 7진동폭 분산이 0.04cm이내이면 좋은 제품이라고 한다. 이것을 확인하기 위하여 시계추의 진동폭을 9번 조사한 결과, 그 분산이 0.038cm임을 알았다. 이 데이터를 이용하여 시계추의 진동폭 분산이 0.04cm 이하라고 말할 수 있는지 유의수준 5% 하에서 검정하여 보아라.

CHAPTER 6

두 모집단에 대한 비교

앞 장에서 단일모집단에서 하나의 모평균, 모비율, 모분산에 대한 가설검정을 설명하였다. 그러나 실제 현실에 적용되는 경우는 대부분 두 개 이상의 모집단의 특성을 비교하는 것이다. 왜냐하면 우리가 사는 세상은 경쟁과 비교의 모습 속에 살아가고 있기 때문일 것이다. 따라서 통계적 방법을 통한 여러 분야의 개선은 끊임없는 비교에 있다고 해야 할 것이다. 예를 들면, 새로운 약품을 개발했을 때 새로운 약품의 효능을 임상실험을 통하여 검증하게 된다. 즉, 새로운 약품을 사용한 환자와 사용하지 않은 환자 간의 자료를 비교함으로써 새로운 약품의 효능을 검토할 수 있다. 또한 이동통신 회사의 마케팅 부서에서는 휴대폰의 사용시간이 성별(남, 여) 간에 차이가 있는지를 검토하여 여러 가지 새로운 마케팅을 제안할 수 있을 것이다. 이 외에도 사회현상에 대한 남녀별 인식 정도의 차이, 흡연 집단과 비흡연 집단 간의 폐암 발생률의 차이, 두 가지 교수법에 의한 학업성취도의 차이, 두 가지 치료방법에 의한 치료율의 차이, 두 회사 제품에 대한 소비자들의 선호도 차이 등 두 집단에 대한 비교는 매우 많이 존재한다. 이 장에서는 두 모집단의 모평균, 모비율, 모분산의 차이에 대한 가설검정 문제를 소개하고자 한다.

6.1 모평균 차이에 대한 검정(독립표본 *t*-검정)

'남학생과 여학생의 학업성취능력에 대한 평균이 같은가?' 또는 '서로 다른 두 공장에서 생산된 냉장고의 냉각능력 평균은 같은가?' 와 같이 두 모집단 평균의 동일성 검정을 실시하는 경우를 생각해 보자.

두 집단에 대해 확률표본 $x_{11}, x_{12}, \cdots, x_{1n_1}$과 $x_{21}, x_{22}, \cdots, x_{2n_2}$가 각각 정규분포 $N(\mu_1, \sigma_1^2)$과 $N(\mu_2, \sigma_2^2)$로부터 추출되었다고 하자. 이때 각 집단에서의 표본평균과 표본분산은 다음과 같다.

$$\bar{x}_1 = \frac{1}{n_1}\sum_{i=1}^{n_1} x_{1i},\ \bar{x}_2 = \frac{1}{n_2}\sum_{i=1}^{n_2} x_{2i}, \tag{6.1}$$

$$s_1^2 = \frac{1}{n_1 - 1}\sum_{i=1}^{n_1}(x_{1i} - \bar{x}_1)^2,\quad s_2^2 = \frac{1}{n_2 - 1}\sum_{i=1}^{n_2}(x_{2i} - \bar{x}_2)^2. \tag{6.2}$$

6.1.1 모분산 σ_1^2과 σ_2^2이 알려져 있는 경우

두 모분산 σ_1^2과 σ_2^2이 모두 알려져 있는 경우에 두 모평균의 차$(\mu_1 - \mu_2)$에 대한 추정량은 두 표본평균의 차$(\bar{x}_1 - \bar{x}_2)$로 생각할 수 있다. 여기서 통계적 추론을 실시하기 위해서는 추정량 $\bar{x}_1 - \bar{x}_2$의 분포를 알아야 하는데, 이는 다음과 같은 평균과 분산을 갖는 정규분포를 따른다.

$$E(\bar{x}_1 - \bar{x}_2) = E(\bar{x}_1) - E(\bar{x}_2) = \mu_1 - \mu_2, \tag{6.3}$$
$$Var(\bar{x}_1 - \bar{x}_2) = Var(\bar{x}_1) + Var(\bar{x}_2) = \frac{\sigma_1^2}{n_1} + \frac{\sigma_2^2}{n_2}.$$

따라서 다음과 같은 표준화 변환을 취하면 표준화된 새로운 확률변수 Z은 표준정규분포 $N(0, 1)$을 따르게 되고,

$$Z = \frac{(\bar{x}_1 - \bar{x}_2) - (\mu_1 - \mu_2)}{\sqrt{\sigma_1^2/n_1 + \sigma_2^2/n_2}} \sim N(0, 1). \tag{6.4}$$

이와 같은 사실을 이용하여 $H_0: \mu_1 - \mu_2 = \delta_0$에 대한 통계적 추론을 수행할 수 있다. 여기서 δ_0는 연구자가 검정하고자 하는 모평균의 차로서, 만약 $\delta_0 = 0$으로 두면 이는 $H_0: \mu_1 = \mu_2$(즉, 두 모평균이 동일한지)를 검정하는 것이 된다.

모평균의 차에 대한 추론 : σ_1^2과 σ_2^2이 알려져 있는 경우

$\mu_1 - \mu_2$에 대한 $100(1-\alpha)\%$ 신뢰구간 :

$$\left((\bar{x}_1 - \bar{x}_2) - z_{\alpha/2}\sqrt{\frac{\sigma_1^2}{n_1} + \frac{\sigma_2^2}{n_2}},\ (\bar{x}_1 - \bar{x}_2) + z_{\alpha/2}\sqrt{\frac{\sigma_1^2}{n_1} + \frac{\sigma_2^2}{n_2}} \right) \tag{6.5}$$

검정통계량 :

$$Z = \frac{(\bar{x}_1 - \bar{x}_2) - \delta_0}{\sqrt{\sigma_1^2/n_1 + \sigma_2^2/n_2}} \tag{6.6}$$

기각역 :

	귀무가설	대립가설	기각역
(a)	$H_0: \mu_1 - \mu_2 \leq \delta_0$	$H_1: \mu_1 - \mu_2 > \delta_0$	$Z \geq z_\alpha$
(b)	$H_0: \mu_1 - \mu_2 \geq \delta_0$	$H_1: \mu_1 - \mu_2 < \delta_0$	$Z \leq -z_\alpha$
(c)	$H_0: \mu_1 - \mu_2 = \delta_0$	$H_1: \mu_1 - \mu_2 \neq \delta_0$	$\lvert Z \rvert \geq z_{\alpha/2}$

그러나 위와 같은 공식은 모분산 σ_1^2과 σ_2^2을 알지 못하는 경우가 많기 때문에, 실제로는 이를 사용하기가 어렵게 된다. 따라서 이 경우 두 모분산의 추정치인 표본분산 s_1^2과 s_2^2을 고려한 통계량을 사용하여 검정을 수행하게 되는데, 이제 이러한 내용에 대해서 살펴보도록 하자.

6.1.2 모분산 σ_1^2과 σ_2^2이 알려져 있지 않은 경우 : 표본크기가 충분히 클 때

표본의 크기가 충분히 큰 경우에는 중심극한정리에 의해 모집단의 분포에 관계없이, $\bar{x}_1$과 $\bar{x}_2$가 근사적으로 정규분포를 따른다. 따라서 앞의 검정

통계량 (6.6)에서 모분산 σ_1^2과 σ_2^2 대신에 표본분산 s_1^2과 s_2^2을 대입하여 다음과 같은 검정통계량을 사용할 수 있는데,

$$Z = \frac{(\bar{x}_1 - \bar{x}_2) - \delta_0}{\sqrt{s_1^2/n_1 + s_2^2/n_2}} \;\dot{\sim}\; N(0,1). \tag{6.7}$$

이 통계량은 귀무가설하에서 근사적으로 표준정규분포 $N(0,1)$을 따른다.

6.1.3 모분산 σ_1^2과 σ_2^2이 알려져 있지 않은 경우 : $\sigma_1^2 = \sigma_2^2 (= \sigma^2)$일 때

두 모집단의 모분산이 알려져 있지 않지만, 모분산이 동일한 것으로 가정할 수 있는 경우(즉, $\sigma_1^2 = \sigma_2^2 (= \sigma^2)$, 두 모분산의 동일성에 대한 검정은 6.4절에서 다룰 것이다), $\mu_1 - \mu_2$의 추정량 $\bar{x}_1 - \bar{x}_2$의 분포는 다음과 같은 평균과 분산을 가지는 정규분포를 따른다.

$$E(\bar{x}_1 - \bar{x}_2) = \mu_1 - \mu_2, \tag{6.8}$$

$$Var(\bar{x}_1 - \bar{x}_2) = \sigma^2\left(\frac{1}{n_1} + \frac{1}{n_2}\right). \tag{6.9}$$

이때 공통분산 σ^2의 **합동추정량**(pooled estimator)은 다음과 같으며,

$$s_p^2 = \frac{(n_1 - 1)s_1^2 + (n_2 - 1)s_2^2}{n_1 + n_2 - 2}. \tag{6.10}$$

이를 이용하여 자유도 $n_1 + n_2 - 2$인 t-분포를 따르는 다음과 같은 통계량을 구할 수 있다.

$$T = \frac{(\bar{x}_1 - \bar{x}_2) - (\mu_1 - \mu_2)}{s_p\sqrt{1/n_1 + 1/n_2}} \sim t(n_1 + n_2 - 2). \tag{6.11}$$

모평균의 차에 대한 추론 : $\sigma_1^2 = \sigma_2^2 (= \sigma^2)$인 경우

$\mu_1 - \mu_2$에 대한 $100(1-\alpha)\%$ 신뢰구간 :

$$\left((\bar{x}_1 - \bar{x}_2) - t_{\alpha/2}\, s_p\sqrt{\frac{1}{n_1} + \frac{1}{n_2}},\ (\bar{x}_1 - \bar{x}_2) + t_{\alpha/2}\, s_p\sqrt{\frac{1}{n_1} + \frac{1}{n_2}}\right) \tag{6.12}$$

검정통계량 :

$$T = \frac{(\bar{x}_1 - \bar{x}_2) - \delta_0}{s_p\sqrt{1/n_1 + 1/n_2}} \tag{6.13}$$

기각역 :

	귀무가설	대립가설	기각역
(a)	$H_0: \mu_1 - \mu_2 \le \delta_0$	$H_1: \mu_1 - \mu_2 > \delta_0$	$T \ge t_\alpha(n_1 + n_2 - 2)$
(b)	$H_0: \mu_1 - \mu_2 \ge \delta_0$	$H_1: \mu_1 - \mu_2 < \delta_0$	$T \le -t_\alpha(n_1 + n_2 - 2)$
(c)	$H_0: \mu_1 - \mu_2 = \delta_0$	$H_1: \mu_1 - \mu_2 \ne \delta_0$	$\lvert T \rvert \ge t_{\alpha/2}(n_1 + n_2 - 2)$

6.1.4 모분산 σ_1^2과 σ_2^2이 알려져 있지 않은 경우 : $\sigma_1^2 \neq \sigma_2^2$일 때

두 모집단의 모분산이 서로 다른 경우$(\sigma_1^2 \leq \sigma_2^2)$에는 앞에서 설명한 통계량이 t-분포를 따르지 않는다. 그러나 다음 검정통계량

$$T = \frac{(\bar{x}_1 - \bar{x}_2) - \delta_0}{\sqrt{s_1^2/n_1 + s_2^2/n_2}} \tag{6.14}$$

은 다음과 같이 자유도(df)를 수정하면 근사적으로 t-분포를 따르게 된다.

$$df = \frac{(s_1^2/n_1 + s_2^2/n_2)^2}{(s_1^2/n_1)^2/(n_1-1) + (s_2^2/n_2)^2/(n_2-1)}. \tag{6.15}$$

따라서 이러한 검정통계량 T와 수정 자유도를 이용하여 검정을 수행할 수 있다.

6.1.5 독립표본 T 검정 메뉴

앞에서 설명한 바와 같이 모분산이 알려져 있지 않은 경우 서로 독립적인 두 집단의 모평균을 비교하는 것을, 흔히 '독립표본 t-검정'이라고 한다. 여기서는 '시비스만족도.SAV' 데이터를 이용하여 '성별에 따라 만족도의 평균에 차이가 있다고 할 수 있는지'(즉, $H_0: \mu_1 = \mu_2$ vs $H_1: \mu_1 \neq \mu_2$)를 검정하여 보자.

① 데이터 파일을 열고 풀다운 메뉴에서 '분석(A) → 평균 비교(M) → 독립표본 T 검정(T)...' 메뉴를 선택한다(그림 6.1).

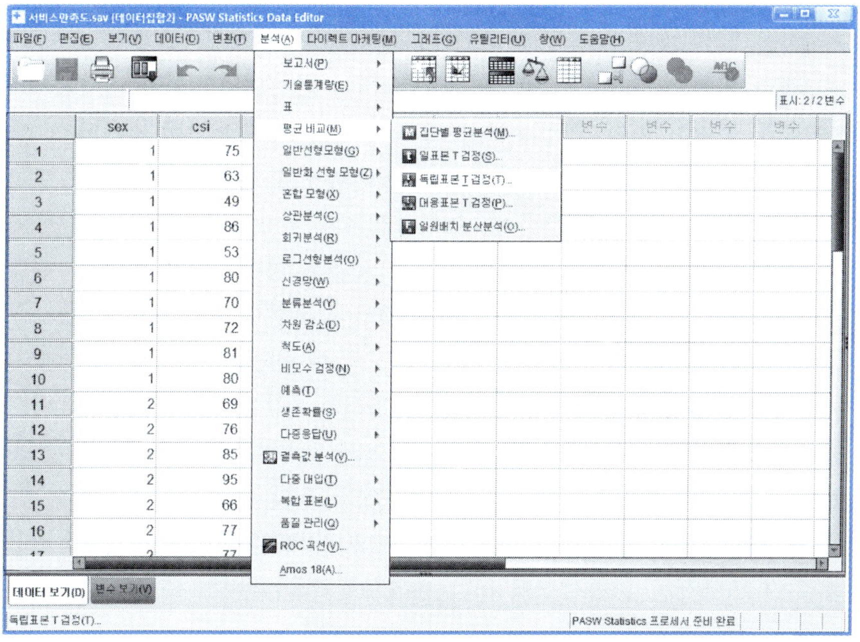

그림 6.1
'분석(A) →
평균 비교(M) →
독립표본 T 검정(T)'
메뉴

그림 6.2
'독립표본 T 검정' 및 '집단정의' 대화상자

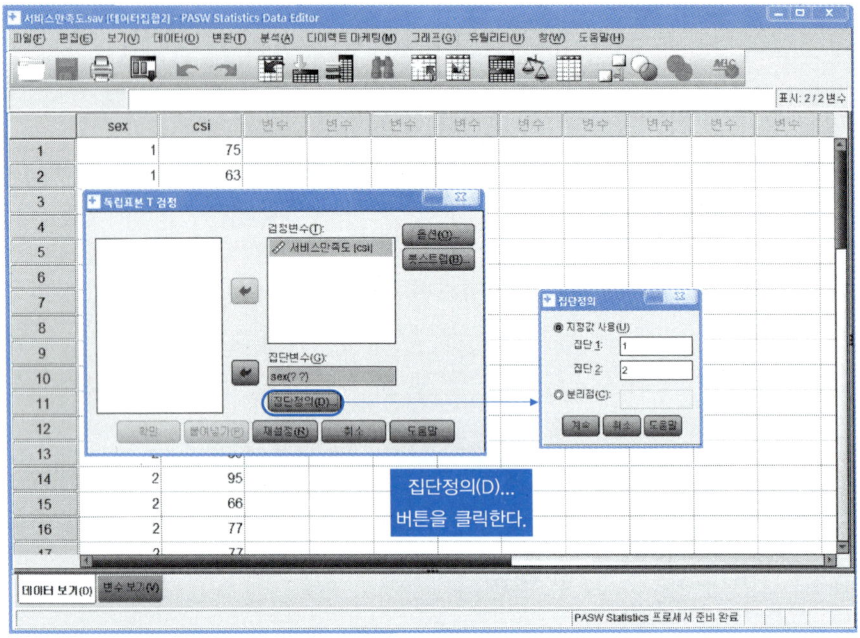

② '독립표본 T 검정' 대화상자에서 '검정변수(T)' 란에 변수 csi(서비스 만족도)를 선택하고, '집단변수(G)' 란에 변수 sex(성별)을 선택한다(그림 6.2).

③ '독립표본 T 검정' 대화상자에서 '집단정의(D)...' 버튼을 클릭한 후, '집단정의' 대화상자에서 집단 1과 2란에 코드값을 입력한다(그림 6.2).

④ '집단정의' 대화상자에서 '계속' 버튼을 클릭한 후, '독립표본 T 검정' 대화상자로 돌아가서 '확인' 버튼을 클릭한다.

이상과 같은 과정을 수행하면 <그림 6.3> 및 <그림 6.4>와 같이 뷰어 윈도우에 간단한 기술통계량 및 t-검정의 결과가 출력된다.

앞에서 설명한 바와 같이 등분산 가정(두 집단의 모분산이 같다는 가정)에 따라서 t-검정 방법이 달리 적용되어야 하므로, 이 출력결과에서 먼저 살펴보아야 할 부분은 등분산에 대한 검정이다. <그림 6.3>을 살펴보면 F-검정의 유의확률이 0.879로 매우 크므로, 등분산 가정을 받아들일 수 있다(등분산 가정에 대한 검정은 다음 6.4절에서 자세히 설명할 것이다).

따라서 출력결과에서 '등분산이 가정됨'에 해당하는 t-검정의 결과에 기초하여 가설검정을 수행하면 되는데, 여기서는 t-값이 −0.492이고, 유의확률(p-값)이 0.628이므로 유의수준 5%하에서 귀무가설을 기각할 수 없다. 즉, 성별에 따라 만족도의 평균에 차이가 있다고 할 수 없다.

5장 5.3.2절에서 언급한 바와 같이 SPSS의 '일표본 T 검정'이나 '독립표본 T 검정'에서는 양측검정에 대한 유의확률만을 출력해 주는데, 만약 단

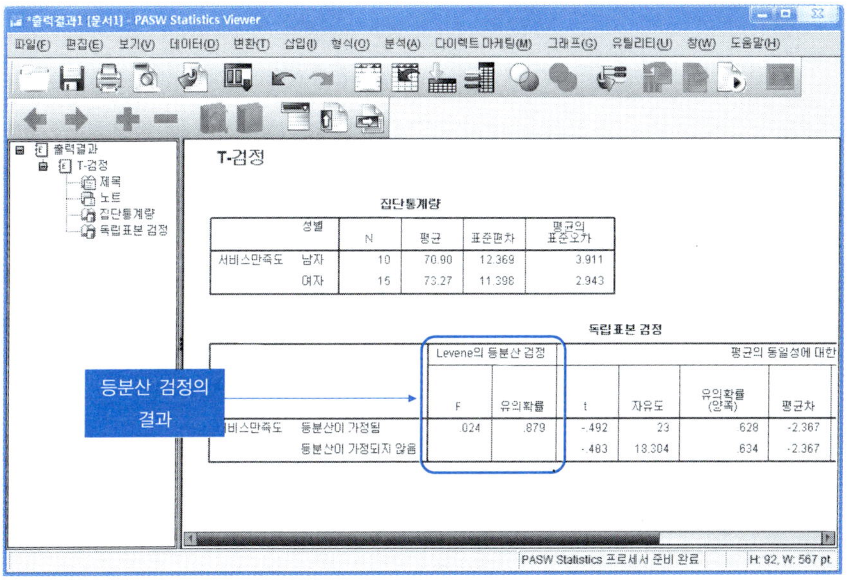

그림 6.3 '독립표본 T 검정'의 출력결과 중 '등분산 검정'의 결과

독립표본 검정

		Levene의 등분산 검정		평균의 동일성에 대한 t-검정						
									차이의 95% 신뢰구간	
		F	유의확률	t	자유도	유의확률 (양쪽)	평균차	차이의 표준오차	하한	상한
서비스만족도	등분산이 가정됨	.024	.879	-.492	23	.628	-2.367	4.812	-12.322	7.588
	등분산이 가정되지 않음			-.483	18.304	.634	-2.367	4.895	-12.638	7.905

그림 6.4 '독립표본 T 검정'의 출력결과

측검정(예를 들어, $H_0: \mu_1 = \mu_2$ *vs* $H_1: \mu_1 > \mu_2$)에 대한 유의확률을 얻고자 한다면 출력된 양측검정 유의확률을 2로 나누면 된다.

6.2 쌍 관측에 의한 두 모평균의 비교(대응표본 *t*-검정)

앞 절에서는 두 표본이 서로 다른 모집단으로부터 독립적으로 추출된 경우를 다루었다. 이와 같은 실험에서 주의해야 할 것은 두 모집단의 실험단위들이 동질적이어야 한다는 것이다. 예를 들어, 두 종류의 약품을 비교하고자 하는 경우 실험단위들이 동질하지 않으면, 반응값의 차이가 순수한 처리효과에 의한 차이인지 아니면 성, 나이, 증상 등 실험에서 고려되지 않는 다른 요인에 의한 차이인지를 구별할 수 없게 된다. 즉, 실험에서 조절할 수 없는 요인(교락요인: confounding factor)으로 인해 순수한 실제 처리효과의 차이를 알기 어렵게 되는 것이다. 예를 들어, 두 종류의 운동화의 마모량을 비교하고자 하는 경우, 실험대상의 나이, 성, 보행습관 등에 의해 순수한 운동화의 품질차이를 알 수 없게 하는 경우이다.

그러나 성, 나이, 습관, 증상 등이 모두 동일한 개체들만으로 실험을 한다

표 6.1 대응표본에서의 자료구조

번호	1	2	⋯	n
처리1(x)	x_1	x_2	⋯	x_n
처리2(y)	y_1	y_2	⋯	y_n
차이($D=x-y$)	$d_1=x_1-y_1$	$d_2=x_2-y_2$	⋯	$d_n=x_n-y_n$

는 것은 현실적으로 매우 어렵다. 따라서 이와 같은 문제점을 해결하는 방법 중의 하나가 짝지은 표본을 구성하여 실험을 수행하는 것이다. 즉, 실험단위를 동질적인 쌍으로 묶은 다음, 각 쌍에 대해 랜덤하게 두 처리를 적용하고, 각 쌍에서 얻어진 반응값의 차이를 이용하여 두 모평균을 비교하는 것이다.

정규모집단으로부터 n개의 짝지은 표본 $(x_1, y_1), (x_2, y_2), \cdots, (x_n, y_n)$을 얻었을 때, $d_i = x_i - y_i (i=1, \cdots, n)$이라고 하자. 그러면 두 반응값의 평균에 대한 가설 $\mu_x = \mu_y$를 검정하는 것은 $\mu_d = \mu_x - \mu_y = 0$을 검정하는 것과 같다. 여기서 변수 d는 다음과 같은 표본평균과 표본분산을 가진다.

$$\bar{d} = \frac{1}{n}\sum_{i=1}^{n} d_i,\ s_d^2 = \frac{1}{n-1}\sum_{i=1}^{n}(d_i - \bar{d})^2. \tag{6.16}$$

따라서 귀무가설 $H_0: \mu_d = 0$을 검정하기 위한 검정통계량은 다음과 같고, 이러한 T 통계량은 귀무가설하에서 자유도 $n-1$인 t-분포를 따른다.

대응표본에서 모평균의 차에 대한 추론

검정통계량 :

$$T = \frac{\bar{d} - \delta_0}{s_d / \sqrt{n}} \tag{6.17}$$

기각역 :

	귀무가설	대립가설	기각역
(a)	$H_0: \mu_1 - \mu_2 \leq \delta_0$	$H_1: \mu_1 - \mu_2 > \delta_0$	$T \geq t_\alpha(n-1)$
(b)	$H_0: \mu_1 - \mu_2 \geq \delta_0$	$H_1: \mu_1 - \mu_2 < \delta_0$	$T \leq -t_\alpha(n-1)$
(c)	$H_0: \mu_1 - \mu_2 = \delta_0$	$H_1: \mu_1 - \mu_2 \neq \delta_0$	$\lvert T \rvert \geq t_{\alpha/2}(n-1)$

한편 표본의 크기가 클 경우(대략 $n > 30$인 경우)에는 검정통계량 T가 근사적으로 정규분포를 따르게 되므로, 기각치나 유의확률을 정규분포로부터 계산하여 검정을 수행할 수도 있다.

대응표본에 대해 두 모평균의 차이를 검정하는 예를 들어보도록 하자. <그림 6.5>의 '음료수.SAV' 데이터는 10명의 소비자로부터 얻은 것으로, 각 소비자에게 일정한 시간을 두고 두 개의 음료수를 마시게 한 다음, 느끼는

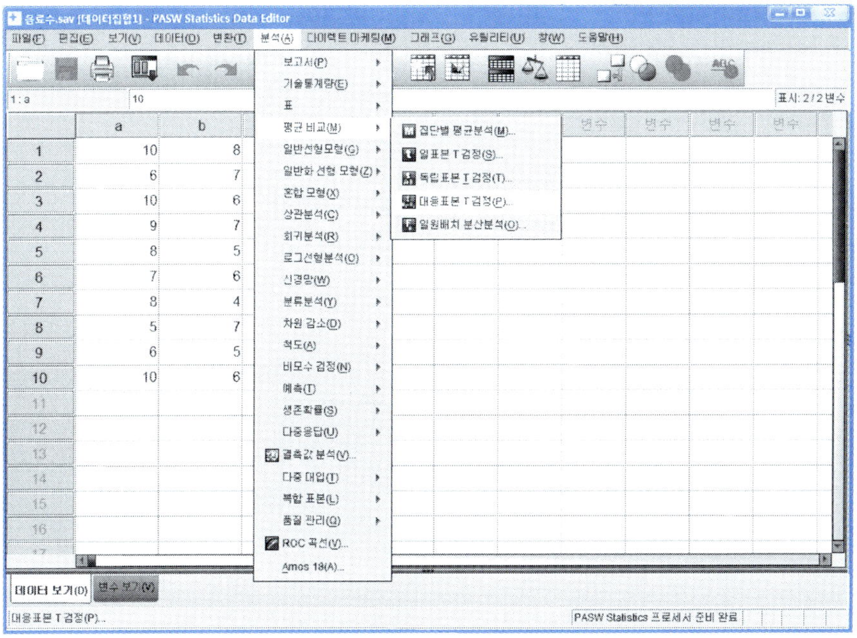

그림 6.5
'분석(A) → 평균 비교(M) → 대응표본 T 검정(P)' 메뉴

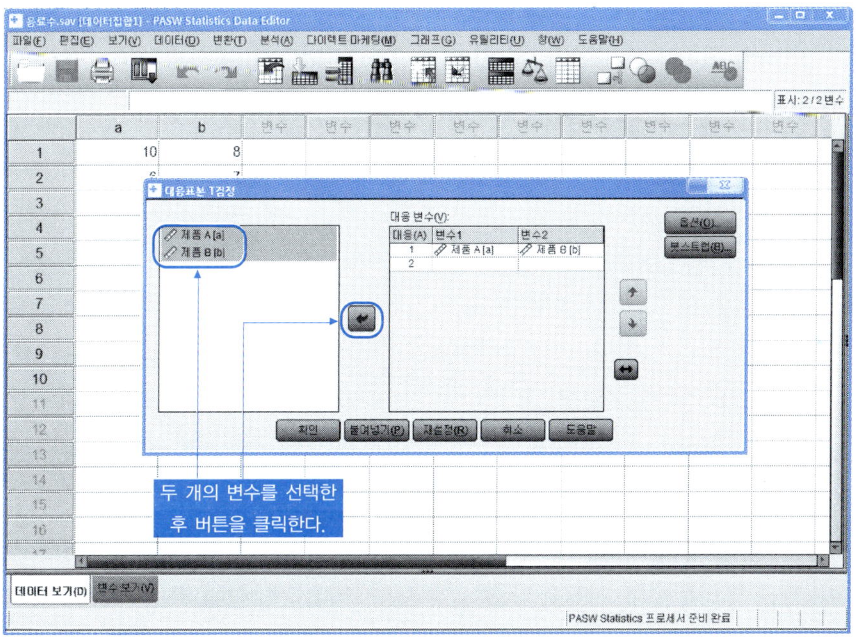

그림 6.6
'대응표본 T 검정' 대화상자

맛의 정도를 10점 만점으로 측정한 것이다. 이 데이터에 대해 유의수준 5%하에서 대응표본 t-검정을 수행해 보도록 하자.

① 데이터 파일을 열고 풀다운 메뉴에서 '분석(A) → 평균 비교(M) → 대응표본 T 검정(P)...' 메뉴를 선택한다(그림 6.5).

② '대응표본 T 검정' 대화상자에서 두 개의 변수(a, b)를 클릭한 후, 대화상자 중앙의 버튼을 클릭한다(그림 6.6).

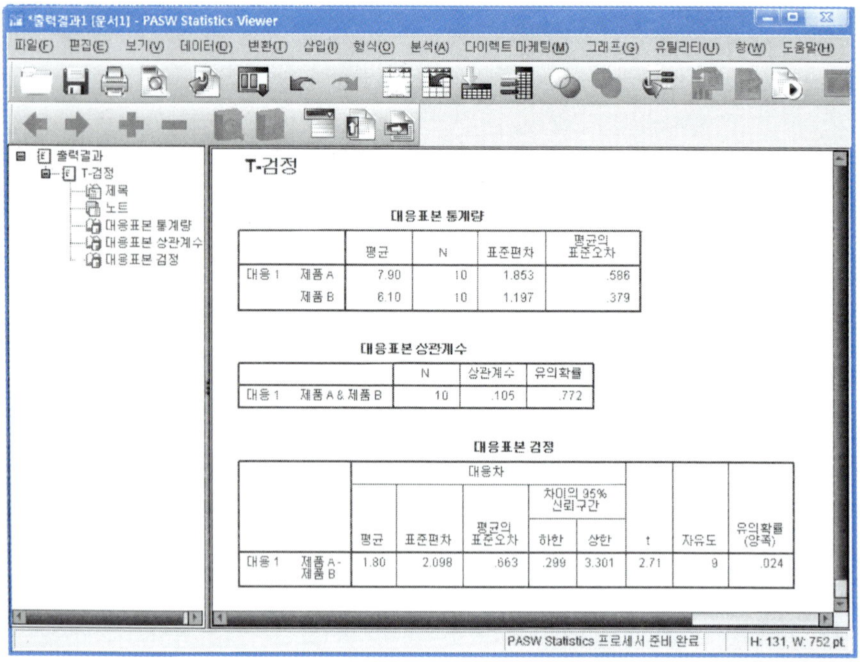

그림 6.7
'대응표본 T 검정'의 출력결과

③ '독립표본 T 검정' 대화상자에서 '확인' 버튼을 클릭한다.

이상과 같은 과정을 수행하면 <그림 6.7>과 같은 출력결과가 뷰어 윈도우에 출력된다. 이 결과를 살펴보면 먼저 두 표본평균의 차이가 $\bar{d} = 7.90 - 6.10 = 1.80$임을 볼 수 있으며(즉, 제품 a의 표본평균이 제품 b의 표본평균보다 1.8만큼 크다), 대응표본 t-검정의 유의확률(양측)이 0.024로서 유의수준 5%하에서 유의함을 알 수 있다. 따라서 귀무가설을 기각하여 두 음료수에 대한 맛의 평균에 차이가 있다고 할 수 있다.

6.3 모비율 차이에 대한 검정

두 모집단의 모비율 차이에 대한 검정에서는 표본의 자료가 연속적인 값이 아닌 성공횟수로 나타난다. 즉, 첫 번째 모집단에서의 표본크기를 n_1 그리고 성공횟수를 x_1이라 하고, 이와는 독립적으로 두 번째 모집단에서의 표본크기를 n_2 그리고 성공횟수를 x_2라 하자. 이때 두 모집단의 모비율 차이 $p_1 - p_2$에 대한 추정량으로 표본비율의 차이 $\hat{p}_1 - \hat{p}_2 (= x_1/n_1 - x_2/n_2)$를 생각할 수 있고, 이 표본비율의 차이에 대한 평균과 분산은 다음과 같다.

$$E(\hat{p}_1 - \hat{p}_2) = p_1 - p_2, \tag{6.18}$$

$$Var(\hat{p}_1 - \hat{p}_2) = \frac{p_1(1-p_1)}{n_1} + \frac{p_2(1-p_2)}{n_2}. \tag{6.19}$$

여기서 표본크기 n_1과 n_2가 충분히 크면 $\hat{p}_1-\hat{p}_2$는 근사적으로 정규분포를 따르게 되므로, 다음과 같은 표준화 변환을 취하면 근사적으로 표준정규분포 $N(0,1)$을 따르는 확률변수 Z을 얻을 수 있다.

$$Z=\frac{(\hat{p}_1-\hat{p}_2)-(p_1-p_2)}{\sqrt{p_1(1-p_1)/n_1+p_2(1-p_2)/n_2}} \sim N(0,1) \qquad (6.20)$$

따라서 두 모비율의 차이 p_1-p_2에 대한 $100(1-\alpha)\%$ 신뢰구간은 다음과 같이 주어진다.

$$(\hat{p}_1-\hat{p}_2) \pm z_{\alpha/2}\sqrt{\frac{\hat{p}_1(1-\hat{p}_1)}{n_1}+\frac{\hat{p}_2(1-\hat{p}_2)}{n_2}}. \qquad (6.21)$$

이제 두 모비율의 차이에 대한 가설검정 문제를 생각해 보자. 일반적으로 모비율에 관한 통계적 추론에서는 두 모비율의 차이에 대한 동일성에 관심이 있는 경우가 대부분이라고 할 수 있는데, 이 경우 귀무가설은 $H_0:p_1=p_2$이다. 이러한 귀무가설하에서는 두 모비율이 서로 같으므로(즉, $p_1=p_2=p$), 다음과 같은 합동추정량

$$\hat{p}=\frac{x_1+x_2}{n_1+n_2} \qquad (6.22)$$

p로 공통인 모비율 p를 추정할 수 있다. 이때 두 표본비율의 차이인 $\hat{p}_1-\hat{p}_2$에 대한 표준오차는 다음과 같다.

$$\sqrt{\frac{\hat{p}(1-\hat{p})}{n_1}+\frac{\hat{p}(1-\hat{p})}{n_2}}=\sqrt{\hat{p}(1-\hat{p})\left(\frac{1}{n_1}+\frac{1}{n_2}\right)} \qquad (6.23)$$

따라서 다음과 같은 검정통계량

$$Z=\frac{\hat{p}_1-\hat{p}_2}{\sqrt{\hat{p}(1-\hat{p})(1/n_1+1/n_2)}} \qquad (6.24)$$

이 근사적으로 표준정규분포 $N(0,1)$을 따른다는 사실을 이용하여 두 모비율 차이에 대한 검정을 수행할 수 있다.

모비율 차이에 대한 검정

검정통계량 :

$$Z=\frac{\hat{p}_1-\hat{p}_2}{\sqrt{\hat{p}(1-\hat{p})(1/n_1+1/n_2)}} \qquad (6.25)$$

기각역 :

	귀무가설	대립가설	기각역
(a)	$H_0:p_1\le p_2$	$H_1:p_1>p_2$	$Z\ge z_\alpha$
(b)	$H_0:p_1\ge p_2$	$H_1:p_1<p_2$	$Z\le -z_\alpha$
(c)	$H_0:p_1=p_2$	$H_1:p_1\ne p_2$	$\lvert Z\rvert\ge z_{\alpha/2}$

두 모비율에 대한 차이를 검정하는 예를 들어보도록 하자. 현 정부에 대한 지지율이 성인 남녀별로 차이가 있는가를 알아보기 위해 조사를 해 본 결과, 임의로 뽑은 250명의 성인 남자 중 110명이 현 정부를 지지하였고, 200명의 성인 여자 중 104명이 현정부를 지지하는 것으로 나타났다. 성인 남녀별로 현정부에 대한 지지율의 차이가 있는지 (즉, $H_0: p_1 = p_2$ vs $H_1: p_1 \geq p_2$) 유의수준 5%하에서 검정하여 보자.

먼저 두 표본비율과 공통비율을 계산하면 각각 $\hat{p}_1 = 110/250 = 0.440$, $\hat{p}_2 = 104/200 = 0.520$, $\hat{p} = (110 + 104)/(250 + 200) = 0.476$이므로, 검정통계량 Z값을 구하면 다음과 같다.

$$Z = \frac{\hat{p}_1 - \hat{p}_2}{\sqrt{\hat{p}(1-\hat{p})(1/n_1 + 1/n_2)}} = \frac{0.440 - 0.520}{\sqrt{(0.476)(0.524)(1/250 + 1/200)}} = 1.69.$$

또한 부록의 '부표 3' 에서 기각치가 $z_{0.025} = 1.96$임을 알 수 있고, 검정통계량의 값 $|Z| = 1.69$는 기각치인 1.96보다 작으므로 귀무가설 H_0를 기각할 수 없다. 따라서 정부에 대한 지지율이 남녀별로 차이가 있다고 할 수 없다.

한편 표준정규분포에 따르는 확률변수 z의 제곱은 자유도가 1인 카이제곱분포를 따르게 되는데(4.5.4절 참조), 카이제곱검정을 수행하여 동일한 검정결과를 얻을 수도 있다. 이러한 수행과정에 대해서는 9장에서 자세히 다루고 있으니 이를 참조하기 바란다.

6.4 모분산의 동일성에 대한 검정

고도의 정밀도를 요구하는 현대산업에서, 생산된 제품의 정밀도에 대한 측도를 나타내는 분산 비교는 매우 중요하다. 특히 두 모집단의 분산에 대한 비교의 경우가 이에 해당된다. 예를 들어, 일정한 규격의 베어링을 생산하는 경우 각 제조공정에 따라 베어링 평균지름은 같으나, 분산이 다르다면 심각한 문제가 발생할 수 있게 된다. 또한 6.1절에서 언급한 바와 같이 두 모집단의 평균 차이를 검정하는 과정에서, 두 모분산의 동일성 ($H_0: \sigma_1^2 = \sigma_2^2$)에 대한 검정을 수행해야 할 필요가 있게 된다.

4.5.5절에서 다음과 같이 정의되는 통계량은 자유도가 $(n_1 - 1,\ n_2 - 1)$인 F-분포를 따른다는 것을 설명한 바 있다. 즉,

$$F = \frac{s_1^2/\sigma_1^2}{s_2^2/\sigma_2^2} \sim F(n_1 - 1,\ n_2 - 1). \tag{6.26}$$

여기서 귀무가설 $H_0: \sigma_1^2 = \sigma_2^2$하에서는 $F = s_1^2/s_2^2$이 되므로 이러한 사실을 이용하여 모분산에 대한 동일성을 검정하게 되는 것이다.

모분산의 동일성에 대한 검정

두 모분산의 비 σ_1^2/σ_2^2에 대한 $100(1-\alpha)\%$ 신뢰구간 :

$$\left(\frac{1}{F_{\alpha/2}(n_1-1, n_2-1)} \frac{s_1^2}{s_2^2},\quad F_{\alpha/2}(n_2-1, n_1-1) \frac{s_1^2}{s_2^2} \right) \tag{6.27}$$

검정통계량 :

$$F = s_1^2 / s_2^2 \tag{6.28}$$

기각역 :

귀무가설	대립가설	기각역
(a) $H_0: \sigma_1^2 \le \sigma_2^2$	$H_1: \sigma_1^2 > \sigma_2^2$	$F \ge F_{\alpha}(n_1-1, n_2-1)$
(b) $H_0: \sigma_1^2 \ge \sigma_2^2$	$H_1: \sigma_1^2 < \sigma_2^2$	$F \le F_{1-\alpha}(n_1-1, n_2-1)$
(c) $H_0: \sigma_1^2 = \sigma_2^2$	$H_1: \sigma_1^2 \ne \sigma_2^2$	$F \ge F_{\alpha/2}(n_1-1, n_2-1)$ 또는 $F \le F_{1-\alpha/2}(n_1-1, n_2-1)$

이러한 두 모분산의 동일성에 대한 검정은 6.1.5절에서 설명한 바와 같이, '분석(A) → 평균 비교(M) → 독립표본 T 검정(T)' 메뉴를 이용하여 수행할 수 있나.

연습문제

6-1 어떤 기업연구가는 신용등급이 FP(finantial performance) 지표에 영향을 줄 것이라는 생각을 하고 있다. 이를 알아보기 위해 신용등급이 좋은 12개의 회사와 나쁜 12개의 회사를 임의로 선택하여 FP 지표를 조사하고 다음과 같은 데이터를 얻었다.

신용등급 좋음	0.58	2.8	2.77	3.5	2.67	2.97	2.18	3.24	1.49	2.19	2.7	2.57
신용등급 나쁨	2.28	1.06	1.08	0.07	0.16	0.7	0.75	1.61	0.34	1.15	0.44	0.86

(가) 신용등급에 따른 FP 지표의 모평균에 차이가 있는지를 유의수준 5% 하에서 검정하여라.

(나) 두 모평균의 차이에 대한 95% 신뢰구간을 구하여라.

6-2 공기 중의 수은농도를 측정하는 두 가지 형태의 기기에 대해 정밀도를 1cm^{2}당 마이크로그램으로 검사하여 다음과 같은 데이터를 얻었다. 두 모집단의 분산이 동일하다고 할 수 있는가에 대해 유의수준 5% 하에서 검정하여라.

기기 A	0.95	0.82	0.78	0.96	0.71	0.86	0.99
기기 B	0.89	0.91	0.94	0.91	0.9	0.89	

6-3 땅콩을 두 조각으로 쪼개어 한쪽은 생으로, 다른 한쪽은 볶아서 각각 함유하고 있는 단백질의 함량을 조사하여, 다음과 같은 데이터를 얻었다. 단백질 함량의 평균에 차이가 있다고 할 수 있는가?

생 땅콩	61	60	56	63	56	63	69	56	44	61
볶은 땅콩	56	54	47	59	51	51	57	54	63	58

6-4 A, B 두 생명보험에 대하여 계약파기비율이 다른지를 조사하고자 한다. 지난 일 년 간의 데이터는 다음과 같다. 두 보험에 대한 계약파기비율이 다르다고 할 수 있는지를 유의수준 5% 하에서 가설을 검정하여 보아라.

	총계약자 수	계약파기자
A 생명보험사	2,350	580
B 생명보험사	5,210	1,500

6-5 두 개의 다른 제조방법에 의해서 생산된 자동차 배터리의 수명시간을 측정한 결과이다.

A 방법	2.0	2.1	2.5	3.0	3.3	4.2	4.2	4.3	6.8	7.6	
B 방법	3.6	3.7	3.9	3.9	3.9	4.0	4.0	4.0	4.1	4.2	4.3

(가) A방법에 의해서 생산된 배터리의 분산이 B방법에 의해서 생산된 배터리의 분산보다 크다고 할 수 있는지를 검정하여 보아라.

(나) 두 분산의 비에 대한 95%의 신뢰구간을 구하여라.

6-6 연습문제 5-2에 대하여 사슴의 앞다리와 뒷다리 길이의 평균에 차이가 있는지를 검정하여라. 또한 이 결과를 5-2의 결과와 비교하여라.

6-7 철사의 강도를 조사하기 위하여 종류 A에서 20개의 표본을 추출하여 계산한 결과, 평균 강도 $\bar{x}_1$가 32.5ksi이다. 같은 종류의 철사에 전기처리를 한 후에 같은 실험으로 25개의 표본을 추출하여 계산한 결과, 평균 강도 $\bar{x}_2$가 36.4ksi의 값을 얻었다. 이때 철사의 강도는 표준편차가 각각 3과 4인 정규분포를 따른다고 가정하고 다음을 답하여라.

(가) 각 모집단의 평균을 μ_1, μ_2라 하고, 각각의 95% 신뢰구간을 구하여라.

(나) $\mu_1 - \mu_2$의 95% 신뢰구간을 구하여라.

(다) 귀무가설 $H_0: \mu_1 - \mu_2 = 0$과 대립가설 $\mu_1 < \mu_2$에 대해 유의수준 5% 하에서 검정하고, 이때의 p-값을 구하여라.

6-8 배기량이 동일한 자동차 A와 자동차 B의 연료소비량에 차이가 있는지를 조사하기 위하여, 1ℓ의 연료를 넣고 자동차 A는 9번을, 자동차 B는 16번의 주행거리(km)를 실험하여 다음과 같은 결과를 얻었다. 이 결과로부터 두 자동차의 연료소비량은 같다고 말할 수 있는지 유의수준 5% 하에서 검정하여라.

	평균	분산
자동차 A	14.5	4
자동차 B	13.0	16

6-9 벼의 시험재배에서 품종A와 품종B의 수확량을 비교하고자 한다. 임의로 24개의 지역을 택하여 두 품종의 벼를 경작하여 다음과 같은 자료를 얻었다.

품종A	31	34	29	26	32	35	38	34	30	29	32	31
품종B	26	24	28	29	30	29	32	26	31	29	32	28

(가) A품종이 B품종보다 더 수확량이 많다고 할 수 있는가를 검정하여라.

(나) 두 품종간의 수확량의 차에 대한 95% 신뢰구간을 계산하여라.

6-10 우편물의 국내외 취급은 우체국을 통하게 되어 있다. 그러나 최근 들어 수출입 상품의 견본 등 지급을 요하는 우편물(소포 포함)의 양이 증가함에 따라 이들 지급 우편물의 배달을 전문으로 하는 회사가 생겼다. 어느 중소 업체에서는 이들 두 가지(우체국과 전문회사) 중 어느 곳을 택하는 것이 좋은지 알아보기 위하여, 12곳의 거래 회사로 견본을 보내어 배달에 걸린 일수를 기록하였다. 전문회사에 맡기는 것이 빠르다고 주장하려면 어떠한 가설을 세워야 하는가? 또한 세운 가설을 유의수준 5% 하에서 검정하여라.

	1	2	3	4	5	6	7	8	9	10	11	12
우체국	4	6	8	3	3	7	4	5	9	10	9	7
전문회사	3	4	6	2	5	8	3	5	10	9	8	5
차이	1	2	2	1	−2	−1	1	0	−1	1	1	2

6-11 두 콜라회사 제품에서 A성분의 함유량을 조사한 결과가 다음과 같았다. 두 회사의 A성분 함유량이 다른지를 유의수준 5% 하에서 검정하여라.

갑	1	2	3	4	5	6	7
을	1	2	2	1	2	1	1

6-12 적당한 육체적 운동이 당뇨의 양에 영향을 미치는지를 알기 위하여, 20명의 당뇨병 환자를 표본으로 추출하여 500m 달리기를 하기 1시간 전과 2시간 후에 당뇨의 양을 측정하였다. 적당한 양의 운동이 좋다는 것을 위의 자료로부터 증명하고자 한다. 유의수준 5% 하에서 검정하여라.

번호	달리기 전	달린 후	번호	달리기 전	달린 후
1	1.45	0.19	2	2.37	1.03
3	0.79	0.15	4	0.77	0.35
5	0.93	1.19	6	0.77	0.27
7	1.35	0.67	8	0.33	0.58
9	0.8	0.39	10	1.42	0.68
11	2.5	1.58	12	0.51	0.82
13	0.41	1.58	14	2.83	1.28
15	1.56	0.91	16	1.01	2.02
17	1.93	0.28	18	0.81	0.24
19	1.35	0.12	20	3.48	0.36

6-13 여학생들의 신진대사에 대한 조사에서 7시간 이상 수면을 취하는 집단과 7시간 미만 수면을 취하는 집단으로 구분하여, 각 집단이 하루에 소비하는 에너지의 양을 측정하여 다음의 결과를 얻었다.

7시간 이상	35.3	35.9	37.2	33	31.9	33.7	36	35
	33.3	36.6	37.9	35.6	29	33.7	35.7	
7시간 미만	32.4	34	34.4	31.8	35	34.6	34.6	33.5
	33.6	31.5	33.8					

(가) 7시간 이상 수면을 취하는 집단이 7시간 미만 수면을 취하는 집단보다 에너지 소비량의 분산이 크다고 할 수 있는지를 5% 유의수준 하에서 검정하여라.

(나) 두 집단의 표준편차의 비에 대한 95% 신뢰구간을 구하여 보아라.

CHAPTER 7

분산분석

6장에서는 두 모집단의 평균 차이에 대한 검정을 소개하였다. 그러나 현실에 있어서는 세 개 이상의 모집단에 대한 평균을 동시에 비교해야 하는 경우가 많이 존재한다. 이러한 문제를 해결하기 위한 통계적 분석방법이 피셔(R.A. Fisher)에 의해 제안되고 발전을 이룩한 분산분석(分散分析, analysis of variance, ANOVA) 기법으로, 이 장에서는 일변량(univariate) 분산분석을 중심으로 여러 가지 형태의 분산분석에 대해서 다루어 보도록 하자.

7.1 실험연구의 제 개념

분산분석은 실험연구(experimental research)에서 주로 발생하게 되는데, 여기서는 실험연구에서 나타나는 여러 가지 개념과 용어에 대해서 간단히 살펴보도록 하자(이러한 내용에 대해 보다 자세한 설명은 허명회(1999) 또는 임성수 · 허명회(1998) 등을 참조하기 바란다).

예를 들어, 동일한 제품에 대해 세 개의 광고(A, B, C)를 준비하여 소비자의 호감도를 비교하는 경우를 생각해 보자. 이때 '광고의 종류'를 실험통계용어로 요인(要因)이라 하고, 선택된 광고의 유형 A, B, C를 광고의 종류라는 요인의 각 처리(處理)라고 한다. 또한 '소비자의 호감도'를 반응변수(反應變數)라고 한다.

실험연구에서 사용되는 용어

- 반응변수(response variable) : 처리에 의해 변화하면서 연구대상이 되는 변수로, 종속변수(從屬變數, dependent variable)라고도 한다.
- 요인(factor) : 반응변수에 영향을 주는 변수로, 설명변수(說明變數, exploratory variable) 또는 독립변수(獨立變數, independent variable)라고도 한다.
- 처리(treatment) : 실험단위에 적용되는 특정한 실험조건(요인의 특정한 값)으로 수준(水準, level)이라고도 한다.

이와 같이 분산분석은 여러 처리(수준)들에 의한 반응변수의 평균 차이를 비교하는 문제로 생각할 수 있는데, 이때 반응변수의 평균 차이를 **효과**(效果, effect)라고 한다. 두 처리 간의 효과를 비교하는 문제는 6장에서 소개한 t-검정을 이용하여 해결할 수 있으나, 분산분석을 이용해도 동일한 결과를 얻게 된다.

실험연구에서 지켜야 할 세 가지 중요한 원칙으로 확률화, 반복화, 블록화를 들 수 있다.

확률화(randomization)는 실험단위의 배치 및 실험 순서가 임의로(랜덤으로) 결정되어야 한다는 것으로, 이는 실험의 객관성을 보장하며, 실험에서 고려되지 않는 다른 요인들의 영향을 상쇄하는 역할을 한다. 예를 들어, 광고에 대한 소비자의 호감도에는 광고의 종류뿐만 아니라, 성, 연령, 소득과 같은 요인들도 영향을 미칠 수 있으므로, 이러한 모든 요인들을 고려하여 통제하는 것이 이상적이다. 그러나 실제로는 실험상의 어려움, 경제성, 관련 지식의 부족 등의 이유로 몇 개의 가능한 요인만 통제되는데, 이러한 경우 확률화는 실험 외적인 요인들의 영향을 상쇄하는 기능을 갖는다.

반복화(replication)는 같은 처리 내에서 여러 번의 실험을 수행하는 것으로, 이는 통계적 오차를 제어하고 추정 가능하게 하는 역할을 한다. 즉, 실험단위들은 서로 동일하지 않으므로 실험오차가 개입하게 되며, 각 반응값은 확률변수로서 변이를 가지기 때문에 반복이 없는 단 한 번의 측정은 통계적인 의미가 없게 된다.

블록화(blocking)는 실험단위들이 서로 이질적인 경우 교락(confounding; 어떤 두 변수가 반응변수에 미치는 효과가 구별될 수 없을 때 이 두 변수는 교락되어 있다고 한다)되어 있는 요인들을 통제하여 실험의 정도(precision)를 향상시키고자 하는 원리이다. 예를 들어, 성, 연령, 소득 등이 동일한(유사한) 소비자들을 하나의 블록으로 묶어 실험을 수행한 후, 이를 고려하여 분석을 수행함으로써 실험 및 분석의 정도를 높일 수 있게 된다.

한편, 실제로 실험을 수행하는 과정에 따라서 통계적 모형이나 적용되는 분석방법이 달라지게 된다. 예를 들어, 300명의 소비자를 모은 후에 100명씩 3개의 그룹으로 나누고 각 그룹에게 하나의 광고만을 보여 주는 경우, 이를 **독립표본**(independent sample)에 의한 실험이라고 한다. 6.1절에서 설명한 독립표본 t-검정의 상황은 간단한 독립표본 실험의 예이다.

반면에 6.2절에서 설명한 바와 같이 **대응표본**(paired sample)을 구성하여 실험을 수행할 수도 있는데, 예를 들어 100명의 소비자를 모은 후에 A, B, C 광고를 모두 보여 주고 각 소비자들로부터 3번의 반응값을 얻는 경우를 생각할 수 있다(이 경우 소비자 각각이 일종의 블록이 된다). 특히 동일한 실험단위에 대해 시간의 흐름에 따라서 반복적으로 측정된 자료를 반복측정(repeated measurement) 자료라고도 한다.

6장에서도 설명한 바와 같이 이러한 대응표본 실험은 독립표본 실험에 비해 필요한 실험단위의 수를 줄일 수 있고, 실험 및 분석의 정도를 높일 수 있게 된다. 그러나 한 실험단위에 대해 여러 번의 실험이 수행되어야 하므로 시간이 많이 소요될 수 있고, 먼저 수행된 처리가 다음의 처리에 영향을 주는 소위 이월효과(carry-over effect)가 생길 수 있으므로 실험 수행 시 주의를 기울여야 한다.

대응표본에 의한 실험에서는 동일한 실험단위로부터 얻은 반응값들 간에 서로 상관이 생기게 되므로, 이러한 상관성을 고려하여 분석이 수행되어야 하는데, 다변량(multivariate)분산분석이나 복합대칭성(또는 구형성)을 고려한 일변량적 분석이 사용될 수 있다(다변량분산분석이나 반복측정자료에 대한 분산분석에 대해서는 박용규 · 송혜향(1998) 및 허명회(1993, 1999) 등을 참조하기 바란다).

7.2 일원분류 분산분석

일원배치(one-way layout)란 하나의 요인에 대해 여러 처리수준들 간의 실험결과를 비교 · 분석하고자 하는 것으로, 특히 실험을 하는데 있어서 각 처리의 순서를 랜덤하게 이루어지도록 하므로, **완전임의화계획법**(completely randomized design, CRD)이라고도 한다.

일원분류 분산분석 모형

$$y_{ij} = \mu_i + \epsilon_{ij} = \mu + \alpha_i + \epsilon_{ij}, \quad i = 1, \cdots, k; \; j = 1, \cdots, n_i. \tag{7.1}$$

y_{ij} : i번째 처리를 받은 n_i개의 개체 중 j번째 개체에 대한 반응변수의 값

μ : 전체 모평균

μ_i : i번째 처리의 모평균

$\alpha_i (= \mu_i - \mu)$: i번째 처리의 효과

ϵ_{ij} : 오차항으로서 서로 독립인 확률변수 ($\epsilon_{ij} \sim N(0, \sigma^2)$)

7.2.1 일원분류 분산분석 모형과 F-검정

처리수준이 k개인 일원설계로부터 얻어진 자료의 구조는 <표 7.1>과 같

표 7.1 일원분류 분산분석의 자료구조

처리	1	⋯	i	⋯	k
반응값	y_{11} ⋮ y_{1j} ⋮ y_{1n_1}	⋯	y_{i1} ⋮ y_{ij} ⋮ y_{in_i}	⋯	y_{k1} ⋮ y_{kj} ⋮ y_{kn_k}
평균	$\bar{y}_{1.} = \sum_{j=1}^{n_1} y_{1j} / n_1$		$\bar{y}_{i.} = \sum_{j=1}^{n_i} y_{ij} / n_i$		$\bar{y}_{k.} = \sum_{j=1}^{n_k} y_{kj} / n_k$
제곱합	$\sum_{j=1}^{n_1} (y_{1j} - \bar{y}_{1.})^2$		$\sum_{j=1}^{n_i} (y_{ij} - \bar{y}_{i.})^2$		$\sum_{j=1}^{n_k} (y_{kj} - \bar{y}_{k.})^2$

이 나타낼 수 있는데, 이러한 자료를 분석하기 위한 **일원분류**(一元分類, one-way) **분산분석 모형**은 식 (7.1)과 같이 표현할 수 있다. ϵ_{ij}는 **오차항**(誤差項, error term)으로서 기대값 0과 분산 σ^2을 가지며, 서로 독립인 확률변수이다(즉, $\epsilon_{ij} \sim N(0, \sigma^2)$). 여기서 오차항에 대해 이러한 분포가정을 하는 이유는 효과에 대한 통계적 추론을 하기 위해서이다.

일원분류 분산분석 모형에서의 주 관심은 모든 처리수준에서의 모평균이 모두 같다는 다음과 같은 가설

$$H_0 : \mu_1 = \mu_2 = \cdots = \mu_k = \mu \text{ (또는 } H_0 : \alpha_1 = \alpha_2 = \cdots = \alpha_k = 0) \quad (7.2)$$

을 검정하는 것이라고 할 수 있는데(예를 들면, 연령대별로 만족도의 모평균이 동일한지를 검정하는 경우), 이러한 가설을 검정하는 F 통계량은 전체제곱합에 대한 다음과 같은 분할로부터 유도된다.

$$\underset{TSS}{\sum_{i=1}^{k}\sum_{j=1}^{n_i}(y_{ij} - \bar{y}_{..})^2} = \underset{SST}{\sum_{i=1}^{k} n_i(\bar{y}_{i.} - \bar{y}_{..})^2} + \underset{SSE}{\sum_{i=1}^{k}\sum_{j=1}^{n_i}(y_{ij} - \bar{y}_{i.})^2} \quad (7.3)$$

위 식에서 좌변의 항을 **전체제곱합**(*TSS*, total sum of squares)이라고 하며, 이는 반응값들의 총변동(total variation)을 나타낸다. 한편 우변의 첫 항은 **처리제곱합**(*SST*, sum of squares for treatment)으로 처리간제곱합(between sum of squares)이라고도 하며, 우변의 두 번째 항은 **잔차제곱합**(*SSE*, sum of squares for residual)으로 처리내제곱합(within sum of squares)이라고도 한다. 이와 같은 제곱합의 분할에서 처리제곱합은 반응값들의 전체 변동 중에서 처리에 의해서 생기는 변동을 나타내므로, 전체제곱합에 비해 처리제곱합이 크다면 처리수준들 간에 평균 차이가 존재할 것으로 추론할 수 있게 된다.

일반적으로 제곱합을 자유도로 나누면 어떤 미지의 분산 추정량이 되는데, 이를 **평균제곱**(mean squares)이라 한다. 즉, 처리평균제곱과 잔차평균제곱은 각각 다음과 같다.

$$MST = SST/(k-1), \quad MSE = SSE/(n-1). \quad (7.4)$$

이때 잔차평균제곱 MSE는 오차분산 σ^2의 불편추정량이 된다(단, 여기서 $n = \sum_{i=1}^{k} n_i$이다).

이와 같은 내용을 표로 요약하여 나타낸 것을 **분산분석표**(分散分析表, ANOVA table)라고 하는데, 일원배치에 대한 분산분석표는 <표 7.2>와 같다.

표 7.2 분산분석표: 일원분류

요인	자유도	제곱합	평균제곱합	F 통계량
처리	$k-1$	SST	$MST = SST/(k-1)$	$F = MST/MSE$
오차	$n-k$	SSE	$MSE = SSE/(n-k)$	
전체	$n-1$	TSS		

위의 분산분석표에서 두 평균제곱의 비인 F 통계량은 모든 처리효과가 같다는 가설(즉, $H_0: \alpha_1 = \alpha_2 = \cdots = \alpha_k = 0$)을 검정하는 검정통계량으로, 귀무가설 H_0하에서 자유도가 $(k-1, n-k)$인 F-분포를 따른다. 따라서 계산된 F값이 기각치 $F_\alpha(k-1, n-k)$보다 크면 귀무가설 H_0를 기각하게 된다.

일원분류 분산분석에서 가설 $H_0: \alpha_1 = \alpha_2 = \cdots = \alpha_k (= 0)$에 대한 검정법

검정통계량 : $F = \dfrac{MST}{MSE} = \dfrac{SST/(k-1)}{SSE/(n-k)}$

기각역 : $F > F_\alpha(k-1, n-k)$

7.2.2 일원분류 분산분석 사례

SPSS에서는 '분석(A) → 평균비교(M) → 일원배치 분산분석(O)...' 메뉴를 이용하여 일원분류 분산분석을 수행할 수 있다. 여기서는 '고객만족도.SAV' 데이터를 이용하여 변수 q01(전반적 만족도)에 대한 연령별 비교를 수행해 보도록 하자.

그림 7.1
'분석(A) → 평균 비교(M) → 일원배치 분산분석(O)' 메뉴

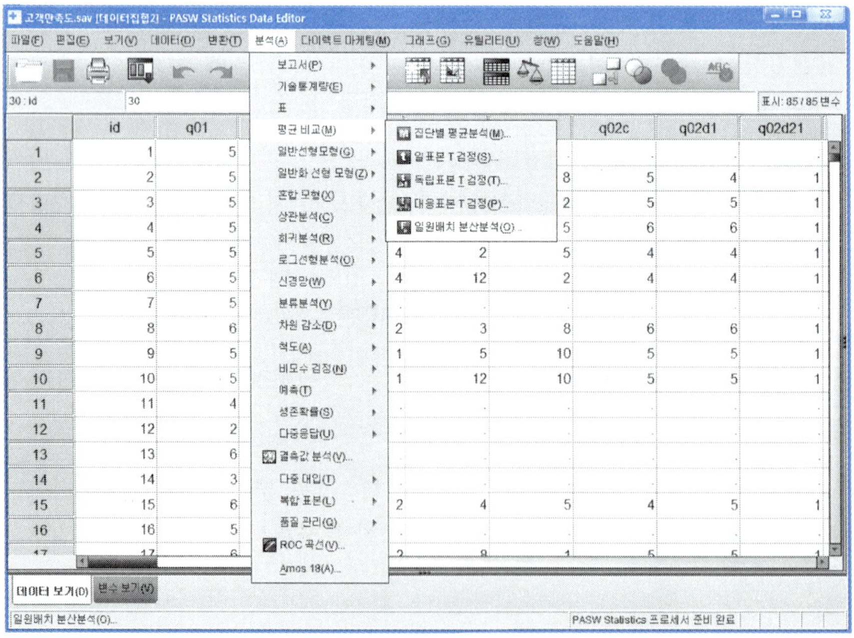

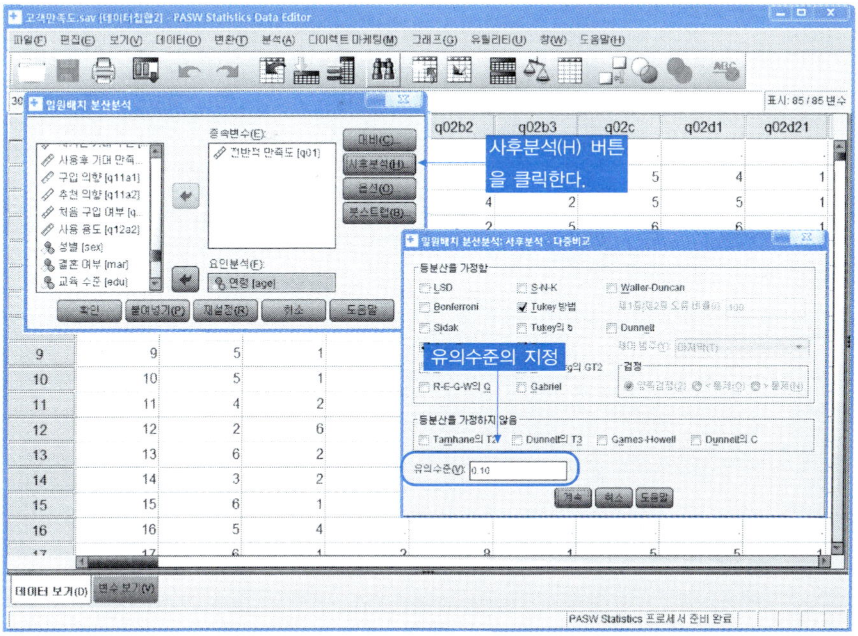

그림 7.2
'일원배치 분산분석' 및 '사후분석-다중비교' 대화상자

① '분석(A) → 평균 비교(M) → 일원배치 분산분석(O)...' 메뉴를 선택한다.

② '일원배치 분산분석' 대화상자에서 '종속변수(E)' 란에 변수 q01(전반적 만족도)를 선택하고 '요인(F)' 란에 변수 age(연령)을 선택한다(그림 7.2).

③ '일원배치 분산분석' 대화상자에서 '사후분석(H)...' 버튼을 클릭한 후, '사후분석-다중비교' 대화상자에서 'Duncan(D)', 'Scheffe(C)', 'Tukey(T)' 에 체크하고, '유의수준(F)' 란에 0.10을 입력한다(사후분석에 대해서는 다음 7.2.3절에서 설명할 것이다). '계속' 버튼을 클릭하여 '일원배치 분산분석' 대화상자로 돌아간다.

④ '일원배치 분산분석' 대화상자에서 '옵션(O)...' 버튼을 클릭한 후, '옵션' 대화상자에서 '기술통계(D)', '분산의 동질성(H)', '평균도표(M)' 란에 체크한다. '계속' 버튼을 클릭하여 '일원배치 분산분석' 대화상자로 돌아간 후 '확인' 버튼을 클릭한다.

이상과 같은 과정을 수행하면 <그림 7.4>와 <그림 7.5>에서 볼 수 있듯이 여러 가지 기술통계량 및 분산분석표와 평균도표 등이 '뷰어' 윈도우에 출력된다.

먼저 이 결과에서 분산분석표를 살펴보면 F 통계량의 유의확률이 0.022로서 유의수준 5%(또는 10%) 하에서 유의하다는 것을 알 수 있으며, 귀무가설 $H_0: \alpha_1 = \alpha_2 = \cdots = \alpha_k (= 0)$를 기각하여 연령별로 전반적 만족도의 모평균

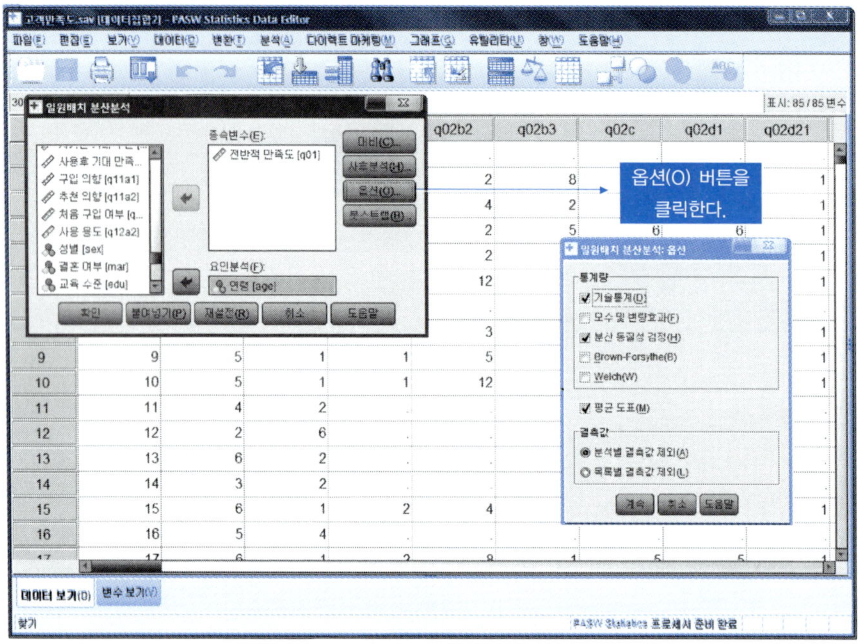

그림 7.3
'옵션' 대화상자

그림 7.4
일원분류
분산분석의 결과

기술통계

전반적 만족도

	N	평균	표준편차	표준오차	평균에 대한 95% 신뢰구간		최소값	최대값
					하한값	상한값		
14-18세	69	5.25	1.143	.138	4.97	5.52	2	7
19-25세	157	4.96	1.123	.090	4.78	5.13	1	7
26-29세	141	4.97	1.075	.091	4.79	5.15	1	7
30-34세	134	5.13	.972	.084	4.97	5.30	2	7
35이상	190	5.27	.963	.070	5.13	5.41	1	7
합계	691	5.11	1.050	.040	5.03	5.19	1	7

분산의 동질성 검정

전반적 만족도

Levene 통계량	df1	df2	유의확률
.994	4	686	.410

분산분석

전반적 만족도

	제곱합	df	평균 제곱	거짓	유의확률
집단-간	12.581	4	3.145	2.883	.022
집단-내	748.279	686	1.091		
합계	760.860	690			

에 차이가 있다고 할 수 있다. 또한 기술통계량의 평균과 <그림 7.5>의 평균 도표를 살펴보면 '19–25세' 및 '26–29세' 에 비해 '14–18세', '30–34세', '35세 이상' 의 경우가 전반적 만족도가 다소 높다는 것을 알 수 있다.

한편 <그림 7.4>의 출력결과에는 '분산의 동질성' 에 대한 검정결과도 출력되어 있다. 앞에서 설명한 바와 같이 분산분석에서는 각 처리수준에

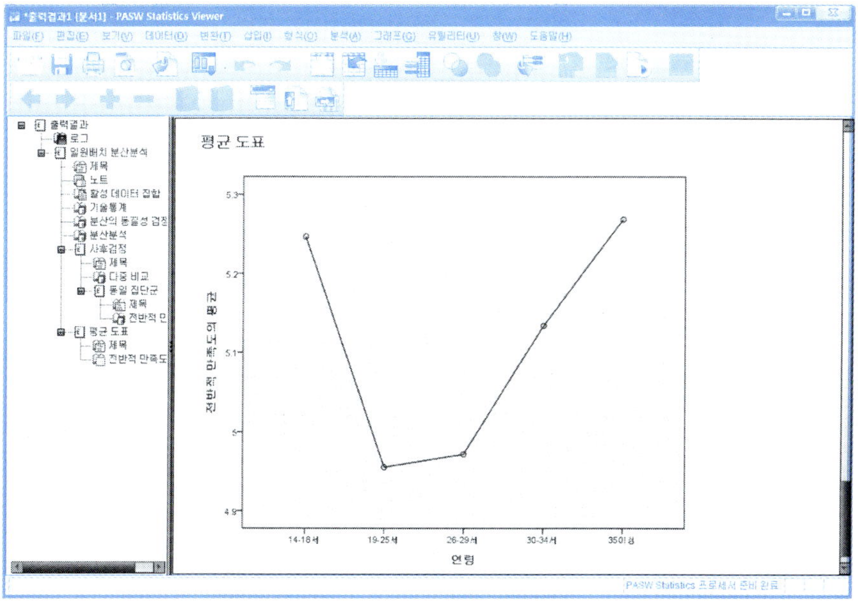

그림 7.5
평균도표

서의 모분산들이 동일하다는 가정을 하고 있기 때문에, '분산의 동질성' 가정을 받아들일 수 없는 경우에는 10장에서 설명할 비모수적 분석방법을 이용하는 것이 바람직하다. 이 예에서는 유의확률이 0.410로 '분산의 동질성'에 대한 가정을 받아들일 수 있다는 것을 알 수 있다.

7.2.3 사후분석 – 다중비교

이 예에서와 같이 *F*-검정에 의해 귀무가설 $H_0: \alpha_1 = \alpha_2 = \cdots = \alpha_k (= 0)$이 기각되어 처리수준의 효과가 모두 같지 않다고 판정되면, 어느 수준들 간의 차이가 유의한지를 알아보는 **다중비교**(multiple comparison)에 관심을 갖게 된다.

다중비교 결과를 얻기 위해서는 <그림 7.2>에서와 같이 '사후분석–다중비교' 대화상자에서 원하는 방법을 선택하면 되는데, 주로 사용되는 방법은 Fisher의 최소유의차(least significant difference, LSD)를 이용하는 방법, Duncan의 다중범위검정(multiple range test, MRT), Tukey의 정직유의차(honestly significant difference, HSD), Scheffe의 방법 등 여러 가지가 있다. 이 중 Tukey의 방법은 LSD 방법이나 Duncan의 방법에 비해 조금 더 보수적인(즉, 귀무가설 $H_0: \mu_i = \mu_j$를 덜 기각하는 경향이 있는) 방법으로 알려져 있다(다중비교 방법들에 대한 자세한 설명은 임성수 · 허명회(1998) 및 손중권 · 김영훈(1992) 등을 참조하기 바란다).

다음 <그림 7.6>에는 출력결과 중 Tukey의 방법에 의한 검정결과가 제시되어 있다. 여기서 두 처리수준의 차이가 주어진 유의수준하에서 유의한 경우에는 '*' 표시가 되어 있다. 예를 들어, '35세 이상'의 경우 '19–

그림 7.6
다중비교의 결과 : Tukey 방법

전반적 만족도
Tukey HSD

(I) 연령	(J) 연령	평균차(I-J)	표준오차	유의확률	90% 신뢰구간 하한값	90% 신뢰구간 상한값
14-18세	19-25세	.291	.151	.303	-.08	.66
	26-29세	.275	.153	.380	-.10	.65
	30-34세	.112	.155	.951	-.27	.49
	35이상	-.022	.147	1.000	-.38	.34
19-25세	14-18세	-.291	.151	.303	-.66	.08
	26-29세	-.016	.121	1.000	-.31	.28
	30-34세	-.179	.123	.591	-.48	.12
	35이상	-.313*	.113	.044	-.59	-.04
26-29세	14-18세	-.275	.153	.380	-.65	.10
	19-25세	.016	.121	1.000	-.28	.31
	30-34세	-.163	.126	.697	-.47	.15
	35이상	-.297*	.116	.080	-.58	-.01
30-34세	14-18세	-.112	.155	.951	-.49	.27
	19-25세	.179	.123	.591	-.12	.48
	26-29세	.163	.126	.697	-.15	.47
	35이상	-.134	.118	.786	-.42	.16
35이상	14-18세	.022	.147	1.000	-.34	.38
	19-25세	.313*	.113	.044	.04	.59
	26-29세	.297*	.116	.080	.01	.58
	30-34세	.134	.118	.786	-.16	.42

*. 평균차는 0.1 수준에서 유의합니다.

다중비교결과 유의함을 나타낸다.

그림 7.7
'동일집단군' 표

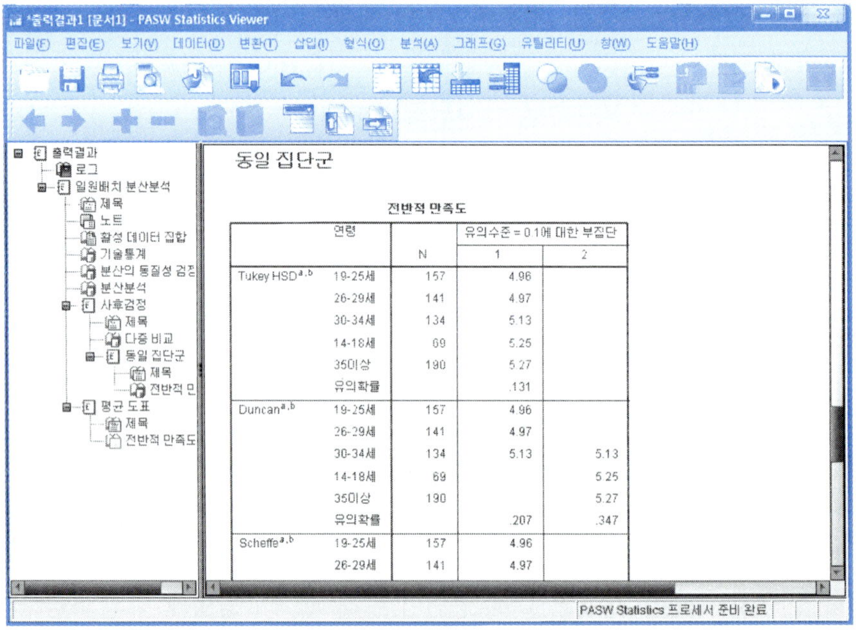

전반적 만족도

	연령	N	유의수준 = 0.1에 대한 부집단 1	2
Tukey HSD[a,b]	19-25세	157	4.96	
	26-29세	141	4.97	
	30-34세	134	5.13	
	14-18세	69	5.25	
	35이상	190	5.27	
	유의확률		.131	
Duncan[a,b]	19-25세	157	4.96	
	26-29세	141	4.97	
	30-34세	134	5.13	5.13
	14-18세	69		5.25
	35이상	190		5.27
	유의확률		.207	.347
Scheffe[a,b]	19-25세	157	4.96	
	26-29세	141	4.97	

25세' 에 비해서 만족도의 표본평균이 0.31 정도 높으며, 유의확률이 0.044로서 유의수준 10%하에서 유의하다는 것을 알 수 있다.

한편 <그림 7.7>에 출력되어 있는 '동일집단군' 표는 다중비교의 결과를 한 눈에 파악할 수 있도록 정리한 것으로, 표본평균의 크기 순서대로 처리수준을 나열하고, 평균차이가 유의하지 않은 수준들을 동일 집단으로 묶은 것이다. 여기서는 Duncan 방법의 결과 중 몇 가지를 살펴보도록 하자 (Duncan 방법에 의한 다중비교 결과는 '동일집단군' 표의 형태로만 출력된다). 예를 들어, '19－25세(표본평균=4.96)' 와 '30－34세 (표본평균 =5.13)' 는 동일집단군으로 묶여 있으므로 두 집단의 모평균 차이가 유의하지 않으며(유의확률=0.207), 이에 반해 '19－25세(표본평균=4.97)' 와 '35이상(표본평균=5.27)' 은 서로 다른 집단군에 속해 있으므로 모평균 차이가 유의수준 10%하에서 유의하다는 것을 알 수 있다.

7.3 이원분류 분산분석: 반복이 없는 경우

앞 절에서 설명한 일원분류 분산분석은 하나의 요인에 대해 여러 처리수준에 따른 효과가 차이나는지를 검정하는 분석방법이다. 그러나 실험을 통해 얻어지는 자료들은 한 가지 요인뿐만 아니라 여러 요인이 관계되는 경우가 많다. 이원분류 분산분석은 반응값에 영향을 주는 두 개의 요인에 대해 그 영향을 알아보고자 할 때 사용하는 기법으로, 각 수준의 조합에서 반복이 없는 경우와 있는 경우로 나눌 수 있다. 먼저 이 절에서는 반복이 없는 이원분류 분산분석에 대해서 다루어 보도록 하자.

7.3.1 반복이 없는 이원분류 분산분석 모형과 F－검정

두 개의 처리를 A와 B로 표현하고, 요인 A의 수준이 a개, 요인 B의 수준이 b개라 할 때 이원분류 분산분석의 자료구조는 <표 7.3>과 같이 요약할 수 있다(예를 들면, 요인 성별(남자, 여자)과 연령대(10대, 20대, 30대)에 따라 선호도가 어떻게 달라지는지를 알고자 하는 경우). 이러한 자료형태의 이원설계에서는 요인 A의 효과와 요인 B의 효과가 반응값에 영향을 주게 되는데, 이때 분산분석 모형은 다음과 같이 표현할 수 있다.

표 7.3 이원분류 분산분석의 자료구조: 반복이 없는 경우

처리	B_1	…	B_j	…	B_b	평균
A_1	y_{11}	…	y_{1j}	…	y_{1b}	$\bar{y}_{1.}$
⋮	⋮	…	⋮	…	⋮	⋮
A_i	y_{i1}	…	y_{ij}	…	y_{ib}	$\bar{y}_{i.}$
⋮	⋮	…	⋮	…	⋮	⋮
A_a	y_{a1}	…	y_{aj}	…	y_{ab}	$\bar{y}_{a.}$
평균	$\bar{y}_{.1}$	…	$\bar{y}_{.j}$	…	$\bar{y}_{.b}$	$\bar{y}_{..}$(총평균)

표 7.4 분산분석표: 반복이 없는 이원분류

요인	자유도	제곱합	평균제곱합	F 통계량
처리 A	$a-1$	SSA	$MSA = \frac{SSA}{a-1}$	$F_A = \frac{MSA}{MSE}$
처리 B	$b-1$	SSB	$MSB = \frac{SSB}{b-1}$	$F_B = \frac{MSB}{MSE}$
잔차	$(a-1)(b-1)$	SSE	$MSE = \frac{SSE}{(a-1)(b-1)}$	
전체	$ab-1$	TSS		

이원분류 분산분석 모형: 반복이 없는 경우

$$y_{ij} = \mu + \alpha_i + \beta_j + \epsilon_{ij}, \quad i = 1, \cdots, a; \ j = 1, \cdots, b. \tag{7.6}$$

y_{ij} : 요인 A의 i번째 처리와 요인 B의 j번째 처리를 받은 반응변수의 값

μ : 전체 모평균

α_i : 요인 A의 i번째 처리의 효과

β_j : 요인 B의 j번째 처리의 효과

ϵ_{ij} : 오차항으로서 서로 독립인 확률변수 ($\epsilon_{ij} \sim N(0, \alpha^2)$)

이원분류 분산분석에서 관심이 되는 가설은 '요인 A에 대해서 각 수준에서의 효과가 같다' (예를 들면, 성별에 따라 선호도의 평균에 차이가 없다)는 가설

$$H_0 : \alpha_1 = \alpha_2 = \cdots = \alpha_a (= 0) \tag{7.7}$$

과 '요인 B에 대해서 각 수준에서의 효과가 같다' (예를 들면, 연령대에 따라 선호도의 평균에 차이가 없다)는 가설

$$H_0 : \beta_1 = \beta_2 = \cdots = \beta_b (= 0) \tag{7.8}$$

이라고 할 수 있다.

이와 같은 가설들에 대한 검정통계량은 일원분류 분산분석에서와 유사하게 전체제곱합 (TSS) 에 대한 다음과 같은 분할로부터 유도된다.

$$\begin{aligned}\sum_{i=1}^{a}\sum_{j=1}^{b}(y_{ij}-\bar{y}_{..})^2 &= b\sum_{i=1}^{a}(\bar{y}_{i.}-\bar{y}_{..})^2 + a\sum_{j=1}^{b}(\bar{y}_{.j}-\bar{y}_{..})^2 \\ &\quad + \sum_{i=1}^{a}\sum_{j=1}^{b}(y_{ij}-\bar{y}_{i.}-\bar{y}_{.j}+\bar{y}_{..})^2.\end{aligned} \tag{7.9}$$

이 식에서 우변의 첫 번째 항을 처리 A의 제곱합 (SSA), 두 번째 항을 처리 B의 제곱합 (SSB), 그리고 세 번째 항을 잔차제곱합 (SSE) 이라고 하며, 이들로부터 다음 <표 7.4>과 같은 분산분석표가 만들어진다.

표 7.5 '제품선호도.SAV' 데이터

		제품			
		1	2	3	4
소비자	1	5	2	4	6
	2	7	3	7	4
	3	9	4	6	2
	4	10	5	5	2
	5	8	2	7	1
평균		7.8	3.2	5.8	3

<표 7.4>에서 두 개의 F 통계량 F_A와 F_B는 대응되는 귀무가설 식 (7.7)과 식 (7.8)하에서 각각 자유도가 $(a-1,(a-1)(b-1))$, $(b-1,(a-1)(b-1))$인 F-분포를 따르므로, 이에 기초하여 두 가설에 대한 검정이 수행된다.

반복이 없는 이원분류 분산분석에서의 검정법

- 귀무가설 $H_0: \alpha_1 = \alpha_2 = \cdots = \alpha_a (= 0)$
  검정통계량 : $F_A = MSA/MSE$
  기각역 : $F_A > F_\alpha(a-1,(a-1)(b-1))$
- 귀무가설 $H_0: \beta_1 = \beta_2 = \cdots = \beta_b (= 0)$
  검정통계량 : $F_B = MSB/MSE$
  기각역 : $F_B > F_\alpha(b-1,(a-1)(b-1))$

7.3.2 임의화완전블록설계

반복이 없는 이원배치는 소위 임의화완전블록설계(RCBD: randomized complete block design)에서 흔히 발생하는데, 임의화완전블록설계에서는 동질적인 실험단위들을 블록으로 간주하여 블록의 효과를 제거한 다음, 처리 효과의 유의성을 검정하기 때문에 통계분석이 더 정밀해진다.

임의화완전블록설계의 예를 하나 들어 보도록 하자. <표 7.5>는 5명의 소비자에게 4개의 제품을 모두 사용해 보도록 한 다음, 선호도를 10점 만점으로 측정한 것이다(각 반응값이 20명의 독립적인 소비자들로부터 얻어진 것이 아니라는 점에 주의하기 바란다). 여기서 각 소비자를 블록으로 간주할 수 있는데, 일반적으로 블록은 효과 비교의 관심 대상이 아니며 처리 효과의 비교를 더 정밀하게 수행하기 위한 목적으로 사용된다. 즉, 소비자를 블록으로 사용하는 것은 블록(소비자)에 따른 차이가 처리(제품)들 간의 효과 차이를 불명확하게 만들 수 있기 때문에, 블록의 효과를 제거하여 더 정밀한 분석을 수행하고자 하는 것이다.

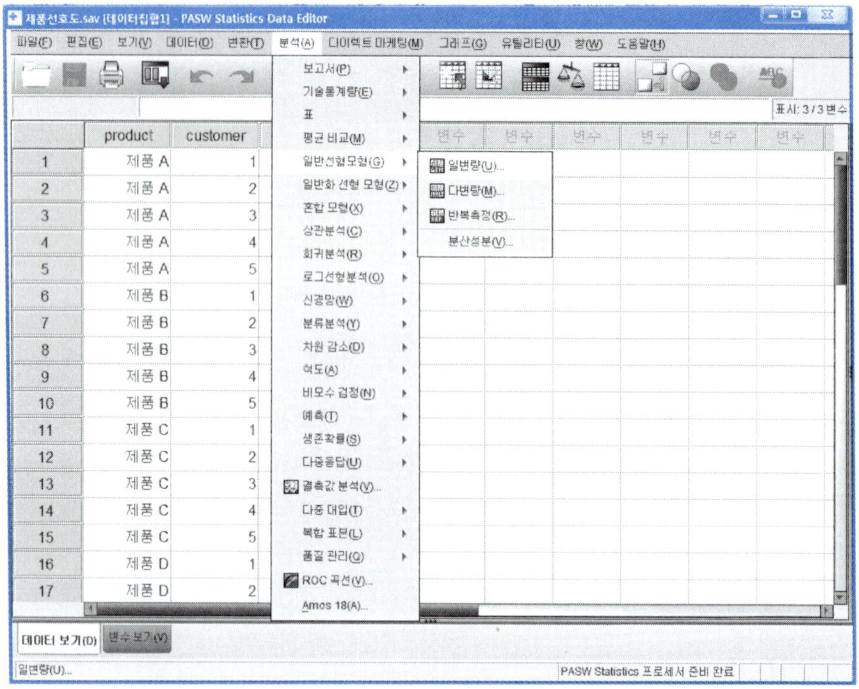

그림 7.8 '분석(A) → 일반선형모형(G) → 일변량(U)' 메뉴

7.3.3 반복이 없는 이원분류 분산분석 사례

SPSS에서는 '분석(A) → 일반선형모형(G) → 일변량(U)...' 메뉴를 이용하여 다원분류 분산분석(요인이 여러 개인 실험배치에 대한 분산분석)을 수행할 수 있다. 여기서는 <표 7.5>에 제시된 '제품선호도.SAV' 데이터를 이용하여 분산분석을 수행해 보도록 하자.

① '분석(A) → 일반선형모형(G) → 일변량(U)...' 메뉴를 선택한다(그림 7.8).

② '일변량 분석' 대화상자에서 '종속변수(D)' 란에 변수 prefer(선호도)를 선택하고, '모수요인(F)' 란에 변수 product(제품)과 customer(소비자)를 선택한다(그림 7.9).

③ '일변량 분석' 대화상자에서 '모형(M)...' 버튼을 클릭한 후, '모형' 대화상자에서 '항 설정'을 '주효과'로 선택하고 변수 product과 customer를 '모형(M)' 란에 선택한다(그림 7.10, '요인 및 공변량(F)' 란에서 변수를 클릭한 후 대화상자 중간의 버튼을 클릭한다). '계속' 버튼을 클릭하여 '일변량' 대화상자로 돌아간다.

④ '일변량 분석' 대화상자에서 '도표(T)...' 버튼을 클릭한 후, '도표' 대화상자에서 '수평축 변수(H)' 란에 변수 product을 선택한 후(그림 7.11, '요인(F)' 란에서 변수를 클릭한 후 대화상자 중간의 버튼을 클릭한다) '추가(A)' 버튼을 클릭한다. 이러한 과정을 수행하면 <그

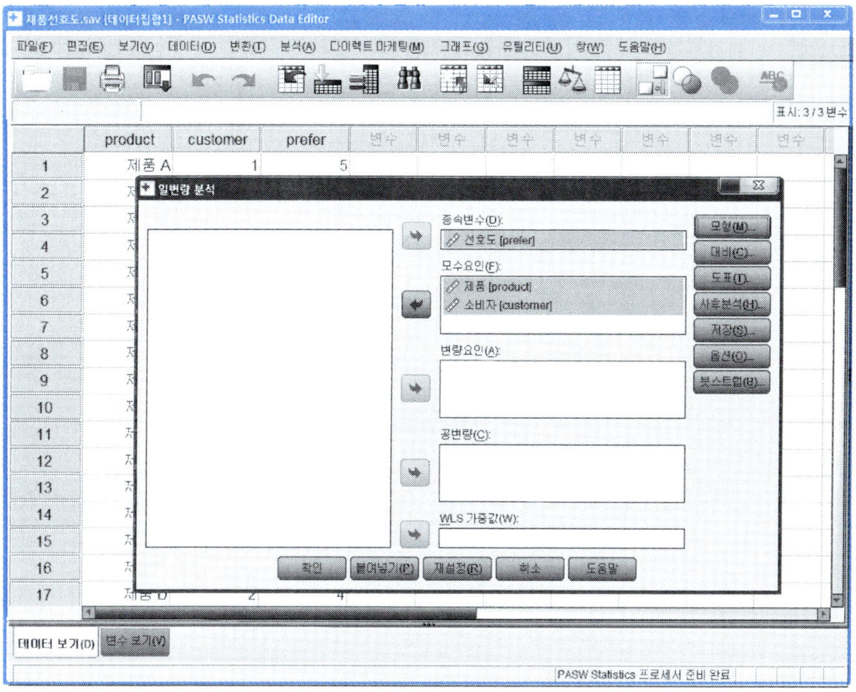

그림 7.9
'일변량' 대화상자

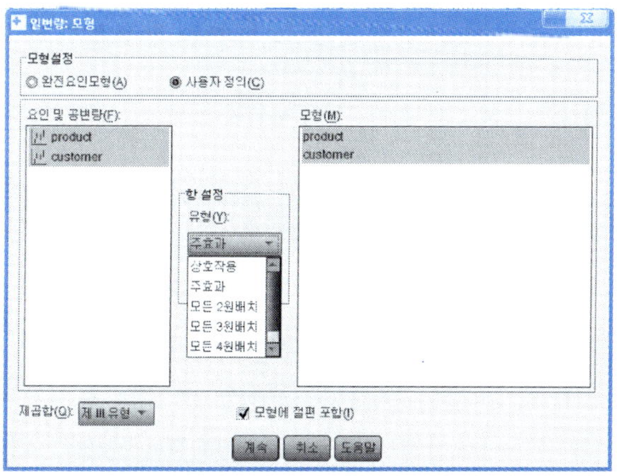

그림 7.10
'모형' 대화상자

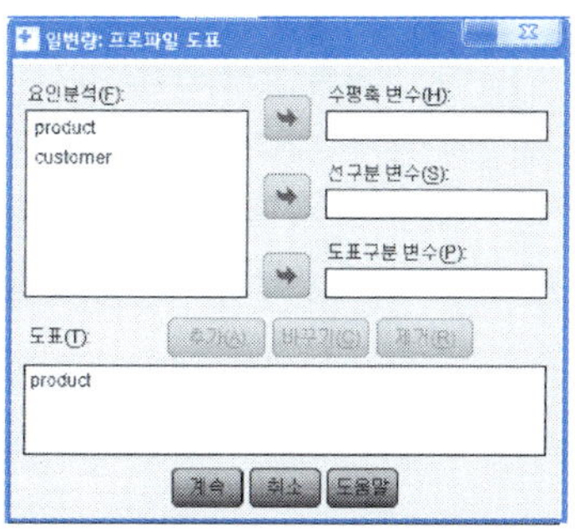

그림 7.11
'도표' 대화상자

그림 7.12
'사후분석 다중비교' 대화상자

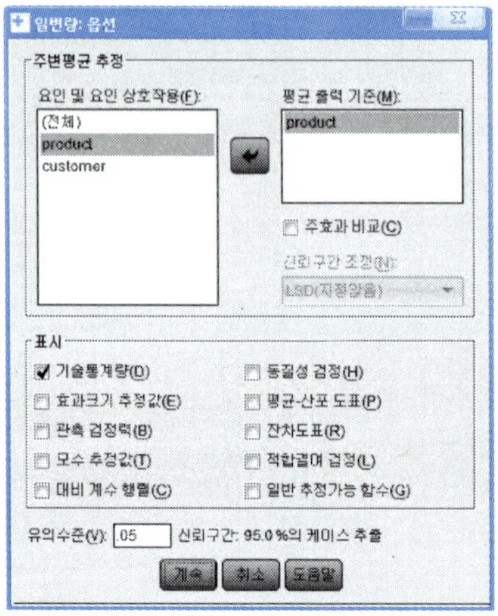

그림 7.13
'옵션' 대화상자

림 7.11>에서와 같이 대화상자 하단의 목록에 변수 product이 나타나게 된다. '계속' 버튼을 클릭하여 '일변량' 대화상자로 돌아간다.

⑤ '일변량 분석' 대화상자에서 '사후분석(H)...' 버튼을 클릭한 후, '사후분석 다중비교' 대화상자에서 '사후검정변수(P)' 란에 변수 product을 선택한 후 원하는 다중비교 방법들에 체크한다(그림 7.12). '계속' 버튼을 클릭하여 '일변량' 대화상자로 돌아간다.

⑥ '일변량 분석' 대화상자에서 '옵션(O)...' 버튼을 클릭한 후, '옵션' 대화상자에서 '평균 출력 기준(M)' 란에 변수 product을 선택하고 '기술통계량(D)' 에 체크한다(그림 7.13). '계속' 버튼을 클릭하여 '일변량' 대화상자로 돌아간다.

⑦ '일변량 분석' 대화상자에서 '확인' 버튼을 클릭한다.

이상과 같은 과정을 수행하여 얻은 결과 중 먼저 <그림 7.14>의 분산분석표를 살펴보도록 하자. 변수 product(제품)에 대한 F-값은 7.914이고, 유의확

개체-간 효과 검정

종속 변수:선호도

소스	제 III 유형 제곱합	자유도	평균 제곱	F	유의확률
수정 모형	83.250ª	7	11.893	3.595	.025
절편	490.050	1	490.050	148.126	.000
product	78.550	3	26.183	7.914	.004
customer	4.700	4	1.175	.355	.836
오차	39.700	12	3.308		
합계	613.000	20			
수정 합계	122.950	19			

a. R 제곱 = .677 (수정된 R 제곱 = .489)

그림 7.14
분산분석표

제품

종속 변수:선호도

제품	평균	표준오차	95% 신뢰구간	
			하한값	상한값
제품 A	7.800	.813	6.028	9.572
제품 B	3.200	.813	1.428	4.972
제품 C	5.800	.813	4.028	7.572
제품 D	3.000	.813	1.228	4.772

그림 7.15
추정된 주변평균

률은 0.004로 유의수준 5%(또는 10%) 하에서 유의함을 알 수 있다(즉, 제품 수준 간 모평균의 차이는 통계적으로 유의하다). 반면에 변수 customer(소비자)에 대한 유의확률은 0.836으로 유의한 차이를 보이고 있지 않다.

또한 <그림 7.15>의 추정된 주변평균과 <그림 7.16>의 평균도표를 살펴보면 '제품 A'와 '제품 C'의 경우가 '제품 B'와 '제품 D'에 비해서 선호도의 평균이 높다는 것을 알 수 있다(독자들은 사후검정-다중비교의 결과도 살펴보기 바란다).

7.4 이원분류 분산분석: 반복이 있는 경우

일반적으로 실험을 실시함에 있어 각 수준의 조합에서 단 1회의 실험을 실시하는 것보다, 여러 번의 실험을 반복하는 것이 실험결과의 신뢰도를 높일 수 있게 된다.

7.4.1 반복이 있는 이원분류 분산분석 모형과 F-검정

먼저 처리 A의 수준이 a개 그리고 처리 B의 수준이 b개이며, 각 수준의 조합에서 반복횟수가 r인 이원분류 분산분석을 고려해 보자. 이때 이원분류 분산분석의 자료구조는 <표 7.6>과 같이 요약할 수 있다.

다중 비교

종속 변수:선호도

	(I) 제품	(J) 제품	평균차(I-J)	표준오차	유의확률	95% 신뢰구간 하한값	95% 신뢰구간 상한값
Tukey HSD	제품 A	제품 B	4.60*	1.150	.008	1.18	8.02
		제품 C	2.00	1.150	.347	-1.42	5.42
		제품 D	4.80*	1.150	.006	1.38	8.22
	제품 B	제품 A	-4.60*	1.150	.008	-8.02	-1.18
		제품 C	-2.60	1.150	.162	-6.02	.82
		제품 D	.20	1.150	.998	-3.22	3.62
	제품 C	제품 A	-2.00	1.150	.347	-5.42	1.42
		제품 B	2.60	1.150	.162	-.82	6.02
		제품 D	2.80	1.150	.123	-.62	6.22
	제품 D	제품 A	-4.80*	1.150	.006	-8.22	-1.38
		제품 B	-.20	1.150	.998	-3.62	3.22
		제품 C	-2.80	1.150	.123	-6.22	.62

관측평균을 기준으로 합니다.
오류 조건은 평균 제곱(오류) = 3.308입니다.

*. 평균차는 .05 수준에서 유의합니다.

선호도

	제품	N	집단군 1	집단군 2
Tukey HSD[a,b]	제품 D	5	3.00	
	제품 B	5	3.20	
	제품 C	5	5.80	5.80
	제품 A	5		7.80
	유의확률		.123	.347
Duncan[a,b]	제품 D	5	3.00	
	제품 B	5	3.20	
	제품 C	5		5.80
	제품 A	5		7.80
	유의확률		.865	.108

동일 집단군에 있는 집단에 대한 평균이 표시됩니다.
관측평균을 기준으로 합니다.
오류 조건은 평균 제곱(오류) = 3.308입니다.

a. 조화평균 표본 크기 5.000을(를) 사용합니다.

b. 유의수준 = .05.

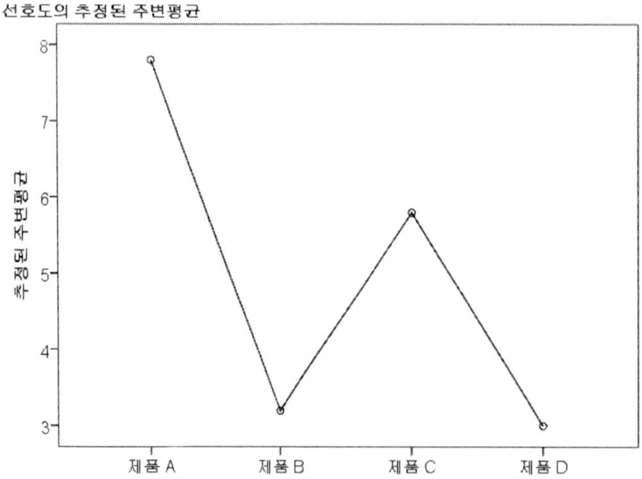

그림 7.16 사후분석-다중비교의 출력결과 및 평균도표

표 7.6 이원분류 분산분석의 자료구조: 반복이 있는 경우

처리	B_1	$\cdots$	B_j	$\cdots$	B_b	평균
A_1	y_{111} y_{112} $\vdots$ y_{11r}	$\cdots$	y_{1j1} y_{1j2} $\vdots$ y_{1jr}	$\cdots$	y_{1b1} y_{1b2} $\vdots$ y_{1br}	$\bar{y}_{1..}$
	$\bar{y}_{11.}$		$\bar{y}_{1j.}$		$\bar{y}_{1b.}$	
$\vdots$	$\vdots$	$\cdots$	$\vdots$	$\cdots$	$\vdots$	$\vdots$
A_i	y_{i11} y_{i12} $\vdots$ y_{i1r}	$\cdots$	y_{ij1} y_{ij2} $\vdots$ y_{ijr}	$\cdots$	y_{ib1} y_{ib2} $\vdots$ y_{ibr}	$\bar{y}_{i..}$
	$\bar{y}_{i1.}$		$\bar{y}_{ij.}$		$\bar{y}_{ib.}$	
$\vdots$	$\vdots$	$\cdots$	$\vdots$	$\cdots$	$\vdots$	$\vdots$
A_a	y_{a11} y_{a12} $\vdots$ y_{a1r}	$\cdots$	y_{aj1} y_{aj2} $\vdots$ y_{ajr}	$\cdots$	y_{ab1} y_{ab2} $\vdots$ y_{abr}	$\bar{y}_{a..}$
	$\bar{y}_{a1.}$		$\bar{y}_{aj.}$		$\bar{y}_{ab.}$	
평균	$\bar{y}_{.1.}$	$\cdots$	$\bar{y}_{.j.}$	$\cdots$	$\bar{y}_{.b.}$	$\bar{y}_{...}$ (총평균)

이원분류 분산분석 모형: 반복이 있는 경우

$$y_{ijk} = \mu + \alpha_i + \beta_j + \gamma_{ij} + \epsilon_{ijk}, \quad i = 1, \cdots, a; \; j = 1, \cdots, b; \; k = 1, \cdots, r. \tag{7.10}$$

y_{ijk}: 처리 A_i와 B_j의 조합에 대해 k번째 반복에서 얻은 반응변수의 값

μ : 전체 모평균

α_i : 요인 A의 i번째 처리의 효과

β_j : 요인 B의 j번째 처리의 효과

γ_{ij} : 처리 A_i와 B_j의 교호작용 효과

ϵ_{ijk} : 오차항으로 서로 독립인 확률변수 ($\epsilon_{ijk} \sim N(0, \sigma^2)$)

반복이 있는 이원분류 분산분석에서는 요인 A와 B의 효과에 대한 가설 이외에, **상호작용**(interaction, 교호작용)의 효과가 존재하는가 하는 다음과 같은 가설에 관심을 두게 되는데,

$$H_0 : \gamma_{ij} = 0, \quad i = 1, \cdots, a; \; j = 1, \cdots, b. \tag{7.11}$$

상호작용에 대해서는 다음 예에서 자세히 설명할 것이다.

반복이 있는 이원분류 분산분석에서도 앞에서와 유사하게 전체제곱합(TSS)을 다음과 같이 분할할 수 있는데,

표 7.7 분산분석표: 반복이 있는 이원분류

요인	자유도	제곱합	평균제곱합	F 통계량
처리A	$a-1$	SSA	$MSA=\dfrac{SSA}{a-1}$	$F_A=\dfrac{MSA}{MSE}$
처리B	$b-1$	SSB	$MSB=\dfrac{SSB}{b-1}$	$F_B=\dfrac{MSB}{MSE}$
교호작용	$(a-1)(b-1)$	SSAB	$MSAB=\dfrac{SSAB}{(a-1)(b-1)}$	$F_{AB}=\dfrac{MSB}{MSE}$
오차	$ab(r-1)$	SSE	$MSE=\dfrac{SSE}{ab(r-1)}$	
전체	$abr-1$	TSS		

$$\begin{aligned}\sum_{i=1}^{a}\sum_{j=1}^{b}\sum_{k=1}^{r}(y_{ijk}-\bar{y}_{...})^2 &= br\sum_{i=1}^{a}(\bar{y}_{i..}-\bar{y}_{...})^2+ar\sum_{j=1}^{b}(\bar{y}_{.j.}-\bar{y}_{...})^2\\ &\quad +r\sum_{i=1}^{a}\sum_{j=1}^{b}(y_{ij.}-\bar{y}_{i..}-\bar{y}_{.j.}+\bar{y}_{...})^2\\ &\quad +\sum_{i=1}^{a}\sum_{j=1}^{b}\sum_{k=1}^{r}(y_{ijk}-\bar{y}_{ij.})^2\end{aligned} \tag{7.12}$$

이 식에서 우변의 첫 번째 항을 처리 A의 제곱합(SSA), 두 번째 항을 처리 B의 제곱합(SSB), 세 번째 항을 상호작용의 제곱합(SSAB), 그리고 네 번째 항을 오차제곱합(SSE)이라고 한다. 반복이 있는 이원분류 분산분석에 대한 분산분석표는 <표 7.7>과 같다.

반복이 있는 이원분류 분산분석에서의 검정법

- 귀무가설 $H_0: \alpha_1=\alpha_2=\cdots=\alpha_a(=0)$
  검정통계량 : $F_A=MSA/MSE$
  기각역 : $F_A>F_\alpha(a-1, abr-1)$
- 귀무가설 $H_0: \beta_1=\beta_2=\cdots=\beta_b(=0)$
  검정통계량 : $F_B=MSB/MSE$
  기각역 : $F_B>F_\alpha(b-1, abr-1)$
- 귀무가설 $H_0: \gamma_{ij}=0,\ \ i=1,\cdots,a;\ j=1,\cdots,b.$
  검정통계량 : $F_{AB}=MSAB/MSE$
  기각역 : $F_{AB}>F_\alpha((a-1)(b-1), abr-1)$

<표 7.7>에서 세 개의 F 통계량 F_A, F_B, F_{AB}는 대응되는 귀무가설하에서 각각 자유도가 $(a-1, abr-1)$, $(b-1, abr-1)$, $((a-1)(b-1), abr-1)$인 F-분포를 따르고, 가설 식 (7.7), (7.8), (7.11)에 대한 검정통계량으로 사용된다.

7.4.2 반복이 있는 이원분류 분산분석 사례

반복이 있는 이원분류 분산분석의 예를 하나 들어보자. 한 회사에서는 새로운 제품에 대한 컨셉을 설계함에 있어서 A, B, C 세 가지 중의 하나를

표 7.8 '제품컨셉.SAV' 데이터

		제품컨셉		
		A	B	C
연령대	20대	8, 5, 6	7, 4, 15	4, 3, 6
	30대	7, 5, 4	9, 10, 7	5, 4, 7
	40대	3, 3, 1	6, 8, 5	5, 7, 9

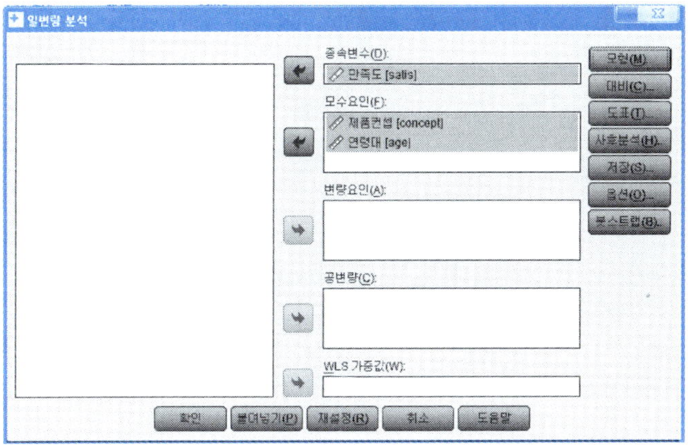

그림 7.17 '일변량 분석' 대화상자

선택하려고 한다. 이를 위해 각 연령대(20대, 30대, 40대)에서 9명씩의 소비자(총 27명)을 선정하고, 새로운 제품을 사용하게 한 후 <표 7.8>과 같은 만족도 자료를 얻었다.

<표 7.8>에서 제품컨셉(concept)과 연령대(age)는 두 개의 요인이고, 각 처리 조합에 대한 반복횟수는 3이다(이 예에서 변수 '연령대(age)'는 일종의 블록으로 간주할 수 있음). 이제 이러한 데이터(제품컨셉.SAV)에 대해서 분산분석을 수행해 보자.

① '분석(A) → 일반선형모형(G) → 일변량(U)...' 메뉴를 선택한다.

② '일변량 분석' 대화상자에서 '종속변수(D)' 란에 변수 satis(만족도)를 선택하고, '모수요인(F)' 란에 변수 concept(제품컨셉)과 age(연령대)를 선택한다(그림 7.17).

③ '일변량 분석' 대화상자에서 '모형(M)...' 버튼을 클릭한 후, '모형' 대화상자에서 '항 설정'을 '주효과'로 선택하고 변수 concept과 age를 '모형(M)' 란에 선택한다. '항 설정'을 '상호작용'으로 변경한 후 '요인 및 공변량(F)' 란에서 변수 concept과 age를 모두 클릭한 상태에서 대화상자 중간의 ➡ 버튼을 클릭한다. 이러한 과정을 수행하면 <그림 7.18>에서와 같이 '모형(M)' 란에 'concept*age'이 나타나게 된다. '계속' 버튼을 클릭하여 '일변량' 대화상자로 돌아간다.

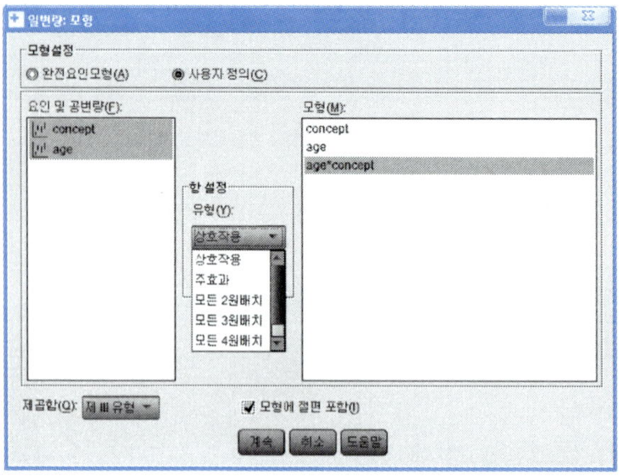

그림 7.18
'모형' 대화상자

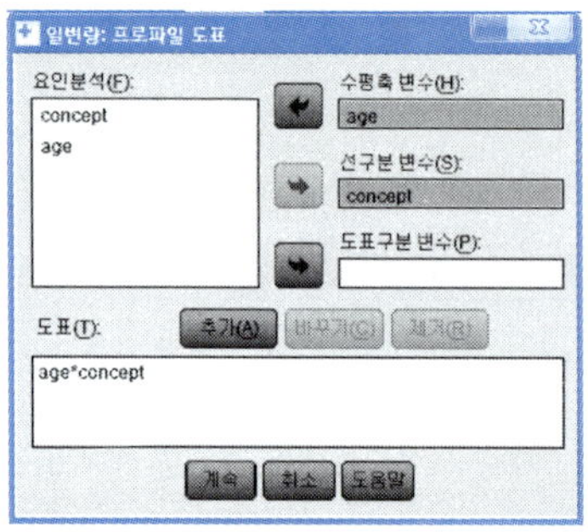

그림 7.19
'도표' 대화상자

완전요인모형

다원분류 분산분석에서 모든 가능한 주효과 및 상호작용을 모형에 포함시키는 것을 완전요인모형이라고 한다. 따라서 이 예에서는 ③에서와 같은 과정을 수행하는 것 대신에 '모형설정' 란의 '완전요인모형(A)' 에 체크하기만 해도 동일한 결과를 얻을 수 있다

④ '일변량 분석' 대화상자에서 '도표(T)...' 버튼을 클릭한 후, '도표' 대화상자에서 '수평축 변수(H)' 란에 변수 age를 선택하고 '선구분 변수(S)' 란에 변수 concept을 선택한 후, '추가(A)' 버튼을 클릭한다. 이러한 과정을 수행하면 <그림 7.19>에서와 같이 대화상자 하단의 목록에 변수 'age∗concept' 이 나타나게 된다. '계속' 버튼을 클릭하여 '일변량' 대화상자로 돌아간다.

⑤ '일변량 분석' 대화상자에서 '옵션(O)...' 버튼을 클릭한 후, '옵션' 대화상자에서 '평균 출력 기준(M)' 란에 concept, age, age∗concept을 선택한다(그림 7.20). '계속' 버튼을 클릭하여 '일변량 분석' 대화상자로 돌아간다.

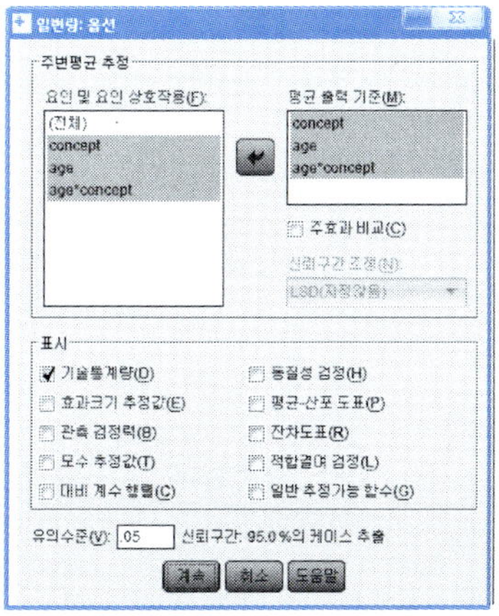

그림 7.20
'옵션' 대화상자

개체-간 효과 검정

종속 변수:만족도

소스	제 III 유형 제곱합	자유도	평균 제곱	F	유의확률
수정 모형	74.667[a]	8	9.333	3.877	.008
절편	867.000	1	867.000	360.138	.000
concept	20.222	2	10.111	4.200	.032
age	8.222	2	4.111	1.708	.209
concept * age	46.222	4	11.556	4.800	.008
오차	43.333	18	2.407		
합계	985.000	27			
수정 합계	118.000	26			

a. R 제곱 = .633 (수정된 R 제곱 = .470)

그림 7.21
분산분석표

⑥ '일변량 분석' 대화상자에서 '확인' 버튼을 클릭한다.

이상과 같은 과정을 수행하면 '뷰어' 윈도우에 여러 가지 분석결과가 출력되는데, <그림 7.21>과 <그림 7.22>는 그중 분산분석표와 추정된 주변평균을 제시한 것이다.

반복이 있는 이원분류 분산분석에서 각 처리수준의 조합에서 생기는 상호작용의 효과를 분리하여 검정할 수 있다. **상호작용**(interaction)이 있다는 것은 요인 A의 수준 변화에 따라 요인 B의 효과가 변한다는 것을 의미한다. <그림 7.21>의 분산분석표에서 상호작용 'concept*age'에 대응되는 유의확률(p-값)이 0.008로서 유의수준 5%(또는 10%) 보다 작다는 것을 알 수 있는데, 이 경우 상호작용의 효과는 통계적으로 유의하다고 할 수 있다.

상호작용의 의미를 보다 자세히 살펴보도록 하자. 예를 들어, <그림 7.22>의 '추정된 주변평균' 표에서 각 처리 조합에 따른 평균을 살펴보면, 20대에서는 컨셉 A의 만족도가 가장 높은 반면에, 30대에서는 컨셉 B가 그리고 40대에서는 컨셉 C의 만족도가 가장 높다는 것을 알 수 있다. 따라

그림 7.22
추정된 주변평균

1. 제품컨셉

종속 변수:만족도

제품컨셉	평균	표준오차	95% 신뢰구간 하한값	95% 신뢰구간 상한값
컨셉 A	4.667	.517	3.580	5.753
컨셉 B	6.778	.517	5.691	7.864
컨셉 C	5.556	.517	4.469	6.642

2. 연령대

종속 변수:만족도

연령대	평균	표준오차	95% 신뢰구간 하한값	95% 신뢰구간 상한값
20대	5.333	.517	4.247	6.420
30대	6.444	.517	5.358	7.531
40대	5.222	.517	4.136	6.309

3. 연령대 * 제품컨셉

종속 변수:만족도

연령대	제품컨셉	평균	표준오차	95% 신뢰구간 하한값	95% 신뢰구간 상한값
20대	컨셉 A	6.333	.896	4.451	8.215
	컨셉 B	5.333	.896	3.451	7.215
	컨셉 C	4.333	.896	2.451	6.215
30대	컨셉 A	5.333	.896	3.451	7.215
	컨셉 B	8.667	.896	6.785	10.549
	컨셉 C	5.333	.896	3.451	7.215
40대	컨셉 A	2.333	.896	.451	4.215
	컨셉 B	6.333	.896	4.451	8.215
	컨셉 C	7.000	.896	5.118	8.882

그림 7.23
'평균 프로파일' 도표

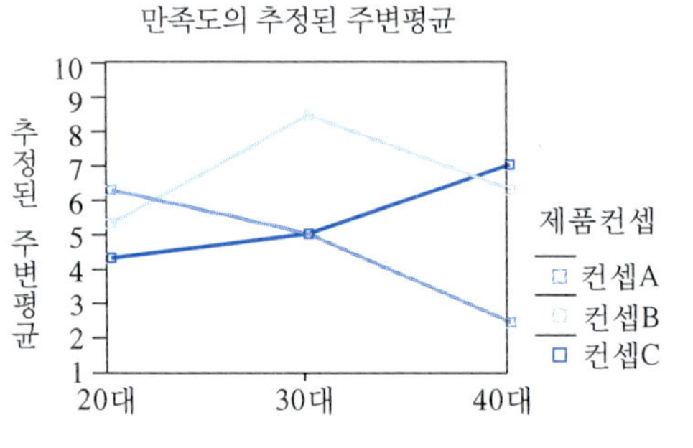

서 연령대에 따라서 제품컨셉의 효과가 변화하고 있으며, 이 경우 두 처리에 의한 상호작용이 존재한다고 할 수 있다.

이러한 상호작용의 효과는 <그림 7.23>과 같은 평균 프로파일 도표를 이용하면 보다 쉽게 파악할 수 있다. <그림 7.23>은 이 예에 대한 평균 프로파일 도표로서, 연령대에 따라 제품컨셉의 효과가 달라진다는 것을 쉽게 살펴볼 수 있다.

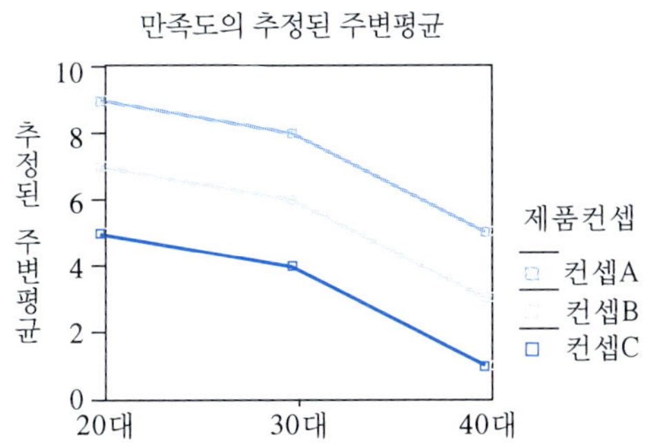

그림 7.24
'평균 프로파일' 도표 : 상호작용의 효과가 없는 경우에 대한 가상의 예

한편 <그림 7.24>는 상호작용이 존재하지 않는 경우에 대한 전형적인 가상의 예로서, 상호작용이 존재하지 않는다면 이와 같이 평균 프로파일 도표가 일정한 간격을 두고 평행선을 이루는 형태를 가지게 될 것이다.

반복이 있는 이원분류 분산분석에 있어서는 상호작용 유무에 따라 개별 요인의 효과에 대한 해석에 주의를 기울여야 한다. 예를 들어, 이 예에서의 경우 변수 age(연령대)에 대한 F-검정의 결과, 유의확률이 0.209라고 해서 age의 주효과가 유의하지 않다고 성급히 결론을 내려서는 안 된다. 즉, 변수 age의 수준에 따라 변수 concept의 효과가 달라지므로, age의 효과는 concept 수준을 조건으로 하여 평가해야 한다. 또한 변수 concept에 대해서도 단순히 '컨셉 B가 컨셉 A 보다 평균이 높다'와 같이 해석할 것이 아니라, 각 연령대별로 제품컨셉의 효과를 비교해야 할 것이다. 이러한 상호작용의 양상에 따른, 후속 분석에 대한 보다 자세한 설명은 임성수 · 허명회(1998)를 참조하기 바란다.

7.5 공분산분석

<그림 7.25>의 데이터(구매의사.SAV)는 두 개의 제품(A, B)을 각각 10명의 소비자에게 사용하게 한 후, 구매의사(score)를 조사하여 얻은 것이다. 제품 A를 사용해 본 소비자의 구매의사를 y_1이라 하고, 제품 B를 사용해 본 소비자의 구매의사를 y_2라고 할 때, 6.1절에서 다룬 바 있는 t-검정(또는 7.2절의 일원분류 분산분석)을 고려하면 다음과 같은 모형을 생각할 수 있다.

$$\begin{aligned} y_{1j} &= \mu_1 + \epsilon_{1j} = \mu + \alpha_1 + \epsilon_{1j}, \quad j = 1, \cdots, 10, \\ y_{2j} &= \mu_2 + \epsilon_{2j} = \mu + \alpha_2 + \epsilon_{2j}, \quad j = 1, \cdots, 10. \end{aligned} \tag{7.13}$$

이와 같은 모형하에서는 두 집단의 모평균 차이 $\mu_1 - \mu_2 = \alpha_1 - \alpha_2$에 대한 추정치로 표본평균의 차이 $\bar{y}_1 - \bar{y}_2$가 사용될 수 있다는 것을 6.1절 및 7.2절

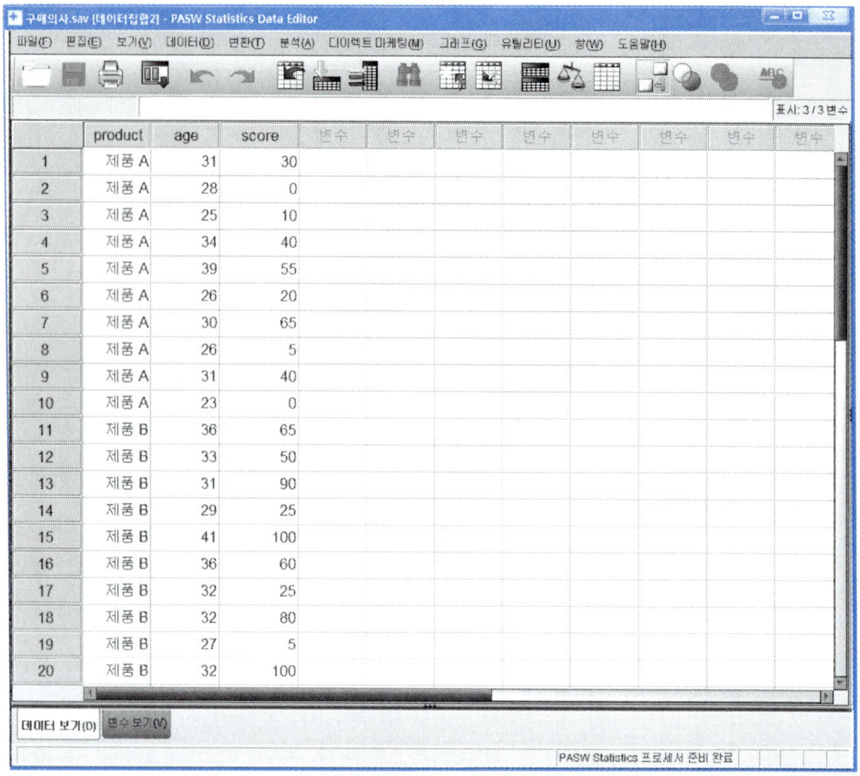

	product	age	score
1	제품 A	31	30
2	제품 A	28	0
3	제품 A	25	10
4	제품 A	34	40
5	제품 A	39	55
6	제품 A	26	20
7	제품 A	30	65
8	제품 A	26	5
9	제품 A	31	40
10	제품 A	23	0
11	제품 B	36	65
12	제품 B	33	50
13	제품 B	31	90
14	제품 B	29	25
15	제품 B	41	100
16	제품 B	36	60
17	제품 B	32	25
18	제품 B	32	80
19	제품 B	27	5
20	제품 B	32	100

그림 7.25 '구매의사.SAV' 데이터

에서 설명한 바 있다.

그런데 <그림 7.25>의 데이터를 자세히 살펴보면 연령이 커짐에 따라 구매의사도 커지는 경향이 있다는 것을 알 수 있고, 제품 B를 사용해 본 소비자들의 연령이 제품 A를 사용해 본 소비자들의 연령보다 다소 크다는 것을 알 수 있다. 즉, 연령이 구매의사와 밀접한 관련이 있으며, 두 집단에서 연령의 평균차이가 존재하는 것으로 생각되므로, 이러한 사실을 고려하여 분석을 수행해야 한다는 것을 알 수 있다.

7.5.1 공분산분석 모형

이제 변수 연령(x)의 효과를 고려하여 다음과 같은 모형을 생각해 보자.

$$\begin{aligned} y_{1j} &= \mu_1 + \beta x_{1j} + \epsilon_{1j} = \mu + \alpha_1 + \beta x_{1j} + \epsilon_{1j}, \\ y_{2j} &= \mu_2 + \beta x_{2j} + \epsilon_{2j} = \mu + \alpha_2 + \beta x_{2j} + \epsilon_{2j}. \end{aligned} \tag{7.14}$$

이와 같은 모형을 **공분산분석**(analysis of covariance) 모형이라고 하는데, 여기서 변수 x는 반응변수의 순수한 차이를 알아내기 위해서 고려하는 일종의 블록으로 **공변량**(covariate)이라고 한다.

공분산분석 모형 식 (7.14)는 다음과 같은 가정을 포함하고 있다. (1) 공변량 x와 반응변수 y는 선형적인(체계적인 증감의) 관계가 있다. 선형성은

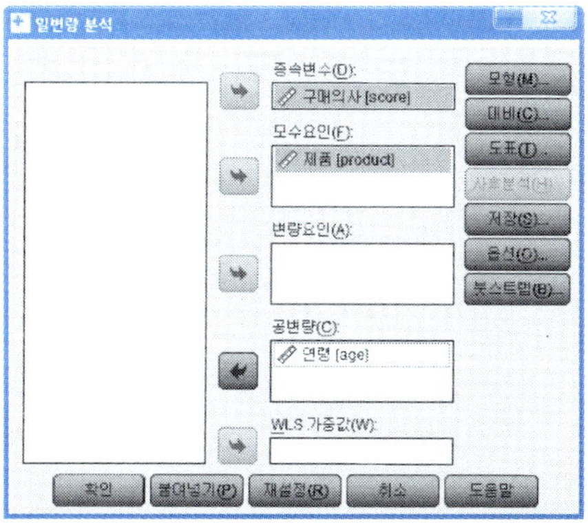

그림 7.26
'일변량 분석' 대화상자

산점도 등을 이용하여 검토할 수 있는데, 만약 x와 y의 관계가 선형적이 아니라면 공변량을 적절한 구간으로 나누어(예를 들면, 연령대별로 구분하여) 블록으로 간주하거나, 적절한 비선형 모형을 고려해서 분석해야 한다. (2) 공변량에 대한 기울기가 두 집단에서 동일하다. 만약 이를 가정할 수 없다면 서로 다른 기울기를 가지는 일반선형모형을 고려하여 분석해야 한다(기울기의 동일성에 대한 검정 및 서로 다른 기울기를 가지는 일반선형모형에 대해서는 7.5.2절에서 다룰 것이다).

이와 같은 공분산분석 모형하에서는 $\mu_1 - \mu_2 = \alpha_1 - \alpha_2$(공변량 x가 같도록 고정된 경우 두 집단의 모평균 차이)에 대한 추정치로 다음을 사용할 수 있다.

$$(\bar{y}_1 - \hat{\beta}\bar{x}_1) - (\bar{y}_2 - \hat{\beta}\bar{x}_2) = (\bar{y}_1 - \bar{y}_2) - \hat{\beta}(\bar{x}_1 - \bar{x}_2). \tag{7.15}$$

따라서 공변량을 고려하지 않으면 $\hat{\beta}(\bar{x}_1 - \bar{x}_2)$만큼 추정의 편의(bias)가 발생한다는 것을 알 수 있다.

이제 <그림 7.25>의 구매의사.SAV 데이터를 이용하여 공분산분석을 수행하고 그 결과를 살펴보도록 하자.

① '분석(A) → 일반선형모형(G) → 일변량(U)...' 메뉴를 선택한다.
② '일변량 분석' 대화상자에서 '종속변수(D)' 란에 변수 score(구매의사)를 선택하고, '모수요인(F)' 란에 product(제품) 그리고 '공변량(C)' 란에 age(연령)를 선택한다(그림 7.26).
③ '일변량 분석' 대화상자에서 '모형(M)...' 버튼을 클릭한 후, 변수 product과 age의 주효과를 '모형(M)' 란에 선택한다(그림 7.27). '계속' 버튼을 클릭하여 '일변량 분석' 대화상자로 돌아간다.
④ '일변량 분석' 대화상자에서 '옵션(O)...' 버튼을 클릭한 후, '옵션' 대화상자의 출력란에서 '기술통계량(D)'과 '모수 추정치(T)'에 체크

그림 7.27
'모형' 대화상자

그림 7.28
'옵션' 대화상자

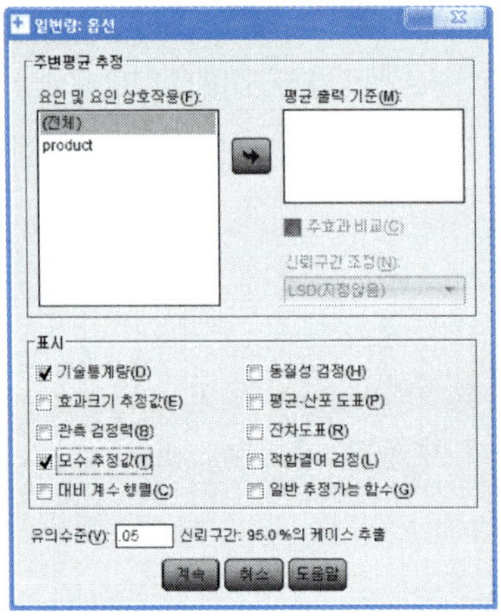

한다(그림 7.28). '계속' 버튼을 클릭하여 '일변량 분석' 대화상자로 돌아간다.

⑤ '일변량 분석' 대화상자에서 '확인' 버튼을 클릭한다.

<그림 7.29>의 출력결과 중 분산분석표를 살펴보면 변수 age(연령)의 F-값에 대한 유의확률은 0.002로 유의수준 5%(또는 10%) 하에서 유의하나, 변수 product(제품)의 F-값에 대한 유의확률은 0.118로 유의하지 않다는 것을 알 수 있다. 즉, 연령이 같도록 고정(통제)된다면 제품에 따른 구매의사의 평균차이는 유의하지 않다고 할 수 있다.

'모수 추정치'를 살펴보면 공변량 age에 대한 기울기가 $\hat{\beta} = 4.291$로 추정된다는 것을 알 수 있으며, 두 집단에 대한 모형추정식은 다음과 같다.

$$\hat{y}_1 = \hat{\mu}_1 + \hat{\beta}x = \hat{\mu} + \hat{\alpha}_1 + \hat{\beta}x = (-81.184 - 18.051) + 4.291x$$
$$= -99.235 + 4.291x,$$

개체-간 효과 검정

종속 변수:구매의사

소스	제 III 유형 제곱합	자유도	평균 제곱	F	유의확률
수정 모형	1.196E4	2	5982.263	11.826	.001
절편	2851.847	1	2851.847	5.638	.030
product	1371.622	1	1371.622	2.712	.118
age	6353.276	1	6353.276	12.560	.002
오차	8599.224	17	505.837		
합계	57975.000	20			
수정 합계	20563.750	19			

a. R 제곱 = .582 (수정된 R 제곱 = .533)

모수 추정값

종속 변수:구매의사

모수	B	표준오차	t	유의확률	95% 신뢰구간 하한값	95% 신뢰구간 상한값
절편	-81.184	40.467	-2.006	.061	-166.563	4.195
[product=1]	-18.051	10.962	-1.647	.118	-41.179	5.077
[product=2]	0[a]	.	.	.	.	.
age	4.291	1.211	3.544	.002	1.737	6.846

a. 이 모수는 중복되었으므로 0으로 설정됩니다.

그림 7.29 공분산분석의 출력결과

독립표본 검정

		Levene의 등분산 검정 F	Levene의 등분산 검정 유의확률	평균의 동일성에 대한 t-검정 t	자유도	유의확률 (양쪽)	평균차	차이의 표준오차	차이의 95% 신뢰구간 하한	차이의 95% 신뢰구간 상한
구매의사	등분산이 가정됨	1.312	.267	-2.599	18	.018	-33.500	12.889	-60.580	-6.420
	등분산이 가정되지 않음			-2.599	16.026	.019	-33.500	12.889	-60.821	-6.179

그림 7.30 '독립표본 T 검정'의 출력결과

$$\hat{y}_2 = \hat{\mu}_2 + \hat{\beta}x = \hat{\mu} + \hat{\alpha}_2 + \hat{\beta}x = (-81.184 + 0) + 4.291x$$
$$= -81.184 + 4.291x.$$

또한 $\mu_1 - \mu_2$(연령이 같은 경우 제품에 따른 구매의사의 모평균 차이)에 대한 추정치은 $\hat{\mu}_1 - \hat{\mu}_2 = \hat{\alpha}_1 - \hat{\alpha}_2 = -18.051$이다.

한편 <그림 7.30>은 구매의사에 대해 독립표본 t-검정을 실시하여 얻은 결과인데, 여기서 t-값에 대한 유의확률이 0.018로서 유의수준 5%하에서 유의하다는 것을 알 수 있다. 따라서 공변량인 연령을 고려하지 않고, 단순히 t-검정을 수행한다면 잘못된 결론을 유도할 수 있음을 알 수 있다. 또한 모평균의 차이에 대한 추정치이 −33.5로서 공분산분석에서의 추정치 −18.051보다 훨씬 크게 추정된다는 것을 알 수 있다.

7.5.2 기울기의 동일성에 대한 검정

앞에서 식 (7.14)와 같은 공분산분석 모형이 성립하기 위해서는 기울기

그림 7.31
기울기가 동일한 경우와 그렇지 않은 경우

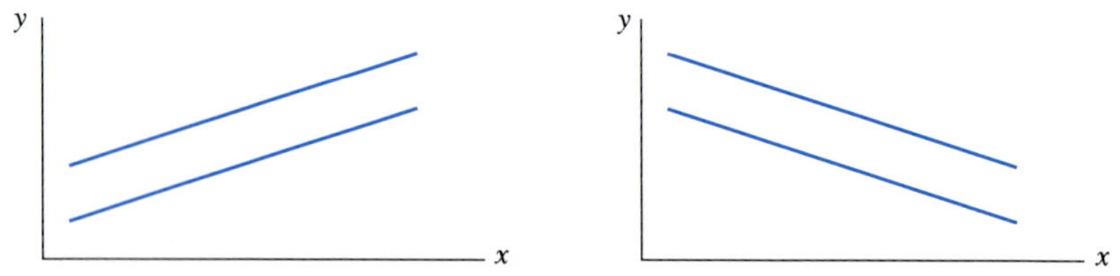

(a) 기울기가 동일한 경우(상호작용의 효과가 없는 경우)

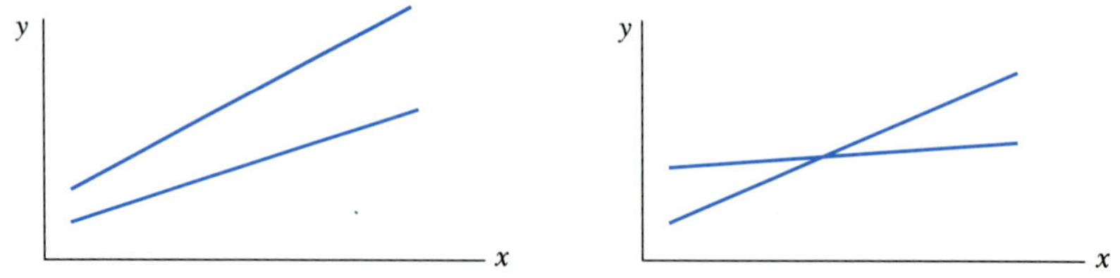

(b) 기울기가 동일하지 않은 경우(상호작용의 효과가 있는 경우)

에 대한 동일성을 가정할 수 있어야 한다고 했는데, 만약 이러한 가정이 성립되지 않으면 어떻게 될까?

위의 <그림 7.31>은 두 집단에서 공변량 x에 대한 기울기가 같은 경우와 다른 경우의 몇 가지 예를 든 것이다. 만약 (a)에서와 같이 기울기가 동일하다면 공변량 x의 값에 관계없이 반응값 y의 차이가 일정하므로, 이 차이를 해석하는 것이 의미가 있을 것이다. 그러나 그림 (b)에서와 같이 기울기가 동일하지 않다면 다음과 같은 모형을 고려해야 하는데,

$$\begin{aligned} y_{1j} &= \mu_1 + \beta_1 x_{1j} + \epsilon_{1j} = \mu + \alpha_1 + \beta_1 x_{1j} + \epsilon_{1j}, \\ y_{2j} &= \mu_2 + \beta_2 x_{2j} + \epsilon_{2j} = \mu + \alpha_2 + \beta_2 x_{2j} + \epsilon_{2j}. \end{aligned} \tag{7.16}$$

이 경우 공변량 x값에 따라 반응값 y의 차이가 변하게 되므로, 기울기가 동일할 때와 같은 해석을 할 수 없다.

기울기의 동일성(즉, $H_0: \beta_1 = \beta_2$)에 대한 검정은 공변량과 처리의 상호작용 효과를 이용하여 검정할 수 있는데, 여기서는 앞의 예에 대해서 이를 검정해 보도록 하자.

① '분석(A) → 일반선형모형(G) → 일변량(U)...' 메뉴를 선택한다.

② '일변량 분석' 대화상자에서 '종속변수(D)' 란에 변수 score(구매의사)를 선택하고 '모수요인(F)' 란에 product(제품) 그리고 '공변량(C)' 란에 age(연령)를 선택한다.

③ '일변량 분석' 대화상자에서 '모형(M)...' 버튼을 클릭한 후, 변수 product과 age의 주효과 및 상호작용 age*product를 '모형(M)' 란에 선택한다(그림 7.32). '계속' 버튼을 클릭하여 '일변량' 대화상자로 돌아간다.

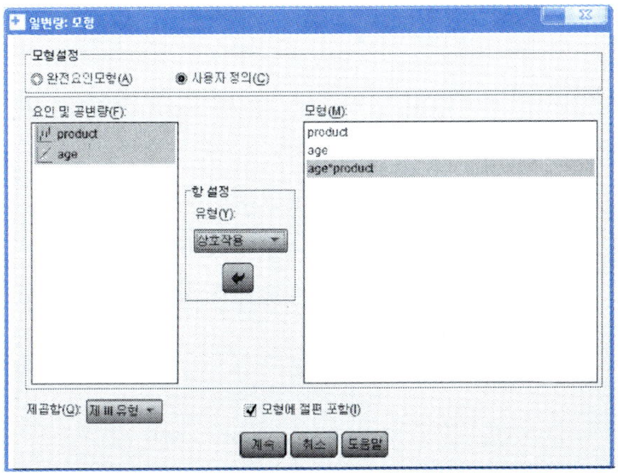

그림 7.32
'모형' 대화상자에서 상호작용의 지정

개체-간 효과 검정

종속 변수:구매의사

소스	제 III 유형 제곱합	자유도	평균 제곱	F	유의확률
수정 모형	1.212E4	3	4041.388	7.662	.002
절편	3011.374	1	3011.374	5.709	.030
product	53.556	1	53.556	.102	.754
age	6508.161	1	6508.161	12.338	.003
product * age	159.639	1	159.639	.303	.590
오차	8439.585	16	527.474		
합계	57975.000	20			
수정 합계	20563.750	19			

a. R 제곱 = .590 (수정된 R 제곱 = .513)

상호작용의 검정

모수 추정값

종속 변수:구매의사

모수	B	표준오차	t	유의확률	95% 신뢰구간 하한값	95% 신뢰구간 상한값
절편	-108.119	64.069	-1.688	.111	-243.940	27.701
[product=1]	25.444	79.852	.319	.754	-143.834	194.722
[product=2]	0[a]	.	.	.	.	.
age	5.110	1.935	2.641	.018	1.008	9.212
[product=1] * age	-1.384	2.516	-.550	.590	-6.717	3.949
[product=2] * age	0[a]	.	.	.	.	.

a. 이 모수는 중복되었으므로 0으로 설정됩니다.

그림 7.33
기울기의 동일성 (상호작용의 효과)에 대한 검정

④ '일변량 분석' 대화상자에서 기타 선택사항을 지정한 후, '확인' 버튼을 클릭한다.

<그림 7.33>의 출력결과에서 살펴보아야 할 부분은 분산분석표 중 상호작용 product∗age에 대한 F 검정의 결과이다. 이 예에서는 유의확률이 0.590으로 상호작용의 효과가 유의하지 않으므로(즉, $H_0: \beta_1 = \beta_2$를 기각할 수 없으므로), 기울기의 동일성을 가정할 수 있다. 따라서 이제 상호작용의 효과를 모형에서 제거하여 식 (7.14)와 같은 공분산분석 모형을 통해

이 자료를 분석할 수 있다.

이 예에서는 기울기의 동일성을 가정할 수 있으므로 '모수 추정치' 에 대한 해석이 큰 의미는 없지만, <그림 7.33>의 결과를 이용하여 식 (7.16)에 대한 추정식을 표현하면 다음과 같다.

$$\hat{y}_1 = \hat{\mu}_1 + \hat{\beta}_1 x = \hat{\mu} + \hat{\alpha}_1 + \hat{\beta}_1 x = (-108.119 + 25.444) + (5.510 - 1.384)x$$
$$= -82.675 + 4.126x,$$
$$\hat{y}_2 = \hat{\mu}_2 + \hat{\beta}_2 x = \hat{\mu} + \hat{\alpha}_2 + \hat{\beta}_2 x = (-108.119 + 0) + (5.510 + 0)x$$
$$= -108.119 + 5.510x.$$

이 추정식에서 $\hat{\mu}_1 - \hat{\mu}_2 = \hat{\alpha}_1 - \hat{\alpha}_2 = 25.444$는 공변량 x가 0으로 고정되었을 때, 반응값 y의 차이에 대한 추정치를 나타내므로 이에 대한 해석은 무의미하다.

공변량이 있는 일반선형모형 (집단이 k개인 경우)

$y_{ij} = \mu_i + \beta_i x_{ij} + \epsilon_{ij} = \mu + \alpha_i + \beta_i x_{ij} + \epsilon_{ij}, \quad i = 1, \cdots, k; \ j = 1, \cdots, n_i$

$\Downarrow \quad \beta_1 = \beta_2 = \cdots = \beta_k (= \beta)$

공분산분석

$y_{ij} = \mu_i + \beta x_{ij} + \epsilon_{ij} = \mu + \alpha_i + \beta x_{ij} + \epsilon_{ij}, \quad i = 1, \cdots, k; \ j = 1, \cdots, n_i$

$\Downarrow \quad \beta = 0$

일원분류 분산분석

$y_{ij} = \mu_i + \epsilon_{ij} = \mu + \alpha_i + \epsilon_{ij}, \quad i = 1, \cdots, k; \ j = 1, \cdots, n_i$

다시 한 번 반복하면, 모든 집단에 대해서 공변량에 대한 기울기가 동일하다면, 식 (7.14)와 같은 모형을 통해 공분산분석을 수행할 수 있지만, 기울기의 동일성을 가정할 수 없다면 식 (7.16)과 같은 모형을 통해 각 집단에서의 기울기를 추정하고, 기울기에 대한 차이 및 전반적 현상을 해석하는 것이 바람직하다. 또한 이 절에서는 집단이 두 개인 경우를 예로 들었는데, 집단이 k개인 경우에도 분석을 수행하는 과정은 동일하다.

연습문제

7-1 합성섬유의 장력강도가 면(cotton)의 함유량에 따라 어떻게 다른지를 알아보기 위해 실험을 한 결과, 다음과 같은 데이터를 얻었다. 면의 함유량에 따라 평균 장력강도에 차이가 있다고 할 수 있는가? 필요한 분석을 수행하여라.

15%	20%	25%	30%	35%
7	12	14	19	7
7	17	18	25	10
15	12	18	22	11
11	18	19	19	15
9	18	19	23	11

7-2 어떤 회사의 이사회에서는 5종류의 기계 A, B, C, D, E 중 한 개를 구입하기로 하였다. 이를 위해 완전숙련공을 고용하여 단위시간 동안 각 기계에 의한 생산량을 조사하여 다음과 같은 데이터를 얻었다. 분산분석법을 이용하여 이들의 평균생산량이 동일한지를 검정하여라.

기계 종류	생산량				
A	67	72	75	42	53
B	72	52	63	55	48
C	60	82	65	77	75
D	48	61	57	64	50
E	64	65	70	68	53

7-3 어떤 직물의 인장강도는 가공시의 처리액의 농도에 따라 차이가 있다고 한다. 이를 알아보기 위해 4종류의 처리액의 농도 3.0%, 3.5%, 4.0%, 4.5%에 대하여 각각 5회씩 반복하여 인장강도를 측정한 결과 다음 값을 얻었다. 분산분석표를 작성하고 농도에 따른 인장강도에 차이가 있는지를 검정하여라.

A_1	A_2	A_3	A_4
46.8	51.2	50.2	21.4
58	62.4	38.2	22.1
51.4	30.6	46.8	28.2
61	46	26.7	42.7
45.8	48.8	22.7	25.2

7-4 어느 생물학자는 에탄올이 수면에 미치는 영향을 알고자, 비슷한 체중의 20마리의 쥐를 가지고 실험을 하였다. 20마리의 쥐를 무작위로 5마리씩 4그룹으로 나누고, 각 그룹의 쥐에 에탄올을 각각 1mg, 2mg, 3mg, 0mg(에탄올 포함하지 않음)을 주사하고, 24 시간 동안 눈까풀의 깜빡거림을 특수장치를 이용하여 측정하였다. 이 이때 눈까풀의 깜빡거림 횟수가 작을수록 졸리움을 뜻한다고 한다. 이때 에탄올의 양은 수면에 영향을 미친다고 할 수 있는지를 검정하여라.

0mg	86	79	73	72	89
1mg	57	70	57	55	54
2mg	50	43	47	49	42
3mg	30	38	27	38	38

7-5 어느 농장에서 서식하고 있는 딱정투구벌레에 대한 연구를 하던 도중, 벌레들이 선호하는 색상이 있는지를 알아보기 위해 다음과 같은 실험을 실시하였다. 네 가지 색상의 판자를 각각 여섯 개씩 준비하여, 그 위에 끈끈이를 바르고 여섯 지점에 각 네 가지 판자를 일주일 동안 설치하여 잡힌 벌레의 수를 관측하였다. 딱정투구벌레가 색상을 선호하는 정도가 다르다고 말할 수 있는지를 검정하여라.

레몬색	45	59	48	46	38	47
흰색	21	12	14	17	13	17
녹색	37	32	15	25	39	41
파란색	16	11	20	21	14	7

7-6 일원배치법에 의한 불완전한 분산분석표가 다음과 같이 주어져 있다.

요인	자유도	제곱합	평균제곱합	F-값
처리	4	24.7		
오차				
전체	34	62.4		

(가) 위의 분산분석표를 완성하여라.
(나) 실험에 사용된 개체의 수는 얼마인가?
(다) 모평균에 차이가 있는지를 유의수준 5% 하에서 검정하여라.

7-7 정규분포 $N(\mu_1, \sigma^2)$로부터 크기 8의 표본을 취하여 관측치(처리 I)를 얻었고, 또 다른 정규분포 $N(\mu_2, \sigma^2)$로부터 크기 8인 표본을 취하여 관측치(처리 II)를 얻었다. 이때 두 정규분포의 모분산은 동일하며 또한 두 개의 표본은 서로 독립이라고 가정할 때 이들 표본에 의한 일원배치표는 다음과 같다. 일원배치표를 이용하여 귀무가설 $H_0: \mu_1 = \mu_2$와 이에 대응하는 대립가설 $H_1: \mu_1 \neq \mu_1$에 대하여 t-검정한 결과와 분산분석한 결과를 비교하여라.

처리	관측치								합	평균
처리 I	31	20	18	17	9	8	10	7	120	15
처리 II	18	17	14	11	10	7	5	6	88	11

7-8 어느 제조회사는 복잡한 생산품을 조립하는 4가지 방법 중에서 가장 시간이 적게 소요되는 방법이 있는지를 알고 싶어 한다. 16명의 종업원을 무작위로 4명씩 4개의 집단으로 나누어서 5번의 실험을 하였다. 다음 데이터는 각 실험마다 4명의 소요시간의 합이다. 이 데이터에 의하여 각 방법에 차이가 있는지를 검정하여라. 단, 종업원들의 생산능력은 동일한 방법으로는 같다고 가정한다.

방법	소요시간(단위: 분)				
A	55	49	42	21	22
B	61	113	30	89	63
C	42	97	81	95	92
D	168	137	169	85	154

7-9 다음의 데이터는 다이어트 음식 3종류의 콜레스테롤 함량을 4개의 다른 실험실에서 측정한 결과이다. 분산분석표를 작성하고 다이어트 음식과 실험실에 따라 콜레스테롤 함량에 차이가 있는지를 검정하여라.

	음식 I	음식 II	음식 III
A 실험실	3.4	2.6	2.8
B 실험실	3	2.7	3.1
C 실험실	3.3	3	3.4
D 실험실	3.5	3.1	3.7

7-10 세 종류의 기계와 세 사람의 기능공이 제품의 품질에 미치는 영향을 조사하기 위하여 다음과 같은 데이터를 얻었다. 분산분석표를 작성하고 기계와 기능공에 따라 제품의 품질에 차이가 있는지를 검정하여라.

	기능공 I	기능공 II	기능공 III
기계 A	11	15	20
기계 B	14	23	16
기계 C	11	14	15

7-11 여섯 종류의 사료를 쥐에게 먹였을 때 쥐의 체중증가에 어떤 영향을 주는지를 알아보기 위해 단백질의 요소에 대한 세 수준(A: 쇠고기, 곡류, 돼지고기)과 단백질의 수준에 대한 두 수준(B: 높음, 낮음)을 고려한 후 실험을 하였다. 다음의 데이터는 실험을 통해서 얻어진 쥐의 체중증가량을 기록한 결과이다. 요인 A, B 및 상호작용의 효과가 있는지를 분석하여라.

단백질의 요소(A)	단백질의 수준(B)									
	B1(높음)					B2(낮음)				
A1(쇠고기)	73	102	118	104	81	90	76	90	64	86
	107	100	87	117	111	51	72	90	95	78
A2(곡류)	98	74	56	111	95	107	95	97	80	98
	88	82	77	86	92	74	74	67	89	58
A3(돼지고기)	94	79	96	98	102	49	82	73	86	81
	102	108	91	120	105	97	106	70	61	82

7-12 다음은 세 가지 치료법(A, B, C)에 대해 처리 전(X)과 후(Y)의 수치를 제시한 것이다.

치료법 A		치료법 B		치료법 C	
X	Y	X	Y	X	Y
11	6	6	0	16	13
8	0	6	2	13	10
5	2	7	3	11	18
14	8	8	1	9	5
19	11	18	18	21	23
6	4	8	4	16	12
10	13	19	14	12	5
6	1	8	9	12	16
11	8	5	1	7	1
3	0	15	9	12	20

(가) 치료법을 요인(설명변수)으로 하고, 처리 후의 수치(Y)를 반응변수로 하여 일원분류 분산분석을 수행하여라.

(나) 처리 전의 수치(X)를 공변량으로 추가하여 공분산분석을 수행하고, (가)의 결과와 비교하여라(이때 기울기의 동일성에 대한 검정을 먼저 실시한 후 분석을 수행하여라).

CHAPTER 8

상관분석

- 8.1 상관계수의 개념
- 8.2 상관계수의 추정과 검정
- 8.3 산점도 행렬의 작성
- 8.4 편상관계수
- 8.5 문항의 신뢰도분석

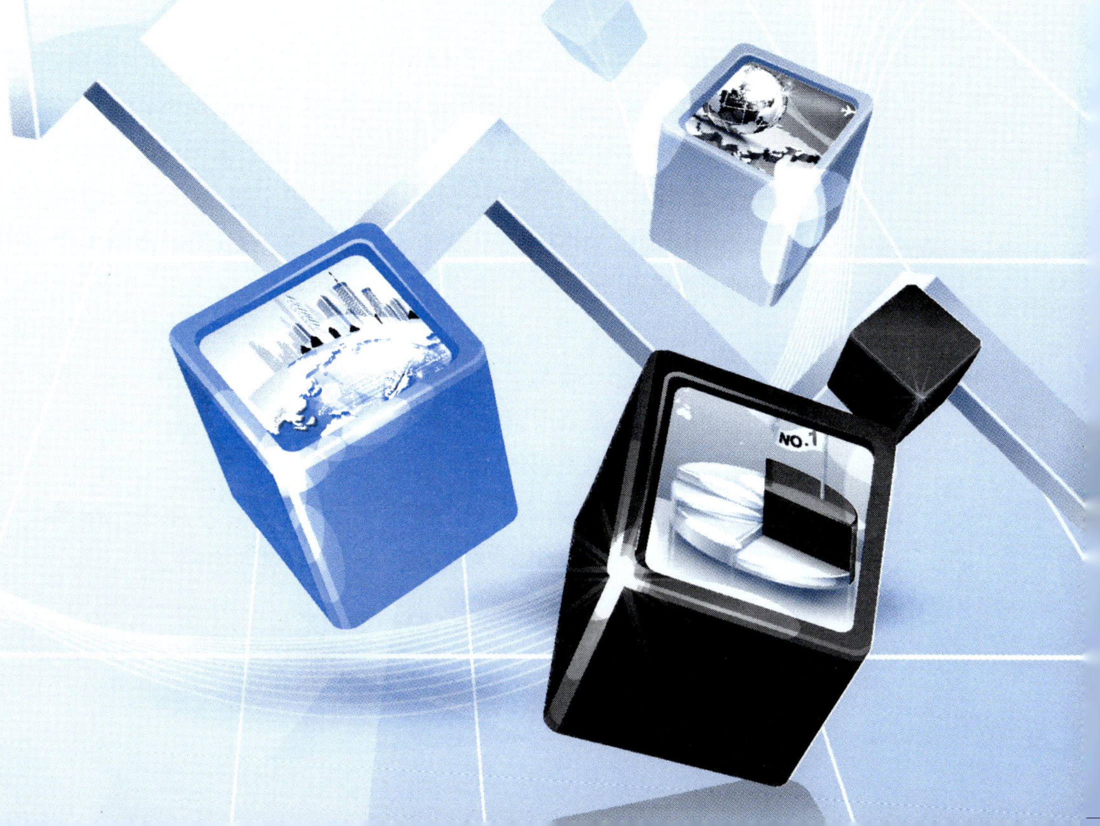

여러 변수에서 얻은 자료를 분석할 때, 주요 관심 대상 중의 하나는 변수들 간의 상호 연관성을 분석하는 것이다. 이 장에서는 두 변수 간의 선형적인 연관성을 분석하는 상관분석(correlation analysis)에 대한 기본적인 내용을 소개할 것이다. 또한 측정이론에서 문항의 신뢰도를 평가하는데 사용되는 크론바흐(Cronbach)의 알파(α)에 관한 내용도 간단히 다룰 것이다.

8.1 상관계수의 개념

가구당 실질소득과 저축률, 섭취한 알코올의 양과 맥박수, 지능지수와 학업성적 등과 같이, 서로 관련을 맺고 있는 두 변수에 대한 관찰값들이 쌍으로 주어졌을 때, 연구자는 두 변수들 간의 관계에 관심을 갖게 된다. 먼저 이 절에서는 두 연속형 변수들 간의 연관성을 측정하는데 사용되는 상관계수의 개념에 대해 살펴보도록 하자.

8.1.1 모공분산과 모상관계수

평균이 μ_x와 μ_y이고 분산이 σ_x^2와 σ_y^2인 두 확률변수 X와 Y가 있다고 하자. X의 값이 μ_x보다 클 때는 Y의 값도 μ_y보다 크고, X의 값이 μ_x보다 작을 때는 Y의 값도 μ_y보다 작은 경향이 있다면, $(X-\mu_x)(Y-\mu_y)$는 양의 값을 가질 가능성이 많게 된다. **공분산**(共分散, covariance)

$$\sigma_{xy} = Cov(X, Y) = E[(X-\mu_x)(Y-\mu_y)] \tag{8.1}$$

은 $(X-\mu_x)(Y-\mu_y)$의 기대값으로 확률변수 X의 증가에 따른 확률변수 Y의 증가 또는 감소의 경향을 나타내는 측도이다. 즉, σ_{xy}가 큰 양의 값을 가진다면 X가 증가할 때 Y도 증가하는 경향이 크다는 것을 나타내고, σ_{xy}가 큰 음의 값을 가진다면 X가 증가할 때 Y는 감소하는 경향이 크다는 것을 나타낸다. 만약 σ_{xy}가 0에 가깝다면 두 확률변수 X와 Y의 증감은 서로 체계적인 경향이 없다는 것을 의미한다.

그러나 이와 같은 공분산은 변수를 측정하는 단위에 의존하며, 그 값의 범위가 제한되어 있지 않아서 연관성의 정도를 상대 또는 절대비교하기가 어렵기 때문에 측정단위와는 무관하며, 범위가 제한되어 있는 연관성의 측도를 고려할 필요가 있다.

공분산 σ_{xy}를 각 확률변수의 표준편차(standard deviation)로 나누면 다음과 같은 **상관계수**(相關係數, correlation coefficient)

$$\rho_{xy} = Corr(X, Y) = \frac{\sigma_{xy}}{\sigma_x \sigma_y} \tag{8.2}$$

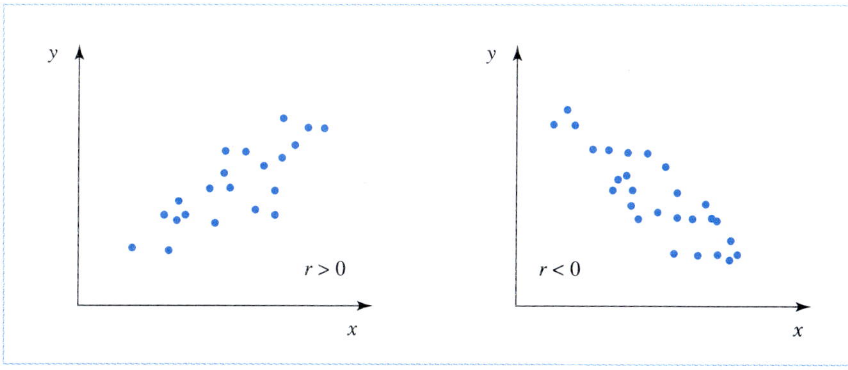

그림 8.1
상관계수의 부호

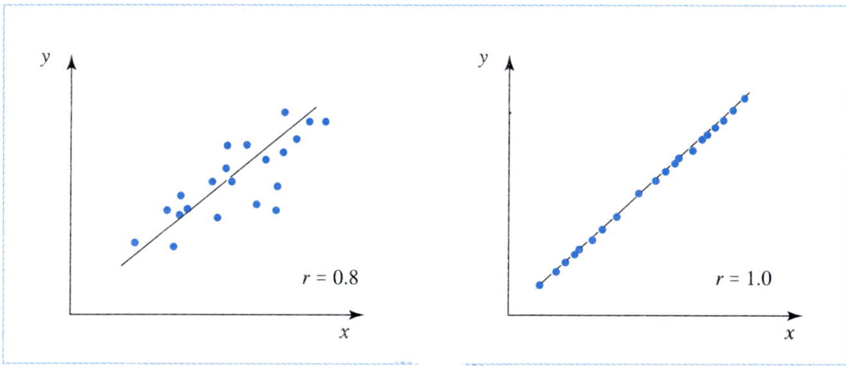

그림 8.2
상관계수의 크기

를 얻게 되는데, 이는 X와 Y의 선형성의 정도를 나타내는 측도로서 측정 단위에 무관하며, 그 값은 −1과 1 사이에 있게 된다($-1 \le \rho_{xy} \le 1$).

8.1.2 상관계수의 부호와 크기

상관계수의 부호는 두 변수 사이의 증감관계를 나타낸다. <그림 8.1>의 왼쪽은 상관계수의 부호가 양(+)인 경우를 나타내며, 오른쪽은 상관계수의 부호가 음(−)인 경우를 나타낸다.

즉, 상관계수의 부호가 양(+)일 때에는 변수 X의 값이 증가함에 따라 변수 Y의 값도 증가하는 경향을 나타내며, 부호가 음(−)인 경우에는 변수 X의 값이 증가함에 따라 변수 Y의 값이 감소하는 경향을 나타낸다. <그림 8.1>과 같이 두 변수의 좌표점들을 표시한 그림을 **산점도**(散點圖, scatter plot)라 하는데, 이는 자료의 양상을 시각적으로 살펴보는데 매우 유용하다.

또한 상관계수의 절대값 크기는 직선 주변의 자료가 어느 정도 집중되어 있는지를 나타낸다. <그림 8.2>의 왼쪽은 상관계수의 절대값 크기가 0.8로 직선 주변 자료의 집중되는 정도가 80%임을 의미하고, 오른쪽은 상관계수의 절대값 크기가 1로 직선 주변에 자료의 집중되는 정도가 100%임(직선 위에 자료들이 모두 놓여 있음)을 의미한다.

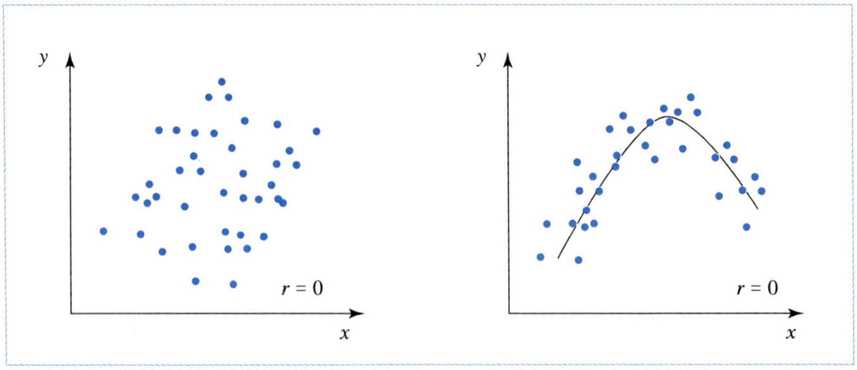

그림 8.3 상관계수가 0인 경우의 예

한편, 상관계수가 0이라고 해서 무조건 두 변수 간에 어떠한 관계도 없다고 할 수는 없다. 예를 들어, <그림 8.3>은 상관계수가 모두 0인 형태로서, 그림의 왼쪽은 두 변수 간에 특정한 관계가 없음을 알 수 있으나, 그림의 오른쪽은 두 변수 간에 선형관계는 없지만 2차 곡선의 관계가 있음을 알 수 있다. 그러므로 상관계수는 두 변수 간의 선형집중도의 측도라는 특성을 가지고 있으므로, 그 해석을 선형의 범주 내로 제한해야 한다.

만약 두 연속형 변수 간에 곡선 또는 비선형적인 관계가 있는 경우에는, 적절한 비선형 모형을 고려하거나(곡선 또는 비선형 모형에 의한 분석은 9장에서 다룬다) 한 변수를 기준으로 몇 개의 구간을 나누어 상관계수를 구하는 등의 방법을 사용하는 것이 바람직하다. 예를 들어, <그림 8.3>의 오른쪽에서 x가 연령이고 y가 선호도라고 하자. 이때 연령을 적절한 두 개의 구간(예를 들면, 연령이 40 이하인 집단과 40 이상인 집단)으로 나누어 상관계수를 구해보면, 연령이 작은(40 이하인) 집단에서는 연령과 선호도의 관계가 양(+)의 관계를 가지지만, 연령이 큰(40 이상인) 집단에서는 연령과 선호도의 관계가 음(−)의 관계를 가지고 있음을 알 수 있다.

8.2 상관계수의 추정과 검정

두 변수 X와 Y에 대해서 n개의 쌍으로 관찰된 표본 (x_1, y_1), (x_2, y_2), $\cdots$, (x_n, y_n)을 얻었을 때 상관계수에 대한 추정과 검정에 대해서 살펴보도록 하자.

8.2.1 피어슨(Pearson)의 상관계수

다음과 같은 **표본공분산** s_{xy}와 **표본상관계수** r_{xy}

$$s_{xy} = \frac{1}{n-1}\sum_{i=1}^{n}(x_i - \bar{x})(y_i - \bar{y}), \tag{8.3}$$

$$r_{xy} = \frac{s_{xy}}{s_x s_y} = \frac{\sum_{i=1}^{n}(x_i - \bar{x})(y_i - \bar{y})}{\sqrt{\sum_{i=1}^{n}(x_i - \bar{x})^2 \sum_{i=1}^{n}(y_i - y)^2}} \tag{8.4}$$

는 모공분산 σ_{xy}와 모상관계수 ρ_{xy}의 추정치로 사용되며, 여기서 표본상관계수 r_{xy}는 피어슨의 **적률상관계수**(product-moment correlation coefficient)라고도 한다.

이와 같은 표본상관계수 r을 이용하여 모상관계수 ρ에 대한 가설검정을 수행할 수 있다. 먼저, 귀무가설 $H_0: \rho = 0$에 대한 검정통계량은

$$T = \sqrt{n-2}\frac{r}{\sqrt{1-r^2}} \tag{8.5}$$

로서 이는 귀무가설하에서 자유도 $n-2$인 t-분포를 따른다.

모상관계수에 대한 검정법

검정통계량 : $T = \sqrt{n-2}\frac{r}{\sqrt{1-r^2}}$

	귀무가설과 대립가설	기각역
(a)	$H_0: \rho \le 0$ vs $H_1: \rho > 0$	$T \ge t_\alpha(n-2)$
(b)	$H_0: \rho \ge 0$ vs $H_1: \rho < 0$	$T \le -t_\alpha(n-2)$
(c)	$H_0: \rho = 0$ vs $H_1: \rho \ne 0$	$\lvert T \rvert \ge t_{\alpha/2}(n-2)$

한편, 이보다 조금 더 일반적인 귀무가설 $H_0: \rho = \rho_0$(여기서 ρ_0가 0일 필요는 없다)에 대한 검정은 다음과 같은 피셔(Fisher)의 z-변환

$$z = [\log_e(1+r) - \log_e(1-r)]/2 \tag{8.6}$$

을 이용할 수 있는데, 이때 통계량 z는 평균이 $[\log_e(1+\rho) - \log_e(1-\rho)]/2$이고, 분산이 $1/\sqrt{n-3}$인 정규분포에 근사적으로 따른다.

8.2.2 스피어만(Spearman)의 순위상관계수

두 확률변수의 분포가 이변량 정규분포로부터 멀리 벗어나 있거나 자료에 특이값이 존재할 때, 두 변수 간의 연관관계를 측정하기 위해 피어슨 상관계수와 같은 모수적인 통계량보다, 비모수적인 방법에 의한 상관계수를 사용하는 것이 바람직한 경우가 많다.

두 변수 X와 Y에 대한 n개의 자료 (x_i, y_i), $i = 1, \cdots, n$를 각 변수별로 순위화하여 얻은 값을 (Q_i, R_i), $i = 1, \cdots, n$라고 하자. 이때 **스피어만의 순위상관계수**(rank correlation coefficient)는 두 변수의 순위만을 이용하는 것으로

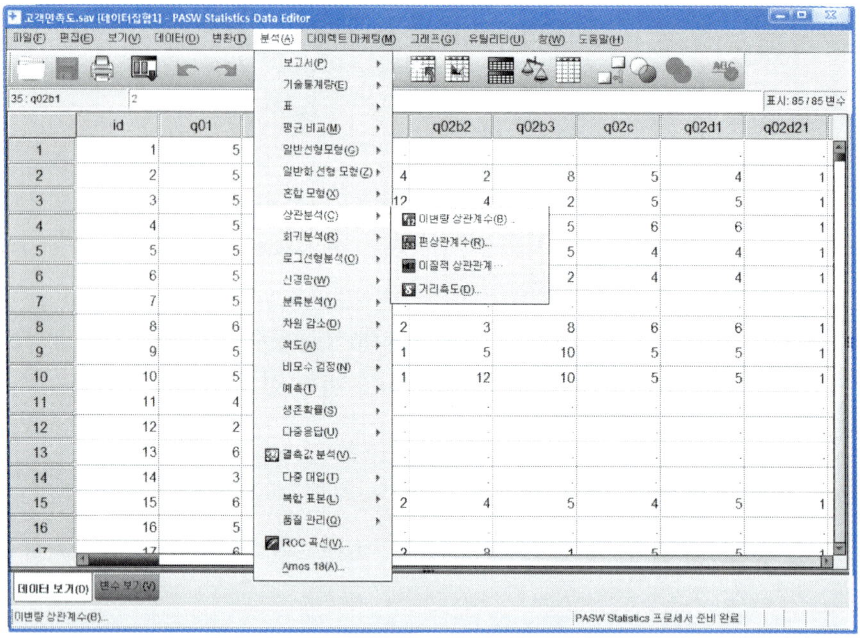

그림 8.4 '분석(A) → 상관분석(C) → 이변량 상관계수(B)' 메뉴

다음과 같이 계산된다.

$$r_s = 1 - \frac{6\sum_{i=1}^{n} d_i^2}{n(n^2-1)}. \qquad (8.7)$$

여기서 $d_i = Q_i - R_i$는 i번째 자료값에서의 순위차이다.

이 외에도 순위자료의 일치쌍(concordant pair)과 불일치쌍(discordant pair) 개념을 이용한 켄달(Kendall)의 타우(τ) 등도 비모수적인 상관계수로서 종종 사용된다(켄달의 타우 등 연관성의 측도에 대해서는 허명회(1992) 등을 참조하기 바란다).

8.2.3 상관분석 사례

SPSS에서는 '분석(A) → 상관분석(C) → 이변량 상관계수(B)...' 메뉴를 이용하여 공분산 및 여러 가지 상관계수를 얻을 수 있다. 여기서는 '고객만족도.SAV' 데이터를 이용하여 다음과 같은 5개의 만족도 문항들에 대한 상관계수를 구해보도록 하자.

q01(전반적 만족도), q03a(디자인 만족도), q04a(사용 편리성 만족도), q05a(성능 만족도), q06a(고장 및 견고성 만족도).

① '분석(A) → 상관분석(C) → 이변량 상관계수(B)...' 메뉴를 선택한다(그림 8.4).

② '이변량 상관계수' 대화상자에서 '변수(V)' 란에 변수 q01, q03a,

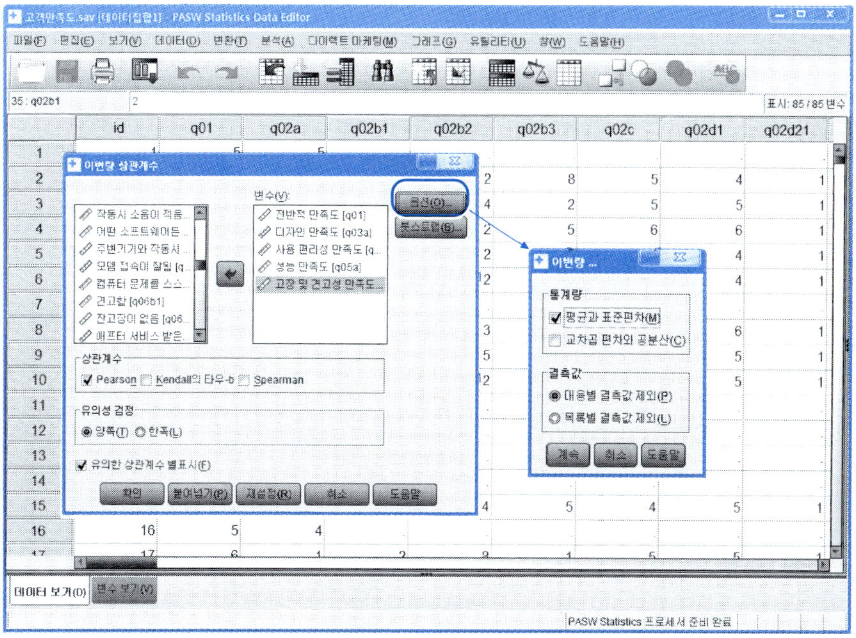

그림 8.5
'이변량 상관계수' 및 '옵션' 대화상자

q04a, q05a, q06a를 선택한다. 또한 '상관계수' 란의 'Pearson(N)' 에 체크하고 '유의한 상관계수 별표시(F)' 에 체크한다(그림 8.5).

③ '이변량 상관계수' 대화상자에서 '옵션' 버튼을 클릭한 후, '옵션' 대화상자에서 '통계량' 란의 '평균과 표준편차(M)' 에 체크한다(공분산을 구하고자 하는 경우 '교차곱 편차와 공분산(C)' 에도 체크하면 된다). '계속' 버튼을 클릭한 후 '이변량 상관계수' 대화상자에서 '확인' 버튼을 클릭한다.

이상의 과정을 수행하면 <그림 8.6>에서와 같이 기술통계량과 함께 상관계수 및 유의확률(양측) 등을 얻을 수 있다. 출력된 상관계수들을 살펴보면 모든 상관계수가 양(+)의 값을 가지고 있으며, 유의확률이 모두 0.01보다 작아서 유의수준 1%하에서 유의하다는 것을 알 수 있다(즉, 모상관계수가 0이라는 귀무가설 '$H_0: \rho = 0$' 을 유의수준 1%하에서 기각할 수 있다).

8.3 산점도 행렬의 작성

산점도(scatter plot)는 변수들 간의 관계를 탐색하는데 유용하게 사용될 수 있다. '그래프(G) → 레거시 대화 상자(L) → 산점도/점도표(S)' 메뉴를 이용하면 단순 또는 다중 산점도를 쉽게 작성할 수 있다.

여기서는 '제품만족도.SAV' 데이터의 변수 age(연령), x1(기능만족도),

그림 8.6
기술통계량 및 상관계수

기술통계량

	평균	표준편차	N
전반적 만족도	5.11	1.050	691
디자인 만족도	5.21	.967	699
사용 편리성 만족도	5.21	.916	697
성능 만족도	5.16	.934	697
고장 및 견고성 만족도	5.15	.978	686

상관계수

		전반적 만족도	디자인 만족도	사용 편리성 만족도	성능 만족도	고장 및 견고성 만족도
전반적 만족도	Pearson 상관계수	1	.417**	.487**	.571**	.507**
	유의확률 (양쪽)		.000	.000	.000	.000
	N	691	690	689	688	677
디자인 만족도	Pearson 상관계수	.417**	1	.429**	.473**	.390**
	유의확률 (양쪽)	.000		.000	.000	.000
	N	690	699	696	696	685
사용 편리성 만족도	Pearson 상관계수	.487**	.429**	1	.627**	.478**
	유의확률 (양쪽)	.000	.000		.000	.000
	N	689	696	697	694	683
성능 만족도	Pearson 상관계수	.571**	.473**	.627**	1	.549**
	유의확률 (양쪽)	.000	.000	.000		.000
	N	688	696	694	697	683
고장 및 견고성 만족도	Pearson 상관계수	.507**	.390**	.478**	.549**	1
	유의확률 (양쪽)	.000	.000	.000	.000	
	N	677	685	683	683	686

**. 상관계수는 0.01 수준(양쪽)에서 유의합니다.

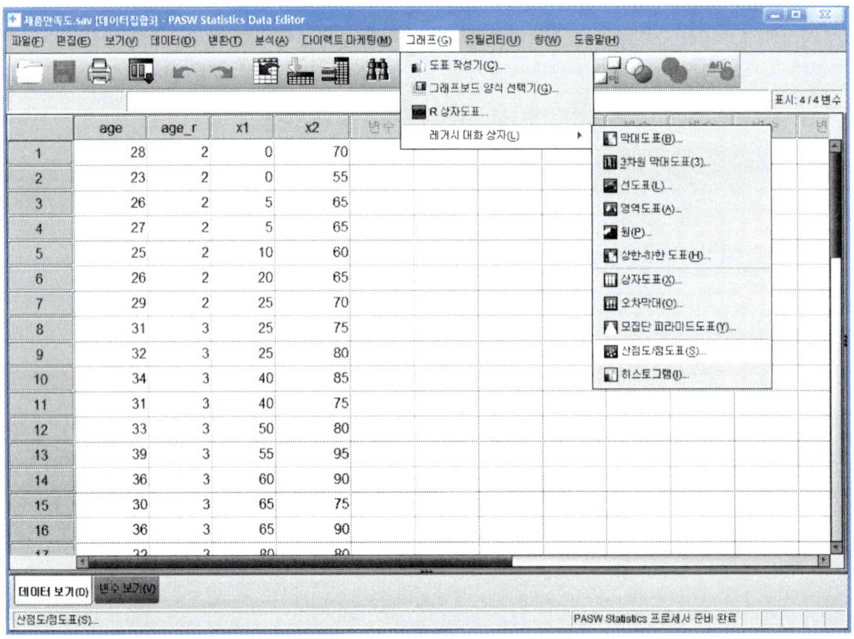

그림 8.7
'그래프(G) → 레거시 대화 상자(L) → 산점도/점도표(S)' 메뉴

x2(디자인만족도)을 이용하여 산점도 행렬(다중 산점도)을 작성해 보도록 하자.

① 풀다운 메뉴에서 '그래프(G) → 레거시 대화 상자(L) → 산점도/점도표(S)...' 메뉴를 선택한다(그림 8.7).

그림 8.8
'산점도' 대화상자

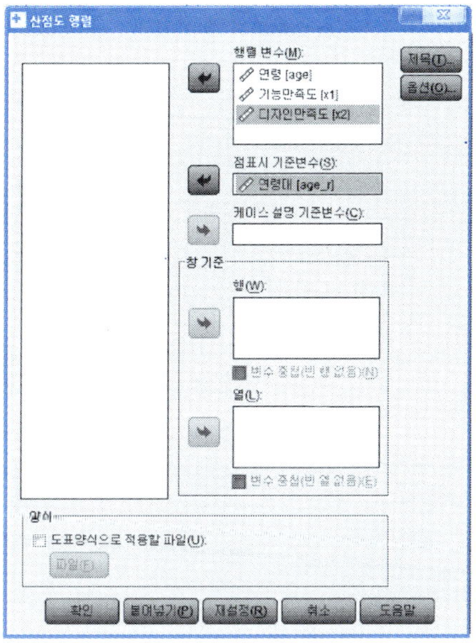

그림 8.9
'산점도 행렬' 대화상자

② '산점도' 대화상자에서 '행렬' 을 클릭한 후, '정의' 버튼을 클릭한다 (그림 8.8).

③ '산점도 행렬' 대화상자에서 '행렬 변수(M)' 란에 변수 age, x1, x2를 선택하고, '점표시 기준변수(S)' 란에 변수 age_r(연령대)를 선택한다. '확인' 버튼을 클릭한다.

이러한 과정을 수행하면 <그림 8.10>에서와 같이 산점도 행렬을 얻을 수 있는데, 여기서 각 칸은 두 변수 간의 산점도를 나타낸다(또한 연령대별로 색깔이 구분되어 있다). 이 그림을 살펴보면 세 변수들 간에 전반적으로 양(+)의 관계가 있음을 알 수 있다.

8.4 편상관계수

<그림 8.11>의 결과는 '제품만족도.SAV' 데이터의 세 변수 age(연령), x1(기능만족도), x2(디자인만족도)에 대한 상관계수를 구한 것이다(이 데

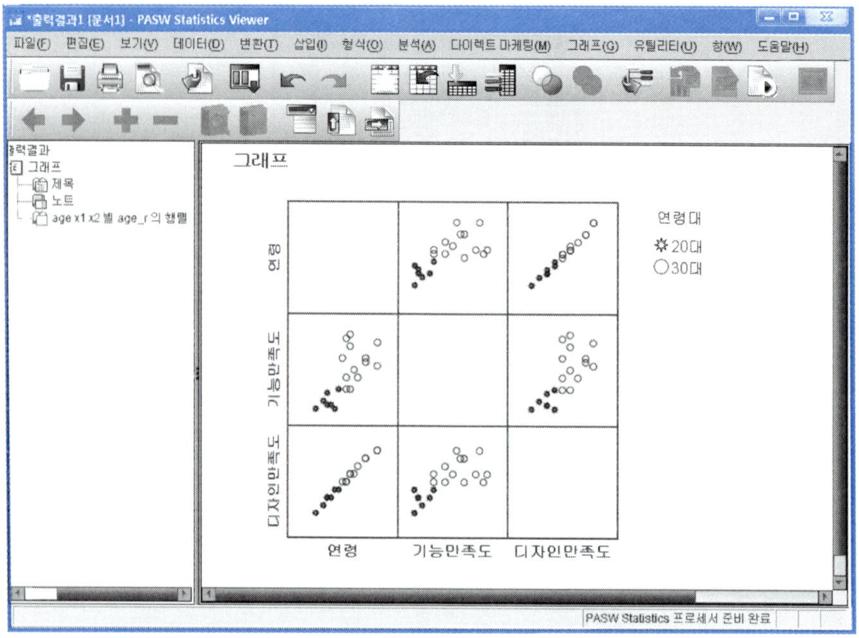

그림 8.10
산점도 행렬

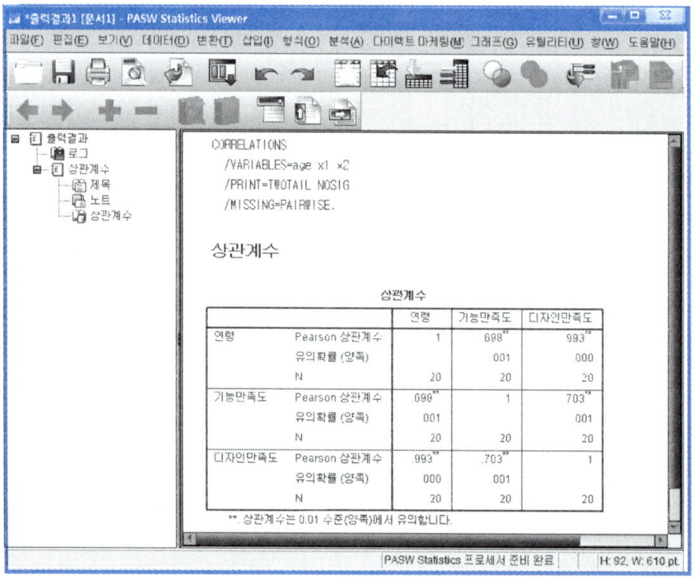

```
CORRELATIONS
  /VARIABLES=age x1 x2
  /PRINT=TWOTAIL NOSIG
  /MISSING=PAIRWISE.
```

상관계수

상관계수

		연령	기능만족도	디자인만족도
연령	Pearson 상관계수	1	.698**	.993**
	유의확률 (양쪽)		.001	.000
	N	20	20	20
기능만족도	Pearson 상관계수	.698**	1	.703**
	유의확률 (양쪽)	.001		.001
	N	20	20	20
디자인만족도	Pearson 상관계수	.993**	.703**	1
	유의확률 (양쪽)	.000	.001	
	N	20	20	20

**. 상관계수는 0.01 수준(양쪽)에서 유의합니다.

그림 8.11
단순 상관계수

이터는 특정 제품에 대해서 20명의 고객으로부터 연령, 기능만족도, 디자인만족도를 조사하여 얻은 것이다). 이 결과를 살펴보면 이들 변수 간에 전반적으로 매우 높은 상관성을 가지고 있음을 알 수 있으며, 특히 연령과 디자인만족도 간에는 거의 1에 가까운 상관계수를 가지고 있음을 알 수 있다.

한편 **편상관계수**(partial correlation coefficient) $\rho(x_1, x_2 | z_1, \cdots, z_p)$는 특정한 변수들$(z_1, \cdots, z_p)$이 같은 값으로 통제(고정)되었을 경우 두 변수 x_1과 x_2 사

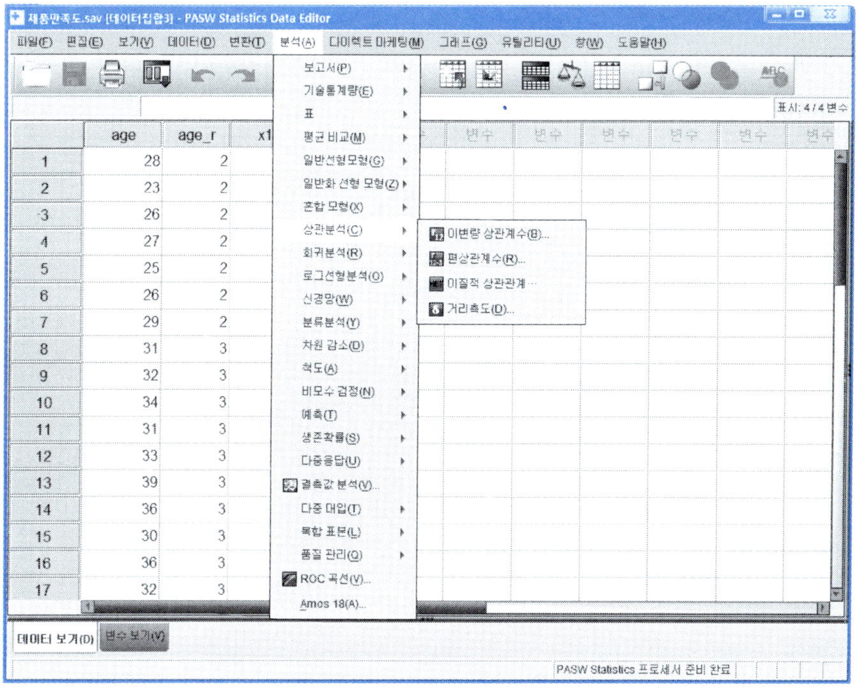

그림 8.12 '분석(A) → 상관분석(C) → 편상관계수(R)' 메뉴

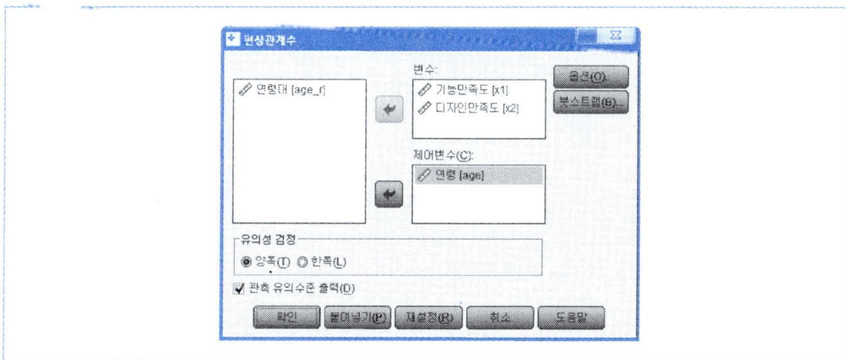

그림 8.13 '편상관계수' 대화상자

이의 상관계수를 나타내는데, 이는 두 변수가 통제변수와 공유하는 부분을 각각 제거한 후 두 변수 간의 순수한 연관성을 측정하기 위해서 사용된다.

예를 들어, '제품만족도.SAV' 데이터에 대해서 변수 age(연령)를 통제하였을 때 x1(기능만족도)과 x2(디자인만족도)의 편상관계수를 구하고, 그 의미를 해석해 보자.

① '분석(A) → 상관분석(C) → 편상관계수(R)...' 메뉴를 선택한다(그림 8.12).

② '편상관계수' 대화상자에서 '변수(V)' 란에 변수 x1과 x2를 선택하고 '제어변수(C)' 란에 변수 age를 선택한다. '확인' 버튼을 클릭한다(그림 8.13).

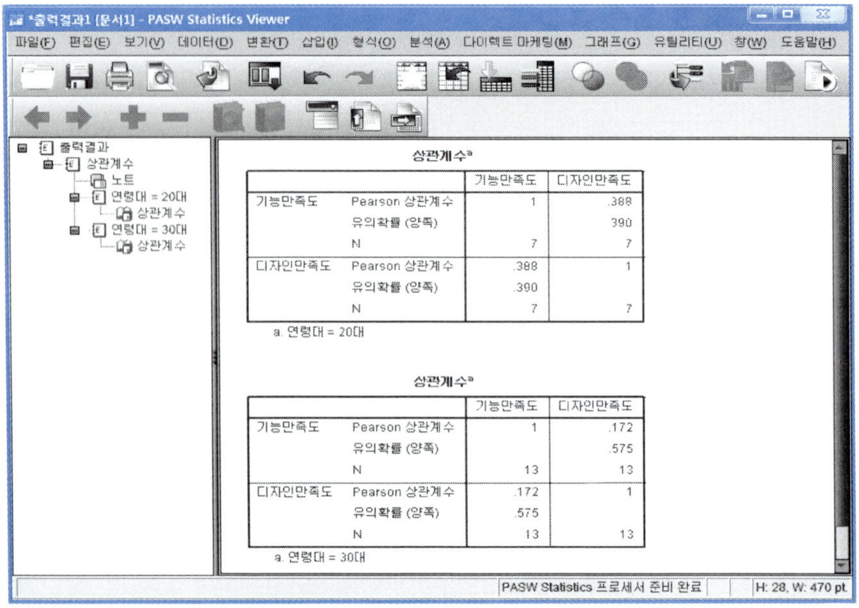

상관계수[a]

		기능만족도	디자인만족도
기능만족도	Pearson 상관계수	1	.388
	유의확률 (양쪽)		.390
	N	7	7
디자인만족도	Pearson 상관계수	.388	1
	유의확률 (양쪽)	.390	
	N	7	7

a. 연령대 = 20대

상관계수[a]

		기능만족도	디자인만족도
기능만족도	Pearson 상관계수	1	.172
	유의확률 (양쪽)		.575
	N	13	13
디자인만족도	Pearson 상관계수	.172	1
	유의확률 (양쪽)	.575	
	N	13	13

a. 연령대 = 30대

그림 8.14
출력된 편상관계수

<그림 8.14>를 보면 추정된 편상관계수가 $r(x_1, x_2 | \text{age}) = 0.115$이고, 이에 대한 유의확률이 0.639임을 알 수 있다(<그림 8.11>에서 x1(기능만족도)과 x2(디자인만족도)의 단순 상관계수는 $r(x_1, x_2) = 0.703$으로 추정되어 있다). 따라서 통제변수인 age(연령)가 같은 값을 가지도록 고정된다면, x1(기능만족도)과 x2(디자인만족도) 사이에는 연관성이 크지 않음을 알 수 있다. 즉, 연령이 클수록 이 제품에 대해 기능만족도와 디자인만족도가 모두 커지는 경향이 있으며(변수 연령이 두 변수 사이의 매개변수 역할을 하며), '연령'이 같도록 통제된다면(같은 연령을 가진 사람들만 조사된다면) 기능 만족도와 디자인만족도 사이에 연관성이 작다는 것을 알 수 있다.

한편 <그림 8.15>는 20대와 30대 각각에 대해 x1(기능만족도)과 x2(디자인만족도)의 단순 상관계수를 계산한 것인데(이 결과를 얻기 위해서는 먼저 '파일분할' 대화상자를 열고 '분할 집단변수(G)' 란에 변수 age_r을 선택한 후(1.5.1절 참조), 8.2절에서와 같이 '이변량 상관계수(B)' 메뉴를 이용하면 된다), 이 결과를 통해서도 위와 같은 경향을 확인할 수 있다. <그림 8.15>의 출력결과를 보면 각 연령대에서 기능만족도와 디자인만족도의 상관계수가 매우 작고 유의확률도 각각 0.390, 0.575로서 유의수준 5%(또는 10%) 하에서 유의하지 않다는 것을 알 수 있다.

8.5 문항의 신뢰도분석

사회과학 분야 연구에서는 리커트 척도(Likert scales)의 설문문항들을

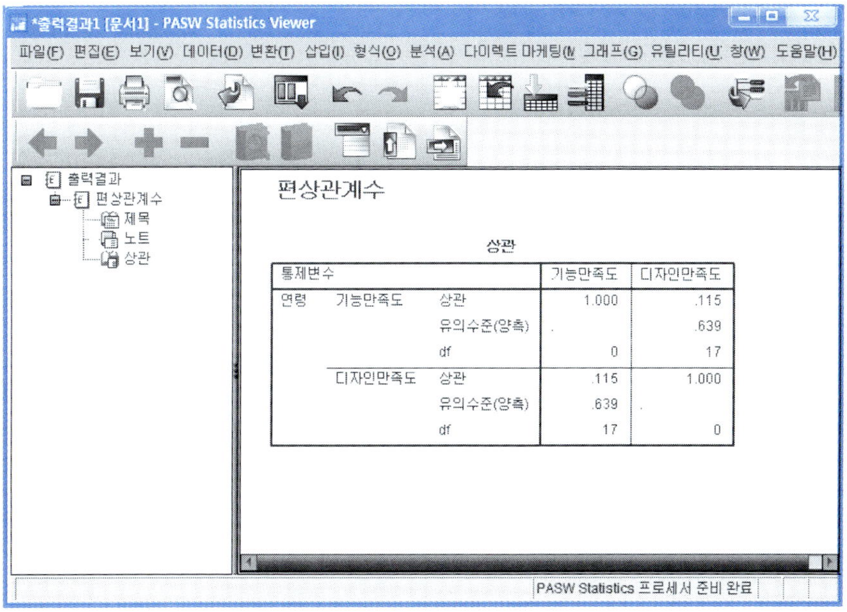

통제변수			기능만족도	디자인만족도
연령	기능만족도	상관	1.000	.115
		유의수준(양측)	.	.639
		df	0	17
	디자인만족도	상관	.115	1.000
		유의수준(양측)	.639	.
		df	17	0

그림 8.15
연령대별로 계산된 단순 상관계수

사용하여, 자신감이나 직업만족도 등과 같은 추상적 개념들을 측정하는 경우가 많다. 이때 주요 관심 대상 중의 하나는 동일한 개념을 측정하기 위하여 사용된 문항들에 대한 측정의 **신뢰도**(reliability)이다. 만약 문항들의 신뢰도가 높다면 문항점수들의 합계를 구해서 하나의 지표로 사용할 수 있을 것이고, 그렇지 않다면 이러한 방법에 문제가 있게 된다.

동일한 개념을 측정하기 위해 만든 N개의 설문문항이 있다고 하자. 그 문항들의 합을 X라고 할 때, 전통적 시험이론에서는 다음과 같은 모형을 고려한다.

$$X = t + e, \tag{8.8}$$

여기서 t는 참점수(true score)이고, e는 측정오차(measurement error)이며, t와 e는 서로 독립이다. 신뢰도 또는 신뢰계수는 다음과 같이

$$\rho^2(X,t) = \frac{Cov^2(X,t)}{Var(X)\,Var(t)}, \tag{8.9}$$

관측점수 X와 참점수 t의 상관계수 제곱으로 정의되며, $Cov(X,t) = Cov(t+e,t) = Var(t)$이므로

$$\rho^2(X,t) = Var(t)/Var(X)$$

과 같고, 신뢰도는 참점수 t와 관측점수 X의 분산비(ratio of variance)로 해석할 수도 있다.

8.5.1 크론바흐의 알파계수

이와 같이 신뢰도를 추정하기 위한 많은 방법이 존재하는데(여러 가지 유형의 신뢰도에 대해서는 성태제(1995) 등을 참조하기 바란다), 주로 사용되는 것 중의 하나가 내적일치도(internal consistency)를 의미하는 크론바흐의 알파계수이다. 여기서는 알파계수의 개념에 대해서 간단히 살펴보도록 하자.

먼저 $X_1^*, X_2^*, \cdots, X_N^*$를 $X_1, X_2, \cdots, X_N$에 대한 동형의 문항들이라고 하고, $X = \sum_{i=1}^{N} X_i$와 $X^* = \sum_{i=1}^{N} X_i^*$를 각각 이들의 합이라고 하자. 알파계수는 두 동형문항 간의 상관계수 $\alpha = Corr(X, X^*)$로 정의되고, '동형'이 가지는 의미를 문항 변수 각각의 등분산성(equal variances)과 그들 간의 등공분산성(equal covariances)으로 나타낼 때

$$\alpha = \frac{N}{N-1}\left(1 - \frac{\sum_{i=1}^{N} Var(X_i)}{Var(X)}\right) \qquad (8.10)$$

가 된다.

이러한 알파계수는 신뢰도 ρ의 하한값(lower bound)으로 생각할 수 있고(즉, 각 문항의 동형성에 대한 가정이 유지되지 못하면 알파계수는 신뢰도를 과소추정할 가능성이 있다), 모든 문항이 이항(0 또는 1)으로 측정되는 경우 알파계수는 KR-20(Kuder-Richardson 20) 계수와 동일한 것으로 알려져 있다.

8.5.2 신뢰도분석 사례

<그림 8.16>의 데이터(의식조사.SAV)는 기업구성원의 의식조사를 통해 얻은 것으로, 다음과 같은 10개의 문항으로 구성되어 있다.

- q01: 나의 상사는 업무에 대한 전문성이 있고 헌신적으로 일을 한다.
- q02: 나는 상사가 추진하는 업무추진과정을 보면 그의 능력과 준비성을 인정하게 된다.
- q03: 나의 상사는 부주의하게 일을 함으로써 나를 곤란하게 만들지는 않는다.
- q04: 나는 상사와 나의 생각, 느낌, 희망까지 자유롭게 이야기를 나눌 수 있다.
- q05: 나는 일하면서 겪는 어려움을 상사에게 편안하게 이야기할 수 있으며, 그 역시 내 이야기를 잘 들어 줄 것이다.
- q06: 만일 나와 상사 중에서 한 명이 부서가 바뀌어 함께 일할 수 없게 된다면, 우리는 둘 다 상실감을 느낄 것이다.

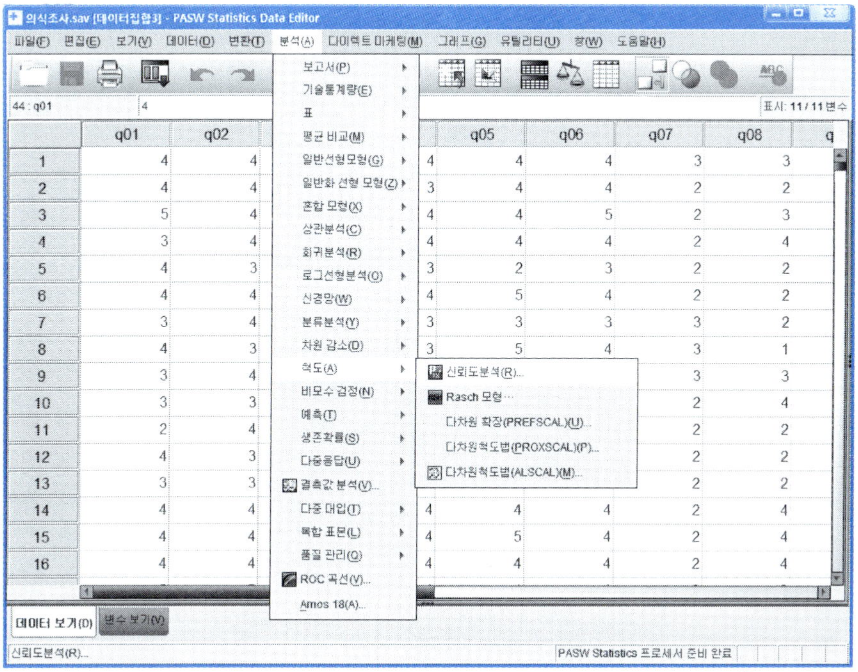

그림 8.16
'분석(A) → 척도(A) → 신뢰도분석(R)' 메뉴

- q07: 나의 상사는 나의 업무상 과실에 대해 다른 사람 앞에서 공개적으로 나를 비판한다.
- q08: 나는 동료들과 함께 있을 때 그들을 의식하지 않고 내 일을 한다.
- q09: 일을 할 때 다른 사람에게 의지하지 않도록 독립성을 개발해야 한다.
- q10: 나는 '사공이 많으면 배가 산으로 간다'는 속담에 동의한다.

또한 이들 문항은 3개의 구성개념: '상사의 업무수행능력'(q01~q03), '상사와의 공적/개인적 긴밀함'(q04~q07), '업무추진의 독자성'(q08~q10)을 나타내는 것으로 간주되었고, 각 문항은 5점 척도(1=전혀 그렇지 않다,..., 5=매우 그렇다)로 측정되어 있다.

■ '상사의 업무수행능력'에 대한 신뢰도분석

먼저 다음의 과정을 수행하여 '상사의 업무수행능력'(q01~q03)에 대한 신뢰도분석을 수행해 보도록 하자.

① '분석(A) → 척도(A) → 신뢰도분석(R)...' 메뉴를 선택한다(그림 8.16).
② '신뢰도분석' 대화상자에서 '항목(I)' 란에 q01, q02, q03을 선택한다(그림 8.17).
③ '신뢰도분석' 대화상자에서 '통계량(S)...' 버튼을 클릭한 후, '통계량' 대화상자의 '다음에 대한 기술통계량' 란의 '항목(I)', '척도(S)',

그림 8.17
'신뢰도분석' 대화상자

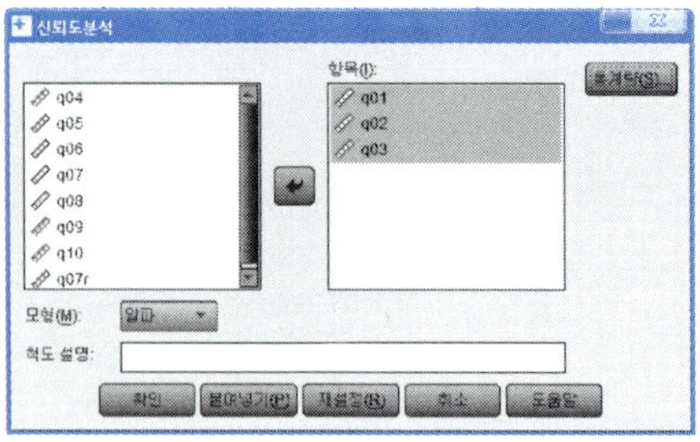

그림 8.18
'통계량' 대화상자

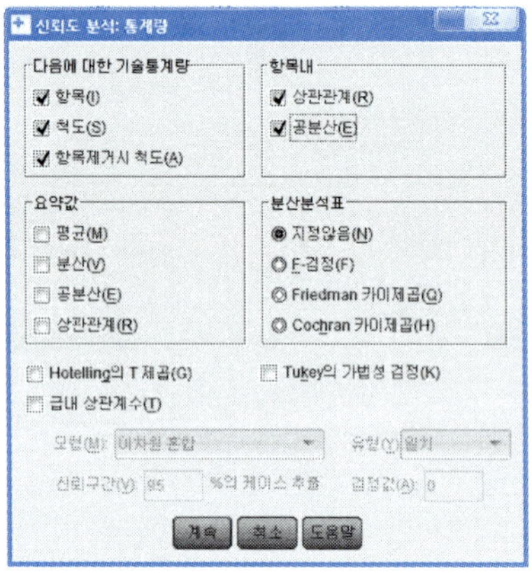

그림 8.19
'상사의 업무수행 능력'에 대한 신뢰도분석 결과

신뢰도 통계량

Cronbach 의 알파	Cronbach's Alpha Based on Standardized Items	항목 수
.735	.734	3

항목 총계 통계량

	항목이 삭제된 경우 척도 평균	항목이 삭제된 경우 척도 분산	수정된 항목-전체 상관관계	제곱 다중 상관관계	항목이 삭제된 경우 Cronbach 알파
q01	6.91	1.836	.595	.383	.605
q02	6.88	1.820	.617	.400	.578
q03	7.02	2.168	.470	.222	.747

척도 통계량

평균	분산	표준편차	항목 수
10.40	3.857	1.964	3

'항목제거시 척도(A)'에 체크하고, '항목내' 란의 '상관관계(R)', '공분산(E)'에 체크한다.

④ '통계량' 대화상자에서 '계속' 버튼을 클릭한 후, '신뢰도분석' 대화상자에서 '확인' 버튼을 클릭한다.

신뢰도 통계량

Cronbach 의 알파[a]	Cronbach's Alpha Based on Standardized Items[a]	항목 수
-.217	-.252	4

a. 항목 간 평균 공분산이 음수이기 때문에 이 값도 음수입니다. 이것은 신뢰도 모형 가정에 위배됩니다. 항목 코딩을 확인할 수 있습니다.

항목 총계 통계량

	항목이 삭제된 경우 척도 평균	항목이 삭제된 경우 척도 분산	수정된 항목-전체 상관관계	제곱 다중 상관관계	항목이 삭제된 경우 Cronbach 알파
q04	9.99	1.005	.035	.158	-.490[a]
q05	9.49	1.101	.048	.100	-.470[a]
q06	9.44	1.061	.177	.182	-.708[a]
q07	10.87	2.144	-.466	.219	.439

a. 항목 간 평균 공분산이 음수이기 때문에 이 값도 음수입니다. 이것은 신뢰도 모형 가정에 위배됩니다. 항목 코딩을 확인할 수 있습니다.

척도 통계량

평균	분산	표준편차	항목 수
13.26	1.679	1.206	4

그림 8.20
'상사와의 공적/개인적 긴밀함' 에 대한 신뢰도분석 결과

위의 결과를 살펴보면 계산된 알파계수의 값은 0.735로 신뢰도가 비교적 높다는 것을 알 수 있다('Standardized item alpha' 는 모든 변수들이 표준화되었을 때의 신뢰도로서, '신뢰도분석' 대화상자에서 '문항내' 란의 '상관관계(L)' 에 체크한 경우에만 출력된다). 출력결과에서 'Corrected Item-Total Correlation' 은 각 변수와 해당되는 구성개념(합점수)과의 상관계수를 의미하고, 'Alpha if Item Deleted' 는 각 변수를 제거한 뒤 남아 있는 나머지 두 문항만을 기초로 계산된 알파계수를 의미한다. 예를 들어, 문항 q1에 대해서는 이를 제외한 나머지 두 변수 q02, q03의 합점수(q02+q03)와의 상관계수가 0.595이고, 이 문항을 제거하는 경우 알파계수는 0.605로 낮아진다는 것을 알 수 있다. 이 예에서는 신뢰도분석의 결과가 전반적으로 만족스러운 수준이라고 할 수 있다.

이러한 결과들은 신뢰도를 낮게 하는 변수들을 탐색할 때 유용하게 사용되며, 때로는 Alpha if Item Deleted가 큰(Corrected Item-Total Correlation이 작은) 변수를 제거하고 합점수를 계산하여 사용하기도 한다.

■ '상사와의 공적/개인적 긴밀함' 에 대한 신뢰도분석

<그림 8.20>은 '상사와의 공적/개인적 긴밀함' 을 측정한 4개 문항(q04–q07)에 대해서 알파계수를 계산한 것으로(신뢰도분석의 과정은 앞에서와

그림 8.21
'상사와의 공적/개인적 긴밀함'에 대한 신뢰도분석 결과: q07에 대해 역코딩을 한 경우

신뢰도 통계량

Cronbach 의 알파	Cronbach's Alpha Based on Standardized Items	항목 수
.585	.595	4

항목 총계 통계량

	항목이 삭제된 경우 척도 평균	항목이 삭제된 경우 척도 분산	수정된 항목-전체 상관관계	제곱 다중 상관관계	항목이 삭제된 경우 Cronbach 알파
q04	11.21	2.092	.338	.158	.544
q05	10.71	2.388	.266	.100	.592
q06	10.65	2.289	.423	.182	.476
q07r	10.87	2.144	.466	.219	.439

척도 통계량

평균	분산	표준편차	항목 수
14.48	3.480	1.866	4

그림 8.22
'업무추진의 독자성'에 대한 신뢰도 분석 결과

신뢰도 통계량

Cronbach 의 알파	Cronbach's Alpha Based on Standardized Items	항목 수
.252	.242	3

항목 총계 통계량

	항목이 삭제된 경우 척도 평균	항목이 삭제된 경우 척도 분산	수정된 항목-전체 상관관계	제곱 다중 상관관계	항목이 삭제된 경우 Cronbach 알파
q08	5.26	1.352	.211	.054	-.003[a]
q09	5.06	1.453	.160	.049	.127
q10	5.05	1.861	.043	.005	.363

a. 항목 간 평균 공분산이 음수이기 때문에 이 값도 음수입니다. 이것은 신뢰도 모형 가정에 위배됩니다. 항목 코딩을 확인할 수 있습니다.

척도 통계량

평균	분산	표준편차	항목 수
7.69	2.547	1.596	3

동일하다), 출력결과를 살펴보면 알파계수가 −0.222로 계산되었고, 특히 문항 q07이 합점수와 매우 큰 음의 상관을 가진다는 것을 알 수 있다. 앞의 문항보기를 자세히 살펴보면 q07의 경우 다른 문항들과는 반대의 방향으로 질문하고 있음을 알 수 있는데, q07에 대해서는 관측값 5,4,3,2,1을 1,2,3,4,5로 바꾼 후 합점수를 구해야 한다.

<그림 8.21>은 q07을 역코딩한 후(코드값이 변경된 변수는 q07r이라는 이름으로 저장되어 있으며, 새로운 코딩변경에 대해서는 1.4.2절을 참조하

기 바란다) 다시 알파계수를 계산한 것으로, 출력결과를 살펴보면 알파계수의 값은 0.588로 비교적 만족스럽고, 각 문항들과 합점수의 상관계수는 모두 양의 부호를 가진다는 것을 알 수 있다.

■ '업무추진의 독자성'에 대한 신뢰도분석

<그림 8.22>는 '업무추진의 독자성'을 측정한 3개 문항(q08-q10)에 대해서 알파계수를 계산한 것이다. 출력결과를 살펴보면 알파계수가 0.251로 매우 낮다. 따라서 이들 문항이 하나의 동질적인 개념을 측정한다는 것을 신뢰할 수 없으며, 세 문항의 합점수(q08+q09+q10)를 사용하는 것은 문제가 된다는 것을 알 수 있다.

연습문제

8-1　다음은 눈 속에 포함된 수분 함유량(x)과 용수량(water yield, y)을 조사하여 얻은 것이다.

x	y	x	y	x	y
23.1	10.5	37.9	22.8	39.5	23.1
32.8	16.7	30.5	14.1	24.2	12.4
31.8	18.2	25.1	12.9	52.5	24.9
32.0	17.0	12.4	8.8	21.1	10.5
30.4	16.3	35.1	17.4	27.6	16.1
24.0	10.5	31.5	14.9		

(가) 선형적인 연관관계가 있는지를 산점도를 통해서 확인하여라.

(나) 피어슨 상관계수, 순위상관계수, 켄달의 타우를 구하고 그 결과를 비교하여라.

(다) 모상관계수에 관한 귀무가설 $H_0: \rho = 0$에 대해 검정을 실시하여라.

8-2　어떤 종류의 암컷 개미가 일년동안 낳는 알의 수(x)와 더듬이의 초당 진동수(y) 사이의 관계를 연구하기 위해 그 개미집단으로부터 5마리를 랜덤추출하여 다음과 같은 데이터를 얻었다. 이 데이터를 2차원 좌표 (x, y) 상에 표현해 보면 $y = (x-3)^2$의 관계가 있으며, 두 변수 간의 공분산을 계산하면 $s_{xy} = 0$임을 알 수 있다.

개미번호	1	2	3	4	5
x	1	2	3	4	5
y	4	1	0	1	4

(가) 이 사실로부터 피어슨의 상관계수 r의 값을 유추하고, 이 값이 가지는 의미를 해석하여라.

(나) 귀무가설 $H_0: \rho = 0$에 대한 검정결과를 쓰고 서술된 주장을 정당화하여라.

(다) 위의 데이터가 이변량 정규분포로부터 얻은 표본이라고 해도 되는가? 대답의 근거는?

(라) 만약 데이터의 정규성이 인정되지 않을 경우 상관계수에 관한 통계적 추론을 위해 어떤 처리방법을 제안할 수 있겠는가?

8-3 다음의 데이터는 어떤 약품의 투여량(mg)과 투여된 실험대상이 어떤 청각신호에 반응하는데 걸리는 시간(초)을 기록한 데이터이다.

투여량	1	3	4	7	9	12	13	14
반응시간	3.5	2.4	2.1	1.3	1.2	2.2	2.6	4.2

(가) 표본상관계수 r을 계산하여라.
(나) 위의 데이터에 대한 산점도를 그려보고, r이 두 변수 사이의 관계에 대한 적절한 측도인지를 토의하여라.

8-4 다음 데이터는 저 콜레스테롤 식단의 효과를 분석하기 위하여 임의로 추출된 15명의 지원자들에게 4주간 이 식단을 제공한 후 그들의 콜레스테롤 감소량(y)과 나이(x)를 기록한 데이터이다.

나이	감소량	나이	감소량	나이	감소량
45	30	37	55	22	28
43	52	34	25	58	44
46	45	30	30	60	61
49	38	31	40	52	58
50	62	27	45	26	17

(가) 위 데이터를 이용하여 산점도와 표본상관계수 r을 구하여라.
(나) 위 데이터에서 27세에서 37세 사이의 5명을 제외한 나머지 10명의 데이터를 이용하여 산점도와 표본상관계수 r을 구하여라.
(다) (가)와 (나)에서 각각 구한 표본상관계수를 비교, 설명하여라.

8-5 다음 설문 데이터는 중간관리자 19명을 대상으로 근무태도를 조사한 것이다. 조사항목은 '직장에 대한 만족도'(Q3, Q4, Q5, Q8, Q10)와 '직업에 대한 적극적 태도'(Q1, Q2, Q6, Q7, Q9)를 묻는 10개로 구성되어 있고, 각 문항의 반응은 5점 척도로 측정되었다. 각 조사항목의 내용과 데이터가 다음과 같을 때, 신뢰도분석을 수행하여라.

Q1 : 이제까지 내 직장 경력은 좋다.

Q2 : 상사의 호감을 얻기 위하여 최선을 다한다.
Q3 : 이 직장이 내가 이제까지 일했던 다른 어느 직장보다 좋다.
Q4 : 내 직장 일은 지루하다.
Q5 : 내 직장 일은 성취감을 느끼게 해준다.
Q6 : 나는 경쟁상황에서 잘 해낸다.
Q7 : 인사에서 연공서열을 중시하는 것은 옳지 않다.
Q8 : 나는 직장에서 행복하다.
Q9 : 나는 밑에 여러 직원을 두는 자리를 싫어한다.
Q10 : 보수가 더 좋은 직장이 있다면 옮기겠다.

Q1	Q2	Q3	Q4	Q5	Q6	Q7	Q8	Q9	Q10
2	1	5	2	4	2	3	5	5	2
1	1	2	4	2	1	2	2	4	4
2	2	3	3	3	1	1	2	4	2
4	4	4	1	5	5	5	4	1	1
1	2	5	1	5	2	1	5	5	1
5	5	1	5	1	4	5	2	2	5
5	5	5	1	4	4	5	5	1	1
1	1	3	4	3	1	2	3	4	3
3	3	4	2	5	3	3	5	4	2
5	4	1	4	2	5	5	1	1	5
4	5	4	1	5	4	4	5	2	1
2	2	5	1	4	4	4	5	3	1
3	4	5	2	5	3	3	4	3	2
2	2	2	5	2	1	1	2	5	5
4	3	4	2	4	4	4	5	4	1
5	4	1	4	1	5	5	1	1	5
5	5	3	2	2	4	4	3	1	3
4	5	2	5	1	5	5	1	2	5
3	3	2	5	2	3	3	2	3	4

CHAPTER 9

회귀분석

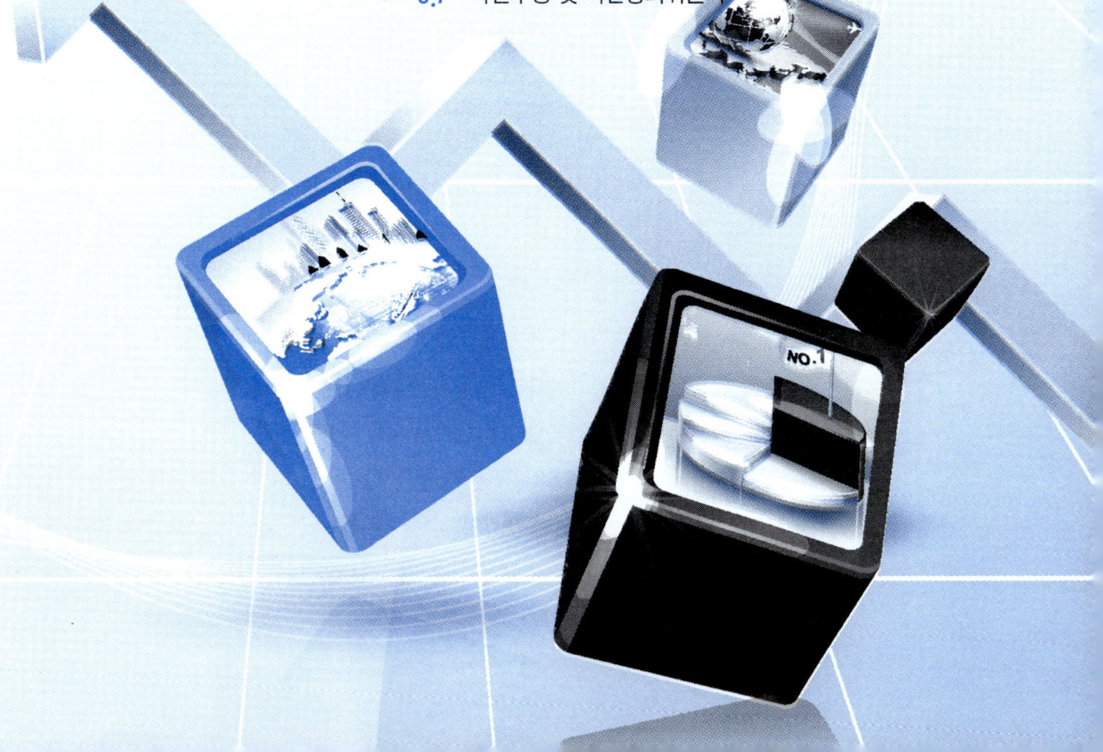

8장에서는 두 변수 사이의 선형적 연관성을 측정하는 상관계수에 대해서 설명하였다. 이 장에서는 한 변수가 다른 변수들에 의해 어떻게 설명 또는 예측되는지를 분석하는 회귀분석에 대해서 다루어 보도록 하자.

9.1 단순회귀분석

<그림 9.1>은 아버지의 키 그룹별로 대응되는 아들 그룹의 평균 키를 표시하고, 이러한 관계를 잘 나타낼 수 있는 직선을 그린 것이다. 이러한 생각은 영국의 유전학자 갈톤(F. Galton, 1889)에 의해서 이루어진 것으로, 그는 사람의 키에 관한 유전연구를 통해 **회귀**(回歸, regression)라는 생각을 발전시켰다.

이 그림을 살펴보면 아버지의 키가 60인치 그룹에 속하는 아들들의 평균 키는 약 65인치로 아버지들의 평균 키보다 약간 크고, 아버지의 키가 74인치인 그룹에 속하는 아들들의 평균 키는 약 71인치로 아버지들의 평균 키보다 약간 작다는 것을 알 수 있다. 따라서 아들들의 키는 그들의 평균 키에 되돌아가려는 경향이 있음을 발견할 수 있는데, 갈톤은 이와 같은 함수관계를 회귀(regression)라는 용어로 표현하였다. 한편 피어슨(K. Pearson, 1903)은 아버지의 키(x)와 아들의 키(y)에 관한 기록을 수집하여 $y = 33.73 + 0.516x$와 같은 일차함수 관계식을 얻었다.

회귀분석이란 한 변수가 다른 변수들에 의해 어떻게 설명(explanation) 또는 예측(prediction)되는지를 알아보기 위한 통계적 방법이다. 이때 예측되는 변수를 **종속변수**(從屬變數, dependent variable) 또는 반응변수(反應

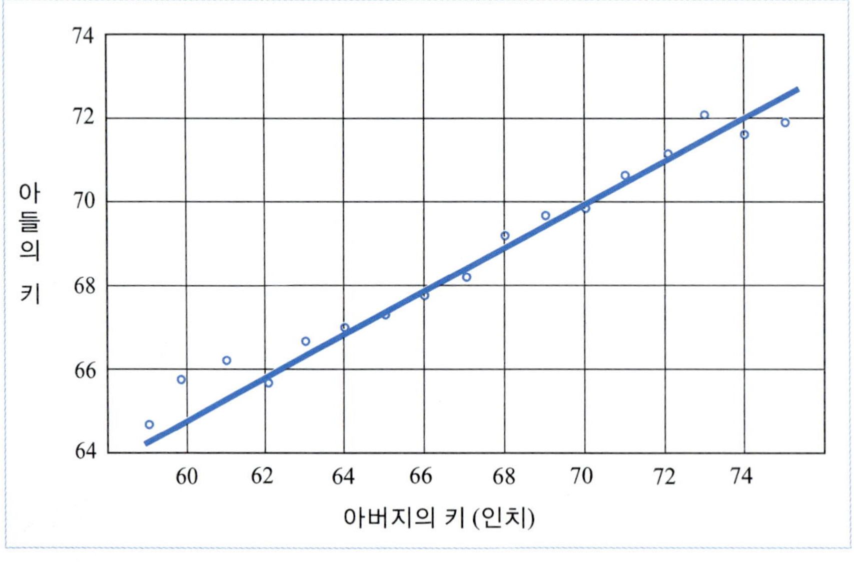

그림 9.1 아버지와 아들의 키 (F. Galton, 1889)

變數, response variable)라 하고, 종속변수를 예측하는데 사용되는 변수들을 **독립변수**(獨立變數, dependent variable) 또는 설명변수(說明變數, explanatory variable)라 한다.

회귀분석에서는 일반적으로 선형방정식에 의해서 종속변수와 독립변수들의 관계를 표현하는데, 이를 선형회귀(線形回歸, linear regression)분석이라 한다. 또한 독립변수가 하나인 경우를 **단순회귀**(單純回歸, simple regression)분석이라 하고, 독립변수가 여러 개인 경우를 **다중회귀**(多重回歸, multiple regression)분석이라 한다. 이 절에서는 가장 간단한 단순 선형회귀분석에 대해서 알아보도록 하자.

9.1.1 단순회귀분석 모형

단순회귀분석 모형은 다음 식과 같이

$$y = \alpha + \beta x + \epsilon \tag{9.1}$$

종속변수 y를 독립변수 x의 일차함수식으로 설명하려는 것이다. 여기서 α와 β는 자료로부터 추정되어야 할 미지의 모수로서 **회귀계수**(regression coefficient)들이며, ϵ은 **오차항**(error term)으로써 독립변수 x로는 설명할 수 없는 종속변수 y의 변이 및 선형회귀모형의 함수적 형태에서 기인하는 오류 등을 포함한다. 일반적으로 오차항 ϵ은 기대값 0과 분산 σ^2을 가지며 정규분포(normal distribution)를 따르는 것으로 가정된다.

단순 선형회귀 모형의 회귀계수 α와 β를 추정하기 위해서, 일반적으로 오차들의 제곱합이 최소가 되도록 회귀계수를 추정하는 **최소제곱법**(least square method)을 사용한다. 즉, n개의 관찰개체로부터 표본 (x_1, y_1), (x_2, y_2), $\cdots$, (x_n, y_n)을 얻었을 때 α와 β의 최소제곱추정치는 다음과 같은 **오차제곱합**

$$\sum_{i=1}^{n} \epsilon_i^2 = \sum_{i=1}^{n} (y_i - \alpha - \beta x_i)^2 \tag{9.2}$$

을 최소화하는 것이다.

이제 오차제곱합을 α와 β에 대해서 각각 편미분하여 얻은 식을 0으로 놓고 풀면 최소제곱추정치를 얻을 수 있는데, 결론적으로 회귀계수 α와 β의 최소제곱추정치 $\hat{\alpha}$와 $\hat{\beta}$는 다음과 같은 수식에 의해서 계산될 수 있다.

$$\hat{\beta} = \sum_{i=1}^{n} (x_i - \bar{x})(y_i - \bar{y}) \, / \, \sum_{i=1}^{n} (x_i - \bar{x})^2, \tag{9.3}$$

$$\hat{\alpha} = \bar{y} - \hat{\beta}\bar{x}. \tag{9.4}$$

단순 선형회귀 모형에서는 특히 기울기 β에 큰 관심을 두게 되는데, 이는 독립변수 x가 1단위 증가할 때 종속변수 y가 변화하는 양을 나타낸다. 따라서 회귀계수가 양의 값으로 추정되었다는 것은, 독립변수의 값이 증가하면 종속변수의 값이 증가한다는 의미이고, 반대로 회귀계수가 음인 경우에는 독립변수의 값이 증가하면 종속변수의 값이 오히려 감소한다는 것을 의미한다.

그러나 회귀계수 β에 관한 이러한 해석은 '독립변수 x가 종속변수 y에 유의한 영향을 주고 있다' 라는 가설이 받아들여지지 않으면, 아무런 의미가 없게 된다. 따라서 '$H_0: \beta = 0$' 이라는 가설을 검정하는 문제는, 결과의 해석에 앞서 종속변수에 대한 독립변수의 유의성을 검토하기 위해 필요한 단계이다. 기울기 β에 대한 이와 같은 가설을 검정하는 검정통계량은

$$T = \frac{\hat{\beta}}{\sqrt{\hat{\sigma}^2 / \sum_{i=1}^{n}(x_i - \bar{x})^2}} \qquad (9.5)$$

로서 이는 귀무가설이 사실일 때 자유도 $n-2$인 t-분포를 따른다.

회귀직선의 기울기 β에 대한 검정법

검정통계량 :

$$T = \frac{\hat{\beta} - \beta_0}{\sqrt{\hat{\sigma}^2 / \sum_{i=1}^{n}(x_i - \bar{x})^2}} \quad \text{단, } \hat{\sigma}^2 = \frac{1}{n-2}\sum_{i=1}^{n}(y_i - \hat{y}_i)^2$$

	귀무가설과 대립가설	기각역
(a)	$H_0: \beta \le \beta_0$ *vs* $H_1: \beta > \beta_0$	$T \ge t_\alpha(n-2)$
(b)	$H_0: \beta \ge \beta_0$ *vs* $H_1: \beta < \beta_0$	$T \le t_\alpha(n-2)$
(c)	$H_0: \beta = \beta_0$ *vs* $H_1: \beta \ne \beta_0$	$\lvert T \rvert \ge t_{\alpha/2}(n-2)$

β에 대한 $100(1-\alpha)\%$ 신뢰구간 :

$$\left(\hat{\beta} \pm t_{\alpha/2}(n-2)\frac{\hat{\sigma}}{\sqrt{\sum_{i=1}^{n}(x_i - \bar{x})^2}}\right)$$

9.1.2 단순회귀분석 사례

<그림 9.2>의 데이터(매출액.SAV)는 유사한 제품을 생산하는 12개 기업에 대해 1년 광고비(adver)와 매출액(sales)을 조사하여 얻은 것이다. 이 데이터에 대해 매출액을 종속변수로 하고, 광고비를 독립변수로 하여 선

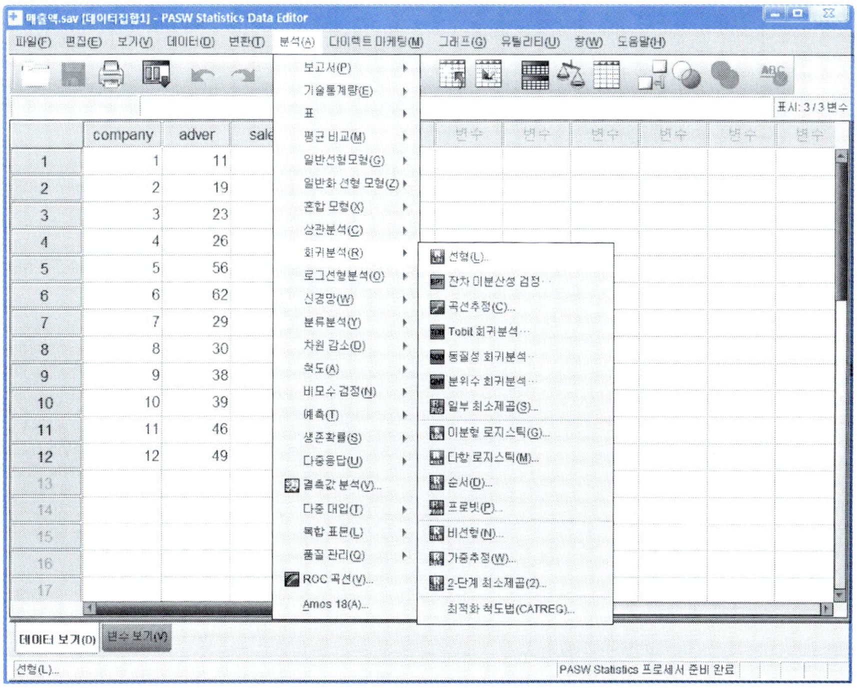

그림 9.2
'분석(A) → 회귀분석(R) → 선형(L)..., 메뉴

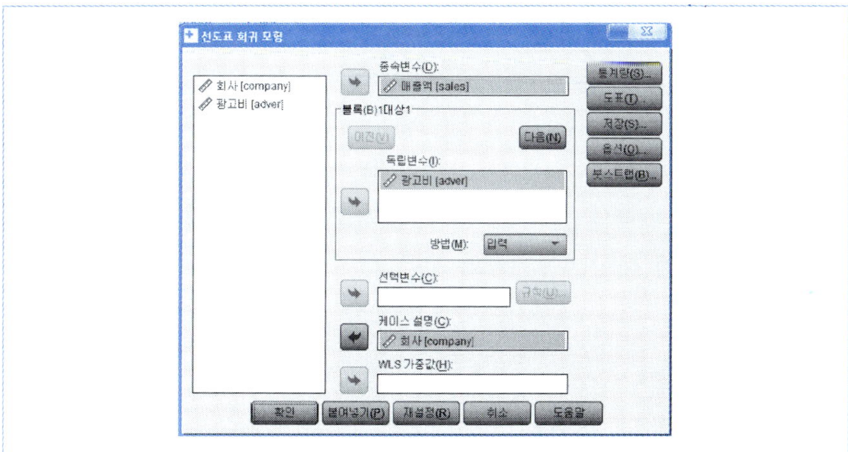

그림 9.3
'선형 회귀모형' 대화상자

형 회귀분석을 수행해 보도록 하자.

① '분석(A) → 회귀분석(R) → 선형(L)...' 메뉴를 선택한다(그림 9.2).

② '선형 회귀모형' 대화상자에서 '종속변수(D)' 란에 변수 sales를 선택하고, '독립변수(I)' 란에 변수 adver를 선택한다. 또한 '케이스 설명(C)' 란에 변수 company를 선택한다(그림 9.3). '확인' 버튼을 클릭한다.

이상과 같은 과정을 수행하면 <그림 9.4>와 같이 단순 선형회귀분석에 대한 출력결과를 얻을 수 있다. 여기서는 '계수' 표에 나타나 있는 부분을 중심으로 결과를 살펴보도록 하자('모형요약' 및 '분산분석표'의 결과들

그림 9.4
단순 선형회귀 분석의 출력결과

모형 요약[b]

모형	R	R 제곱	수정된 R 제곱	추정값의 표준오차
1	.989[a]	.979	.976	38.337

a. 예측값: (상수), 광고비
b. 종속변수: 매출액

분산분석[b]

모형		제곱합	자유도	평균 제곱	F	유의확률
1	회귀 모형	6.695E5	1	6.695E5	455.537	.000[a]
	잔차	14697.543	10	1469.754		
	합계	6.842E5	11			

a. 예측값: (상수), 광고비
b. 종속변수: 매출액

계수[a]

모형		비표준화 계수		표준화 계수		
		B	표준오차	베타	t	유의확률
1	(상수)	32.848	28.893		1.137	.282
	광고비	15.972	.748	.989	21.343	.000

a. 종속변수: 매출액

은 9.2절에서 자세히 설명할 것이다).

<그림 9.4>의 출력결과를 살펴보면 먼저 모수 α와 β에 대한 추정치는 각각 $\hat{\alpha} = 32.848$와 $\hat{\beta} = 15.972$임을 알 수 있고, 따라서 추정된 회귀식을 $\hat{y} = 32.848 + 15.972x$와 같이 쓸 수 있다. 여기서 $\hat{\beta} = 15.972$는 '광고비 (x)가 1단위 증가하면 매출액 (y)이 15.972단위 정도 증가한다' 는 것을 의미한다. 한편, 기울기 β에 대한 t-통계량의 값은 $T = 21.343$이고 유의확률(p-값)은 0.0001로서 유의수준 5%(또는 10%)보다 작음을 알 수 있다. 따라서 귀무가설 $H_0 : \beta = 0$을 기각하여 '광고비(x)가 매출액(y)에 유의한 영향을 준다' 고 추론할 수 있다.

9.1.3 종속변수에 대한 예측

추정된 회귀직선을 이용한 관찰값에 대한 예측은 두 가지 형태로 나눌 수 있다. 하나는 독립변수의 특정한 값이 주어졌을 때 종속변수 y의 평균값 $E(y)$를 예측하는 것이며, 또 다른 하나는 독립변수의 특정한 값에 대한 개별적인 y값을 예측하는 것이다. SPSS에서는 <그림 9.3>의 '선도표 회귀모형' 대화상자에서 '저장(A)...' 버튼을 클릭하면 <그림 9.5>와 같은 '저장' 대화상자가 나타나는데, 이 대화상자에서 '예측값' 및 '예측 구간' 란에서 원하는 옵션에 체크하면 해당 결과가 '데이터 편집기' 윈도우로 출력된다.

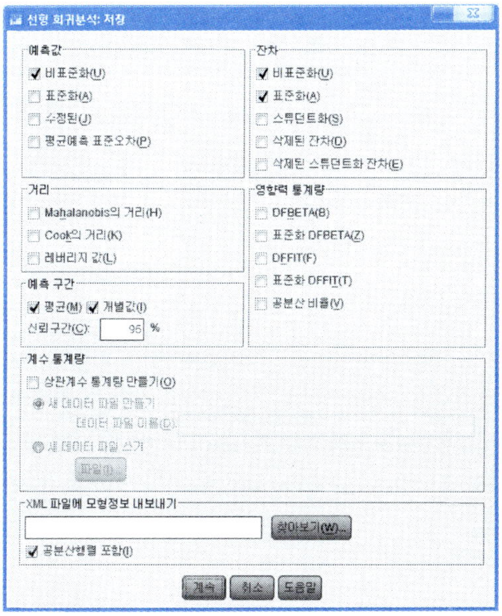

그림 9.5
'저장' 대화상자

■y의 평균값에 대한 예측 및 신뢰구간

독립변수 $x=x_0$의 특정한 값일 경우 y의 평균값 $E(y \mid x_0)=\sigma+\beta x_0$는 $\hat{y}=\hat{\alpha}+\hat{\beta}x_0$으로 추정되며, 이때 $E(y \mid x_0)$에 대한 $100(1-\alpha)\%$ 신뢰구간(confidence interval)은 다음과 같이 구할 수 있다.

$$(\hat{\alpha}+\hat{\beta}x_0) \pm t_{\alpha/2}(n-2)\sqrt{\hat{\sigma}^2\left(\frac{1}{n}+\frac{(x_0-\bar{x})^2}{\sum_{i=1}^{n}(x_i-\bar{x})^2}\right)}. \tag{9.6}$$

이러한 신뢰구간을 구하는 식을 살펴보면, 신뢰구간의 폭은 $x_0=\bar{x}$일 때 가장 짧고, x_0가 $\bar{x}$에서 멀어질수록 길어짐을 알 수 있다.

■y의 개별 관찰값에 대한 예측 및 예측구간

앞에서 구한 신뢰구간은 y의 평균값에 대한 문제이다. 예를 들어, 광고비가 $x_0=50$일 때 매출액 y를 예측하는 문제를 생각해 보자. 앞에서 설명한 y의 평균값에 대한 경우는 광고비가 $x_0=50$인 회사들의 평균 매출액의 신뢰구간을 구한 것이다.

그러나 어떤 회사의 광고비가 50인 경우 그 회사의 개별 매출액을 예측하는 경우는 어떻게 구할 것인가? 이와 같이 개별 관찰값에 대한 신뢰구간을 **예측구간**(prediction interval)이라 하며, 개별 관찰값에 대한 $100(1-\alpha)\%$ 예측구간은 다음과 같다.

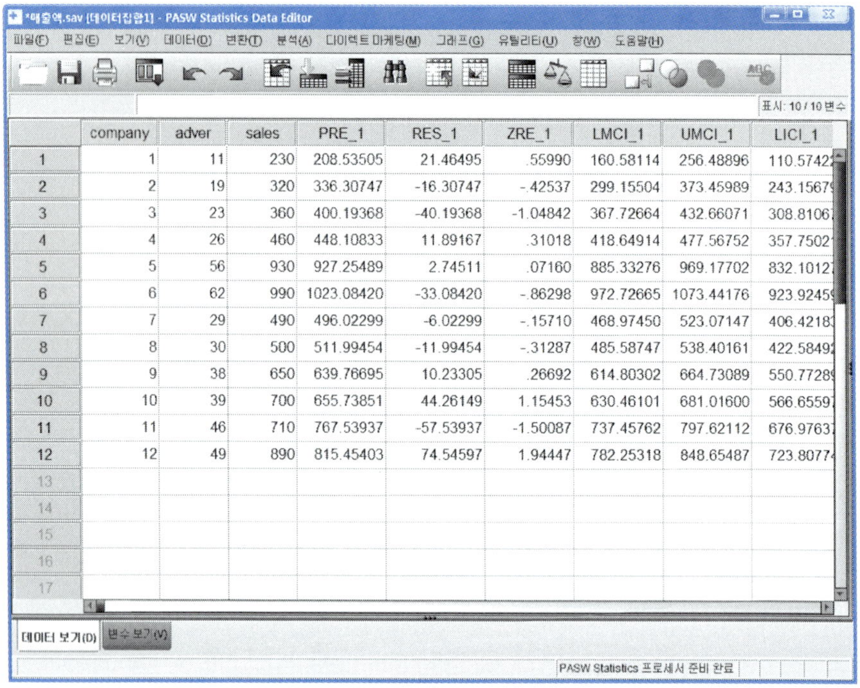

	company	adver	sales	PRE_1	RES_1	ZRE_1	LMCI_1	UMCI_1	LICI_1
1	1	11	230	208.53505	21.46495	.55990	160.58114	256.48896	110.5742
2	2	19	320	336.30747	-16.30747	-.42537	299.15504	373.45989	243.1567
3	3	23	360	400.19368	-40.19368	-1.04842	367.72664	432.66071	308.8106
4	4	26	460	448.10833	11.89167	.31018	418.64914	477.56752	357.7502
5	5	56	930	927.25489	2.74511	.07160	885.33276	969.17702	832.1012
6	6	62	990	1023.08420	-33.08420	-.86298	972.72665	1073.44176	923.9245
7	7	29	490	496.02299	-6.02299	-.15710	468.97450	523.07147	406.4218
8	8	30	500	511.99454	-11.99454	-.31287	485.58747	538.40161	422.5849
9	9	38	650	639.76695	10.23305	.26692	614.80302	664.73089	550.7728
10	10	39	700	655.73851	44.26149	1.15453	630.46101	681.01600	566.6559
11	11	46	710	767.53937	-57.53937	-1.50087	737.45762	797.62112	676.9763
12	12	49	890	815.45403	74.54597	1.94447	782.25318	848.65487	723.8077
13									
14									
15									
16									
17									

그림 9.6 예측값 및 신뢰구간

$$(\hat{\alpha} + \hat{\beta}x_0) \pm t_{\alpha/2}(n-2)\sqrt{\hat{\sigma}^2\left(1 + \frac{1}{n} + \frac{(x_0 - \bar{x})^2}{\sum_{i=1}^{n}(x_i - \bar{x})^2}\right)}. \qquad (9.7)$$

<그림 9.6>은 각 독립변수(x)의 값에 대응하는 종속변수(y)의 예측값 및 신뢰구간이 출력된 것이다. 여기서 pre_1은 y의 예측값(예를 들어, 첫 번째 관찰값에 대해서는 $\hat{y} = 32.848 + 15.972(11) = 208.5$), lmci_1과 umci_1은 y의 평균값에 대한 신뢰구간, lici_1과 uici_1은 개별 관찰값에 대한 y의 예측구간을 나타낸다.

9.2 산점도 작성하기

'그래프(G) → 도표 작성기(C)' 메뉴의 갤러리 탭에서 산점도를 이용하면 단순 또는 다중 산점도를 쉽게 작성할 수 있다. 특히 도표 작성기를 이용하면 단순회귀분석의 적합선 및 신뢰구간을 산점도에 함께 표현할 수 있으므로, 선형성이나 특이값의 존재 여부 등을 살펴보기 위해 유용하게 사용될 수 있다. 여기서는 다음의 과정을 수행하여 매출액과 광고비에 의한 산점도를 작성해 보도록 하자.

① 풀다운 메뉴에서 '그래프(G) → 도표 작성기(C)' 메뉴를 선택하고 하단의 갤러리 탭에서 산점도/점도표를 선택한다(그림 9.7).

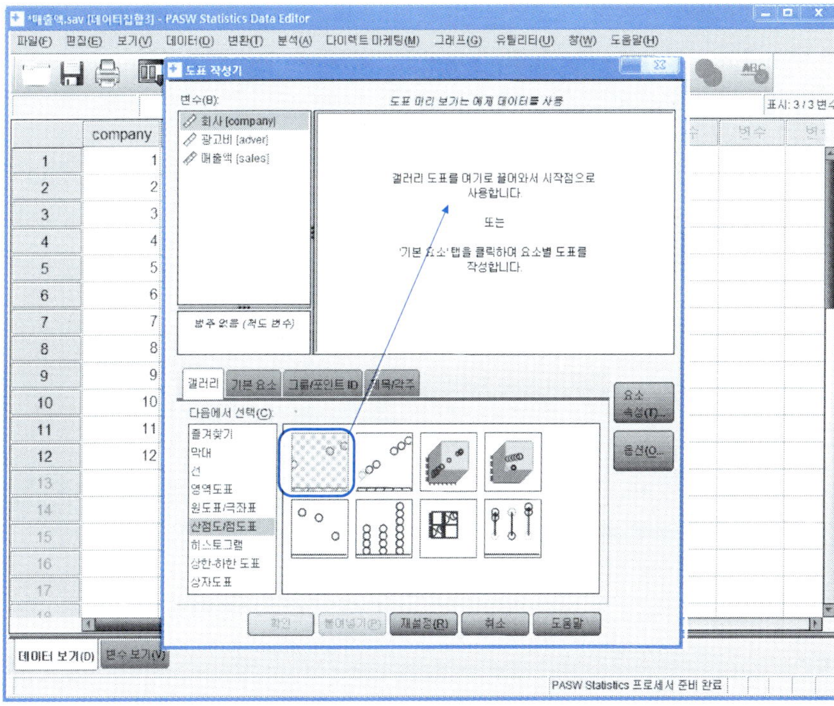

그림 9.7
'그래프(G) → 도표 작성기(C)'의 갤러리 탭

그림 9.8
'도표 작성기' 대화상자

② '도표 작성기' 대화상자의 '변수(B)' 목록에서 사용할 변수들을 마우스로 끌어다 놓고, '도표 작성기' 대화상자의 '확인' 버튼을 클릭한다(그림 9.8).

③ '뷰어 윈도우'에서 도표를 더블클릭하여 '도표 편집기'를 연다. '도

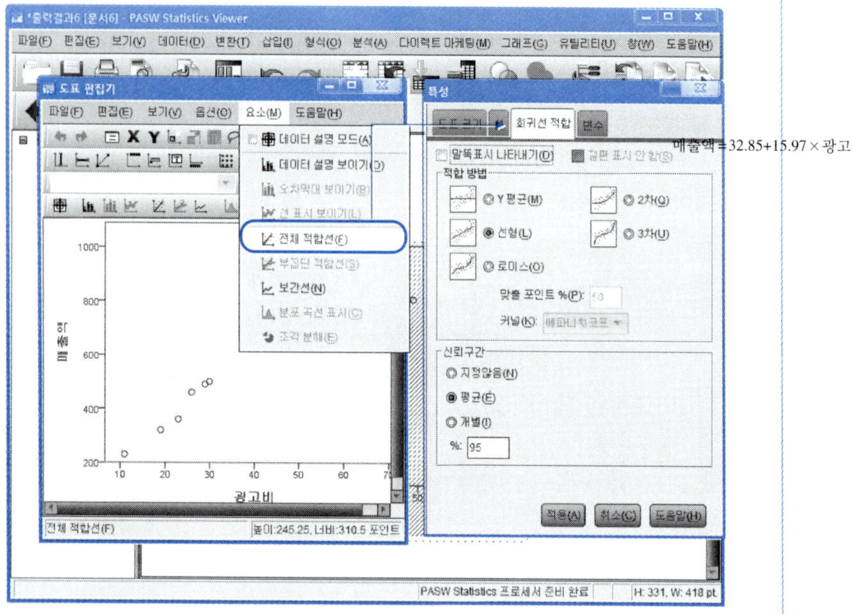

그림 9.9
'도표 편집기' 의 '요소(M)' 메뉴

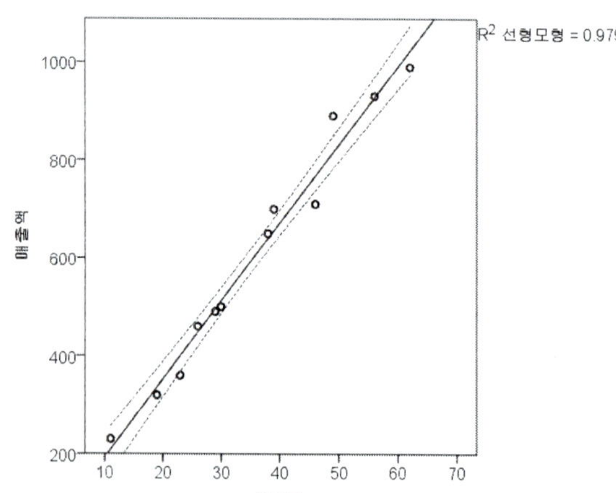

그림 9.10
출력된 산점도

표 편집기' 의 '요소(M)' 메뉴에서 '전체 적합선(F)' 을 선택한다. '특성' 대화상자의 '회귀선 적합' 탭에서 '적합방법' 으로 선형(L)을 선택하고, '신뢰구간' 의 '평균(E)' 란에 체크한다(그림 9.9).

이러한 과정을 수행하면 <그림 9.10>에서와 같이 '뷰어 윈도우' 에 작성된 산점도가 출력되며, 1.3절 및 1.6절에서 설명한 방법들을 이용하여 이를 복사하거나 편집하여 사용할 수 있다.

9.3 잔차분석

앞에서 설명한 선형회귀모형에는 선형성, 등분산성, 독립성, 정규성 등 모형에 관한 여러 가정들이 포함되어 있다. 일반적으로 최소제곱법은 모형에 부여된 가정으로부터의 작은 이탈에는 꽤 둔감한 편이어서, 이에 따른 결과를 사용하는 것이 크게 무리스럽지 않은 경우가 많다. 그러나 모형의 가정에 대한 총체적인 오류가 있다면 이는 결론을 심각하게 오도할 수가 있다. 따라서 회귀분석의 결과를 해석하기에 앞서 회귀모형의 여러 가정들에 대한 타당성을 전반적으로 검토하는 것이 바람직하다.

선형회귀모형에는 일반적으로 오차항 ϵ에 대한 다음과 같은 가정들이 포함되어 있다.

- 특이값 없음(No Outliers) : $E(\epsilon_i) = 0, \quad i = 1, \cdots, n$
- 등분산성(Equal Variance) : $Var(\epsilon_i) = \sigma^2, \quad i = 1, \cdots, n$
- 독립성(Independence) : $Cov(\epsilon_i, \epsilon_j) = 0, \quad i \neq j$
- 정규성(Normality) : $\epsilon_i \sim N(0, \sigma^2)$

이 절에서는 오차항에 대한 이와 같은 가정을 중심으로, 모형의 타당성을 검토하는 방법을 간략히 설명할 것이다. 잔차분석에 대해 보다 자세한 설명을 원하는 독자는 김기영 · 전명식(1998) 또는 서혜선 외(1999) 등을 참조하기 바란다.

■ 표준화잔차와 잔차도표

실제 관찰값 y_i와 추정된 회귀직선에 의한 적합값 $\hat{y}_i$의 차이인 **잔차**(residual)

$$e_i = y_i - \hat{y}_i = y_i - (\hat{\alpha} + \hat{\beta} x_i) \tag{9.8}$$

는 추정된 회귀직선으로 설명될 수 없는 부분을 나타내며, 이러한 잔차는 오차의 실현값로 생각할 수 있으므로, 이것을 이용하여 오차항 ϵ_i에 대한 가정의 충족여부를 검토할 수 있다. 이때 잔차 e_i는 평균이 0이고 분산이 $\sigma^2(1 - h_{ii})$인 정규분포에 따른다. 즉,

$$e_i \sim N(0, \sigma^2(1 - h_{ii})), \quad \left(\text{단, } h_{ii} = \frac{1}{n} + \frac{(x_i - \bar{x})^2}{\sum_{i=1}^{n} (x_i - \bar{x})^2} \right).$$

이와 같이 잔차 e_i는 오차 ϵ_i와는 달리 분산이 서로 다를 뿐만 아니라, 서로 독립적이지도 않으며, 특히 표본의 크기에 의존하는 성질을 가지고 있다. 따라서 이러한 단점을 부분적으로 보완한 것이 **표준화잔차**(studentized residual)

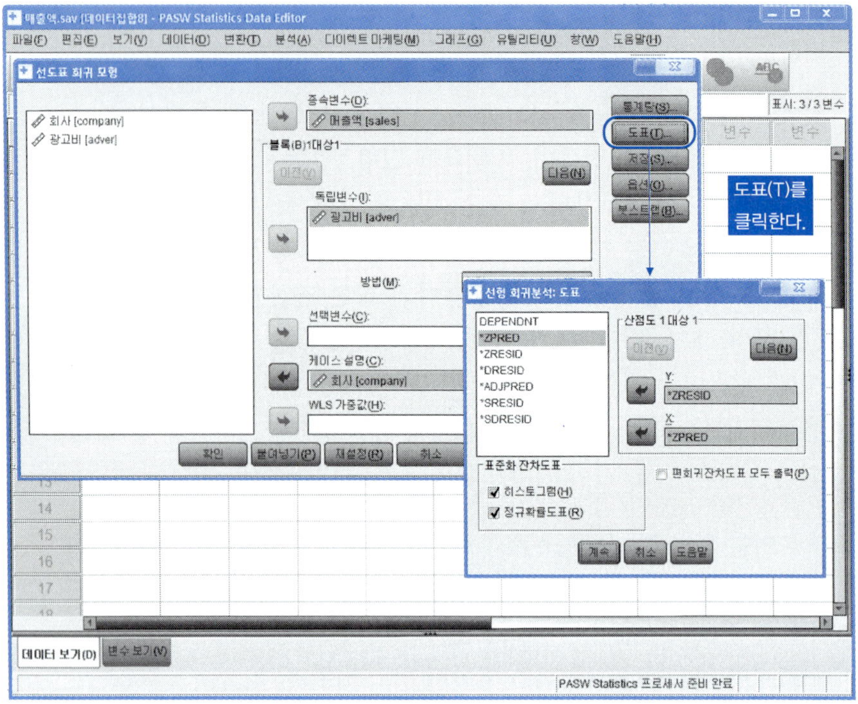

그림 9.11 '선형 회귀분석: 도표' 대화상자

$$t_i = \frac{e_i}{\hat{\sigma}\sqrt{1-h_{ii}}}$$

로서 이는 잔차 e_i를 그의 추정된 분산 $\hat{\sigma}^2(1-h_{ii})$의 제곱근(즉, 표준오차)으로 나눈 것이다.

이러한 표준화잔차는 표본의 크기가 충분히 클 때 근사적으로 서로 독립이며, 정규분포를 따른다는 사실이 알려져 있다. 또한 표준화잔차를 그래프로 표현한 여러 가지 도표는 회귀모형에 대한 심각한 오류가 있는 경우, 그 내용과 정도를 잘 보여 주기 때문에 모형검토 과정에서 중요한 도구로 사용될 수 있다.

잔차도표는 여러 가지 방식으로 작성할 수 있으나 세로축에 표준화잔차(또는 잔차)를 그리고 가로축에 적합값 $\hat{y}_i$ 또는 독립변수의 값 x_i를 그린 것이 주로 사용된다. 가정된 회귀모형에 큰 문제가 없는 경우 일반적으로 표준화잔차는 0을 중심으로 −2와 2(또는 −3과 3) 사이에서 특별한 규칙적 형태를 따르지 않고 랜덤하게 분포하는 모습을 나타내게 된다.

'선형 회귀모형' 대화상자에서는 <그림 9.11>에서와 같이 '도표(T)...' 버튼을 이용하여 다음과 같은 과정을 수행하면, 여러 가지 잔차도표를 쉽게 작성할 수 있다.

① '선형 회귀모형' 대화상자에서 '도표(T)...' 버튼을 클릭한다(그림 9.11).

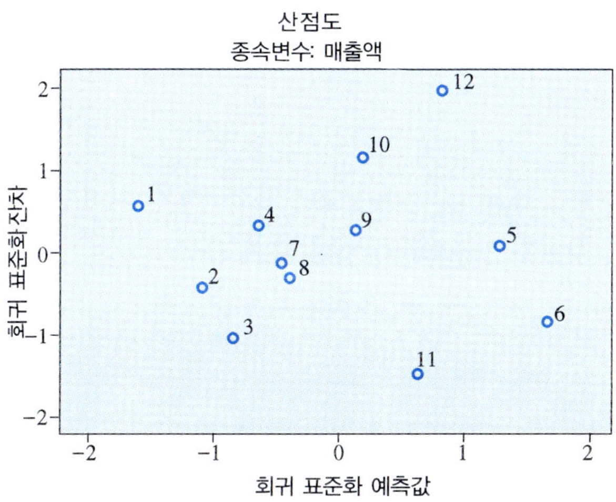

그림 9.12
표준화잔차 도표

② '도표' 대화상자에서 'Y:' 란에 'ZRESID'를 그리고 'X:' 란에 'ZPRED'를 선택한 후, '다음(N)' 버튼을 클릭한다. 이러한 방식으로 원하는 도표들을 순차적으로 모두 정의한 후, '계속' 버튼을 클릭하여 '선형 회귀모형' 대화상자로 돌아간다. '도표' 대화상자에서 선택할 수 있는 변수 항목은 DEPENDNT(종속변수), ZPRED(표준화 예측값), ZRESID(표준화 잔차), DRESID(삭제된 잔차), ADJPRED(수정된 예측값), SRESID(스튜던트화 잔차), SDRESID(삭제된 스튜던트 잔차) 등이다.

이러한 과정을 수행한 후 '선형 회귀모형' 대화상자에서 '확인' 버튼을 클릭하면, 회귀분석의 결과와 함께 <그림 9.12>에서와 같이 표준화잔차 도표가 출력된다. <그림 9.12>의 표준화잔차 도표를 살펴보면, 이 예에서는 절대값이 큰(2 또는 3을 벗어나는) 표준화잔차가 눈에 띄지 않으며, 특별한 패턴을 보이고 있지 않다는 것을 알 수 있다.

■ 정규성의 검토

잔차에 대한 정규성을 검토하는 방법 중 하나는 정규확률도표(normal probability plot: P−P plot)를 그려보는 것이다. 3.3.4절에서 설명한 바와 같이 정규확률도표에서 관찰값가 일직선을 이루고 있으면 정규성이 충족된다고 볼 수 있다. 그러나 정규확률도표는 정규성을 평가하는 하나의 방편으로 절대적인 기준은 아니다. 따라서 통상적으로는 잔차의 히스토그램이나 점도표를 그려서 정규성 문제를 검토하기도 한다(정규성을 검정하기 위해 샤피로−윌크 또는 콜모그로프−스미르노프 통계량을 이용할 수도 있는데, 이는 3.3.4절을 참조하기 바란다).

그림 9.13
히스토그램과 정규확률도표

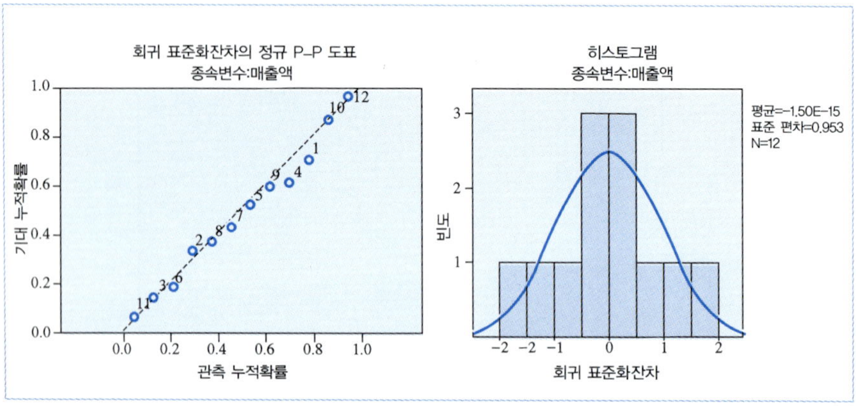

그림 9.14
잔차도표: 등분산성과 이분산성

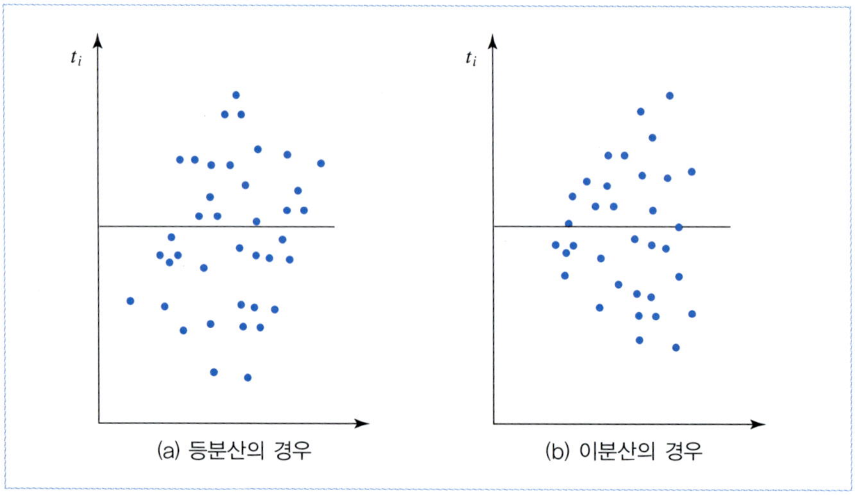

<그림 9.11>의 '도표' 대화상자에서 '표준화 잔차도표' 란의 '히스토그램(H)' 및 '정규확률도표(R)' 에 체크하면 <그림 9.13>에서와 같이 히스토그램과 정규확률도표를 얻을 수 있다. 이 예에서는 정규성 가정에 큰 문제가 없음을 알 수 있는데, 만약 정규성 가정을 충족하지 못한다면 변수변환 등을 이용하여 해결하기도 한다.

■등분산성의 검토

등분산성(equal variance, homogeneity)은 오차항 ϵ_i의 분산이 σ^2으로 동일하다는 가정으로, <그림 9.14>의 왼쪽 그림과 같이 잔차가 랜덤하게 흩어져 있으면 등분산성의 가정을 만족한다고 볼 수 있다.

그러나 $\bar{y}_i$(또는 x_i)의 값에 따라 잔차의 흩어져 있는 정도가 달라진다면, 등분산의 가정이 위배되었다고 할 수 있다. 예를 들어, <그림 9.14>의 오른쪽 그림과 같이 잔차도표가 나팔형태의 경향을 보인다면 등분산성의 가정이 만족스럽지 않다고 할 수 있다. 등분산성의 가정이 만족스럽지 않은

그림 9.15 '선형회귀분석: 통계량' 대화상자

경우 일반적으로 변수변환이나, 가중최소제곱법(weighted least squares method) 등을 이용하여 해결하기도 한다.

■독립성의 검토

오차항의 독립성을 검토하기 위해 주로 사용하는 것으로 더빈-왓슨(Durbin-Watson) 통계량을 들 수 있다. 이는 1차 자기상관(autocorrelation)을 검정하기 위한 통계량이다.

$$DW = \sum_{i=2}^{n}(e_i - e_{i-1})^2 / \sum_{i=2}^{n} e_i^2 . \tag{9.10}$$

일반적으로 DW의 값이 2에 가까우면 인접한 오차항들은 독립성을 만족하고, 0에 가까우면 양(+)의 자기상관이 있으며, 4에 가까우면 음(−)의 자기상관이 있음을 의미한다. 이러한 자기상관성은 흔히 시간에 따라 관측된 시계열자료에서 많이 발생하는데, 자기상관성이 있는 것으로 판단되면 ARMA(자기회귀 이동평균)와 같은 시계열자료분석 방법을 이용하는 것이 바람직하다.

더빈-왓슨 통계량을 얻기 위해서는 <그림 9.15>에서와 같이 '통계량(S)' 대화상자에서 'Durbin-Watson(U)' 란에 체크하면 되며, <그림 9.16>에서와 같이 모형요약표에 더빈-왓슨 통계량의 값이 출력된다. 이 결과를 살펴보면 $DW = 2.470$으로 비교적 2에 가까워서 독립성 가정에 큰 문제가 없음을 알 수 있다.

그림 9.16
모형요약표

모형 요약[b]

모형	R	R 제곱	수정된 R 제곱	추정값의 표준오차	Durbin-Watson
1	.989[a]	.979	.976	38.337	2.470

a. 예측값: (상수), 광고비

b. 종속변수: 매출액

표 9.1 분산분석표: 다중회귀분석

요인	자유도	제곱합	평균제곱합	F 통계량
회귀	p	SSR	$MSR = SSR/p$	$F = MSR/MSE$
잔차	$n-p-1$	SSE	$MSE = SSE/(n-p-1)$	
전체	$n-1$	TSS		

9.4 다중회귀분석

사회적 또는 자연적 현상을 설명하는 데 있어서, 종속변수 y의 변화가 하나의 독립변수만으로 충분히 설명되는 경우는 거의 없다고 할 수 있다. 따라서 독립변수를 여러 개 선택하여 이들의 함수로서 종속변수를 설명한다면 보다 정확한 예측을 할 수 있을 것이다.

종속변수 y와 p개의 독립변수 $x_1, x_2, \cdots, x_p$가 있을 때, 다중 선형회귀모형은 다음과 같이 표현된다.

$$y = \alpha + \beta_1 x_1 + \beta_2 x_2 + \cdots + \beta_p x_p + \epsilon. \tag{9.11}$$

여기서 $\alpha, \beta_1, \beta_2, \cdots, \beta_p$는 추정되어야 할 $p+1$개의 회귀계수이며, ϵ은 기대값 0, 분산 σ^2을 갖는 오차항이다.

다중회귀모형에서도 회귀계수들의 추정치 $a, b_1, b_2, \cdots, b_p$는 오차제곱합을 최소로 하는 최소제곱법에 의해서 구할 수 있고, 각 회귀계수들에 대한 검정도 단순 선형회귀모형과 유사하게 t-통계량을 이용하여 수행할 수 있다.

9.4.1 분산분석표와 F–검정

회귀분석도 앞 장의 분산분석과 유사하게 분산분석표(ANOVA table)를 작성할 수 있다. 즉, 전체제곱합을 다음과 같이 분할할 수 있는데,

$$\begin{aligned}\sum_{i=1}^{n}(y_i-\bar{y})^2 &= \sum_{i=1}^{n}(\hat{y}_i-\bar{y})^2 + \sum_{i=1}^{n}(y_i-\hat{y})^2 \\ TSS &= SSR \qquad\quad + SSE\end{aligned} \tag{9.12}$$

여기서 좌변을 전체제곱합(TSS, Total Sum of Squares)이라 하며, 우변의 첫째 항을 회귀제곱합(SSR, Sum of Squares due to Regression) 또는 모형제

곱합(SSM, Sum of Squares due to Model), 우변의 둘째 항을 **잔차제곱합**(SSE, Sum of Squares due to Error)이라고 한다. 이때 각 제곱합의 **자유도**는 $n-1$(전체제곱합), p(회귀제곱합), $n-p-1$(잔차제곱합)이고, 각 제곱합을 자유도로 나눈 것을 **평균제곱합**(Mean of Squares)이라고 한다.

다중회귀분석에서는 p개의 독립변수 $x_1, x_2, \cdots, x_p$가 종속변수 y를 설명하는데 있어서, 통계적으로 유의하게 기여하는지의 여부를 검정할 필요가 있는데, 이는 귀무가설 $H_0: \beta_1 = \beta_2 = \cdots = \beta_p = 0$를 검정하는 문제가 된다. 이 가설을 검정하기 위한 검정통계량은

$$F = \frac{SSR/p}{SSE/(n-p-1)} \quad (9.13)$$

로 귀무가설하에서 자유도 $(p, n-p-1)$인 F-분포에 따른다.

다중회귀분석에서 가설 $H_0: \beta_1 = \beta_2 = \cdots = \beta_p = 0$에 대한 검정법

검정통계량 : $F = \frac{MSR}{MSE} = \frac{SSR/p}{SSE/(n-p-1)}$

기각역 : $F > F_\alpha(p, n-p-1)$

9.4.2 결정계수(R-Square)

회귀식의 적합도(goodness of fit)를 측정하는 한 가지 측도는 전체제곱합 중에서 회귀제곱합이 차지하는 비율, 즉 총 변이를 회귀식이 얼마나 설명하는가를 나타내는 **결정계수**(決定係數, coefficient of determination; R^2)이다. 결정계수는 다음과 같이 정의되며

$$R^2 = \frac{SSR}{TSS} = 1 - \frac{SSE}{TSS} \quad (9.14)$$

이 값이 1에 가까울수록 추정된 회귀식이 자료를 잘 설명하고 있다고 할 수 있다($0 \le R^2 \le 1$). 단순회귀분석의 경우 결정계수는 독립변수 x와 종속변수 y의 상관계수의 제곱과 같다.

9.4.3 다중 선형회귀분석 사례

이 절에서는 '컴퓨터.SAV' 데이터에 대해 변수 y(구입 의사)를 종속변수로 하고, x1(디자인 만족도), x2(편리성 만족도), x3(성능 만족도), x4(견고성 만족도)를 독립변수로 하여 다중 회귀분석을 수행해 보도록 하자.

① '분석(A) → 회귀분석(R) → 선형(L)...' 메뉴를 선택한다.

② '선형 회귀 모형' 대화상자에서 '종속변수(D)' 란에 변수 y(구입 의

그림 9.17
'선형 회귀 모형' 대화상자

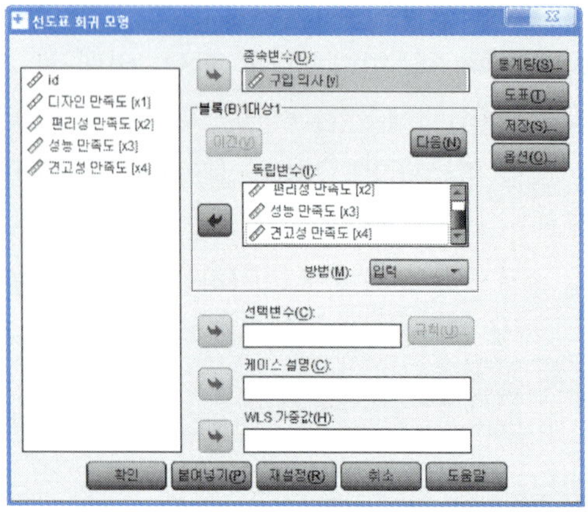

그림 9.18
'통계량' 대화상자

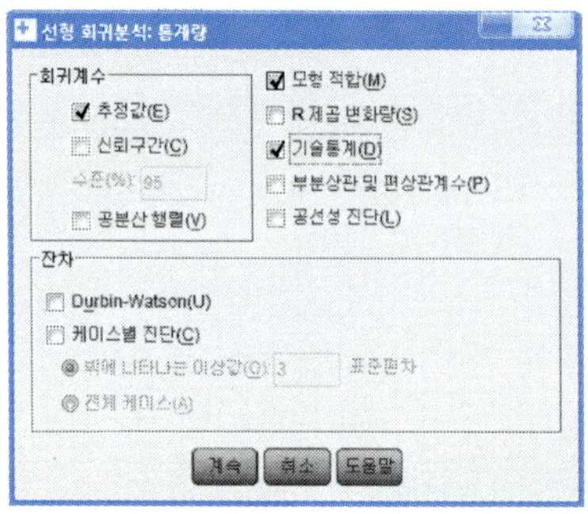

사)를 선택하고, '독립변수(I)' 란에 변수 x1(디자인 만족도), x2(편리성 만족도), x3(성능 만족도), x4(견고성 만족도)를 선택한다(그림 9.17).

③ '선형 회귀 모형' 대화상자에서 '통계량(S)...' 버튼을 클릭한 후, '통계량' 대화상자에서 '추정값(E)', '모형적합(M)', '기술통계(D)' 에 체크한다(그림 9.18). '계속' 버튼을 클릭하여 '선형 회귀 모형' 대화상자로 돌아간 후 '확인' 버튼을 클릭한다.,

이상과 같은 과정을 수행하면 <그림 9.19> 및 <그림 9.20>에서와 같이 회귀분석에 대한 출력결과를 얻을 수 있다.

먼저 <그림 9.20>에서 '모형요약' 을 살펴보면 결정계수 $R^2 = 0.141$임을 볼 수 있는데, 따라서 4개의 독립변수로 종속변수의 변이 중 약 14% 정도를 설명할 수 있다는 것을 알 수 있다. 또한 분산분석표에서 F-값은 28.562이고, 이에 대응되는 p-값(유의확률)은 0.0001로서 유의수준 5%(또는 10%)보다 작으므로 귀무가설 $H_0: \beta_1 = \beta_2 = \beta_3 = \beta_4 = 0$을 기각하여 '네 개의 독립변수 중 적어도 하나 이상의 변수는 종속변수를 설명하는데 유의하게

기술통계량

	평균	표준편차	N
구입 의사	4.89	1.399	700
디자인 만족도	5.22	.977	700
편리성 만족도	5.23	.947	700
성능 만족도	5.18	.965	700
견고성 만족도	5.23	1.108	700

상관계수

		구입 의사	디자인 만족도	편리성 만족도	성능 만족도	견고성 만족도
Pearson 상관	구입 의사	1.000	.295	.288	.318	.207
	디자인 만족도	.295	1.000	.397	.446	.312
	편리성 만족도	.288	.397	1.000	.582	.361
	성능 만족도	.318	.446	.582	1.000	.430
	견고성 만족도	.207	.312	.361	.430	1.000
유의확률 (단측)	구입 의사	.	.000	.000	.000	.000
	디자인 만족도	.000	.	.000	.000	.000
	편리성 만족도	.000	.000	.	.000	.000
	성능 만족도	.000	.000	.000	.	.000
	견고성 만족도	.000	.000	.000	.000	.
N	구입 의사	700	700	700	700	700
	디자인 만족도	700	700	700	700	700
	편리성 만족도	700	700	700	700	700
	성능 만족도	700	700	700	700	700
	견고성 만족도	700	700	700	700	700

그림 9.19
기술통계량 및 상관계수

모형 요약

모형	R	R 제곱	수정된 R 제곱	추정값의 표준오차
1	.376[a]	.141	.136	1.300

a. 예측값: (상수), 고장 및 견고성 만족도, 디자인 만족도, 사용 편리성 만족도, 성능 만족도

분산분석[b]

모형		제곱합	자유도	평균 제곱	F	유의확률
1	회귀 모형	193.097	4	48.274	28.562	.000[a]
	잔차	1174.652	695	1.690		
	합계	1367.749	699			

a. 예측값: (상수), 고장 및 견고성 만족도, 디자인 만족도, 사용 편리성 만족도, 성능 만족도

b. 종속변수: 구입 의향

계수[a]

모형		비표준화 계수		표준화 계수	t	유의확률
		B	표준오차	베타		
1	(상수)	1.292	.347		3.719	.000
	디자인 만족도	.235	.058	.164	4.077	.000
	사용 편리성 만족도	.167	.066	.113	2.543	.011
	성능 만족도	.231	.068	.159	3.421	.001
	고장 및 견고성 만족도	.059	.050	.046	1.168	.243

a. 종속변수: 구입 의향

그림 9.20
분산분석표 및 회귀계수 추정치

기여한다' 고 할 수 있다.

각 회귀계수에 대한 t-통계량 및 p-값을 살펴보면 변수 x1(디자인 만족도), x2(편리성 만족도), x3(성능 만족도)에 대한 p-값은 유의수준 5%(또는 10%)보다 작으므로, 종속변수를 설명하는데 유의하게 기여한다고 할 수 있다. 그러나 변수 x4(견고성 만족도)에 대한 p-값은 0.243으로 유의수준 5%(또는 10%)보다 크므로 귀무가설 $H_0: \beta_4 = 0$를 기각할 수 없고, 따라서 이 변수는 종속변수를 설명하는데 유의하게 기여하지 않다는 것을 알 수 있다.

다중 선형 회귀분석에서 회귀계수 β_k는 독립변수 x_k를 제외한 다른 모든 독립변수의 값이 동일할 때(즉, 다른 모든 독립변수의 값이 같도록 통제되어 있다면) x_k가 1단위 증가하면 종속변수 y가 β_k 만큼 증가한다는 것을 의미한다. 즉, 다중회귀분석에서는 어떤 독립변수들을 함께 고려하느냐에 따라서 결과가 달라질 수 있다. 이러한 의미에서 회귀계수를 편회귀계수(partial regression coefficient)라고 하기도 한다. 그러나 앞 절들에서 다루었던 상관분석(또는 단순회귀분석)에서는 변수 x_k와 y의 연관성(또는 인과성)을 측정할 때 다른 독립변수와의 관계를 고려하지 않는다.

앞의 <그림 9.19>의 결과를 살펴보면 두 변수 x4(견고성 만족도)와 y(구입 의사)는 상관계수가 0.207이고 p-값이 0.0001로 유의하다는 것을 볼 수 있다. 그러나 x4(견고성 만족도)와 다른 독립변수들 간에 밀접한 연관성이 존재하고(예를 들어, '성능 만족도' 와 '견고성 만족도' 의 상관계수가 0.430이므로 '성능 만족도' 가 높아지면 '견고성 만족도' 도 높아진다는 것을 알 수 있다), 이러한 연관성을 고려할 때 다른 독립변수들의 값이 모두 같다면 변수 x4(견고성 만족도)는 종속변수 y(구입 의사)에 유의한 영향을 주지 않는다는 것을 알 수 있다.

9.4.4 표준화 회귀계수

9.1절에서 다루었던 '매출액.SAV' 데이터의 예에서 광고비와 매출액의 단위가 모두 천만원이라고 해보자(이때 추정된 회귀식은 $\hat{y} = 32.848 + 15.972x$이다). 그런데 만약 매출액의 단위는 그대로 둔 상태에서 광고비의 단위를 백만원으로 바꾸어 입력한 후 회귀분석을 수행하면 어떻게 될까? 이 경우에는 추정된 회귀식이 $\hat{y} = 32.848 + 1.5972x$가 된다.

이와 같이 독립변수의 단위를 바꾸면 해당 변수의 회귀계수의 크기도 변하게 되지만, 그 변수의 회귀계수 자체에 대한 해석에는 아무런 차이가 없다(즉, '광고비가 1단위(천만원) 증가하면 매출액이 15.972단위(일억오천구백만원 정도) 증가한다' 는 해석은 '광고비가 백만원 증가하면 매출액이 일천오백구십만원 정도 증가한다' 는 해석과 의미상 다를 바가 없다). 그러나 이와 같이 회귀계수의 크기가 독립변수의 단위에 의존하기 때문에, 그 크기를 절대비교할 수도 없고(즉, 회귀계수 자체만을 가지고 그 값이 얼마나 큰 것인지 또는 작은 것인지를 판단할 수 없고), 다중회귀분석의 경우 독립변수들의 단위가 서로 다르다면 회귀계수들을 서로 상대비교하는 것에도 문제가 된다.

표준화 회귀계수(standardized coefficient)는 종속변수 및 각 독립변수들을 다음과 같이 표준화하여

$$z_k = \frac{x_k - \bar{x}_k}{s_k}$$

독립변수들의 단위를 모두 없앤 후에, 표준화된 변수들 $z_1, z_2, \cdots, z_p$를 이용하여 얻은 회귀계수이다. 따라서 표준화 변수는 원래 변수의 측정단위나 변이의 영향을 제거하는 효과를 가지기 때문에, 표준화 회귀계수는 독립변수들 간의 효과를 직접 비교하는 데 이용될 수 있다.

<그림 9.20>의 결과에서는 네 개의 독립변수들(q03a, q04a, q05a, q06a)에 대해 측정단위가 모두 같고, 표준편차도 큰 차이가 없었으므로 표준화 회귀계수들 간의 상대적인 크기는 원 회귀계수들의 상대적인 크기와 그다지 다르지 않다는 것을 알 수 있다. 그러나 만약 독립변수들의 측정단위가 서로 다르거나 표준편차에 큰 차이가 있는 경우에는, 원 회귀계수의 크기에 의해 효과를 비교하는 것은 바람직하지 않으므로 주의해야 한다.

9.5 변수선택과 다중공선성

회귀분석이란 앞에서 설명한 바와 같이 종속변수가 다른 몇 개의 독립변수들에 의해 어떻게 설명 또는 예측되는지를 알아보는 통계적 방법이다. 일반적으로 종속변수에 영향을 미치거나 원인이 될 만한 독립변수의 수는 매우 많을 것이다. 가능한 모든 후보변수들을 독립변수로 사용하여 예측모형을 만드는 경우에는, 데이터를 계속 수집하고 관리하는 데 많은 노력과 비용이 필요하게 될 뿐만 아니라, 소위 다중공선성(multicollinearity)과 같은 문제가 발생하게 되어, 일부 회귀계수 추정치의 분산과 예측값의 분산이 매우 커지게 되므로 이를 신뢰할 수 없게 된다. 따라서 불필요한 변수들이 들어 있는 완전모형(full model)보다는, 필요한 변수들만 들어 있는 축소모형(reduced model)을 통해 모형을 보다 간명하게 하는 것이 바람직하다.

9.5.1 변수선택 방법

선형회귀분석의 장점 중 하나는, 모형화 과정 안에서 필요한 독립변수를

선택하는 작업을 포함시킬 수 있다는 것이다. SPSS에서 제공하는 변수선택 방법들로는 다음과 같은 것들이 있다.

'선형 회귀모형' 대화상자의 '변수선택 방법' 옵션들

- **입력** : '독립변수(I)' 란에 선택되어 있는 모든 변수를 사용하여 분석을 수행한다.
- **제거** : '독립변수(I)' 란에 선택되어 있는 변수들을 제외하고, 데이터에 있는 다른 모든 변수들을 사용하여 분석을 수행한다.
- **전진 선택법(forward selection)** : 독립변수를 F-값의 유의확률에 따라 하나씩 추가하면서 선택하는 방법이다(유의확률의 기준은 '옵션' 대화상자의 '진입(E)' 란에서 지정할 수 있으며, 유의확률의 기준을 크게 할수록 보다 많은 변수들이 모형에 진입하게 된다). 이 방법은 계산시간이 빠르지만, 한 번 선택된 변수는 절대로 제거되지 않으며 중요한 변수가 모형에 진입하지 못할 수도 있다.
- **후진 소거법(backward elimination)** : 모든 변수를 포함하는 완전모형으로부터 시작하여 불필요한 변수를 하나씩 제거해 나가는 방법이다(유의확률의 기준은 '옵션' 대화상자의 '제거(M)' 란에서 지정할 수 있으며, 유의확률의 기준을 크게 할수록 보다 많은 변수들이 모형에 남게 된다). 이 방법은 중요한 변수가 모형에서 제외될 가능성이 적으므로, 비교적 안전한 방법이라 할 수 있다. 그러나 한 번 제외된 변수는 다시 선택되지 못한다는 단점이 있다.
- **단계적 방법(stepwise method)** : 전진 선택법에 후진 소거법을 결합한 것으로, 매 단계마다 선택과 제거를 반복하면서 중요한 변수를 찾아내는 방법이다. 이 방법은 중요한 변수를 하나씩 추가로 선택하면서 이미 선택된 변수들이 제거될 수 있는지를 매 단계마다 검토한다.

때로는 여러 가능한 후보모형들을 비교하여 그중 가장 타당한 모형을 선택하기도 한다. 이러한 과정을 위해서는 여러 모형들을 비교할 수 있는 모형선택기준(model selection criterion)이 필요하게 되는데, 주로 사용되는 판정기준으로는 평균제곱오차(Mean Squared Error, MSE), 수정결정계수(adjusted coefficient of determination, adjusted R^2), 맬로우스(Mallows)의 C_p, 아카이케(Akaike)의 정보기준(Information Criteria, AIC) 등이 있다. 이와 같은 모형선택기준은 변수선택의 절대적인 판단기준이라기보다는 하나의 참고정보라고 할 수 있다. 따라서 연구자는 이들 기준들에 따라 적절한 것으로 판단되는 소수 몇 개의 모형을 선발한 다음, 잔차 및 영향력 분석, 다중공선성, 자료해석 상의 실제적인 의미 등을 종합적으로 고려하여 최종적인 모형을 선택하는 것이 바람직하다.

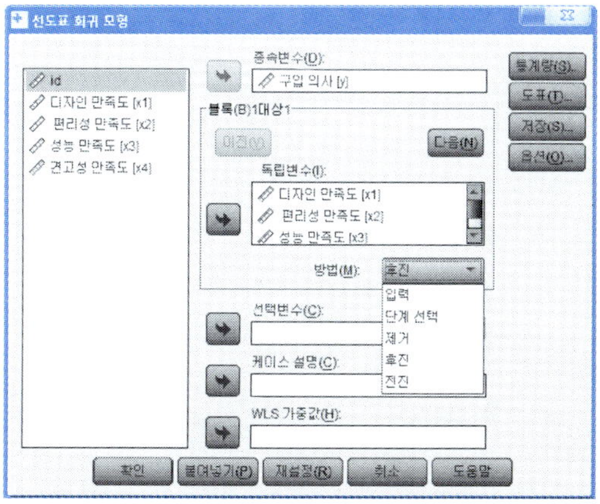

그림 9.21
'선형 회귀 모형' 대화상자의 '변수선택 방법' 옵션들

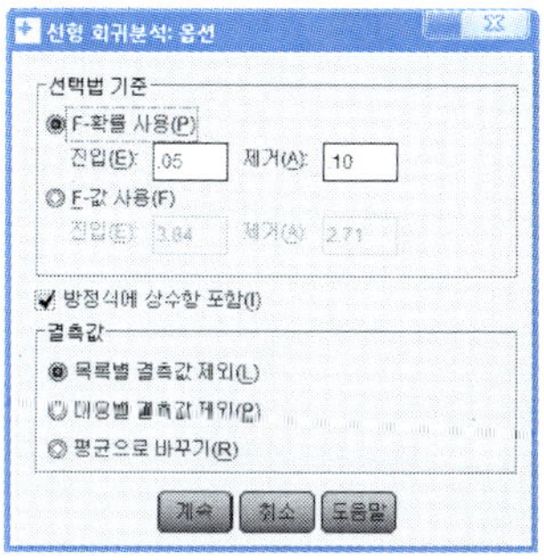

그림 9.22
'선형 회귀분석: 옵션' 대화상자

수정결정계수 (Adjusted R^2)

앞에서 설명한 바와 같이 결정계수(R^2)는 일종의 설명력(explained variance)을 의미하므로, 독립변수의 수가 많을수록 결정계수도 커지게 된다. 따라서 결정계수를 모형선택의 기준으로 사용하는 것은 모형의 간명성이라는 관점에서 볼 때 바람직하지 않다. 이와 같은 단점을 보완한 것이 수정결정계수(Adjusted R^2)

$$Adj\ R^2 = 1 - \frac{n-1}{n-p-1}(1-R^2) = 1 - \frac{n-1}{TSS}MSE_k \qquad (9.15)$$

로서, 여기서 TSS는 전체제곱합이고, MSE_k는 독립변수의 수가 k인 축소모형의 평균제곱오차를 말한다. 즉, 수정결정계수는 평균제곱오차(MSE) $\hat{\sigma}^2$이 가장 작은 축소모형을 선택하는 것으로, 모형의 간명성과 설명력을 동시에 고려하는 것이라고 할 수 있다.

이제 앞 절에서 다루었던 예에 대해 변수선택 방법을 적용해 보기로 하자. 여기서는 <그림 9.21>에서와 같이 '후진 소거법'을 선택하고, F-값의 유의확률을 <그림 9.22>에서와 같이 지정하여 분석을 수행해 보도록 하자.

<그림 9.23>의 출력결과를 살펴보면, 먼저 첫 번째 단계에서는 변수 '견고성 만족도'의 p-값이 0.243으로서 유의수준 10%(<그림 9.22>에서 '제거

그림 9.23
분산분석표 및
회귀계수 추정치

모형 요약

모형	R	R 제곱	수정된 R 제곱	추정값의 표준오차
1	.376[a]	.141	.136	1.300
2	.373[b]	.139	.136	1.300

a. 예측값: (상수), 견고성 만족도, 디자인 만족도, 편리성 만족도, 성능 만족도

b. 예측값: (상수), 디자인 만족도, 편리성 만족도, 성능 만족도

분산분석

모형		제곱합	자유도	평균 제곱	F	유의확률
1	회귀 모형	193.097	4	48.274	28.562	.000
	잔차	1174.652	695	1.690		
	합계	1367.749	699			
2	회귀 모형	190.792	3	63.597	37.609	.000
	잔차	1176.957	696	1.691		
	합계	1367.749	699			

계수[a]

모형		비표준화 계수		표준화 계수	t	유의확률
		B	표준오차	베타		
1	(상수)	1.292	.347		3.719	.000
	디자인 만족도	.235	.058	.164	4.077	.000
	편리성 만족도	.167	.066	.113	2.543	.011
	성능 만족도	.231	.068	.159	3.421	.001
	견고성 만족도	.059	.050	.046	1.168	.243
2	(상수)	1.402	.334		4.193	.000
	디자인 만족도	.244	.057	.170	4.254	.000
	편리성 만족도	.176	.065	.119	2.712	.007
	성능 만족도	.250	.065	.173	3.829	.000

(M)' 란에 0.10을 지정하였다) 하에서 유의하지 않으므로 이 변수가 모형에서 제거된다. 그 다음 두 번째 단계에서는 세 개의 독립변수에 대한 p-값이 모두 0.10보다 작으므로, 더 이상 변수가 제거되지 않고 변수선택이 끝나게 된다.

9.5.2 다중공선성

다중공선성(multicollinearity)이란 독립변수들 간의 완전한 또는 거의 완전한 선형종속(linear dependency)의 관계를 의미한다. 예를 들어, <그림 9.24>와 같이 종속변수 y와 4개의 독립변수 x_1, x_2, x_3, x_4가 주어져 있는 경우 다음과 같은 다중 선형회귀모형

$$y = \alpha + \beta_1 x_1 + \beta_2 x_2 + \beta_3 x_3 + \beta_4 x_4 + \epsilon$$

을 고려하자. 만약 설명변수들 간에 완전한 다중공선성(선형종속)이 존재

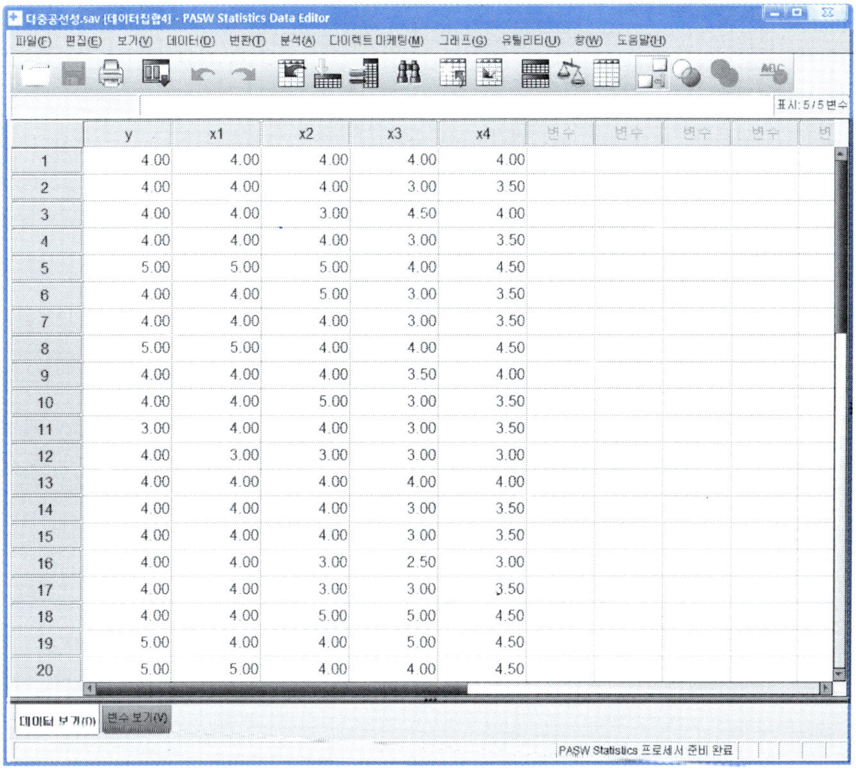

	y	x1	x2	x3	x4
1	4.00	4.00	4.00	4.00	4.00
2	4.00	4.00	4.00	3.00	3.50
3	4.00	4.00	3.00	4.50	4.00
4	4.00	4.00	4.00	3.00	3.50
5	5.00	5.00	5.00	4.00	4.50
6	4.00	4.00	5.00	3.00	3.50
7	4.00	4.00	4.00	3.00	3.50
8	5.00	5.00	4.00	4.00	4.50
9	4.00	4.00	4.00	3.50	4.00
10	4.00	4.00	5.00	3.00	3.50
11	3.00	4.00	4.00	3.00	3.50
12	4.00	3.00	3.00	3.00	3.00
13	4.00	4.00	4.00	4.00	4.00
14	4.00	4.00	4.00	3.00	3.50
15	4.00	4.00	4.00	3.00	3.50
16	4.00	4.00	3.00	2.50	3.00
17	4.00	4.00	3.00	3.00	3.50
18	4.00	4.00	5.00	5.00	4.50
19	5.00	4.00	4.00	5.00	4.50
20	5.00	5.00	4.00	4.00	4.50

그림 9.24 '다중공선성.SAV' 데이터

하는 경우, 즉

$$a_0 + a_1 x_1 + a_2 x_2 + a_3 x_3 + a_4 x_4 = 0 \qquad (9.16)$$

을 만족하는 어떤 상수 a_0, a_1, a_2, a_3, a_4가 존재하는 경우(단, $a_0 = a_1 = \cdots = a_4 = 0$은 아님), 이는 4개의 설명변수들 중 다른 3개의 설명변수를 알면 나머지 하나의 설명변수를 완벽히 알 수 있어 불필요한 정보가 중복되어 있다는 것을 의미하며, 수치적으로도 통상적인 최소제곱추정치(least square estimator)를 구할 수 없게 된다.

또한 완전한 다중공선성이 존재하는 경우가 아니더라도, 식(9.16)의 좌변이 거의 0에 가까워서 설명변수들 간에 상당이 높은 선형종속의 관계가 존재하게 되면, 최소제곱추정치가 이론상으로는 존재하나 실제로는 구하기가 어려울 뿐만 아니라, 최소제곱추정치의 분산이 매우 커져서 구해진 추정치를 신뢰할 수 없게 된다.

■ 다중공선성의 진단

다중공선성의 진단은 보통 상태지수(condition index) 또는 분산확대인자(VIF, variance inflation factor)를 이용하여 이루어지는데, SPSS에서는 <그림 9.25>에서와 같이 '통계량' 대화상자에서 '공선성 진단(L)'에 체크한

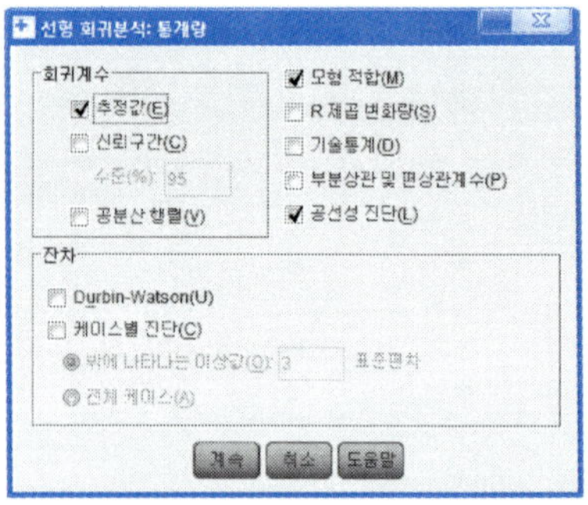

그림 9.25 '선형회귀분석: 통계량' 대화상자

그림 9.26 모형요약 및 다중공선성 진단 결과

모형 요약

모형	R	R 제곱	수정된 R 제곱	추정값의 표준오차
1	.735[a]	.540	.417	.37350

a. 예측값: (상수), x4, x2, x1, x3

분산분석[b]

모형		제곱합	자유도	평균 제곱	F	유의확률
1	회귀 모형	2.457	4	.614	4.404	.015[a]
	잔차	2.093	15	.140		
	합계	4.550	19			

a. 예측값: (상수), x4, x2, x1, x3

b. 종속변수: y

계수[a]

모형		비표준화 계수		표준화 계수	t	유의확률	공선성 통계량	
		B	표준오차	베타			공차	VIF
1	(상수)	1.151	.858		1.341	.200		
	x1	.431	.504	.393	.854	.407	.144	6.927
	x2	-.125	.158	-.165	-.786	.444	.694	1.440
	x3	.012	.491	.018	.024	.981	.057	17.688
	x4	.445	.966	.452	.460	.652	.032	31.442

a. 종속변수: y

공선성 진단[a]

모형	차원	고유값	상태지수	분산비율				
				(상수)	x1	x2	x3	x4
1	1	4.950	1.000	.00	.00	.00	.00	.00
	2	.029	13.011	.03	.00	.14	.04	.00
	3	.014	18.963	.15	.02	.69	.01	.00
	4	.006	28.191	.76	.10	.00	.01	.01
	5	.000	120.382	.06	.88	.17	.94	.99

a. 종속변수: y

후 회귀분석을 수행하면, 다중공선성을 진단하기 위한 통계량들을 출력해 준다.

<그림 9.26>의 결과를 살펴보면 결정계수(R^2)가 0.540으로 비교적 높고(즉, 4개의 독립변수가 종속변수의 전체 변이 중 약 54%를 설명하고 있다), 분산분석표의 F 통계량에 대한 p-값이 0.015로써 귀무가설 $H_0: \beta_1 = \beta_2 = \beta_3 = \beta_4 = 0$은 5%(또는 10%) 유의수준하에서 기각할 수 있다(즉, 적어도 하

나 이상의 독립변수가 종속변수 y를 설명하는 데 기여하고 있다).

그러나 회귀계수 추정치를 살펴보면 각 독립변수들의 p-값이 0.407, 0.444, 0.981, 0.652로써 어느 변수에 대해서도 통계적으로 유의하지 않은데, 이는 다중공선성이 매우 심각한 경우 회귀계수 추정치의 분산이 매우 커져서 나타나는 일반적인 현상 중 하나이다.

회귀분석을 수행할 때 다중공선성으로 인해 흔히 나타나는 현상으로는 다음과 같은 것들을 들 수 있다.

- 하나 이상의 설명변수를 추가하거나 제거하면 회귀계수 추정치에 큰 변화가 생긴다.
- 중요하다고 생각되는 회귀계수에 대한 검정결과가 유의하지 않게 나타난다.
- 회귀계수 추정치의 부호가 경험적 또는 이론적 기대와 상반된다.

이와 같은 다중공선성의 문제를 진단하기 위해 가장 많이 사용되는 것으로 공차한계(허용한계)와 분산확대인자를 들 수 있다. 먼저 **공차한계**(tolerance)는

$$\text{"Tolerance"} = 1 - R_k^2 \qquad (9.17)$$

로써(여기서 R_k^2은 x_k를 종속변수로 하고, 나머지 변수들을 독립변수로 하여 회귀분석을 수행하였을 때의 결정계수), 이 값이 작다는 것은 변수 x_k의 변이가 다른 독립변수들에 의해 설명되는 비율이 높다는 것을 의미한다. 예를 들어, <그림 9.26>에서 변수 x_4의 변이는 다른 설명변수에 의해서 약 99%가 설명된다. 변수 x_4에 대한 공차한계는 0.032이다. 즉, 변수 x_4가 가지고 있는 정보는 다른 3개의 설명변수들에 의해서 대부분 설명되므로, 실제 회귀분석을 수행함에 있어 불필요한 변수일 가능성이 많다는 것을 의미한다.

분산확대인자(VIF)는 공차한계의 역수, 즉

$$VIF = 1/(1 - R_k^2) \qquad (9.18)$$

로써 보통 분산확대인자가 10보다 크면(즉, 해당 변수의 변이가 다른 설명변수들에 의해서 90% 이상 설명되면) 다중공선성이 심각한 것으로 간주하기도 한다.

다중공선성을 탐색하는 다른 측도로는 **상태지수**(condition index)

$$CI_k = \lambda_1 / \lambda_k \qquad (9.19)$$

가 있는데(여기서 λ_k는 k 번째 고유값을 나타낸다), 보통 상태지수가 10보다 크면 다중공선성이 어느 정도 존재하는 것으로 그리고 상태지수가 100

보다 크면 매우 심각한 것으로 간주하기도 한다.

<그림 9.26>에 함께 출력되어 있는 **분산비율**(variance proportion)은 다중공선성이 심각한 경우, 설명변수들 간의 관계를 탐색할 수 있는 정보를 제공한다. 예를 들어, 이 결과에서 가장 큰 상태지수 120.382에 대응되는 분산비율을 살펴보면, 변수 x_1, x_3, x_4에 대한 분산비율들이 매우 크므로 이 세 변수들이 밀접한 선형관계를 가지고 있다는 것을 알 수 있다(사실 '다중공선성.SAV' 데이터는 $0.5x_1 + 0.5x_3 \simeq x_4$가 되도록 가공하여 만든 것이다).

■다중공선성에 대한 대책

다중공선성이 심각한 경우 이를 해결하는 방법으로 다음과 같은 것들을 고려할 수 있다.

- 다중공선성에 관련되어 있는 일부 변수를 제거한다. 이 방법은 실제 가장 많이 사용되는 방법으로, 9.5.1절에서 설명한 후진 소거법, 단계적 방법, 전진 선택법 등 변수선택 방법이 사용되기도 한다.
- 더 넓은 범위의 독립변수들의 값에서 새로운 관찰값를 얻어낸다. 이 경우 추가로 시간과 비용이 드는 것을 감수해야 한다.
- 능형회귀(ridge regression) 또는 주성분회귀(principal components regression) 등 편의추정법(biased estimation method)을 사용한다. 이 방법을 이용하기 위해선 상당한 수준의 전문지식이 요구되므로 사용 시 주의를 요한다.

<그림 9.27>은 변수 x_1과 x_3만을 사용하여 회귀분석을 수행한 결과이다. 이 결과를 살펴보면 결정계수는 0.521로 약간 작아졌으나(완전모형의 결정계수는 0.540이었다), 수정결정계수는 0.464로 오히려 좋아진 것을 볼 수 있다(완전모형의 수정결정계수는 0.417이었다). 또한 두 변수에 대한 p-값이 각각 0.007, 0.078로써 유의수준 10%하에서 유의하다는 것을 알 수 있다.

9.6 가변수 : 질적변수의 처리

지금까지는 독립변수가 양적인 경우만을 설명하였는데, 이 절에서는 질적인 독립변수를 포함하는 경우를 다루어 보자. 예를 들어, <그림 9.28>의 데이터(가변수.SAV)는 46명의 소비자로부터 한 제품에 대한 선호도(y)를 조사하여 얻은 것이다. 이 데이터에는 변수 연령(x)과 지역구분(region; 1= '광역시', 2= '중소도시', 3= '읍면')이 포함되어 있다.

이 경우 $y = \alpha + \beta_1 x + \beta_2 \text{region} + \epsilon$과 같은 모형을 고려하는 것은 타당하지 않다. 그 이유는 변수 '지역구분'이 질적변수로서 크기를 갖고 있지 않

모형 요약

모형	R	R 제곱	수정된 R 제곱	추정값의 표준오차
1	.722[a]	.521	.464	.35820

a. 예측값: (상수), x3, x1

분산분석[b]

모형		제곱합	자유도	평균 제곱	F	유의확률
1	회귀 모형	2.369	2	1.184	9.231	.002[a]
	잔차	2.181	17	.128		
	합계	4.550	19			

a. 예측값: (상수), x3, x1

b. 종속변수: y

계수[a]

모형		비표준화 계수		표준화 계수	t	유의확률	공선성 통계량	
		B	표준오차	베타			공차	VIF
1	(상수)	.923	.776		1.190	.251		
	x1	.597	.193	.546	3.087	.007	.902	1.108
	x3	.221	.118	.331	1.873	.078	.902	1.108

a. 종속변수: y

공선성 진단[a]

모형	차원	고유값	상태지수	분산비율				
				(상수)	x1	x2	x3	x4
1	1	4.950	1.000	.00	.00	.00	.00	.00
	2	.029	13.011	.03	.00	.14	.04	.00
	3	.014	18.963	.15	.02	.69	.01	.00
	4	.006	28.191	.76	.10	.00	.01	.01
	5	.000	120.382	.06	.88	.17	.94	.99

a. 종속변수: y

그림 9.27 모형요약 및 다중공선성 진단 결과 : 독립변수 x_1과 x_3만을 사용한 경우

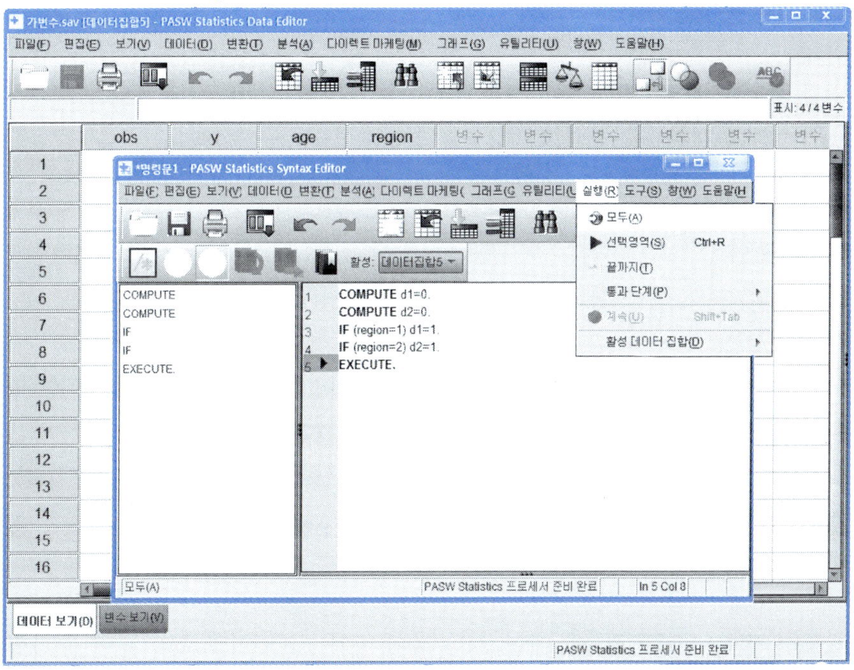

그림 9.28 명령문을 이용한 가변수의 생성

으므로 β_2를 기울기로 해석할 수 없기 때문이다.

이제 7.5절의 공분산분석에서와 유사하게 다음과 같은 모형을 고려해 보도록 하자.

$$\begin{cases} y = \alpha + \beta x + \gamma_1 + \epsilon, & \text{if region} = 1 \\ y = \alpha + \beta x + \gamma_2 + \epsilon, & \text{if region} = 2 \\ y = \alpha + \beta x + \gamma_3 + \epsilon, & \text{if region} = 3 \end{cases} \tag{9.20}$$

이때 $\gamma_3 = 0$으로 두면 식 (9.20)을 다음과 같이 하나의 모형식으로 표현할 수 있는데,

$$y = \alpha + \beta x + \gamma_1 d_1 + \gamma_2 d_2 + \epsilon \tag{9.21}$$

여기서 d_1과 d_2는 소위 **가변수**(dummy variable)로서 다음과 같이 정의된다.

$$d_1 = \begin{cases} 1, & \textit{if} \quad \text{region} = 1 \\ 0, & \text{otherwise} \end{cases}, \quad d_2 = \begin{cases} 1, & \textit{if} \quad \text{region} = 2 \\ 0, & \text{otherwise} \end{cases}$$

식 (9.21)에서 γ_1은 연령이 동일한 경우 '광역시'와 '읍면' 간의 선호도 차이의 기대값을 나타내고, γ_2는 연령이 동일한 경우 '중소도시'와 '읍면' 간의 선호도 차이의 기대값을 나타낸다.

이제 식 (9.21)과 같은 모형을 고려하여 '가변수.SAV' 데이터에 대해 분석을 수행해 보도록 하자.

① 풀다운 메뉴에서 '**파일(F) → 새 파일(N) → 명령문(S)**'을 선택하여 '명령문 편집기'를 연 후, <그림 9.28>과 같이 명령문을 입력하고 이를 수행하여, <그림 9.29>와 같이 가변수 d1과 d2를 생성한다(한 질적변수의 범주가 c개 일 때 가변수는 일반적으로 $c-1$개 필요하다).

② 풀다운 메뉴에서 '**분석(A) → 회귀분석(R) → 선형(L)...**'을 선택한 후, '선형회귀분석' 대화상자에서 '종속변수(D)'란에 변수 y(선호도)를 선택하고, '독립변수(I)'란에 변수 age(연령), d1, d2를 선택한다(그림 9.30). 기타 필요한 선택사항을 지정한 후 '선형회귀분석' 대화상자에서 '확인' 버튼을 클릭한다.

이상의 과정을 수행하면 <그림 9.31>과 같이 계수 추정치를 얻을 수 있는데, 이를 기초로 모형추정식을 표현하면 다음과 같다.

$$\begin{cases} \hat{y} = 14.334 + 1.830x - 16.129 = -1.795 + 1.830x, & \textit{if} \quad \text{region} = 1, \\ \hat{y} = 14.334 + 1.830x - 5.309 = 9.025 + 1.830x, & \textit{if} \quad \text{region} = 2, \\ \hat{y} = 14.334 + 1.830x, & \textit{if} \quad \text{region} = 3. \end{cases}$$

또한 변수 age(연령)에 대한 계수 추정치가 1.830이므로 연령이 증가할

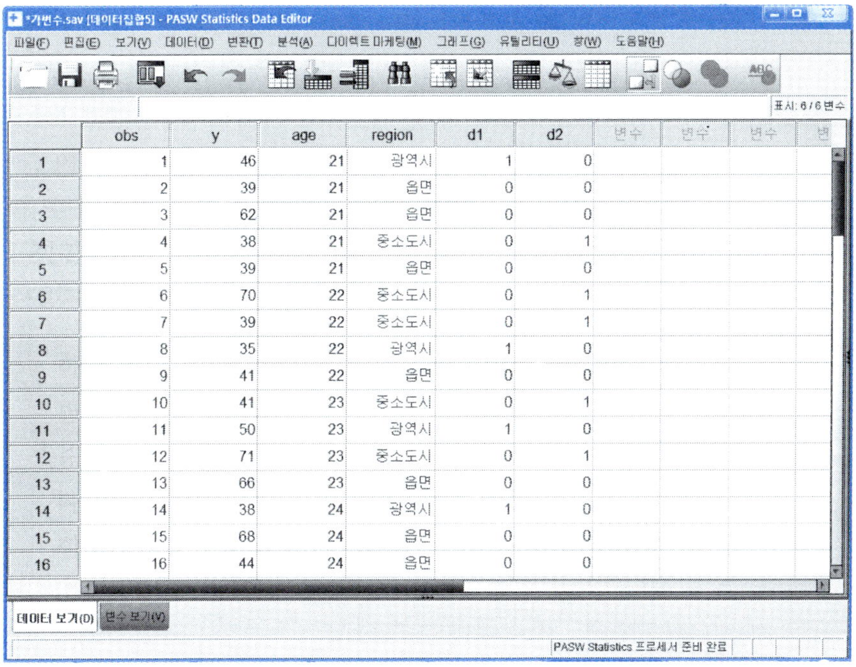

그림 9.29
가변수 d_1과 d_2가 생성된 데이터

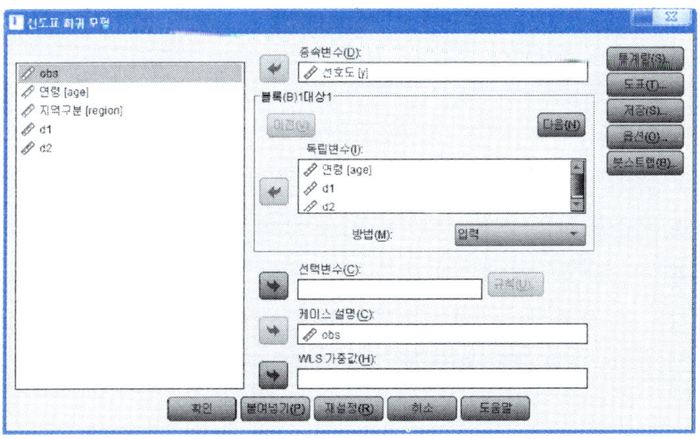

그림 9.30
'선형 회귀 모형' 대화상자

분산분석b

모형		제곱합	자유도	평균 제곱	F	유의확률
1	회귀 모형	5037.356	3	1679.119	11.464	.000a
	잔차	6151.948	42	146.475		
	합계	11189.304	45			

a. 예측값: (상수), d2, 연령, d1

b. 종속변수: 선호도

계수a

모형		비표준화 계수		표준화 계수	t	유의확률
		B	표준오차	베타		
1	(상수)	14.334	9.775		1.466	.150
	연령	1.830	.359	.600	5.091	.000
	d1	-16.129	4.755	-.476	-3.392	.002
	d2	-5.309	4.473	-.168	-1.187	.242

a. 종속변수: 선호도

그림 9.31
분산분석표 및 계수 추정치

9장 회귀분석

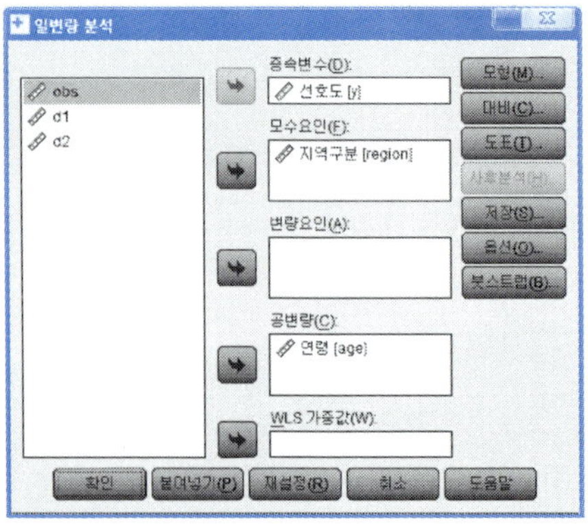

그림 9.32
'일반선형모형'의 '일변량 분석' 대화상자

그림 9.33
'일반선형모형'의 출력결과 : 상호작용이 없는 경우

개체-간 효과 검정

종속 변수:선호도

소스	제 III 유형 제곱합	자유도	평균 제곱	F	유의확률
수정 모형	5037.356[a]	3	1679.119	11.464	.000
절편	75.714	1	75.714	.517	.476
age	3796.779	1	3796.779	25.921	.000
region	1812.678	2	906.339	6.188	.004
오차	6151.948	42	146.475		
합계	1.636E5	46			
수정 합계	11189.304	45			

a. R 제곱 = .450 (수정된 R 제곱 = .411)

모수 추정값

종속 변수:선호도

모수	B	표준오차	t	유의확률	95% 신뢰구간 하한값	95% 신뢰구간 상한값
절편	14.334	9.775	1.466	.150	-5.394	34.061
age	1.830	.359	5.091	.000	1.105	2.556
[region=1]	-16.129	4.755	-3.392	.002	-25.725	-6.534
[region=2]	-5.309	4.473	-1.187	.242	-14.337	3.719
[region=3]	0[a]	.	.	.	.	.

a. 이 모수는 중복되었으므로 0으로 설정됩니다.

수록 선호도가 증가한다고 할 수 있으며, 변수 d2에 대한 t-검정의 유의확률이 0.242이므로 연령이 동일한 경우, '중소도시'와 '읍면' 간의 선호도 차이는 유의하지 않다고 할 수 있다(이 경우 가변수 d2를 모형에서 제외하고 다시 분석을 수행해 볼 수도 있을 것이다).

한편, 7.5절의 공분산분석에서와 같이 '분석(A) → 일반선형모형(G) → 일변량(U)' 메뉴를 이용하면, 가변수를 생성하지 않고서도 식 (9.20)과 같은 모형에 대해 쉽게 분석을 수행할 수 있다. 이 예에서의 경우 <그림 9.32>와 같이 '일변량 분석' 대화상자에서 '종속변수(D)' 란에 변수 y(선호도)를 선택하고, '모수요인(F)' 란에 region(지역구분) 그리고 '공변량(C)' 란에 age(연령)을 선택하여 분석을 수행하면 <그림 9.33>에서와 같은

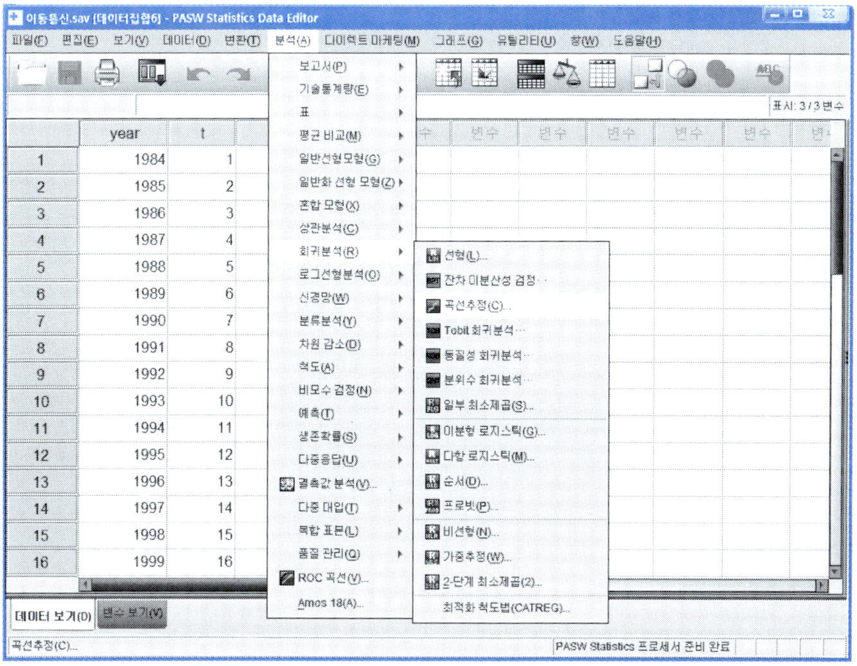

그림 9.34
'분석(A) → 회귀분석(R) → 곡선추정(C)...' 메뉴

결과를 얻을 수 있다(<그림 9.33>과 <그림 9.31>의 결과에서 모수 추정치가 동일함을 확인하기 바란다). 또한 식 (9.20)은 변수 age(연령)에 대한 기울기가 세 집단에서 동일하다고 가정하는데, 7.5절에서 설명한 바와 같이 기울기의 동일성에 대한 가정을 받아들일 수 없는 경우에는, 상호작용 'region∗age'를 고려하여 분석을 수행해야 한다(기울기의 동일성에 대한 검정 및 분석에 대해서는 7.5절을 참조하기 바란다).

9.7 곡선추정 및 비선형회귀분석

지금까지는 독립변수와 종속변수 간에 선형적인 관계가 있다는 가정하에 선형회귀분석을 수행하였다. 그러나 때로는 독립변수와 종속변수 간에 곡선적 또는 복잡한 비선형적인 관계를 가질 수도 있는데, 이러한 경우에는 적절한 함수형태를 고려하여 분석을 수행하는 것이 바람직하다. 이 절에서는 SPSS에서 제공하는 곡선추정 및 비선형회귀분석에 대해서 간단히 다루어 보도록 하자.

9.7.1 곡선추정

<그림 9.34>의 데이터(이동통신.SAV)는 한 이동통신 회사의 1984년부터 1997년까지 연도별 가입자수(yt)이다(이 데이터에서 1998년부터 2000년까지는 예측을 위해 가입자수가 결측값으로 입력되어 있다). 이 데이터

그림 9.35
연도별 가입자수

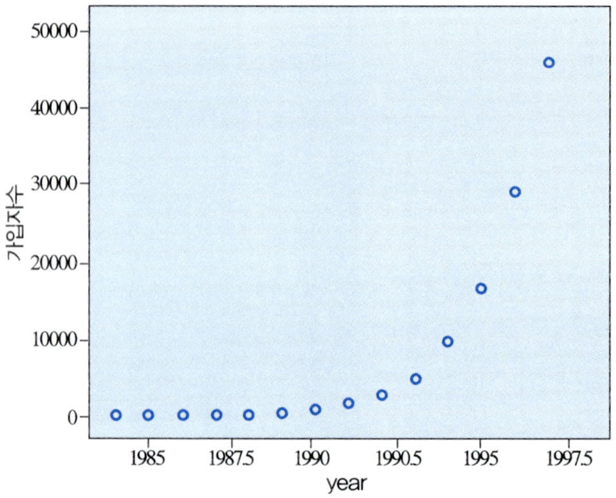

에 대한 산점도(그림 9.35)를 살펴보면 가입자수가 급격히 증가하고 있다는 것을 알 수 있다. 따라서 연도별 가입자수에 대한 모형으로 선형회귀모형보다는 다음과 같은 지수함수(exponential function) 형태의 모형이 더 적절할 것으로 생각할 수 있다.

$$y_t = \beta_0 \exp(\beta_1 t) = \beta_0 e^{\beta_1 t}. \quad (9.22)$$

한편, 위 식의 양변에 로그(log)를 취하면 다음과 같은 식을 얻을 수 있는데,

$$y_t^* = \beta_0^* + \beta_1 t, \ (단, y_t^* = \log y_t, \ \ \beta_0^* = \log\beta_0). \quad (9.23)$$

이와 같이 특별한 비선형함수들은 간단한 변환에 의해 선형함수로 바꿀 수 있으며, SPSS의 '곡선추정(C)' 메뉴를 이용하면 선형변환이 가능한 몇 가지 모형에 대해 쉽게 분석을 수행할 수 있다(물론 사용자는 미리 새로운 변수 y_t^*를 생성한 후, 선형회귀분석을 수행하여 β_0^*와 β_1을 추정할 수도 있다). 이제 이동통신.SAV 데이터를 가지고 지수모형에 의한 분석을 수행해 보도록 하자.

① '분석(A) → 회귀분석(R) → 곡선추정(C)...' 메뉴를 선택한다(그림 9.34).
② '곡선추정' 대화상자에서 '종속변수(D)' 란에 변수 yt(가입자수)를 선택하고, '변수(V)' 란에 변수 t를 선택한다(그림 9.36).
③ '곡선추정' 대화상자에서 '저장' 버튼을 클릭한 후, '저장' 대화상자에서 '예측값(P)', '잔차(R)', '예측구간(D)' 에 체크한다. '계속' 버튼을 클릭하여 곡선추정 대화상자로 돌아간 후 '확인' 버튼을 클릭한다.

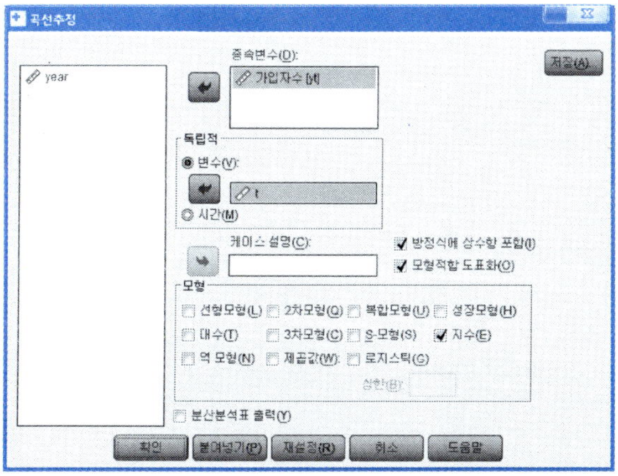

그림 9.36 '곡선추정' 대화상자

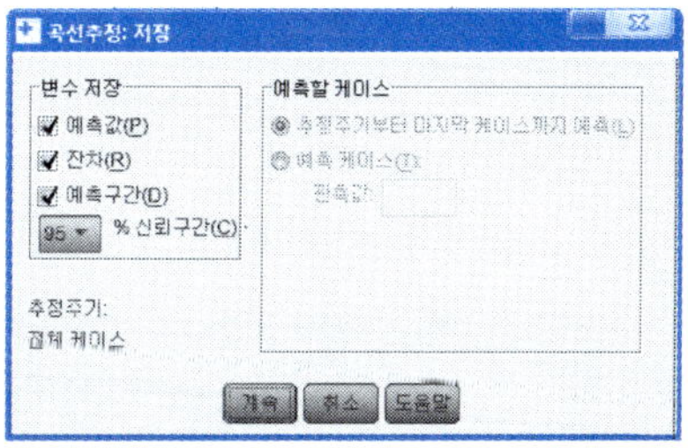

그림 9.37 '저장' 대화상자

모형 요약 및 모수 추정값

종속 변수:가입자수

방정식	모형 요약					모수 추정값	
	R 제곱	거짓	df1	df2	유의확률	상수항	b1
지수	.997	4503.319	1	12	.000	12.475	.594

독립변수는 t입니다.

그림 9.38 지수모형에 의한 곡선추정

'곡선추정' 대화상자의 모형들

- $y_t = \beta_0 + \beta_1 t$: 선형모형 (Linear model)
- $y_t = \beta_0 + \beta_1 \log(t)$: 대수모형 (Logarithmic model)
- $y_t = \beta_0 + \beta_1 / t$: 역모형 (Inverse model)
- $y_t = \beta_0 + \beta_1 t + \beta_2 t^2$: 2차모형 (Quadratic model)
- $y_t = \beta_0 + \beta_1 t + \beta_2 t^2 + \beta_3 t^3$: 3차모형 (Cubic model)
- $y_t = \beta_0 t^{\beta_1}$: 파워모형 (Power model)
- $y_t = \beta_0 \beta_1^t$: 복합모형 (Compound model)
- $y_t = \exp(\beta_0 + \beta_1 / t)$: S-모형 (S model)
- $y_t = \exp(\beta_0 + \beta_1 t)$: 성장모형 (Growth model)
- $y_t = \beta_0 \exp(\beta_1 t)$: 지수모형 (Exponential model)
- $y_t = \left(\frac{1}{u} + \beta_0 \beta_1^t\right)^{-1}$: 로지스틱모형 (Logistic model; 단, u는 주어진 상한값)

그림 9.39
지수모형에 의한 적합곡선 그림

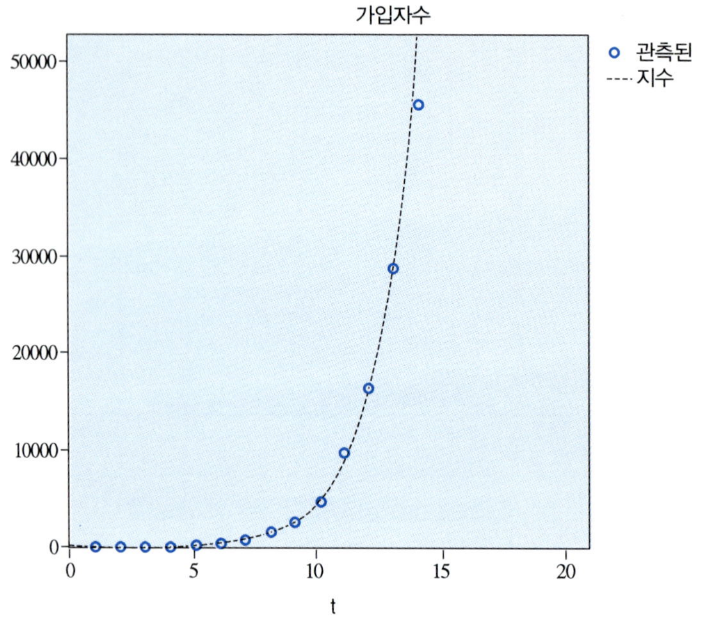

<그림 9.38>를 보면 두 계수추정치가 $\hat{\beta}_0 = 12.475$와 $\hat{\beta}_1 = 0.594$임을 알 수 있다. 따라서 모형추정식은 다음과 같다.

$$y_t = 12.475\ e^{0.984t}.$$

또한 $R^2 = 0.997$로써 설명력이 매우 높다는 것을 알 수 있으며, <그림 9.39>의 적합곡선 그림을 통해서도 적합이 비교적 잘 되었음을 확인할 수 있다.

한편 <그림 9.40>에는 예측값(fit_1), 잔차(err_1), 신뢰구간(lcl_1, ucl_1)이 출력되어 있는데, 예를 들어 1998년의 가입자수에 대한 예측값는 92,222(단위: 백명)이며, 95% 신뢰구간은 (66,037, 128,788)이다.

9.7.2 비선형회귀분석

어떤 비선형(nonlinear) 함수들은 앞에서와 같이 선형변환이 가능하지 않은 경우도 있다. 예를 들어, 중장기 수요예측에서 자주 사용되는 다음과 같은 함수들은

- $y_t = m \dfrac{\exp(\alpha + \beta t)}{1 + \exp(\alpha + \beta t)}$: 로지스틱(Logistic) 모형
- $y_t = m\exp[-\exp(\alpha + \beta t)]$: 곰페르츠(Gomperts) 모형
- $y_t = m\Phi(\alpha + \beta t)$: 프로빗(Probit) 모형

상한값 m이 알려져 있지 않은 경우 선형변환이 가능하지 않다(이들 성

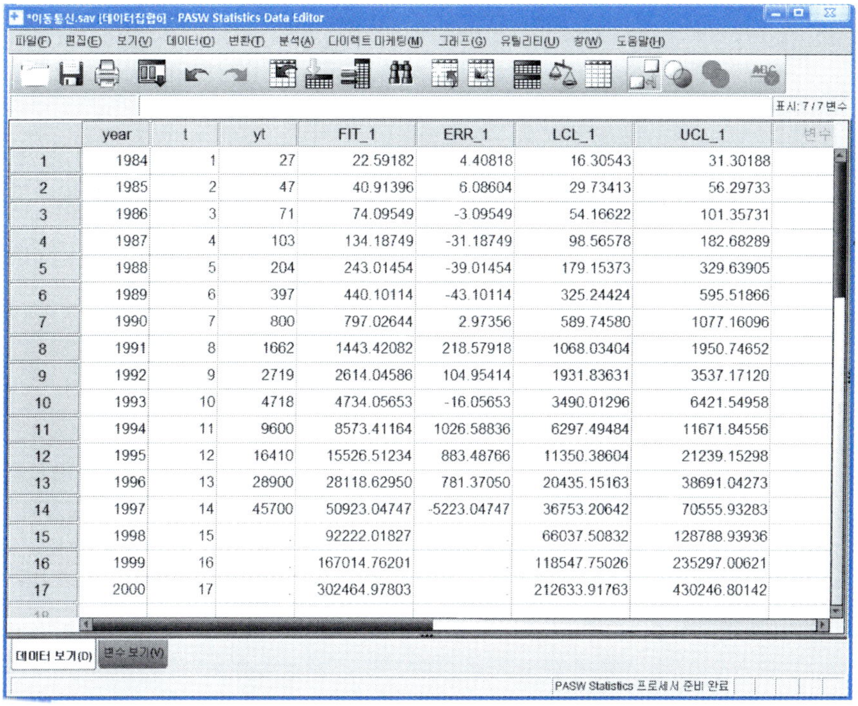

	year	t	yt	FIT_1	ERR_1	LCL_1	UCL_1
1	1984	1	27	22.59182	4.40818	16.30543	31.30188
2	1985	2	47	40.91396	6.08604	29.73413	56.29733
3	1986	3	71	74.09549	-3.09549	54.16622	101.35731
4	1987	4	103	134.18749	-31.18749	98.56578	182.68289
5	1988	5	204	243.01454	-39.01454	179.15373	329.63905
6	1989	6	397	440.10114	-43.10114	325.24424	595.51866
7	1990	7	800	797.02644	2.97356	589.74580	1077.16096
8	1991	8	1662	1443.42082	218.57918	1068.03404	1950.74652
9	1992	9	2719	2614.04586	104.95414	1931.83631	3537.17120
10	1993	10	4718	4734.05653	-16.05653	3490.01296	6421.54958
11	1994	11	9600	8573.41164	1026.58836	6297.49484	11671.84556
12	1995	12	16410	15526.51234	883.48766	11350.38604	21239.15298
13	1996	13	28900	28118.62950	781.37050	20435.15163	38691.04273
14	1997	14	45700	50923.04747	-5223.04747	36753.20642	70555.93283
15	1998	15	.	92222.01827	.	66037.50832	128788.93936
16	1999	16	.	167014.76201	.	118547.75026	235297.00621
17	2000	17	.	302464.97803	.	212633.91763	430246.80142

그림 9.40
지수모형에 의한 예측치, 잔차, 신뢰구간

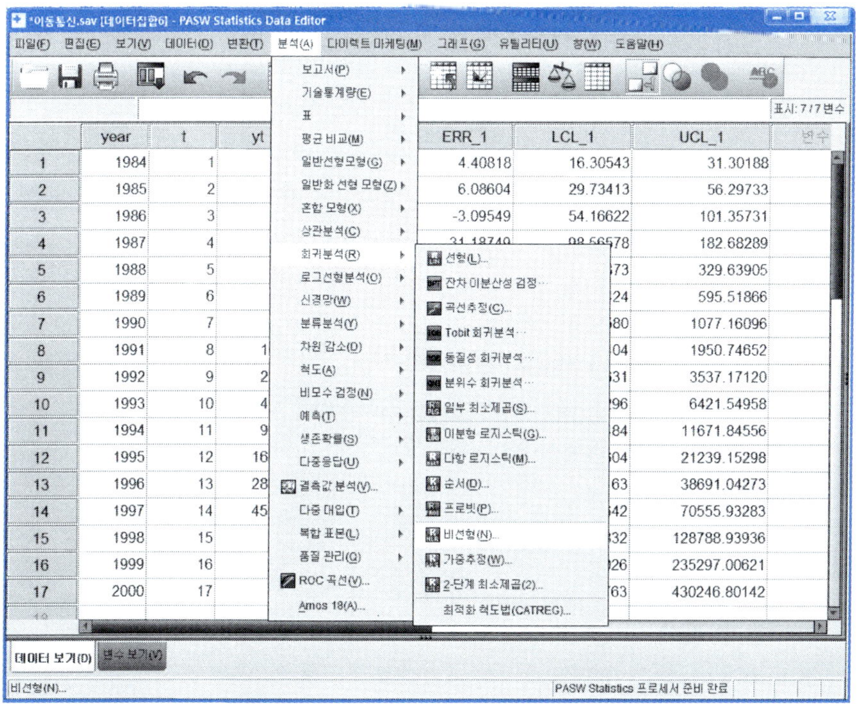

그림 9.41
'분석(A) → 회귀분석(R) → 비선형(N)...' 메뉴

장곡선 모형의 특성에 대해서는 강현철 · 최종후(2000)를 참조하기 바란다). 따라서 이와 같은 경우에는 선형회귀분석이나 곡선추정을 이용할 수 없고, 비선형회귀분석을 수행하여 모수를 추정해야 한다.

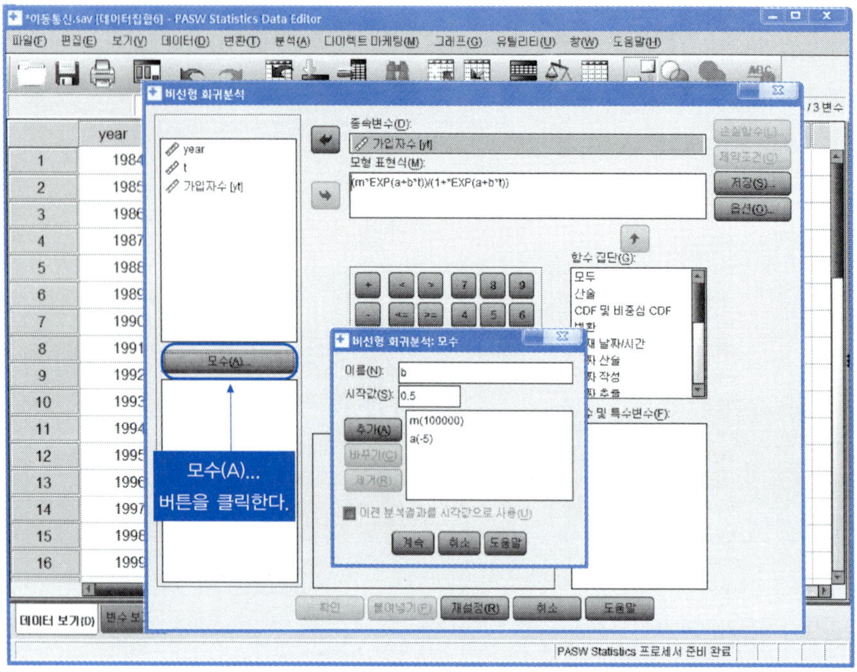

그림 9.42
'비선형 회귀분석' 및 '모수' 대화상자

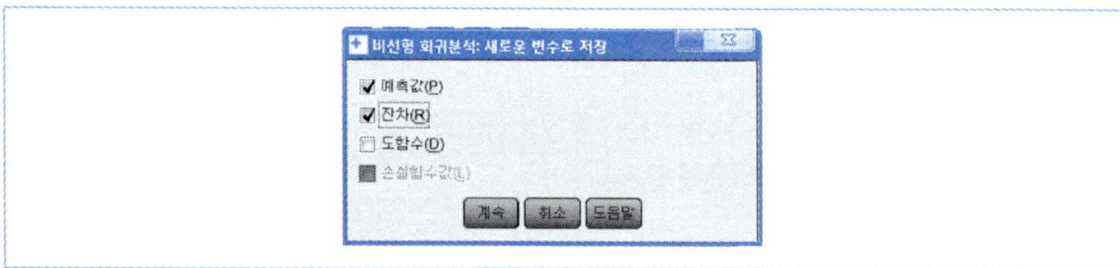

그림 9.43
'저장' 대화상자

여기서는 앞에서 다룬 바 있는 '이동통신.SAV' 데이터에 대해서 로지스틱 모형에 의해 모수를 추정해 보도록 하자.

① '분석(A) → 회귀분석(R) → 비선형(N)...' 메뉴를 선택한다(그림 9.41).

② '비선형회귀분석' 대화상자에서 '종속변수(D)' 란에 변수 yt(가입자수)를 선택하고, '모형 표현식(M)' 란에 '(m*EXP(a+b*t))/(1+EXP(a+b*t))' 를 입력한다(그림 9.42).

③ '비선형회귀분석' 대화상자에서 '모수(A)...' 버튼을 클릭한 후, '이름(N)' 란에 m을 그리고 '시작값(S)' 란에 100000을 입력한 후 '추가(A)' 버튼을 클릭한다. 이와 유사하게 모수 a에 시작값 −5 그리고 모수 b에 시작값 0.5를 지정한다. '계속' 버튼을 클릭하여 '비선형회귀분석' 대화상자로 돌아간다.

④ '비선형회귀분석' 대화상자에서 '저장' 버튼을 클릭한 후, '저장' 대화상자에서 '예측값(P)' 과 '잔차(R)' 에 체크한다. '계속' 버튼을 클릭하여 '비선형회귀분석' 대화상자로 돌아간 후 '확인' 버튼을 클릭한다.

비선형 회귀 분석

모수 추정값

모수	추정값	표준오차	95% 신뢰구간	
			하한값	상한값
m	128935.716	10131.780	106635.818	151235.615
a	-9.728	.087	-9.920	-9.536
b	.652	.014	.622	.682

모수 추정값의 상관관계

	m	a	b
m	1.000	.703	-.940
a	.703	1.000	-.903
b	-.940	-.903	1.000

분산분석[a]

소스	제곱합	자유도	평균 제곱
회귀 모형	3318016029.304	3	1106005343.101
잔차	404612.696	11	36782.972
비수정 합계	3318420642.000	14	
수정 합계	2432663201.714	13	

종속 변수: 가입자수

a. R 제곱 = 1 - (잔차 제곱합) / (수정된 제곱합) = 1.000입니다.

그림 9.44
비선형 회귀분석에 의한 추정치

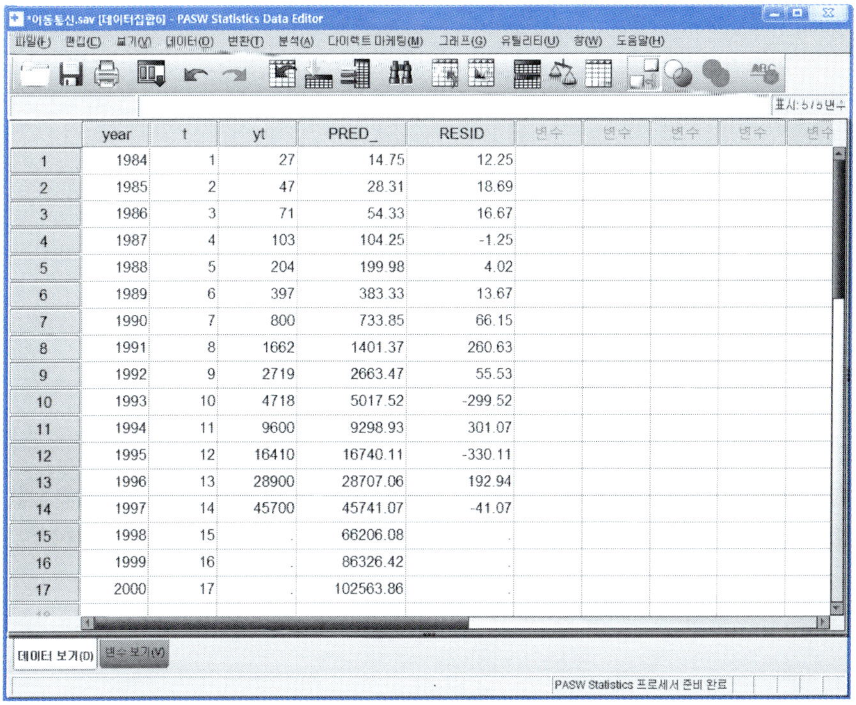

	year	t	yt	PRED_	RESID
1	1984	1	27	14.75	12.25
2	1985	2	47	28.31	18.69
3	1986	3	71	54.33	16.67
4	1987	4	103	104.25	-1.25
5	1988	5	204	199.98	4.02
6	1989	6	397	383.33	13.67
7	1990	7	800	733.85	66.15
8	1991	8	1662	1401.37	260.63
9	1992	9	2719	2663.47	55.53
10	1993	10	4718	5017.52	-299.52
11	1994	11	9600	9298.93	301.07
12	1995	12	16410	16740.11	-330.11
13	1996	13	28900	28707.06	192.94
14	1997	14	45700	45741.07	-41.07
15	1998	15	.	66206.08	.
16	1999	16	.	86326.42	.
17	2000	17	.	102563.86	.

그림 9.45
비선형 회귀분석에 의한 예측치

<그림 9.44>를 살펴보면 각 모수에 대한 추정치가 $\hat{m}=128935$, $\hat{\alpha}=-9.728$, $\hat{\beta}=0.652$임을 알 수 있으며, 모형추정식은 다음과 같다.

$$y_t = 128935 \frac{\exp(-9.728+0.652t)}{1+\exp(-9.728+0.652t)}$$

또한 <그림 9.45>에는 예측값(pred)와 잔차(resid)가 출력되어 있다. 한편, 비선형회귀분석에서는 적절하지 않은 시작값(초기값)을 지정하는 경우, 해를 구하지 못하거나 모수가 제대로 추정되지 않을 수 있다. 따라서 각 모수에 대해 적절한 시작값을 지정하는 것이 특히 중요하다(성장곡선모형 및 확산모형에서 시작값 문제를 해결하는 몇 가지 대안에 대해서는 강현철 · 최종후(2000)를 참조하기 바란다).

연습문제

9-1 음주운전자의 혈액 중 알코올 농도를 측정하기 위해 교통경찰관이 사용하는 디지털 측정기의 신뢰성을 알아보려고 한다. 15명의 음주 운전자에 대해 혈액채취(y)와 디지털 측정기(x)에 의해 각각 알코올 농도를 측정하여 다음과 같은 데이터를 얻었다. x에 의한 y의 회귀직선식을 구하고 잔차분석을 실시하여라.

x	y	x	y	x	y
0.15	0.154	0.09	0.082	0.11	0.078
0.1	0.085	0.09	0.072	0.12	0.097
0.9	0.079	0.09	0.08	0.1	0.088
0.14	0.144	0.095	0.09	0.06	0.053
0.08	0.078	0.04	0.05	0.08	0.072

9-2 앞의 9.4절의 '컴퓨터.sav' 데이터에 대해 여러 가지 변수선택방법을 지정하여 다중 회귀분석을 수행하고, 그 출력결과를 비교히여라.

9-3 환경변화가 혈압에 미치는 장기적인 변화를 연구하기 위하여 안데스산맥의 고지대에서 도시로 이주해온 인디오들로부터, 여러 특성들을 측정하였다. 다음의 데이터는 그중 최고혈압(y)과 신체적 특성들인 나이(x1), 이주 후 경과기간(x2, 단위: 년), 몸무게(x3, 단위: kg), 복부 피부두께(x4, 단위: mm) 등에 관한 결과이다. 다중회귀분석을 수행하여라(필요한 경우 변수선택을 실시하여라).

x1	x2	x3	x4	y	x1	x2	x3	x4	y
21	1	71	12.7	170	38	18	59.5	7.7	114
22	6	56.5	8	120	38	11	61	4	136
24	5	56	4.3	125	38	11	57	3	126
24	1	61	4.3	148	39	21	57.5	5	124
25	1	65	20.7	140	39	24	74	15.7	128
27	19	62	5.7	106	39	14	72	13.3	134
28	5	53	8	120	41	25	62.5	8	112

28	25	53	0	108	41	32	68	11.3	128
31	6	65	10	124	41	5	63.4	13.7	134
32	13	57	6	134	42	12	68	10.7	128
33	13	66.5	8.3	116	43	25	69	6	140
33	10	59.1	10.3	114	43	26	73	5.7	138
34	15	64	7	130	43	10	64	7	118
35	18	69.5	7	118	44	19	65	7.7	110
35	2	64	6.7	138	44	18	71	4.3	142
36	12	56.5	11.7	134	45	10	60.2	3.3	134
36	15	57	6	120	47	1	55	4	116
37	16	55	7	120	50	43	70	11.7	132
37	17	57	11.7	114	54	40	87	11.3	152
38	10	58	13	124					

9-4 어떤 복합비료의 양 x가 농작물의 수확량 y와 어떠한 관계를 가지고 있는지를 보기 위하여, 다음과 같은 데이터를 얻었다.

$$n = 15, \bar{x} = 10.8,\ \bar{y} = 122.7,\ \sum_{i=1}^{n}(x_i - \bar{x})^2 = 70.6,$$
$$\sum_{i=1}^{n}(y_i - \bar{y})^2 = 98.5,\quad \sum_{i=1}^{n}(x_i - \bar{x})(y_1 - \bar{y})^2 = 68.3.$$

(가) 최소제곱법에 의한 회귀방정식을 구하여라.

(나) 오차제곱합을 구하고 σ^2을 추정하여라.

(다) x가 한 단위 증가할 때에 $E(Y)$의 증가분이 1.5 단위 미만이라는 주장을 할 수 있는가를 유의수준 5% 하에서 검정하여라.

(라) $x = 12$에서 수확량의 기대값에 대한 95% 신뢰구간을 구하여라.

9-5 다음 데이터는 학생 10명의 IQ와 1학년 평균평점표이다.

IQ	100	120	110	105	85	95	130	100	105	90
평균평점	3	3.8	3.1	2.9	2.6	2.9	3.6	2.8	3.1	2.4

(가) 이 데이터를 이용하여 회귀직선을 구하여라.

(나) 회귀직선의 기울기에 대하여 95% 신뢰구간을 구하여라.

(다) IQ가 125인 학생의 평균평점의 95% 예측구간을 구하여라.

(라) 상관계수 r을 구하고 이를 설명하여라.

(마) 결정계수 R^2을 구하고 이를 설명하여라.

9-6 다음의 데이터는 쌍둥이인 남자 어른 9쌍의 키(m)를 조사한 결과이다.

형(x)	1.89	1.77	1.71	1.74	1.92	1.83	1.77	1.77	1.77
아우(y)	1.83	1.77	1.67	1.80	1.86	1.77	1.74	1.80	1.74

(가) 산점도를 작성하여 선형관계가 있음을 확인하여라.
(나) 아우의 키를 종속변수로 하여 회귀직선을 구하여라.
(다) 분산의 추정치 s^2을 구하여라.
(라) 형의 키가 1.68m일 때 동생의 키에 대한 95%의 예측구간을 구하여라.
(마) 형의 키와 아우의 키에 관한 상관계수 r을 구하여라.

9-7 다음 사례는 미국의 대입학력고사(SAT: scholastic aptitude test) 관련데이터에서 나온 것이다. 측정된 변수는 대입지망자의 어학능력점수(VER), 수리능력점수(MATH) 및 평균학점(GPA) 등 3개이다. GPA를 종속변수로 하고, VER과 MATH를 독립변수로 하여 회귀분석을 실시하여라.

번호	1	2	3	4	5	6	7	8	9	10
	11	12	13	14	15	16	17	18	19	20
VER	623	593	584	669	578	520	578	695	613	726
	490	537	558	578	646	557	597	669	519	653
MATH	509	611	738	701	635	583	614	634	693	800
	701	681	602	665	573	674	602	653	529	668
GPA	2.6	2.8	3.0	2.9	2.9	2.8	3.0	3.3	2.3	3.9
	1.2	2.1	2.3	3.0	2.0	3.2	2.4	2.0	3.0	2.8

9-8 어떤 학생이 최근 26년간의 국민총생산에 대한 데이터를 단순 선형회귀 모형에 적합시켜 회귀직선 $\hat{y} = 264.3 + 18.77x$를 얻었다고 한다. 여기에서 x는 연도를 코드화한 값이다. 다음의 결과로부터 선형회귀 모형의 가정 중에서 심각하게 위배되는 것을 지적하여라.

연도	1	2	3	4	5	6	7	8	9	10
y	309.9	323.7	324.1	355.3	383.4	395.1	412.8	407	438	446.1
$\hat{y}$	283.1	301.9	320.6	339.4	358.2	376.9	395.7	414.5	433.2	452
잔차	26.8	21.8	3.5	15.9	25.2	18.2	17.1	−7.5	4.8	−5.9
연도	11	12	13	14	15	16	17	18	19	20
y	452.5	447.3	475.9	487.7	497.2	529.8	551	581.1	617.8	658.1
$\hat{y}$	470.8	489.5	508.3	527.1	545.8	564.6	583.4	602.1	620.9	639.7
잔차	−18.3	−42.2	−32.4	−39.4	−48.6	−34.8	−32.4	−21	−3.1	18.4
연도	21	22	23	24	25	26				
y	675.2	706.6	725.6	722.5	745.4	790.7				
$\hat{y}$	658.4	677.2	696	714.7	733.5	752.3				
잔차	16.8	29.4	29.6	7.8	11.9	38.4				

9-9 앞의 9.7절 '이동통신.SAV' 데이터에 대해 변수변환 및 비선형 회귀분석을 이용하여 다음과 같은 모형들을 적합시켜 보아라.

- $y_t = \beta_0 + \beta_1 t + \beta_2 t^2$: 2차모형 (Quadratic model)
- $y_t = \beta_0 + \beta_1 \log(t)$: 대수모형 (Logarithmic model)
- $y_t = \beta_0 + \beta_1 / t$: 역모형 (Inverse model)
- $y_t = \beta_0 t^{\beta_1}$: 파워모형 (Power model)
- $y_t = \exp(\beta_0 + \beta_1 t)$: 성장모형 (Growth model)
- $y_t = m \exp[-\exp(\alpha + \beta t)]$: 곰페르츠 (Gomperts) 모형

CHAPTER 10

교차분석: 범주형 자료분석

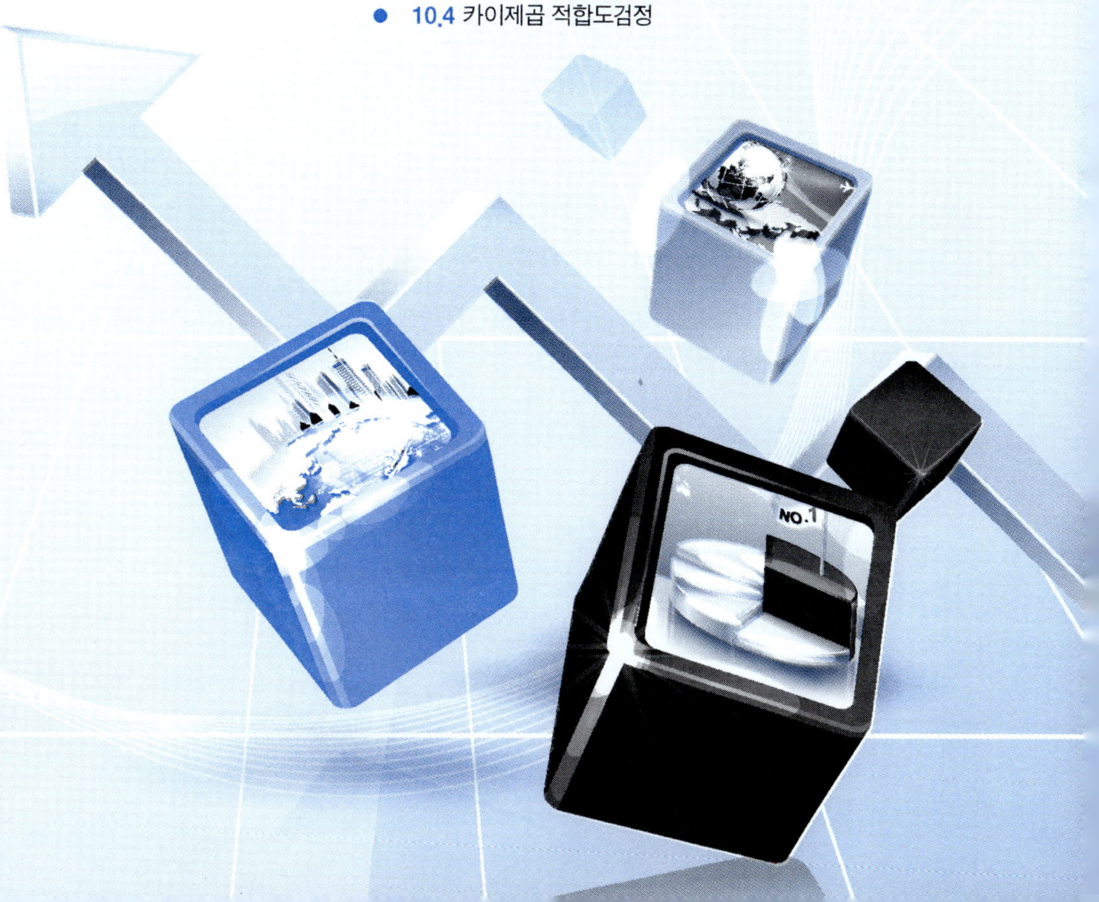

성, 지역, 직업, 종교 등과 같이 어떤 변수가 이산적인 범주(範疇, category)를 값으로 갖는 변수를 **범주형 변수**(categorical variable)라고 한다. 2장 및 3장에서 설명한 바와 같이 이러한 범주형 변수에 대해서는 연속형 변수와는 다르게 처리해 주어야 한다. 즉, 연속형 변수에 대해서는 일반적으로 평균이나 분산에 기초하여 분석이 수행되지만, 범주형 변수에 대해서는 주로 빈도에 기초하여 분석이 수행된다.

이 장에서는 범주형 자료분석에 널리 이용되는 다항분포와 카이제곱검정을 소개하고, 범주형 자료가 각 변수의 값에 따라 통계표의 형태로 정리되어 있는 교차표(혹은 분할표)에 대한 기초적인 분석을 소개하도록 하겠다.

10.1 다항분포

한 번의 시행에서 나타날 수 있는 결과가 둘 중의 하나인 시행을 베르누이 시행이라고 하는데, 4장에서 설명한 바 있다. 이에 반하여 한 번의 시행에서 나타날 수 있는 결과가 여러 가지 중의 하나인 시행을 **다항시행**(多項試行, multinomial trial)이라고 한다.

한 번의 다항시행에서 k개의 서로 배반인 사건(또는 범주) 중 i번째 사건이 일어날 확률을 p_i라고 할 때, n번의 서로 독립인 다항시행을 통하여 i번째 사건이 일어날 횟수를 N_i라고 하면, 확률변수 $(N_1, N_2, \cdots, N_k)$는 다음과 같은 **다항분포**(多項分布, multinomial distribution) $m(n, p_1, p_2, \cdots, p_k)$를 따르게 된다.

$$P(N_1 = n_1, N_2 = n_2, \cdots, N_k = n_k) = \frac{n!}{n_1!n_2!\cdots n_k!} p_1^{n_1} p_2^{n_2} \cdots p_k^{n_k}. \quad (10.1)$$

단, 여기서 $n_1 + n_2 + \cdots + n_k = n$이고, $p_1 + p_2 + \cdots + p_k = 1$이다.

이러한 다항분포에서 각 확률변수 $N_i (i = 1, 2, \cdots, k)$는 이항분포 $B(n, p_i)$를 따르게 되므로 N_i에 대한 평균과 분산은

$$E(N_i) = np_i, \quad Var(N_i) = np_i(1 - p_i), \quad i = 1, 2, \cdots, k \qquad (10.2)$$

이 된다. 또한 N_i와 N_j의 공분산은 다음과 같다.

$$Cov(N_i, N_j) = -np_i p_j, \quad i \neq j. \qquad (10.3)$$

표 10.1 $r \times c$ 교차표

	변수 B					
변수 A	1	⋯	j	⋯	c	행 합계
1	n_{11}	⋯	n_{1j}	⋯	n_{1c}	$n_{1.}$
⋮	⋮	⋯	⋮	⋯	⋮	⋮
i	n_{i1}	⋯	n_{ij}	⋯	n_{ic}	$n_{i.}$
⋮	⋮	⋯	⋮	⋯	⋮	⋮
r	n_{r1}	⋯	n_{rj}	⋯	n_{rc}	$n_{r.}$
열 합계	$n_{.1}$	⋯	$n_{.j}$	⋯	$n_{.c}$	n

표 10.2 '청량음료' 데이터

연령	청량음료				
	coke	pepsi	fanta	others	행 합계
20대	10	14	4	12	40
30대	13	9	10	8	40
40대	12	8	10	10	40

10.2 교차분석

두 개의 범주형 변수 A와 B에 대한 교차표(cross table 혹은 분할표(contingency table))에서 변수 A가 r개의 범주 그리고 변수 B가 c개의 범주를 가지고 있다면, $r \times c$ 교차표는 <표 10.1>과 같은 형태를 가진다. 이와 같은 교차표에 대해 자료를 얻는 방법에 따라 동일성검정과 독립성검정이라는 두 가지 형태의 통계적 가설검정을 고려할 수 있다.

10.2.1 분포에 대한 동일성검정

전체 모집단을 r개의 부모집단(subpopulation)으로 분할한 뒤(즉, 변수 A의 범주는 부모집단들을 나타낸다), 부모집단별 관찰도수의 합 $n_{i.}$들을 고정시켜 놓고 변수 B의 범주별 도수를 얻는 경우를 고려해 보자. 예를 들어, 연령별로 선호하는 청량음료의 비율이 다른가를 알아보기 위해 20대, 30대, 40대 각 40명씩을 조사하여 <표 10.2>와 같은 자료를 얻었다고 하자. 이와 같은 분할표에서 변수 A의 i번째 관측도수 $(n_{i1}, n_{i2}, \cdots, n_{ic})$가 다항분포 $m(n_{i.}, p_{i1}, p_{i2}, \cdots, p_{ic})$를 따른다고 할 때(단, $\sum_{j=1}^{c} p_{ij} = 1,\ i = 1, \cdots, r$), 동일성검정은 r개의 독립적인 다항분포가 모두 동일하다는 다음과 같은 귀무가설을 검정하는 것이다.

$$H_0 : (p_{11}, p_{12}, \cdots, p_{1c}) = \cdots = (p_{r1}, p_{r2}, \cdots, p_{rc}). \qquad (10.4)$$

여기서, p_{ij}는 i번째 부모집단에 속하는 개체가 j번째 범주에 속할 확률을

표 10.3 '교육수준과 소득수준' 데이터

교육수준	소득수준			
	상	중	하	행 합계
대졸	255	105	81	441
고졸	110	92	66	268
중졸	90	113	88	291
열 합계	455	310	235	1000

나타낸다. 한편, 행과 열의 수가 모두 2인 경우(즉, $r = 2$, $c = 2$)에는 6.3절에서 설명한 '두 모비율 차이에 대한 검정'의 경우와 동일한 상황이 된다.

10.2.2 두 변수의 독립성검정

전체 도수의 합 n을 고정시켜 놓고 변수 A와 B의 각 범주별 조합에 따라 분할표를 얻는 경우를 고려해 보자. 예를 들어, 교육수준과 소득수준이 관련되어 있는지를 알아보기 위해, 1000명의 사람으로부터 <표 10.3>과 같은 분할표를 얻었다고 하자.

이러한 분할표에 대해 독립성검정은 두 변수 A와 B가 확률적으로 독립이어서 아무런 연관관계가 없는지를 검정하는 것이다. 즉, p_{ij}를 어떤 개체가 A의 i번째 범주와 B의 j번째 범주에 속할 확률, $p_{i.}$을 A의 i번째 범주에 속할 확률, $p_{.j}$를 B의 j번째 범주에 속할 확률이라고 할 때 독립성검정에 대한 귀무가설은 다음과 같다.

$$H_0: p_{ij} = p_{i.}\, p_{.j}\,,\ i = 1, \cdots, r;\ j = 1, \cdots, c. \tag{10.5}$$

10.2.3 카이제곱 검정통계량

동일성 또는 독립성검정을 수행하기 위해 일반적으로 사용되는 Person 카이제곱 통계량은 다음과 같다.

$$\chi^2 = \sum_{i=1}^{r}\sum_{j=1}^{c}\frac{(n_{ij} - e_{ij})^2}{e_{ij}}. \tag{10.6}$$

여기서, $e_{ij} = n_{i.}\, n_{.j} / n$은 귀무가설하에서의 기대도수(expected frequency)이다. 종종 사용되는 다른 검정통계량으로 우도비 통계량

$$G^2 = 2\sum_{i=1}^{r}\sum_{j=1}^{c} n_{ij}\log\left(\frac{n_{ij}}{e_{ij}}\right) \tag{10.7}$$

을 들 수 있는데, 이는 모형이 자료에 잘 적합된다는 귀무가설과 그렇지 않다는 대립가설을 검정하기 위한 로그우도비(log likelihood ratio) 검정통

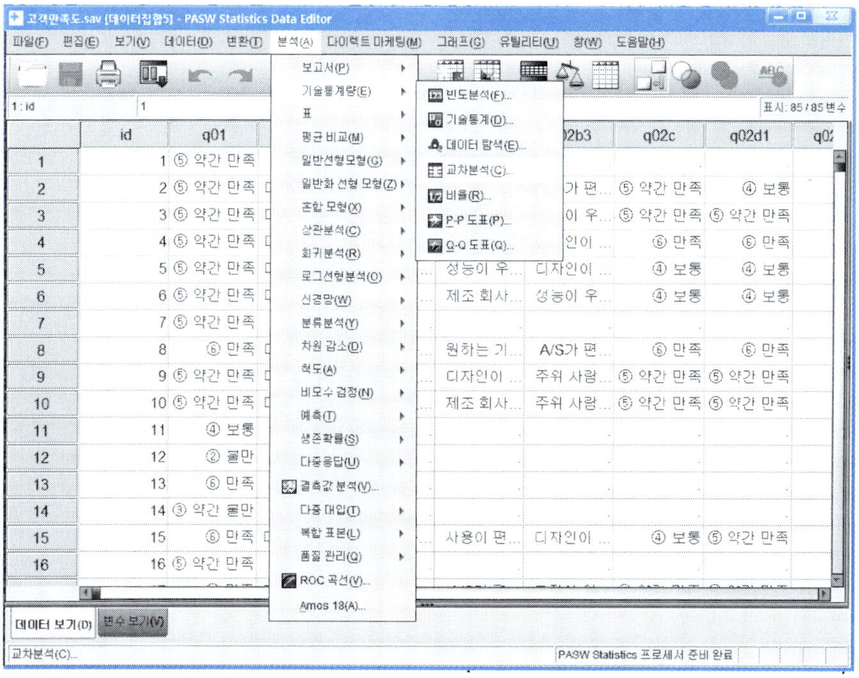

그림 10.1
'분석(A) → 기술통계량(E) → 교차분석(C)' 메뉴

계량이다. 이 두 개의 검정통계량은 표본크기가 충분히 큰 경우(통상 모든 셀의 기대도수가 5 이상인 경우) 귀무가설하에서 자유도 $(r-1)(c-1)$인 카이제곱분포를 근사적으로 따른다.

한편 이항분포 또는 다항분포를 이용한 검정통계량을 유도하여 검정에 사용할 수도 있는데(이를 Fisher의 정확검정(exact test)이라고 한다), 이 방법은 표본크기가 작은 경우에도 사용할 수 있는 안전한 방법이지만, 표본크기가 큰 경우(또는 행이나 열의 개수가 큰 경우)에는 계산시간 또는 컴퓨터 메모리를 많이 필요로 한다는 단점을 가지고 있다.

10.2.4 교차분석 사례

<그림 10.1>에서와 같이 풀다운 메뉴의 '분석(A)→ 기술통계량(E) → 교차분석(C)...' 메뉴를 이용하면 앞에서 서술한 여러 가지 검정통계량들의 값을 얻을 수 있다. 여기서는 '고객만족도.SAV' 데이터에 대해 변수 sex(성별)와 rq03a(디자인 만족도(만족/불만족))에 관한 분석을 수행해 보도록 하자.

① 풀다운 메뉴에서 '분석(A) → 기술통계량(E) → 교차분석(C)...' 메뉴를 선택한다(그림 10.1).

② '교차분석' 대화상자에서 '행(O)' 란에 변수 sex(성별)를 선택하고, '열(C)' 란에 변수 rq03a(디자인 만족도(만족/불만족))를 선택한다(그림 10.2).

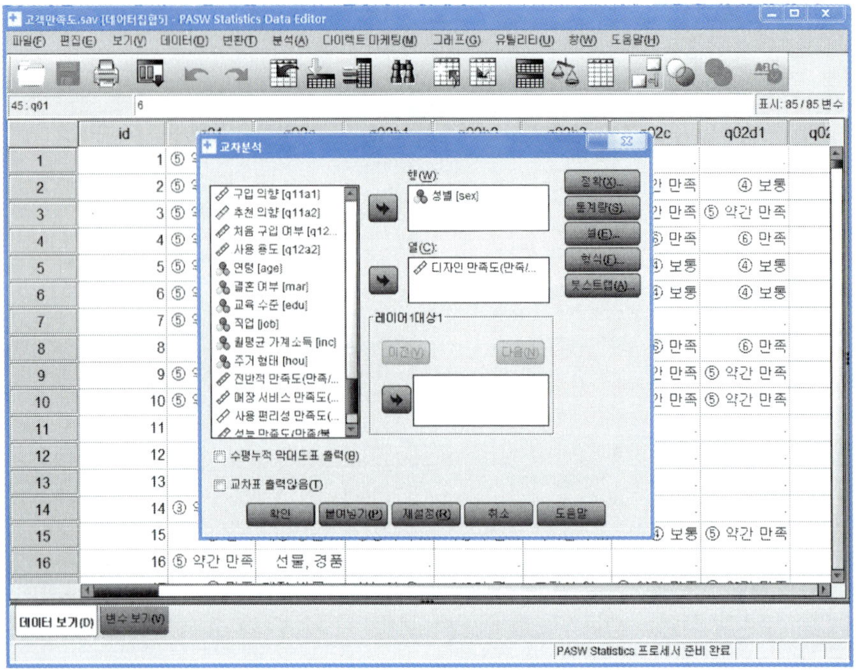

그림 10.2 '교차분석' 대화상자

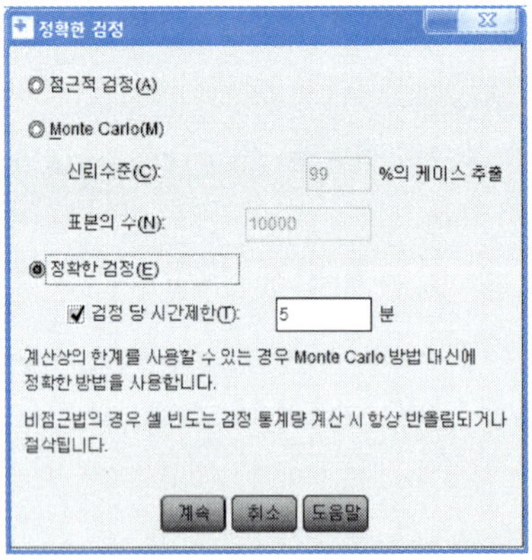

그림 10.3 '정확한 검정' 대화상자

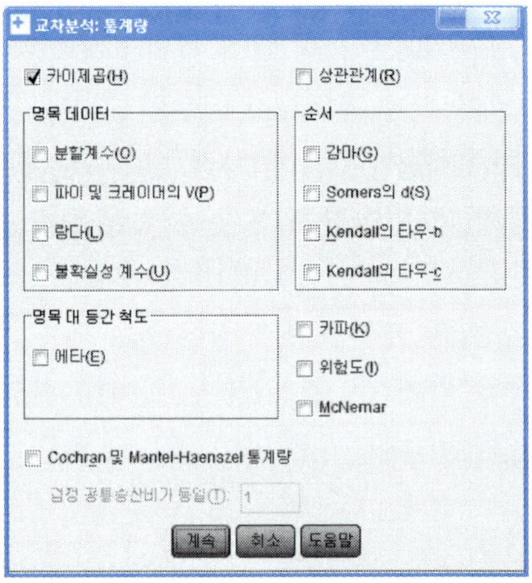

그림 10.4 '통계량' 대화상자

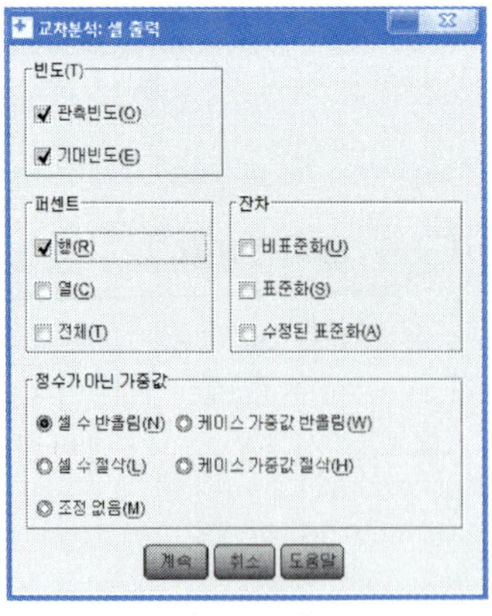

그림 10.5 '셀 출력' 대화상자

케이스 처리 요약

	케이스					
	유효		결측		전체	
	N	퍼센트	N	퍼센트	N	퍼센트
성별 * 디자인 만족도(만족/불만족)	699	99.9%	1	.1%	700	100.0%

성별 * 디자인 만족도(만족/불만족) 교차표

			디자인 만족도(만족/불만족)			전체
			불만족 (①+②+③)	보 통(④)	만 족 (⑤+⑥+⑦)	
성별	남자	빈도	12	82	315	409
		기대빈도	13.5	81.3	314.2	409.0
		성별 중 %	2.9%	20.0%	77.0%	100.0%
	여자	빈도	11	57	222	290
		기대빈도	9.5	57.7	222.8	290.0
		성별 중 %	3.8%	19.7%	76.6%	100.0%
전체		빈도	23	139	537	699
		기대빈도	23.0	139.0	537.0	699.0
		성별 중 %	3.3%	19.9%	76.8%	100.0%

카이제곱 검정

	값	자유도	점근 유의확률 (양측검정)	정확한 유의확률 (양측검정)	정확한 유의확률 (단측검정)	점 확률
Pearson 카이제곱	.399[a]	2	.819	.855		
우도비	.394	2	.821	.855		
Fisher의 정확한 검정	.443			.844		
선형 대 선형결합	.114[b]	1	.735	.764	.395	.056
유효 케이스 수	699					

그림 10.6 교차표 및 카이제곱 검정의 결과

③ ‘교차분석’ 대화상자에서 ‘정확(X)...’ 버튼을 클릭한 후, ‘정확한 검정’ 대화상자에서 ‘정확한 검정(E)’에 체크한다. ‘계속’ 버튼을 클릭하여 ‘교차분석’ 대화상자로 돌아간다(그림 10.3).

④ ‘교차분석’ 대화상자에서 ‘통계량(S)...’ 버튼을 클릭한 후, ‘통계량’ 대화상자에서 ‘카이제곱(H)’에 체크한다. ‘계속’ 버튼을 클릭하여 ‘교차분석’ 대화상자로 돌아간다(그림 10.4).

⑤ ‘교차분석’ 대화상자에서 ‘셀(E)...’ 버튼을 클릭한 후, ‘셀 출력’ 대화상자에서 빈도란의 ‘관측빈도(O)’와 ‘기대빈도(E)’에 체크하고 퍼센트란의 ‘행(R)’에 체크한다. ‘계속’ 버튼을 클릭하여 ‘교차분석’ 대화상자로 돌아간다(그림 10.5).

이상과 같은 과정을 수행하면 <그림 10.6>과 같이 교차표 및 카이제곱 검정의 결과를 얻을 수 있다. 먼저 교차표에는 관측도수, 기대도수, 행 퍼센트 등이 출력되어 있는데, 행 퍼센트를 살펴보면 남자와 여자 모두에서 ‘만족’의 비율이 높다는 것을 알 수 있다(남자: 77.0%, 여자: 76.6%).

또한 카이제곱검정의 결과를 살펴보면 Pearson 카이제곱 및 우도비 통계량에 대한 점근(asymptotic) p-값이 각각 0.819와 0.821로서, 성별에 따라 만족/불만족의 분포가 같다는 귀무가설을 기각할 수 없다는 것을 알 수 있다(Fisher의 정확검정에 대한 p-값은 0.844이다).

10.3 모비율에 대한 검정 : 이항비율검정

5.3.3절에서 설명한 바 있는 모비율 p에 대한 가설검정에 대해 보다 자세히 다루어 보자. 예를 들어, 어느 회사에서 새로운 제품을 개발하였는데 이 제품을 판매하기에 앞서 소수의 소비자들을 대상으로 하여 구매의사를 조사해 보았다고 하자(n명의 조사대상 중 x명이 구매하겠다고 답변하였다고 하자). 이 회사에서는 새로운 제품에 대해 구매하겠다는 소비자들의 비율이 50% 이상인지를 알아보고자 한다. 이 경우 관심이 되는 가설은

$$H_0 : p \le p_0 (= 0.5) \quad vs \quad H_1 : p > p_0 (= 0.5) \tag{10.8}$$

이고, 검정통계량 x가 이항분포 $B(n, p)$를 따른다는 것을 이용하면 유의확률은 다음과 같다.

$$\sum_{k=x}^{n} \binom{n}{k} p_0^k (1 - p_0)^{n-k}. \tag{10.9}$$

한편 5.3.3절에서 설명한 바와 같이 표본크기 n이 충분히 큰 경우, 표본비율 $\hat{p} = x/n$은 평균이 p이고 분산이 $p(1-p)/n$인 정규분포를 따르므로, 검정통계량 $Z = (\hat{p} - p_0) / \sqrt{p_0(1-p_0)/n}$을 사용할 수 있다(이때 통계량 Z은 근사적으로 표준정규분포 $N(0.1)$을 따른다).

SPSS에서는 <그림 10.7>에서와 같이 '분석(A) → 비모수 검정(N) → 레거시 대화상자(L) → 이항(B)...' 메뉴를 이용하면 이와 같은 모비율에 대한 검정을 쉽게 수행할 수 있는데, 여기서는 '모비율검정.SAV' 데이터를 이용하여 분석을 수행해 보도록 하자. 이 데이터는 20명의 소비자에게 새로운 제품에 대한 구매의사를 조사한 것으로, 그중 15명이 구매하겠다고 답변하였다(변수 pur(구매의사)은 1= '예', 0= '아니오' 로 코딩되어 있다).

① 데이터를 불러온 후, 풀다운 메뉴에서 '분석(A) → 비모수 검정(N) → 레거시 대화상자(L) → 이항(B)...' 메뉴를 선택한다(그림 10.7).

② '이항검정' 대화상자에서 '검정변수(T)' 란에 변수 pur(구매의사)를 선택하고, '검정비율(E)' 란에 '0.50' 을 입력한 후(그림 10.8), '확인' 버튼을 클릭한다.

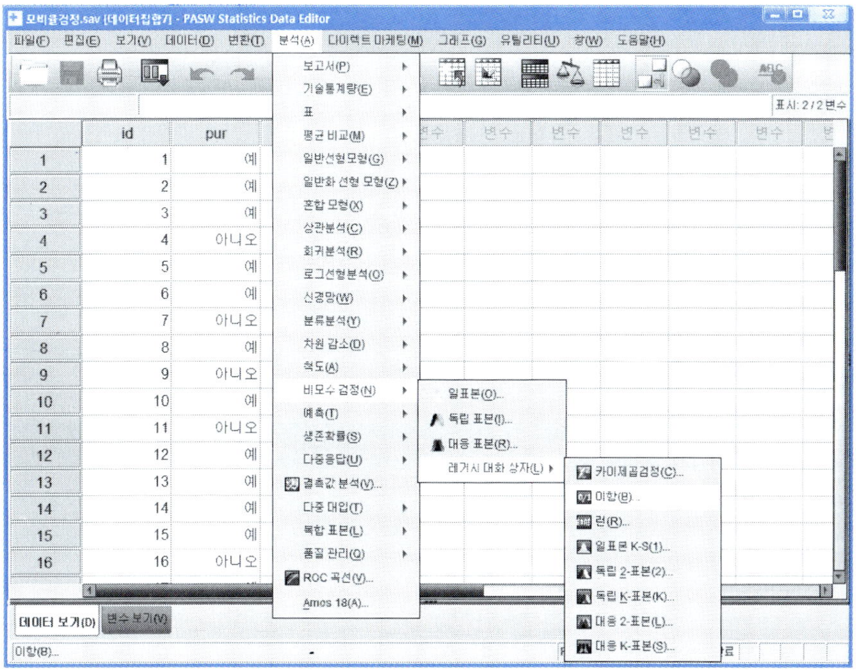

그림 10.7
'분석(A) → 비모수 검정(N) → 레거시 대화상자(L) → 이항(B)' 메뉴

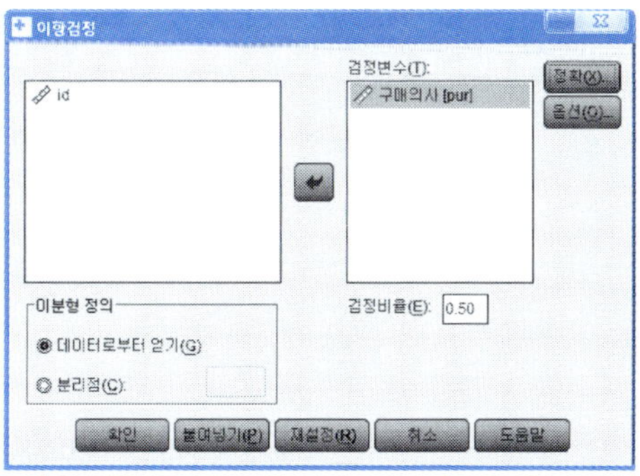

그림 10.8
'이항검정' 대화상자

'이분형 정의' 옵션

- 데이터로부터 얻기(G) : 검정변수의 범주가 두 개만 존재하는 경우(예를 들어, 예 또는 아니오)에 사용할 수 있다.
- 분리점(C) : 검정변수의 범주가 두 개 이상 존재하는 경우 분리점을 지정할 수 있다. 예를 들어, 검정변수의 값이 1, 2, 3, 4를 가지는 경우, 분리점으로 2를 지정하면 2보다 작거나 같은 경우(≤ 2)와 2보다 큰 경우(>2)로 분리되어 이항비율검정이 수행된다.

이러한 과정을 수행하면 <그림 10.9>와 같은 결과를 얻을 수 있는데, 먼저 표본비율이 $\hat{p} = 15/20 = 0.75$임을 알 수 있고, 유의확률이 0.041로서 유

그림 10.9
이항비율검정의 결과

이항검정

		범주	N	관측비율	검정 비율	정확한 유의확률 (양측)
구매의사	집단 1	예	15	.75	.50	.041
	집단 2	아니오	5	.25		
	합계		20	1.00		

의수준 5%보다 작으므로 새로운 제품에 대해 구매하겠다는 소비자의 (모) 비율이 0.5 이상이라고 할 수 있다.

10.4 카이제곱 적합도검정

크기 n개의 표본을 상호배반인 c개의 범주로 분류했을 때 각 범주별 관측도수(observed frequency) $(n_1, n_2, \cdots, n_c)$를 얻었다고 하자. 여기서 $n = \sum_{i=1}^{c} n_i$라 하고, p_i를 각 개체가 범주 i에 소속할 확률이라고 할 때, 다음과 같은 귀무가설을 고려해 보자.

$$H_0 : p_1 = p_{10},\ p_2 = p_{20},\ \cdots,\ p_c = p_{c0}. \qquad (10.10)$$

이때 관측도수 $(n_1, n_2, \cdots, n_c)$이 다항분포 $m(n, p_1, p_2, \cdots, p_c)$를 따른다는 사실에 기초하면(단, $\sum_{i=1}^{c} p_i = 1$), 검정통계량

$$\chi^2 = \sum_{i=1}^{c} \frac{(n_i - np_{i0})^2}{np_{i0}} \qquad (10.11)$$

은 귀무가설하에서 자유도 $c-1$인 카이제곱분포(chi-square distribution)에 근사적으로 따른다. 여기서 $e_i = np_{i0}$는 귀무가설하에서 i번째 범주에 대한 기대도수(expected frequency)가 된다.

적합도검정의 예를 하나 들어보도록 하자. <그림 10.10>의 데이터는 완두콩의 교배실험을 통해서 얻은 것으로, 총 556개 중 둥근 노란 완두콩(type=1)이 315개, 둥근 녹색 완두콩(type=2)이 108개, 모난 노란 완두콩(type=3)이 101개, 모난 녹색 완두콩(type=4)이 32개이다. 멘델의 법칙에 의하면 네 종류의 완두콩이 나타날 비가 9:3:3:1이고, 교배실험을 통해서 얻은 완두콩들의 비율이 멘델의 법칙에 따르는지를 알아보고자 한다. 이 경우 귀무가설은 $H_0 : p_1 = 9/16,\ p_2 = 3/16,\ p_3 = 3/16,\ p_4 = 1/16$이 된다.

SPSS에서는 <그림 10.11>에서와 같이 '분석(A) → 비모수 검정(N) 레거시 대화상자(L) → 카이제곱검정(C)...' 메뉴를 이용하여 이와 같은 적합도검정을 수행할 수 있다. 여기서는 앞에서 설명한 '적합도검정.SAV' 데

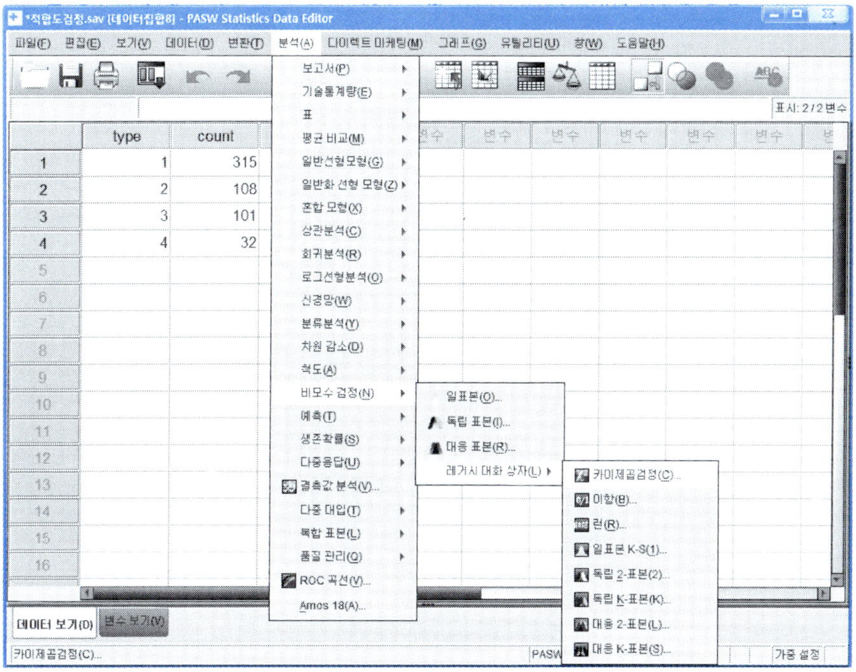

그림 10.10
'분석(A) → 비모수 검정(N) → 레거시 대화상자(L) → 카이제곱(C)' 메뉴

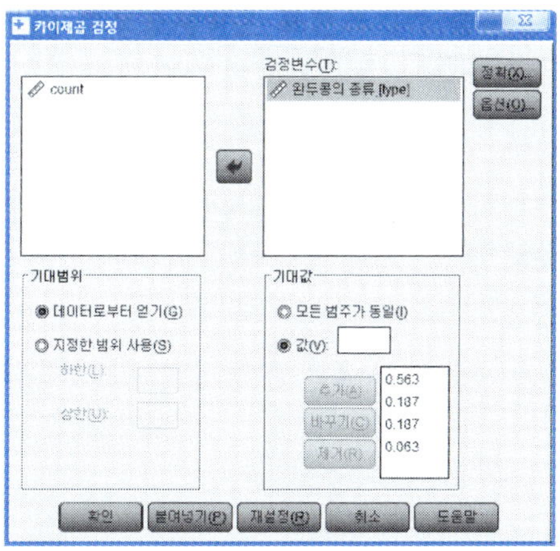

그림 10.11
'카이제곱검정' 대화상자

이터를 이용하여 분석을 수행해 보도록 하자(이 데이터는 사전에 빈도로 요약되어 있으므로 먼저 1.5.3절에서 설명한 과정에 의해 변수 count를 '빈도변수'로 지정해 주어야 한다).

① 풀다운 메뉴에서 '분석(A) → 비모수 검정(N) → 레거시 대화상자(L) → 카이제곱(C)...' 메뉴를 선택한다(그림 10.10).

② '카이제곱검정' 대화상자에서 '검정변수(T)'란에 변수 type을 선택한다(그림 10.11).

③ '카이제곱검정' 대화상자의 '값(V)'란에 0.563(=9/16)을 입력하고

그림 10.12
카이제곱 적합도 검정의 결과

빈도 분석

완두콩의 종류

	관측수	기대빈도	잔차
1	315	313.0	2.0
2	108	104.0	4.0
3	101	104.0	-3.0
4	32	35.0	-3.0
합계	556		

검정 통계량

	완두콩의 종류
카이제곱	.515[a]
자유도	3
근사 유의확률	.916
정확한 유의확률	.916
점 확률	.000

a. 0 셀 (.0%)은(는) 5보다 작은 기대빈도를 가집니다. 최소 셀 기대빈도는 35.0입니다.

'추가(A)' 버튼을 클릭한다. 이러한 방식으로 0.187(=3/16), 0.187(=3/16), 0.063(=1/16)을 값란에 추가한다(그림 10.11).

④ 필요한 경우 '정확(X)' 버튼을 이용하여 정확한 검정을 수행하도록 지정한 후, '카이제곱검정' 대화상자에서 '확인' 버튼을 클릭한다.

이러한 과정을 수행하면 <그림 10.12>에서와 같이 기대빈도 및 적합도 검정의 결과가 출력된다. 이 결과를 살펴보면 카이제곱값이 0.515이고, 이에 대응되는 유의확률이 0.916이라는 것을 알 수 있다. 따라서 귀무가설을 채택하여 관측된 완두콩들의 비율은 멘델의 법칙을 따른다고 할 수 있다.

연습문제

10-1 어떤 자동차보험상품에 대한 보험청구횟수는 평균(μ)이 2인 포아송분포를 따른다고 알려져 있다. 이를 확인하기 위해 보험가입자 200명을 랜덤추출하여 청구회수를 조사해 보았더니 다음과 같았다. 자동차보험 청구횟수가 포아송분포를 따른다는 가정하에 기대도수를 계산하여라. 또한 자동차보험청구횟수가 포아송분포를 따른다고 할 수 있는지를 유의수준 5%로 검정하여라.

청구횟수	0	1	2	3	4	5 이상
관측도수	22	53	58	39	20	8
$f(x) = (\exp(-\mu)\mu^x)/x!$	0.135	0.271	0.271	0.18	0.09	0.053

10-2 한 가전제품회사에서 두 가지 형태의 새로운 냉장고를 개발하였다. 어느 형태의 냉장고를 소비자들이 더 선호하는가를 알아보기 위해 서울에서 90명, 충청도에서 92명, 전라도에서 118명, 경상도에서 135명을 임의로 추출한 뒤, 설문조사를 통해 다음과 같은 결과를 얻었다. 지역에 따른 냉장고의 선호에 차이가 있는지를 유의수준 5%로 검정하여라.

지역	냉장고	
	A	B
서울	48	42
충청도	43	49
전라도	65	53
경상도	59	76

10-3 다음은 13대 대통령선거에서 각 후보들이 5대 도시에서 얻은 득표수를 조사한 뒤 얻은 분할표이다. 지역과 후보자에 대한 지지 간에 관계가 있는지를 유의수준 5%로 검정하고, 연관성 측도들을 구하여라.

지역	후보자			
	노태우	김영삼	김대중	김종필
서울	1683	1637	1833	461
부산	641	1117	182	52
대구	800	275	30	23
인천	326	249	177	76
광주	23	2	450	1

10-4 다음은 어떤 회사에서 고려하고 있는 3가지 유형의 연금계획에 대한 피고용자들의 4개 직급별 선호도를, 600명의 종업원에게 조사한 것이다.

직급	연금계획		
	A	B	C
Clerical	140	40	20
Executive	70	20	10
Factory	160	30	10
Supervisor	80	10	10

(가) 이 분할표가 나타내는 내용을 포괄적으로 요약하여라.

(나) 연구목적에 대한 가설들(귀무가설 및 대립가설)을 구체적으로 세워라.

(다) (나)에 대한 검정결과를 정확히 서술하여라.

(라) 셀(Executive, A)가 두 변수 간의 연관관계에 공헌하는 정도는 어느 정도라고 생각되는가? 그 이유는 무엇인가?

(마) 두 변수 간에 유의적인 연관관계가 있다면 그 정도에 관한 추론을 시도하여라.

10-5 가정용 세탁기의 색상에 대한 주부들의 선호도를 조사하기 위하여, 어느 세탁기 회사에서 최근 260명의 구매자가 구입한 세탁기의 색상을 정리해 보니 다음과 같았다. 세탁기 색상에 대한 주부들의 선호도에 차이가 있는지를 유의수준 5% 하에서 검정하여라.

세탁기 색상	흰색	상아색	올리브색	회색	합계
관측도수	69	75	67	49	260

10-6 대기오염이 야채 종류에 따라 영향을 미치는 정도가 차이가 나는지 검정하고자, 양상추 40, 시금치 40, 토마토 40개를 조사한 결과 다음과 같은 데이터를 얻었다. 귀무가설과 대립가설을 서술하고 유의수준 5% 하에서 검정하여라.

	심각	보통	합계
양상추	32	8	40
시금치	28	12	40
토마토	19	21	40

10-7 어느 공항의 주차장에는 5개의 출입구가 있다. 일정시간 동안에 각 입구를 통해 주차장에 들어온 자동차의 수는 다음과 같다. 주차장에 들어온 자동차의 수는 주차장 출입구의 위치와는 관계없이 동일한지를 유의수준 5% 하에서 검정하여라.

주차장 입구	입구 A	입구 B	입구 C	입구 D	입구 E
자동차 수	238	216	302	294	199

10-8 학업성적과 학생의 성별이 어떤 관계가 있는지 알아보기 위하여, 대학생 200명을 무작위 추출하여 조사한 결과 다음과 같은 데이터를 얻었다. 학업성적과 학생의 성별이 어떤 관계가 있는지 유의수준 5% 하에서 검정하여라.

	A	B	C	D	합계
여학생	19	44	13	3	79
남학생	19	58	31	13	121
합계	38	102	44	16	200

10-9 다음은 지역에 따른 소득수준에 어떠한 차이가 존재하는지를 알아보기 위하여, 도시와 농촌에서 800명의 표본을 무작위 추출하여 조사한 데이터이다. 적당한 가설을 설정하고, 유의수준 5% 하에서 검정하여라.

	소득수준				
	상	중상	중하	하	합계
도시	76	53	59	48	236
농촌	124	147	141	152	564
합계	200	200	200	200	800

CHAPTER 11

비모수적 검정

대부분의 통계적 추론에서는 모집단의 분포에 대한 정규성(normality)을 가정한 경우가 많다. 예를 들어, 5장과 6장에서 설명한 *t*-검정의 경우 자료값들이 정규분포에 따르는 모집단으로부터 얻어졌다는 가정하에서, 검정 통계량과 그의 분포를 도출하였다. 그러나 이와 같은 정규성 가정이 불합리한 경우가 많이 있으며, 경우에 따라서는 특정한 확률분포를 가정하기 어려울 때도 있다. 이러한 경우에 자료의 분포에 대한 강한 가정 없이 이용할 수 있는 방법으로서, 모수를 매개로 하지 않는 **비모수적 방법**(non-parametric method), 또는 모집단의 분포로부터 자유로운 분포무관 방법(distribution free method)을 고려할 수 있다.

비모수적 방법은 모수적 방법과 비교하여 다음과 같은 몇 가지 특성을 가지고 있다. (1) 일반적으로 모수적 방법에 비해 분포에 대한 가정이 완화되거나 가정이 거의 없으며, 표본의 크기가 작은 경우에도 안정적이다. (2) 대부분의 비모수적 방법들은 부호 또는 상대크기의 순위 등 직관적이고 이해하기 쉬운 정보를 사용한다. (3) 많은 경우에 모수적 방법과 비교하여 표본이 정규분포에 따를 때에도 효율이 크게 떨어지지 않으며, 표본의 분포가 정규분포로부터 멀리 이탈한 경우에는, 비모수적 방법의 효율이 훨씬 좋다.

이 장에서는 다중모집단의 위치모수(location parameter)에 대한 비모수적 추론에 대해서 예를 통해 설명할 것이다. 비모수적 방법에 대한 보다 자세한 설명은 이재창 · 송일성(1990) 또는 송문섭 · 박창순(1993) 등을 참조하기 바란다.

11.1 정규성에 대한 검정

대부분의 통계적 추론에서는 모집단의 분포에 대해 정규성을 가정하고 있다. 표본크기가 큰 경우에는 중심극한정리와 같은 이론에 의해서 분포 가정이 크게 문제가 되지 않는 경우가 많지만, 표본크기가 작을 때는 잘못된 분포 가정이 결과를 크게 왜곡시키는 경우가 종종 있다. 따라서 특정 분석을 수행하기에 앞서 주어진 데이터가 정규분포를 따른다고 할 수 있는지를 검정해야 할 필요가 종종 있게 되는데, 이 절에서는 이러한 정규성 검정에 대해서 간단히 살펴보도록 하자.

<그림 11.1>의 데이터(건강보조음료.SAV)는 어떤 건강보조음료의 효능을 알아보기 위하여 12명의 사람으로부터 음료를 투여하기 전(pre)과 투여한 후(post)의 신체특성을 수치화하여 얻은 것이다(여기서 변수 diff는 사후 수치와 사전 수치의 차이이다. 즉, diff=post-pre).

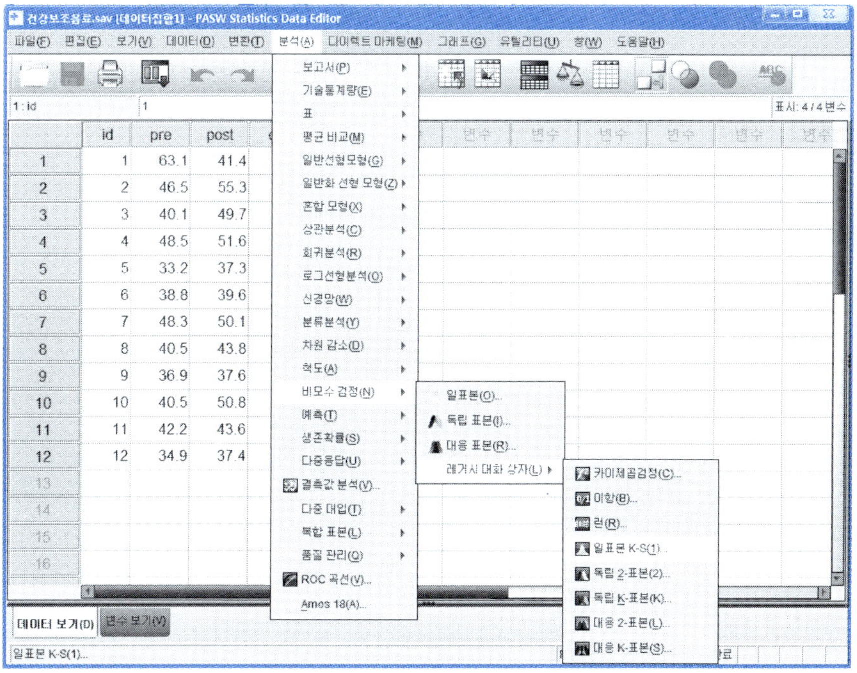

그림 11.1
'분석(A) → 비모수 검정(N) → 레거시 대화상자(L) → 일표본 K-S(1)...' 메뉴

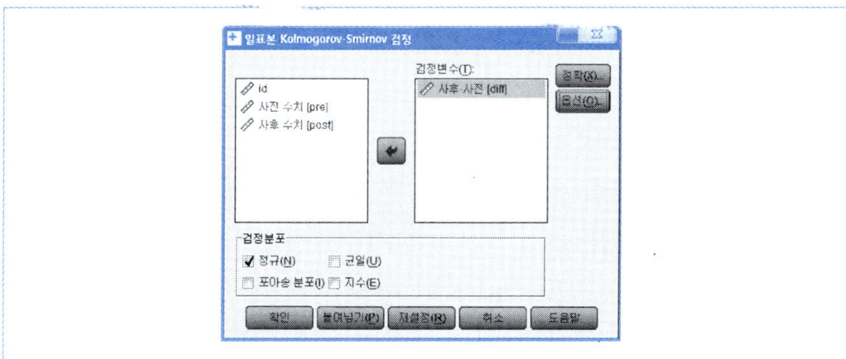

그림 11.2
'일표본 Kolmogorov-Smirnov 검정' 대화상자

여기서는 변수 diff에 대해 '분석(A) → 비모수 검정(N) → 레거시 대화상자(L) → 일표본 K-S(1)...' 메뉴를 이용하여 콜모고로프-스미르노프 검정을 수행해 보자.

① '분석(A) → 비모수 검정(N) → 레거시 대화상자(L) → 일표본 K-S(1)...' 메뉴를 선택한다(그림 11.1).

② '일표본 K-S 검정' 대화상자에서 '검정변수(T)' 란에 변수 diff(사후-사전)를 선택하고, '검정분포' 란의 '정규(N)' 에 체크한다(그림 11.2).

③ '일표본 K-S 검정' 대화상자에서 '옵션(O)...' 버튼을 클릭한 후, '옵션' 대화상자에서 '기술통계(D)' 와 '사분위수(Q)' 에 체크한다(그림 11.3). '계속' 버튼을 클릭하여 '일표본 K-S 검정' 대화상자로 돌아간 후 '확인' 버튼을 클릭한다.

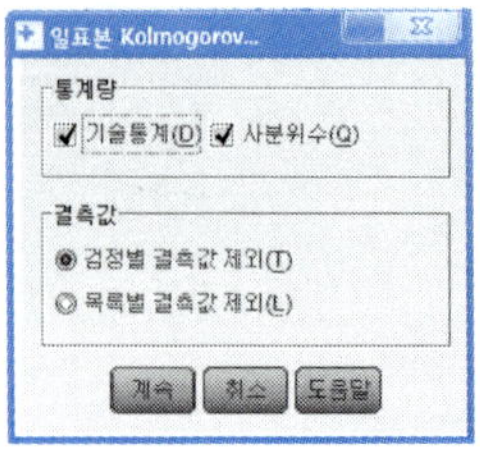

그림 11.3
'옵션' 대화상자

그림 11.4
일표본 Kolmogorov–Smirnov 검정의 결과

기술통계량

	N	평균	표준편차	최소값	최대값	백분위수 25	백분위수 50 (중위수)	백분위수 75
사후-사전	12	2.05	8.233	-21.7	10.3	.950	2.800	7.62

일표본 Kolmogorov-Smirnov 검정

		사후-사전
N		12
정규 모수[a,b]	평균	2.058
	표준편차	8.2331
최대극단차	절대값	.351
	양수	.158
	음수	-.351
Kolmogorov-Smirnov의 Z		1.216
근사 유의확률(양측)		.104

a. 검정 분포가 정규입니다.

b. 데이터로부터 계산.

표본크기 n의 데이터 $x_1, x_2, \cdots, x_n$이 주어져 있을 때, 일표본 콜모고로프-스미르노프(Kolmogorov-Smirnov) 검정은 가정된 분포하에서의 이론적 분포함수 $F_0(x_i)$와 주어진 데이터로부터 구한 경험적 분포함수 $\hat{F}(x_i)$의 차이 $D_i = \hat{F}(x_i) - F_0(x_i)$를 계산하여 검정을 수행하는 것이다. 이때 정규성 검정에 사용되는 통계량은 다음과 같고,

$$Z = \sqrt{n}\,\max_i D_i = \sqrt{n}\,\max_i(\hat{F}(x_i) - F_0(x_i)) \tag{11.1}$$

'일표본 K-S' 메뉴에서의 유의확률은 Smirnov(1948)의 공식에 의해서 추정된다.

한편 3장의 3.3.4절에서 설명한 바와 같이 '분석(A) → 기술통계량(E) → 데이터 탐색(E)...' 메뉴에서 콜모고로프-스미르노프와 샤피로-윌크(Shapiro-Wilk) 통계량을 이용하여 정규성검정을 수행할 수 있으며, 정규성 도표(Q-Q 플롯) 및 상자그림 등을 얻을 수도 있다. '데이터 탐색(E)' 메뉴에서는 콜모고로프-스미르노프 방법에 의한 정규성검정에 대해 Lilliefors(1967) 및 Dallal & Wilkinson(1986)에 의한 수정된 유의확률을

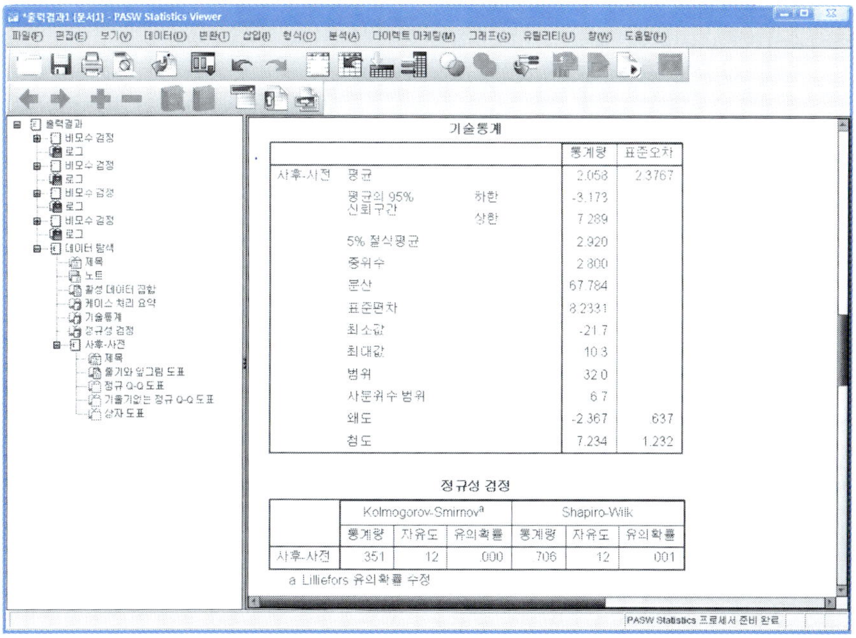

기술통계

			통계량	표준오차
사후-사전	평균		2.058	2.3767
	평균의 95% 신뢰구간	하한	-3.173	
		상한	7.289	
	5% 절삭평균		2.920	
	중위수		2.800	
	분산		67.784	
	표준편차		8.2331	
	최소값		-21.7	
	최대값		10.3	
	범위		32.0	
	사분위수 범위		6.7	
	왜도		-2.367	.637
	첨도		7.234	1.232

정규성 검정

	Kolmogorov-Smirnov[a]			Shapiro-Wilk		
	통계량	자유도	유의확률	통계량	자유도	유의확률
사후-사전	.351	12	.000	.706	12	.001

a Lilliefors 유의확률 수정

그림 11.5
분석(A) → 기술통계량(E) → 데이터 탐색(E)' 메뉴에 의한 정규성검정의 출력결과

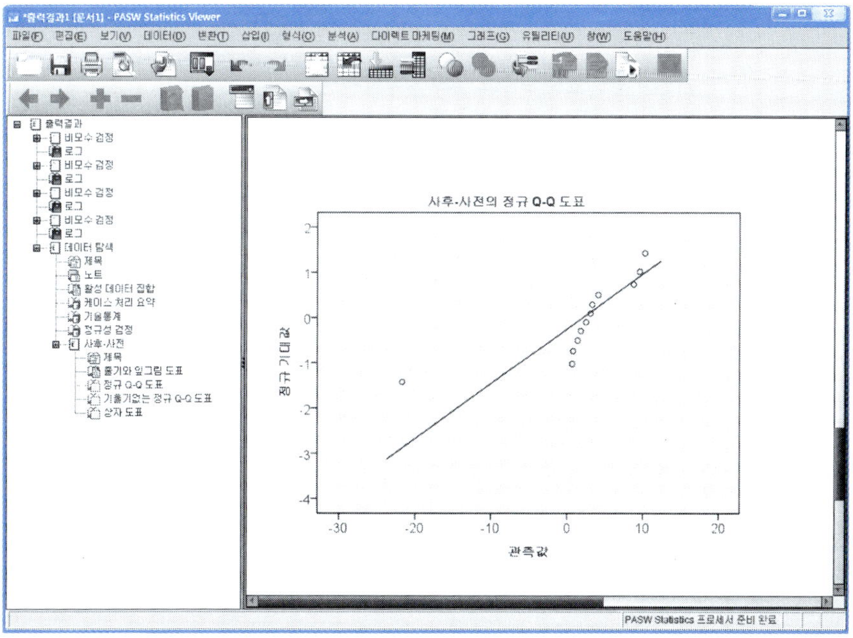

그림 11.6
정규성도표 (Q–Q 플롯)

제공해 준다(일반적으로 Lilliefors(1967)의 공식은 Smirnov(1948)의 공식에 비해 작은 유의확률을 제공한다).

<그림 11.5>~<그림 11.7>은 '분석(A) → 기술통계량(E) → 데이터 탐색(E)' 메뉴를 이용하여 얻은 결과로서, 먼저 <그림 11.5>에서 샤피로-윌크 및 콜모고로프-스미르노프 통계량에 대한 유의확률이 매우 작음을 볼 수 있다. 또한 <그림 11.5>에서 왜도가 −2.367로서 자료의 분포가 대칭적이

그림 11.7
상자그림

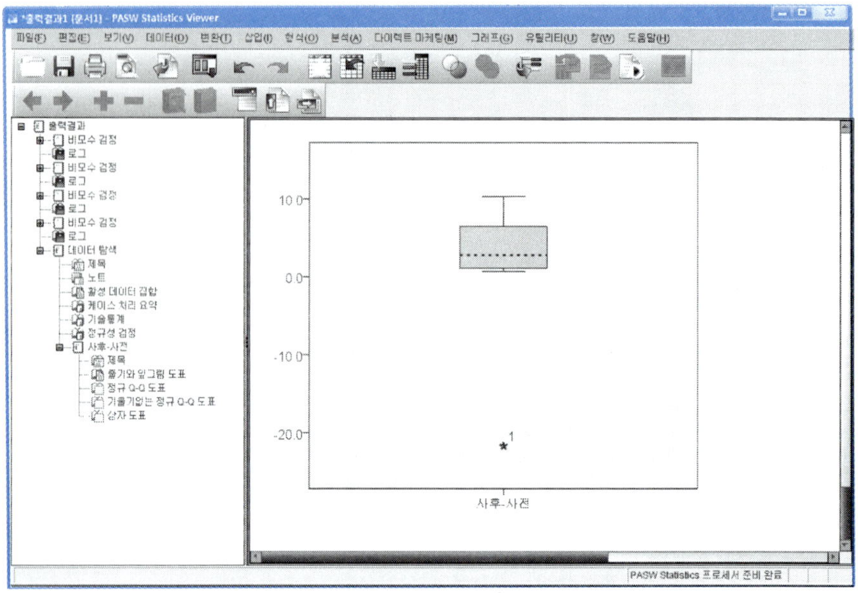

지 않다는 것을 알 수 있고, <그림 11.6>의 정규성도표(Q-Q 플롯)와 <그림 11.7>의 상자그림에서 극단값(−21.7)이 존재하는 등 자료가 정규분포로부터 다소 이탈되어 있는 것을 알 수 있다.

11.2 대응표본에 대한 검정

6.2절에서 n개의 대응표본 $(x_1, y_1), (x_2, y_2), \cdots, (x_n, y_n)$을 얻었을 때 $d_i = x_i - y_i (i = 1, \cdots, n)$라고 하면, 두 반응값의 평균에 대한 가설 '$H_0: \mu_x = \mu_y$'를 검정하는 것은 '$H_0: \mu_d (= \mu_x - \mu_y) = 0$'을 검정하는 것과 같다는 것을 설명한 바 있다. 이제 이러한 대응표본에 대해 부호 및 순위를 이용하여 비모수적 검정을 실시하는 방법을 다루어 보도록 하자.

11.2.1 부호검정과 부호순위검정

음료를 마시기 전의 수치에 대한 위치모수를 θ_1이라 하고, 마신 후의 수치에 대한 위치모수를 θ_2라고 할 때, 귀무가설 '$H_0: \theta_1 = \theta_2$'와 대립가설 '$H_0: \theta_1 < \theta_2$'를 고려해 보자. 이때 차이를 나타내는 변수 d_i가 양(+)의 값을 가지는 것들의 개수를 B라고 하면, 귀무가설하에서 검정통계량 B는 이항분포 $B(0.5, 12)$를 따르므로 단측검정에 대한 유의확률(p-값)은

$$P(B \geq 11) = \sum_{x=11}^{12} \binom{12}{x} 0.5^x (1 - 0.5)^{12-x} = 0.0032$$

가 된다.

표 11.1 변수 diff에 대한 부호 및 절대순위

Obs	pre	post	diff	sign	rank	signed rank
1	63.1	41.4	−21.7	−	12	−12
2	46.5	55.3	8.8	+	9	9
3	40.1	49.7	9.6	+	10	10
4	48.5	51.6	3.1	+	6	6
5	33.2	37.3	4.1	+	8	8
6	38.8	39.6	0.8	+	2	2
7	48.3	50.1	1.8	+	4	4
8	40.5	43.8	3.3	+	7	7
9	36.9	37.6	0.7	+	1	1
10	40.5	50.8	10.3	+	11	11
11	42.2	43.6	1.4	+	3	3
12	34.9	37.4	2.5	+	5	5

이와 같이 **부호검정**(sign test)은 크기 n인 표본 $x_1, x_2, \cdots, x_n$에 대해 위치모수 theta에 대한 귀무가설 $H_0: \theta = \theta_0$을 검정하기 위해, $d_i = x_i - \theta_0$의 부호만을 이용하는 것으로 모집단의 분포에 대한 특별한 가정을 필요로 하지 않는다. 변수 d_i가 양(+)의 값을 가지는 것들의 개수를 n^+ 그리고 음(−)의 값을 가지는 것들의 개수를 n^-라고 할 때, 부호검정 통계량 M은

$$M = \frac{n^+ - n^-}{2} \tag{11.2}$$

이고 유의확률은 이항분포로부터 구할 수 있다.

앞에서 설명한 부호검정은 부호만을 고려하여 검정통계량을 계산하지만, 윌콕슨(Wilcoxon)의 **부호순위검정**(signed rank test)은 부호와 함께 순위(rank)를 고려하여 자료가 가지고 있는 정보를 더 많이 사용한다. 이와 같은 부호순위검정은 정규성을 가정하는 t-검정에 비해, 자료의 분포형태가 단지 대칭이라는 완화된 가정하에서 사용될 수 있는 비모수적 검정방법이다.

변수 d_i의 절대순위 R_i에 부호를 붙인 값을 S_i라고 할 때, 윌콕슨 통계량 W는

$$W = \sum_{i=1}^{n} S_i \tag{11.3}$$

이고, 귀무가설하에서 W 통계량의 평균과 분산은 각각

$$E(W) = 0,\ Var(W) = \sum_{i=1}^{n} S_i^2 \tag{11.4}$$

이 된다. 한편, S_i가 양(+)의 값을 가지는 것들만의 합을 W^+라고 할 때, 부호순위검정의 통계량으로 다음과 같은 S가 사용되기도 한다.

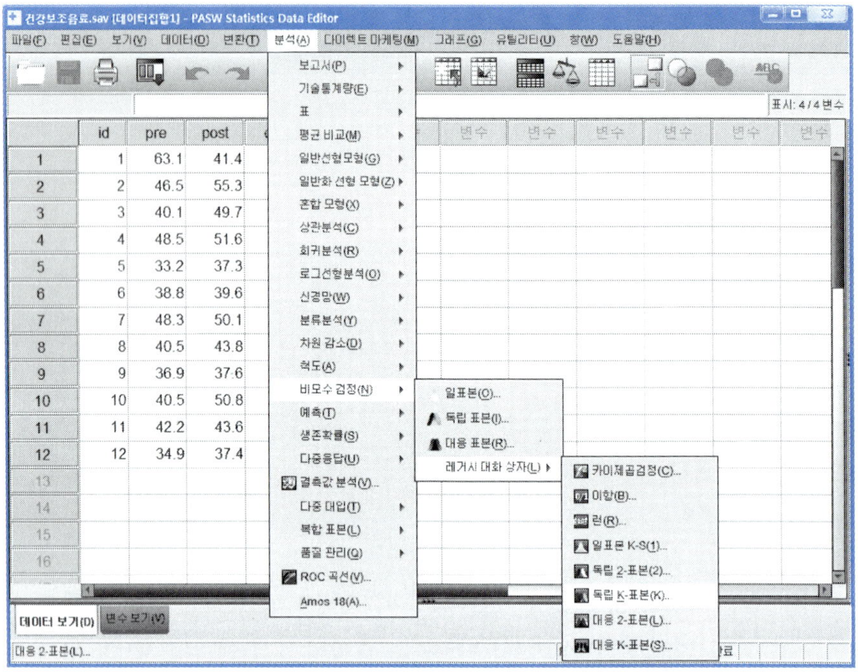

그림 11.8
'분석(A) → 비모수 검정(N) → 레거시 대화상자(L) → 대응 2-표본(L)' 메뉴

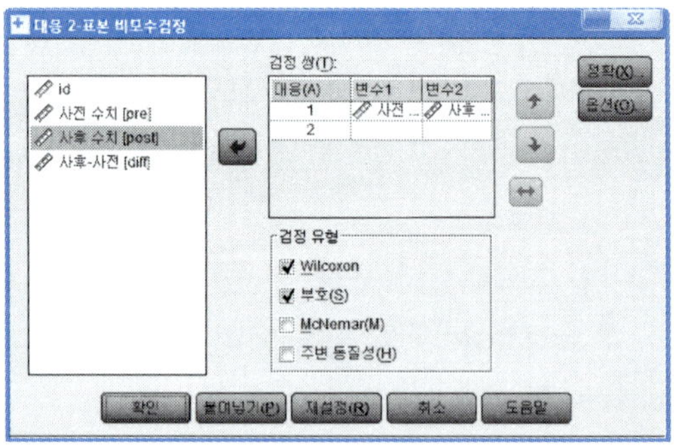

그림 11.9
'대응 2-표본 비모수 검정' 대화상자

$$S = W^{+} - \frac{n(n+1)}{4}. \qquad (11.5)$$

이제 '건강보조음료.SAV' 데이터에 대해 다음과 같은 과정을 수행하여 부호검정 및 부호순위검정을 수행하여 보도록 하자.

① '분석(A) → 비모수 검정(N) → 레거시 대화상자(L) → 대응 2-표본(L)...' 메뉴를 선택한다(그림 11.8).

② '대응 2-표본 비모수 검정' 대화상자의 변수목록에서 두 변수 pre와 post를 각각 클릭한 후, 대화상자 중앙의 버튼을 이용하여 <표 11.9>에서와 같이 '검정 쌍(T)' 란으로 옮긴다.

③ '대응 2-표본 비모수 검정' 대화상자에서 '검정유형' 란의 'Wilcoxon(W)'과 '부호(S)'에 체크한 후, '확인' 버튼을 클릭한다.

부호검정

빈도 분석

		N
사후 수치 - 사전 수치	음수차[a]	1
	양수차[b]	11
	동률[c]	0
	합계	12

a. 사후 수치 < 사전 수치

b. 사후 수치 > 사전 수치

c. 사후 수치 = 사전 수치

검정 통계량[b]

	사후 수치 - 사전 수치
정확한 유의확률 (양측)	.006[a]

a. 이항분포를 사용함.

b. 부호검정

그림 11.10 부호검정의 출력결과

Wilcoxon 부호순위 검정

순위

		N	평균순위	순위합
사후 수치 - 사전 수치	음의 순위	1[a]	12.00	12.00
	양의 순위	11[b]	6.00	66.00
	동률	0[c]		
	합계	12		

a. 사후 수치 < 사전 수치

b. 사후 수치 > 사전 수치

c. 사후 수치 = 사전 수치

검정 통계량[b]

	사후 수치 - 사전 수치
Z	-2.118[a]
근사 유의확률(양측)	.034

a. 음의 순위를 기준으로.

b. Wilcoxon 부호순위 검정

그림 11.11 부호순위 검정의 출력결과

먼저 다음 <그림 11.10>의 부호검정 결과를 살펴보면 양측검정 유의확률이 0.006이므로, '사전과 사후 수치의 두 위치모수가 같다($H_0: \theta_1 = \theta_2$)'는 귀무가설을 유의수준 5%하에서 기각할 수 있다. 또한 <그림 11.11>의 부호순위검정 결과에서도 양측검정 유의확률이 0.034(단측검정 유의확률은 0.034/2=0.017)로서 유의수준 5%하에서 부호검정에서와 동일한 결론을 내릴 수 있다.

한편 이 데이터에 대해 대응표본 t-검정을 실시해 보면 양측검정 유의확률 0.4050(단측검정 유의확률은 0.4050/2=0.2025)을 얻을 수 있는데, 대응표본 t-검정에 의하면 귀무가설을 기각할 수 없게 된다.

표 11.2 대응표본에 대한 교차표

		B		
		예(1)	아니오(0)	합계
A	예(1)	n_{11}	n_{10}	n_A
	아니오(0)	n_{01}	n_{00}	$n-n_A$
	합계	n_B	$n-n_B$	n

사실, <표 11.1>을 살펴보면 12개의 표본 중 첫 번째 표본의 경우만 사후의 수치가 사전보다 작으며 수치의 차이가 다른 표본들에 비해서 매우 크다는 것을 알 수 있다. 즉, 첫 번째 표본은 일종의 특이값(outlier)로 간주할 수 있는데, 이 경우 t-검정의 결과는 첫 번째 표본에 큰 영향을 받는다는 것을 알 수 있다. 반면에 부호검정이나 부호순위검정에서는 부호 및 순위만을 이용하기 때문에 이러한 특이값에 큰 영향을 받지 않는다.

11.2.2 맥니머 검정 (McNemar Test)

두 독립표본에 대한 비율차이 검정을 6.3절에서 다룬 바 있고, 이에 대한 검정은 카이제곱 통계량을 이용할 수도 있다는 것을 10.2절에서 설명한 바 있다. 이제 대응표본으로부터 두 표본비율 $\hat{p}_A$과 $\hat{p}_B$를 얻은 경우, 모비율 p_A과 p_B에 대한 추론에 대해서 다루어 보도록 하자. 예를 들어 100명의 소비자에게 두 개의 제품 A와 B를 모두 사용하게 해본 후, 두 제품에 대한 호감여부를 조사하여 <표 11.2>와 같은 자료를 얻었다고 하자. 이때 두 표본비율 $p_A=n_A/n$과 $p_B=n_B/n$는 서로 독립이 아니므로 6.3절이나 9.2절에서 설명한 방법을 적용할 수 없으며, 이러한 대응표본의 모비율 차이에 대해서는 귀무가설 '$H_0:p_A=p_B$' 하에서 n_{01}이 이항분포 $B(n_{01}+n_{10}, 1/2)$를 따른다는 사실을 이용하여 검정을 수행할 수 있다.

또한 다음과 같은 정규근사를 이용할 수도 있는데,

$$Z=\frac{n_{01}-(n_{01}+n_{10})/2}{\sqrt{(n_{01}+n_{10})/4}}=\frac{n_{01}-n_{10}}{\sqrt{n_{01}+n_{10}}} \tag{11.6}$$

이때 검정통계량 Z은 귀무가설하에서 표준정규분포를 따르므로 Z^2은 자유도 1인 카이제곱분포를 따르며, 이 Z^2을 맥니머(McNemer)의 카이제곱 통계량이라고 한다.

SPSS에서는 '대응 2-표본 비모수 검정' 대화상자(그림 11.9)에서 '검정유형' 란의 'McNemer(M)' 에 체크하면, 맥니머의 카이제곱 통계량에 의한 검정결과를 얻을 수 있다. 단, 맥니머 검정에 사용되는 두 변수는 이항형(이분형)이어야 한다.

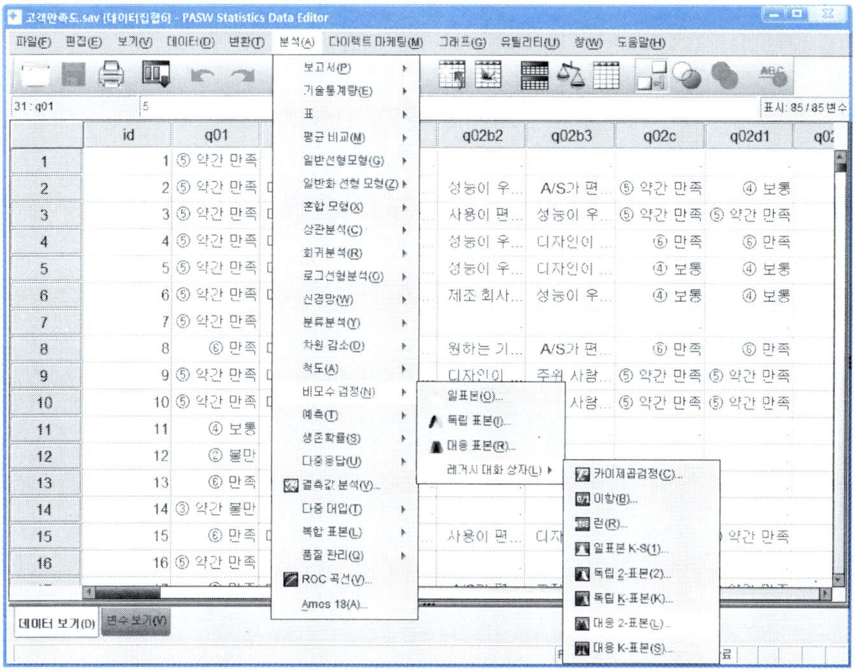

그림 11.12
'분석(A) → 비모수 검정(N) → 레거시 대화상자(L) → 대응 K-표본(S)...' 메뉴

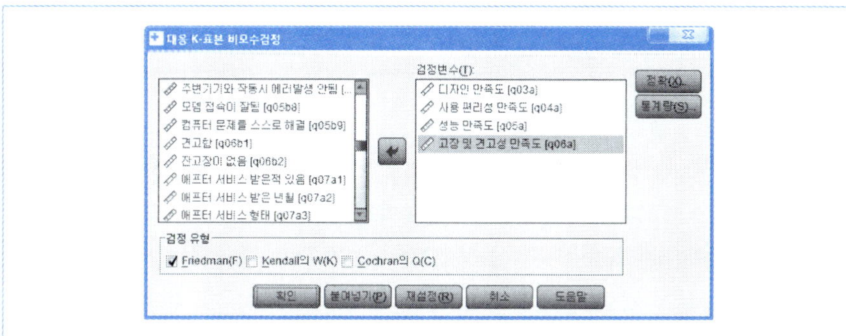

그림 11.13
'대응 K 표본 비모수 검정' 대화상자

11.2.3 대응 *k*-표본에 대한 검정

앞에서 설명한 대응 2-표본의 논리는 대응 *k*-표본의 경우로 확장할 수 있다. '고객만족도.SAV' 데이터에 대한 대응 *k*-표본의 검정을 수행하기 위해서는 <그림 11.12>에서와 같이 '분석(A) → 비모수 검정(N) → 레거시 대화상자(L) → 대응 K-표본(S)...' 메뉴를 선택한 후, <그림 11.13>의 '대응 K-표본 비모수검정' 대화상자에서 원하는 '검정유형'을 선택하면 된다.

'대응 K-표본 비모수 검정' 대화상자의 검정유형

- **프리드만 검정(Friedman test)** : 7.2절에서 설명한 임의화완전블록설계 또는 단일표본 반복측정 분산분석에 대응되는 비모수적 기법으로, 두 개 이상의 변수들의 평균 순위에 대한 차이 검정을 실시한다.

- Kendal의 W : 심사자(평가자) 간 일치도를 나타내는 일치도 계수(coefficient of concordance)를 계산하며, n명의 심사자가 $k(\geq 2)$개의 대상에 대해 순위를 부여한 경우, 심사자들 간의 순위평가가 독립적이라는 귀무가설에 대한 검정을 실시한다. 이때 켄달의 일치도 계수 W는 0과 1 사이의 값을 가지며, 1에 가까울수록 일치도가 높고, 0에 가까울수록 일치도가 낮다는 것을 의미한다.
- Cochran의 Q : 11.2.2절의 맥니머(McNemar) 검정을 변수가 k개인 경우로 확장한 것으로, 대응표본에 대한 여러 모비율의 동일성을 검정한다. 맥니머 검정에서와 마찬가지로 코크란 검정에 사용되는 모든 변수는 이항형(이분형)이어야 한다.

그림 11.14
프리드만 검정의 출력결과

Friedman 검정

순위

	평균순위
디자인 만족도	2.49
사용편리성 만족도	2.55
성능 만족도	2.47
고장 및 견고성 만족도	2.49

검정 통계량[a]

N	700
카이제곱	2.395
자유도	3
근사 유의확률	.495

a. Friedman 검정

<그림 11.14>는 네 개의 만족도 점수 간의 평균순위에 대한 차이 검정을 실시한 것으로, 프리드만 검정통계량(이 통계량은 근사적으로 자유도가 $k-1$인 카이제곱분포를 따른다)의 값은 2.395이고, 유의확률이 0.495이므로 만족도 점수의 평균순위에 유의적인 차이가 없다고 할 수 있다.

11.3 독립표본에 대한 검정

여러 개의 독립적인 모집단으로부터 표본이 추출된 경우, 6장에서 설명한 독립표본 t-검정이나 7장의 일원분류 분산분석은 각 모집단의 분포가 모두 정규분포에 따른다는 가정하에 유도된 방법이다. 따라서 특히 표본 크기가 작을 때 정규성이나 등분산성 등의 가정이 만족스럽지 않은 경우에는 이러한 방법을 수행하는 것이 바람직하지 않을 수 있다.

이 절에서는 여러 개의 독립표본으로부터 자료를 얻었을 때 정규성이나 등분산성 등의 가정에 의존하지 않는 비모수적 검정을 다루어 보도록 하자.

11.3.1 순위합검정(Rank Sum Test)

두 개의 독립적인 모집단으로부터 추출된 표본을 각각 $x_1, x_2, \cdots, x_{n_1}$과 $y_1, y_2, \cdots, y_{n_2}$라고 할 때, 윌콕슨의 **순위합검정**(rank sum test)은 순위를 기

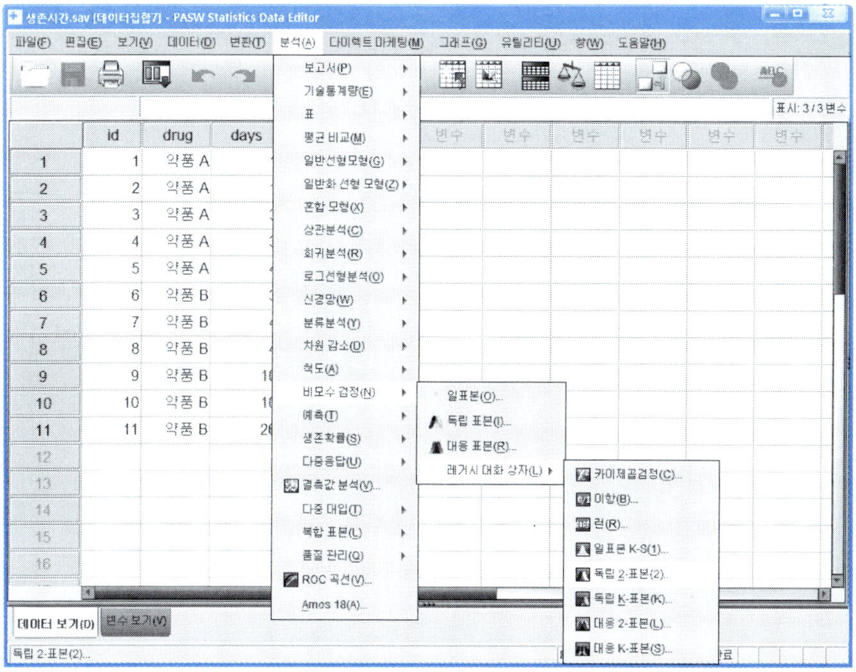

그림 11.15
'분석(A) → 비모수 검정(N) → 레거시 대화상자(L) → 독립 2-표본(2)...' 메뉴

초로 두 모집단의 위치모수에 대한 검정을 수행하는 것으로서, 정규성과 같은 분포가정을 필요로 하지 않는다. 윌콕슨의 순위합 검정통계량 W를 계산하는 방법은 다음과 같다.

① 두 표본의 관찰값를 혼합하여 크기 순으로 배열하고 차례로 순위를 매긴다.

② x들의 순위합을 W_X 그리고 y들의 순위합을 W_Y라 할 때, W_X와 W_Y 중 더 작은 값을 순위합 통계량 $W = \min\{W_X, W_Y\}$로 한다.

이와 같이 계산된 W의 평균과 분산은 귀무가설하에서 각각 다음과 같다.

$$E(W) = \frac{n_2(n_1 + n_2 + 1)}{2}, \quad Var(W) = \frac{n_2 n_1(n_1 + n_2 + 1)}{12}. \qquad (11.7)$$

한편, 맨-휘트니(Mann-Whitney) U 통계량은 다음과 같으며 ($W = W_X$인 경우)

$$U = n_1 n_2 + \frac{n_1(n_1 + 1)}{2} - W \qquad (11.8)$$

맨-휘트니의 U 통계량을 사용해도 윌콕슨의 W 통계량을 이용하는 것과 동일한 결과를 얻게 된다.

<그림 11.15>의 데이터(생존시간.SAV)는 두 개의 약품(drug: A, B)을 각각 5마리와 6마리의 쥐에게 투여한 후 생존시간(days)을 측정한 것이다. 이제 이 데이터에 대해 '두 약품에 대한 평균 생존시간이 동일한가?'를 검

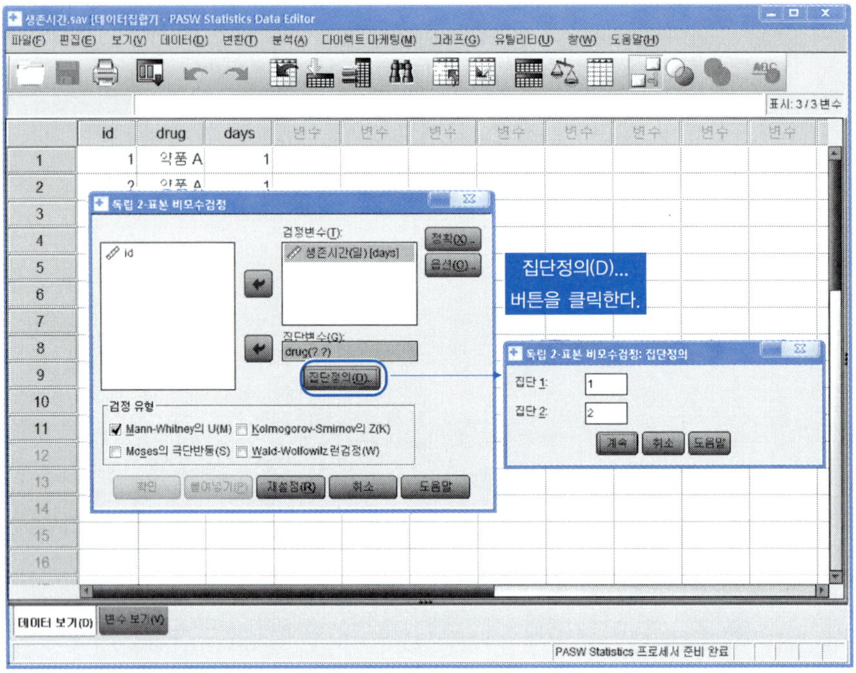

그림 11.16 '독립 2-표본 비모수 검정' 대화상자 및 '집단정의' 대화상자

정해 보도록 하자.

① '분석(A) → 비모수 검정(N) → 레거시 대화상자(L) → 독립 2-표본 (2)...' 메뉴를 선택한다(그림 11.15).

② '독립 2-표본 비모수 검정' 대화상자에서 '검정변수(T)' 란에 변수 days를 선택한다(그림 11.16).

③ '독립 2-표본 비모수 검정' 대화상자에서 '집단변수(G)' 란에 drug을 선택한다. '집단정의(D)...' 버튼을 클릭한 후 '집단정의' 대화상자에서 '집단 1' 과 '집단 2' 란에 각각 1과 2를 입력한다(그림 11.16).

④ '집단정의' 대화상자에서 '계속' 버튼을 클릭하여 '독립 2-표본 비모수 검정' 대화상자로 돌아간 후, '확인' 버튼을 클릭한다.

<그림 11.17>에 출력된 검정결과를 살펴보면 양측검정 근사 유의확률이 0.025로서(정확한 유의확률은 0.030), 유의수준 0.05하에서 귀무가설을 기각하여 '두 약품에 대한 평균 생존시간이 동일하지 않다' 고 결론지을 수 있다(한편, 이 데이터에 대해 독립표본t-검정을 수행하면 유의확률 0.106을 얻을 수 있는데, t-검정에 의하면 유의수준 5%하에서 귀무가설을 기각할 수 없게 된다).

11.3.2 독립 k-표본에 대한 검정

앞에서 다른 두 독립표본에 대한 윌콕슨의 순위합검정을 $k(\geq 2)$개의 독

Mann-Whitney 검정

순위

	약품	N	평균순위	순위합
생존시간(일)	약품 A	5	3.60	18.00
	약품 B	6	8.00	48.00
	합계	11		

검정 통계량[b]

	생존시간(일)
Mann-Whitney의 U	3.000
Wilcoxon의 W	18.000
Z	-2.242
근사 유의확률(양측)	.025
정확한 유의확률 [2*(단측 유의확률)]	.030[a]

a. 동률에 대해 수정된 사항이 없습니다.

b. 집단변수: 약품

그림 11.17
맨-휘트니(윌콕슨 순위합) 검정의 출력결과

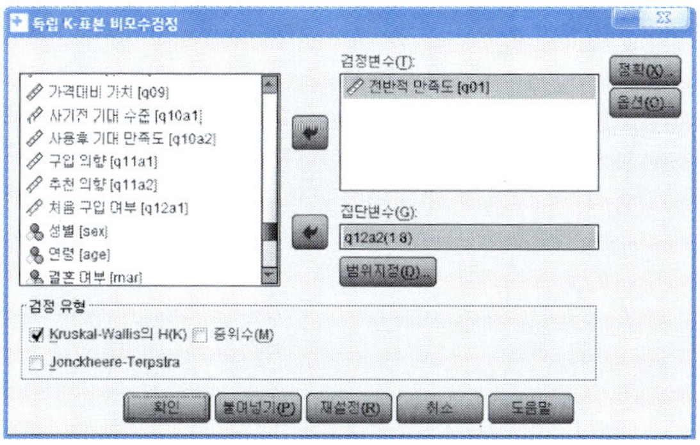

그림 11.18
'분석(A) → 비모수 검정(N) → 레거시 대화상자(L) → 독립 K-표본(K)...' 메뉴

립표본에 대한 평균순위 차이를 검정하는 문제로 확장한 것이, 크러스칼-왈리스(Kruskal-Wallis) 검정이다. 즉, 크러스칼-왈리스 검정은 7장에서 설명한 일원분류 분산분석에 대응되는 비모수적 검정방법이라고 할 수 있으며, 등분산성 또는 정규성과 같은 가정을 필요로 하지 않는다.

독립 k-표본에 대한 검정을 수행하기 위해서는 풀다운 메뉴에서 '분석(A) → 비모수 검정(N) → 레거시 대화상자(L) → 독립 K-표본(K)...' 메뉴를 선택한 후, '독립 K-표본 비모수검정' 대화상자(그림 11.18)에서 '검정변수'와 '집단변수'를 선택하면 된다.

<그림 11.19>는 '고객만족도.SAV' 데이터의 '전반적 만족도'에 대해 '사용 용도'(1='학습', 2='문서작성', ⋯, 8='업무용')에 따른 평균순위의 차이 검정을 실시한 것으로, 크러스칼-왈리스 검정통계량(이 통계량은 근사적으로 자유도가 $k-1$ 카이제곱분포를 따른다)의 값은 14.928이고, 유의확률이 0.037이므로 '사용 용도'에 따라 '전반적 만족도'의 평균순위에

그림 11.19
크러스칼-왈리스 (Kruskal-Wallis) 검정의 출력결과

Kruskal-Wallis 검정

순위

	사용 용도	N	평균순위
전반적 만족도	학습	60	407.80
	문서작성	274	357.32
	스프레드시트	39	267.77
	게임	100	356.26
	프로그래밍	34	323.60
	그래픽	10	294.10
	통신	168	343.77
	업무용	15	347.33
	합계	700	

검정 통계량[a,b]

	전반적 만족도
카이제곱	14.928
자유도	7
근사 유의확률	.037

a. Kruskal Wallis 검정
b. 집단변수: 사용 용도

유의적인 차이가 있다고 할 수 있다(평균순위를 살펴보면 '학습'의 경우가 가장 높고, '스프레드시트'의 경우가 가장 낮다는 것을 알 수 있다).

연습문제

11-1 17명의 정상인에 대해 피부생체조직의 아연집중도를 조사하여 다음의 데이터를 얻었다(단위 : μ/g). 아연집중도는 정규분포를 따른다고 할 수 있는지를 알아보기 위해 적합도검정을 실시하여라.

아연집중도	437	358	72	43	107	223	60	72	54
	35	70	20	34	24	24	51	23	

11-2 한 페인트 제조업자는 새로운 첨가제를 넣어서 만든 자사 페인트가 기존의 다른 페인트보다 더 빨리 마른다고 주장한다. 이를 확인해 보기 위해 12개씩의 페인트를 임의로 추출하여 마르는 시간을 조사해 보았더니 다음과 같은 데이터를 얻었다. t-검정과 윌콕슨의 순위합검정을 이용하여 이 데이터를 분석하여라.

기존의 페인트	6.6	5.8	7.8	5.7	6.0	8.4	8.8	8.4	7.3	5.8	5.8	6.5
새로운 페인트	6.4	5.8	7.4	5.5	6.3	7.8	8.6	8.2	7.0	4.9	5.9	6.5

11-3 다음은 세 그룹의 학생들에게 시험을 치른 다음 얻은 성적에 관한 데이터이다. 일원분류 분산분석과 크러스칼-왈리스 검정을 이용하여 이 데이터를 분석하여라.

A 그룹	772	764	600	564	
B 그룹	792	612	592		
C 그룹	752	680	624	580	572

부록

통계분포표

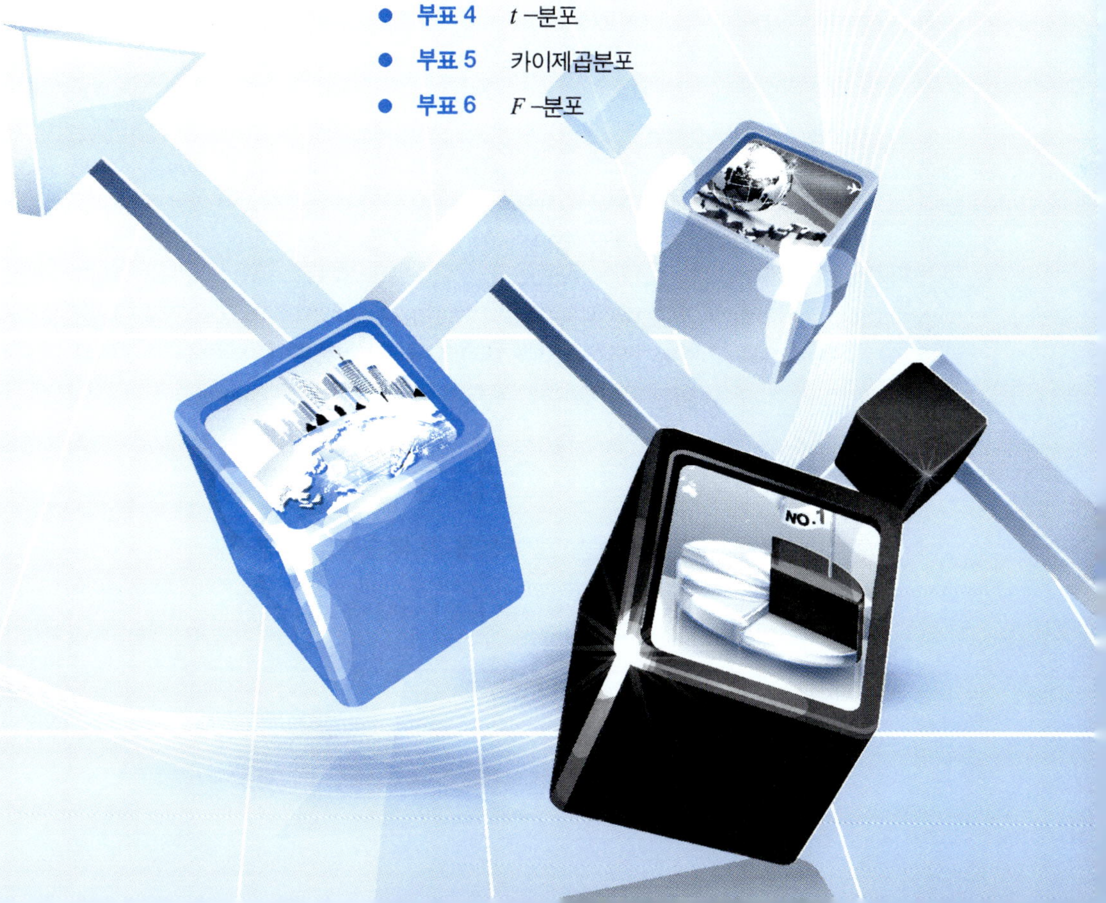

부표 1. 이항분포

$$P(X \leq x) = \sum_{k=0}^{x} \binom{n}{k} p^k (1-p)^{n-k}$$

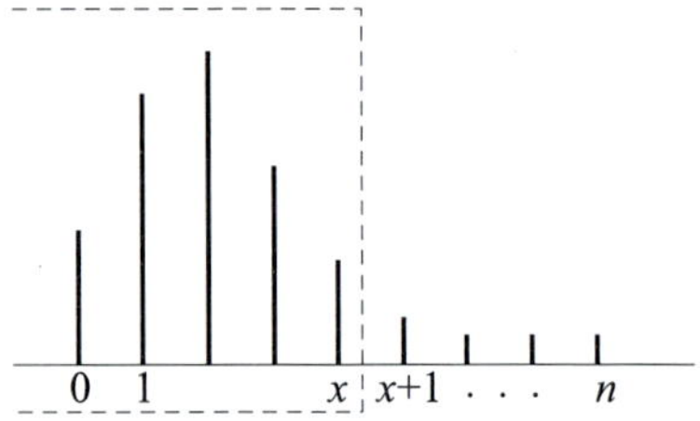

(a) $n = 5$

x	0.01	0.05	0.1	0.2	0.3	0.4	0.5	0.6	0.7	0.8	0.9	0.95	0.99
0	0.951	0.774	0.59	0.328	0.168	0.078	0.031	0.01	0.002	0.000	0.000	0.000	0.000
1	0.999	0.977	0.919	0.737	0.528	0.337	0.188	0.087	0.031	0.007	0.000	0.000	0.000
2	1.000	0.999	0.991	0.942	0.837	0.683	0.5	0.317	0.163	0.058	0.009	0.001	0.000
3	1.000	1.000	1.000	0.993	0.969	0.913	0.813	0.663	0.472	0.263	0.081	0.023	0.001
4	1.000	1.000	1.000	1.000	0.998	0.99	0.969	0.922	0.832	0.672	0.41	0.226	0.049

(b) $n = 10$

x	0.01	0.05	0.1	0.2	0.3	0.4	0.5	0.6	0.7	0.8	0.9	0.95	0.99
0	0.904	0.599	0.349	0.107	0.028	0.006	0.001	0.000	0.000	0.000	0.000	0.000	0.000
1	0.996	0.914	0.736	0.376	0.149	0.046	0.011	0.002	0.000	0.000	0.000	0.000	0.000
2	1.000	0.988	0.930	0.678	0.383	0.167	0.055	0.012	0.002	0.000	0.000	0.000	0.000
3	1.000	0.999	0.987	0.879	0.650	0.382	0.172	0.055	0.011	0.001	0.000	0.000	0.000
4	1.000	1.000	0.998	0.967	0.850	0.633	0.377	0.166	0.047	0.006	0.000	0.000	0.000
5	1.000	1.000	1.000	0.994	0.953	0.834	0.623	0.367	0.150	0.033	0.002	0.000	0.000
6	1.000	1.000	1.000	0.999	0.989	0.945	0.828	0.618	0.350	0.121	0.013	0.001	0.000
7	1.000	1.000	1.000	1.000	0.998	0.988	0.945	0.833	0.617	0.322	0.070	0.012	0.000
8	1.000	1.000	1.000	1.000	1.000	0.998	0.989	0.954	0.851	0.624	0.264	0.086	0.004
9	1.000	1.000	1.000	1.000	1.000	1.000	0.999	0.994	0.972	0.893	0.651	0.401	0.096

(c) $n = 15$

x	0.01	0.05	0.1	0.2	0.3	0.4	0.5	0.6	0.7	0.8	0.9	0.95	0.99
0	0.86	0.463	0.206	0.035	0.005	0.000	0.000	0.000	0.000	0.000	0.000	0.000	0.000
1	0.99	0.829	0.549	0.167	0.035	0.005	0.000	0.000	0.000	0.000	0.000	0.000	0.000
2	1.000	0.964	0.816	0.398	0.127	0.027	0.004	0.000	0.000	0.000	0.000	0.000	0.000
3	1.000	0.995	0.944	0.648	0.297	0.091	0.018	0.002	0.000	0.000	0.000	0.000	0.000
4	1.000	0.999	0.987	0.836	0.515	0.217	0.059	0.009	0.001	0.000	0.000	0.000	0.000
5	1.000	1.000	0.998	0.939	0.722	0.403	0.151	0.034	0.004	0.000	0.000	0.000	0.000
6	1.000	1.000	1.000	0.982	0.869	0.610	0.304	0.095	0.015	0.001	0.000	0.000	0.000
7	1.000	1.000	1.000	0.996	0.950	0.787	0.500	0.213	0.05	0.004	0.000	0.000	0.000
8	1.000	1.000	1.000	0.999	0.985	0.905	0.696	0.390	0.131	0.018	0.000	0.000	0.000
9	1.000	1.000	1.000	1.000	0.996	0.966	0.849	0.597	0.278	0.061	0.002	0.000	0.000
10	1.000	1.000	1.000	1.000	0.999	0.991	0.941	0.783	0.485	0.164	0.013	0.001	0.000
11	1.000	1.000	1.000	1.000	1.000	0.998	0.982	0.909	0.703	0.352	0.056	0.005	0.000
12	1.000	1.000	1.000	1.000	1.000	1.000	0.996	0.973	0.873	0.602	0.184	0.036	0.000
13	1.000	1.000	1.000	1.000	1.000	1.000	1.000	0.995	0.965	0.833	0.451	0.171	0.010
14	1.000	1.000	1.000	1.000	1.000	1.000	1.000	1.000	0.995	0.965	0.794	0.537	0.140

(d) $n = 20$

x	0.01	0.05	0.1	0.2	0.3	0.4	0.5	0.6	0.7	0.8	0.9	0.95	0.99
0	0.818	0.358	0.122	0.012	0.001	0.000	0.000	0.000	0.000	0.000	0.000	0.000	0.000
1	0.983	0.736	0.392	0.069	0.008	0.001	0.000	0.000	0.000	0.000	0.000	0.000	0.000
2	0.999	0.925	0.677	0.206	0.035	0.004	0.000	0.000	0.000	0.000	0.000	0.000	0.000
3	1.000	0.984	0.867	0.411	0.107	0.016	0.001	0.000	0.000	0.000	0.000	0.000	0.000
4	1.000	0.997	0.957	0.63	0.238	0.051	0.006	0.000	0.000	0.000	0.000	0.000	0.000
5	1.000	1.000	0.989	0.804	0.416	0.126	0.021	0.002	0.000	0.000	0.000	0.000	0.000
6	1.000	1.000	0.998	0.913	0.608	0.25	0.058	0.006	0.000	0.000	0.000	0.000	0.000
7	1.000	1.000	1.000	0.968	0.772	0.416	0.132	0.021	0.001	0.000	0.000	0.000	0.000
8	1.000	1.000	1.000	0.99	0.887	0.596	0.252	0.057	0.005	0.000	0.000	0.000	0.000
9	1.000	1.000	1.000	0.997	0.952	0.755	0.412	0.128	0.017	0.001	0.000	0.000	0.000
10	1.000	1.000	1.000	0.999	0.983	0.872	0.588	0.245	0.048	0.003	0.000	0.000	0.000
11	1.000	1.000	1.000	1.000	0.995	0.943	0.748	0.404	0.113	0.010	0.000	0.000	0.000
12	1.000	1.000	1.000	1.000	0.999	0.979	0.868	0.584	0.228	0.032	0.000	0.000	0.000
13	1.000	1.000	1.000	1.000	1.000	0.994	0.942	0.75	0.392	0.087	0.002	0.000	0.000
14	1.000	1.000	1.000	1.000	1.000	0.998	0.979	0.874	0.584	0.196	0.011	0.000	0.000
15	1.000	1.000	1.000	1.000	1.000	1.000	0.994	0.949	0.762	0.370	0.043	0.003	0.000
16	1.000	1.000	1.000	1.000	1.000	1.000	0.999	0.984	0.893	0.589	0.133	0.016	0.000
17	1.000	1.000	1.000	1.000	1.000	1.000	1.000	0.996	0.965	0.794	0.323	0.075	0.001
18	1.000	1.000	1.000	1.000	1.000	1.000	1.000	0.999	0.992	0.931	0.608	0.264	0.017
19	1.000	1.000	1.000	1.000	1.000	1.000	1.000	1.000	0.999	0.988	0.878	0.642	0.182

부표 2. 포아송분포

$$P(X \leq x) = \sum_{k=0}^{x} e^{-\mu} \frac{\mu^k}{k!}$$

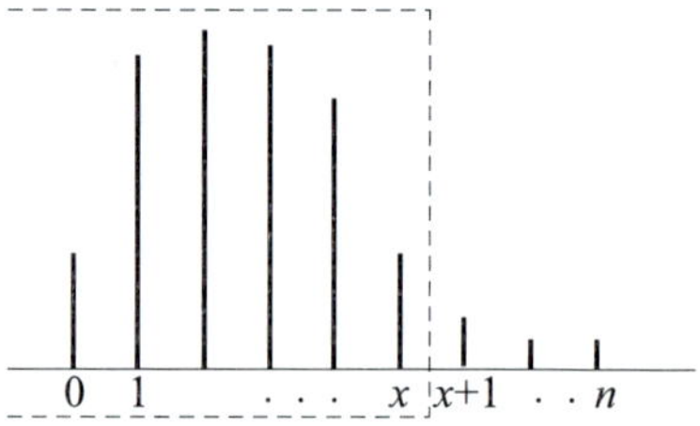

x \ μ	0.1	0.2	0.3	0.4	0.5	0.6	0.7	0.8	0.9	1.0
0	0.905	0.819	0.741	0.67	0.607	0.549	0.497	0.449	0.407	0.368
1	0.995	0.982	0.963	0.938	0.91	0.878	0.844	0.809	0.772	0.736
2	1.000	0.999	0.996	0.992	0.986	0.977	0.966	0.953	0.937	0.92
3	1.000	1.000	1.000	0.999	0.998	0.997	0.994	0.991	0.987	0.981
4	1.000	1.000	1.000	1.000	1.000	1.000	0.999	0.999	0.998	0.996
5	1.000	1.000	1.000	1.000	1.000	1.000	1.000	1.000	1.000	0.999
6	1.000	1.000	1.000	1.000	1.000	1.000	1.000	1.000	1.000	1.000

x	1.1	1.2	1.3	1.4	1.5	1.6	1.7	1.8	1.9	2.0
0	0.333	0.301	0.273	0.247	0.223	0.202	0.183	0.165	0.15	0.135
1	0.699	0.663	0.627	0.592	0.558	0.525	0.493	0.463	0.434	0.406
2	0.9	0.879	0.857	0.833	0.809	0.783	0.757	0.731	0.704	0.677
3	0.974	0.966	0.957	0.946	0.934	0.921	0.907	0.891	0.875	0.857
4	0.995	0.992	0.989	0.986	0.981	0.976	0.97	0.964	0.956	0.947
5	0.999	0.998	0.998	0.997	0.996	0.994	0.992	0.99	0.987	0.983
6	1.000	1.000	1.000	0.999	0.999	0.999	0.998	0.997	0.997	0.995
7	1.000	1.000	1.000	1.000	1.000	1.000	1.000	0.999	0.999	0.999
8	1.000	1.000	1.000	1.000	1.000	1.000	1.000	1.000	1.000	1.000

x	2.2	2.4	2.6	2.8	3.0	3.2	3.4	3.6	3.8	4.0
0	0.111	0.091	0.074	0.061	0.05	0.041	0.033	0.027	0.022	0.018
1	0.355	0.308	0.267	0.231	0.199	0.171	0.147	0.126	0.107	0.092
2	0.623	0.57	0.518	0.469	0.423	0.38	0.34	0.303	0.269	0.238
3	0.819	0.779	0.736	0.692	0.647	0.603	0.558	0.515	0.473	0.433
4	0.928	0.904	0.877	0.848	0.815	0.781	0.744	0.706	0.668	0.629
5	0.975	0.964	0.951	0.935	0.916	0.895	0.871	0.844	0.816	0.785
6	0.993	0.988	0.983	0.976	0.966	0.955	0.942	0.927	0.909	0.889
7	0.998	0.997	0.995	0.992	0.988	0.983	0.977	0.969	0.96	0.949
8	1.000	0.999	0.999	0.998	0.996	0.994	0.992	0.988	0.984	0.979
9	1.000	1.000	1.000	0.999	0.999	0.998	0.997	0.996	0.994	0.992
10	1.000	1.000	1.000	1.000	1.000	1.000	0.999	0.999	0.998	0.997
11	1.000	1.000	1.000	1.000	1.000	1.000	1.000	1.000	0.999	0.999
12	1.000	1.000	1.000	1.000	1.000	1.000	1.000	1.000	1.000	1.000

x \ μ	4.2	4.4	4.6	4.8	5.0	5.2	5.4	5.6	5.8	6.0
0	0.015	0.012	0.01	0.008	0.007	0.006	0.005	0.004	0.003	0.002
1	0.078	0.066	0.056	0.048	0.04	0.034	0.029	0.024	0.021	0.017
2	0.21	0.185	0.163	0.143	0.125	0.109	0.095	0.082	0.072	0.062
3	0.395	0.359	0.326	0.294	0.265	0.238	0.213	0.191	0.17	0.151
4	0.59	0.551	0.513	0.476	0.44	0.406	0.373	0.342	0.313	0.285
5	0.753	0.72	0.686	0.651	0.616	0.581	0.546	0.512	0.478	0.446
6	0.867	0.844	0.818	0.791	0.762	0.732	0.702	0.67	0.638	0.606
7	0.936	0.921	0.905	0.887	0.867	0.845	0.822	0.797	0.771	0.744
8	0.972	0.964	0.955	0.944	0.932	0.918	0.903	0.886	0.867	0.847
9	0.989	0.985	0.98	0.975	0.968	0.96	0.951	0.941	0.929	0.916
10	0.996	0.994	0.992	0.99	0.986	0.982	0.977	0.972	0.965	0.957
11	0.999	0.998	0.997	0.996	0.995	0.993	0.99	0.988	0.984	0.98
12	1.000	0.999	0.999	0.999	0.998	0.997	0.996	0.995	0.993	0.991
13	1.000	1.000	1.000	1.000	0.999	0.999	0.999	0.998	0.997	0.996
14	1.000	1.000	1.000	1.000	1.000	1.000	1.000	0.999	0.999	0.999
15	1.000	1.000	1.000	1.000	1.000	1.000	1.000	1.000	1.000	0.999
16	1.000	1.000	1.000	1.000	1.000	1.000	1.000	1.000	1.000	1.000

x \ μ	6.5	7	7.5	8	8.5	9	9.5	10	10.5	11
0	0.002	0.001	0.001	0	0	0	0	0	0	0
1	0.011	0.007	0.005	0.003	0.002	0.001	0.001	0	0	0
2	0.043	0.03	0.02	0.014	0.009	0.006	0.004	0.003	0.002	0.001
3	0.112	0.082	0.059	0.042	0.03	0.021	0.015	0.01	0.007	0.005
4	0.224	0.173	0.132	0.1	0.074	0.055	0.04	0.029	0.021	0.015
5	0.369	0.301	0.241	0.191	0.15	0.116	0.089	0.067	0.05	0.038
6	0.527	0.45	0.378	0.313	0.256	0.207	0.165	0.13	0.102	0.079
7	0.673	0.599	0.525	0.453	0.386	0.324	0.269	0.22	0.179	0.143
8	0.792	0.729	0.662	0.593	0.523	0.456	0.392	0.333	0.279	0.232
9	0.877	0.83	0.776	0.717	0.653	0.587	0.522	0.458	0.397	0.341
10	0.933	0.901	0.862	0.816	0.763	0.706	0.645	0.583	0.521	0.46
11	0.966	0.947	0.921	0.888	0.849	0.803	0.752	0.697	0.639	0.579
12	0.984	0.973	0.957	0.936	0.909	0.876	0.836	0.792	0.742	0.689
13	0.993	0.987	0.978	0.966	0.949	0.926	0.898	0.864	0.825	0.781
14	0.997	0.994	0.99	0.983	0.973	0.959	0.94	0.917	0.888	0.854
15	0.999	0.998	0.995	0.992	0.986	0.978	0.967	0.951	0.932	0.907
16	1.000	0.999	0.998	0.996	0.993	0.989	0.982	0.973	0.96	0.944
17	1.000	1.000	0.999	0.998	0.997	0.995	0.991	0.986	0.978	0.968
18	1.000	1.000	1.000	0.999	0.999	0.998	0.996	0.993	0.988	0.982
19	1.000	1.000	1.000	1.000	0.999	0.999	0.998	0.997	0.994	0.991
20	1.000	1.000	1.000	1.000	1.000	1.000	0.999	0.998	0.997	0.995
21	1.000	1.000	1.000	1.000	1.000	1.000	1.000	0.999	0.999	0.998
22	1.000	1.000	1.000	1.000	1.000	1.000	1.000	1.000	0.999	0.999
23	1.000	1.000	1.000	1.000	1.000	1.000	1.000	1.000	1.000	1.000

부표 3. 표준정규분포

$$P(0<Z<z)=\int_0^z \frac{1}{\sqrt{2\pi}^{-t^2/2}}\,dt$$

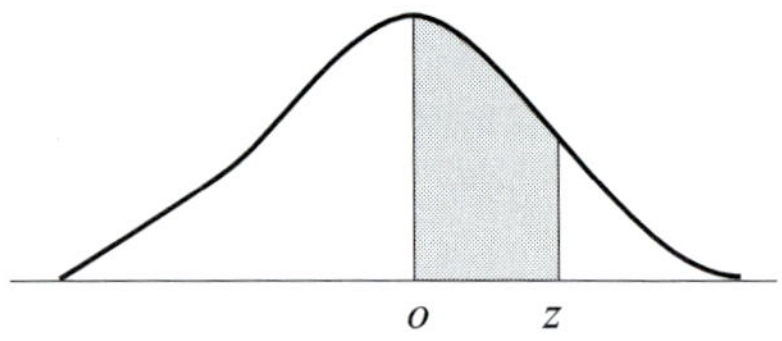

z	0.00	0.01	0.02	0.03	0.04	0.05	0.06	0.07	0.08	0.09
0.0	0.0000	0.0040	0.0080	0.0120	0.0160	0.0199	0.0239	0.0279	0.0319	0.0359
0.1	0.0398	0.0438	0.0478	0.0517	0.0557	0.0596	0.0636	0.0675	0.0714	0.0753
0.2	0.0793	0.0832	0.0871	0.091	0.0948	0.0987	0.1026	0.1064	0.1103	0.1141
0.3	0.1179	0.1217	0.1255	0.1293	0.1331	0.1368	0.1406	0.1443	0.1480	0.1517
0.4	0.1554	0.1591	0.1628	0.1664	0.1700	0.1736	0.1772	0.1808	0.1844	0.1879
0.5	0.1915	0.195	0.1985	0.2019	0.2054	0.2088	0.2123	0.2157	0.2190	0.2224
0.6	0.2257	0.2291	0.2324	0.2357	0.2389	0.2422	0.2454	0.2486	0.2517	0.2549
0.7	0.258	0.2611	0.2642	0.2673	0.2704	0.2734	0.2764	0.2794	0.2823	0.2852
0.8	0.2881	0.2910	0.2939	0.2967	0.2995	0.3023	0.3051	0.3078	0.3106	0.3133
0.9	0.3159	0.3186	0.3212	0.3238	0.3264	0.3289	0.3315	0.3340	0.3365	0.3389
1.0	0.3413	0.3438	0.3461	0.3485	0.3508	0.3531	0.3554	0.3577	0.3599	0.3621
1.1	0.3643	0.3665	0.3686	0.3708	0.3729	0.3749	0.3770	0.3790	0.3810	0.3830
1.2	0.3849	0.3869	0.3888	0.3907	0.3925	0.3944	0.3962	0.398	0.3997	0.4015
1.3	0.4032	0.4049	0.4066	0.4082	0.4099	0.4115	0.4131	0.4147	0.4162	0.4177
1.4	0.4192	0.4207	0.4222	0.4236	0.4251	0.4265	0.4279	0.4292	0.4306	0.4319
1.5	0.4332	0.4345	0.4357	0.4370	0.4382	0.4394	0.4406	0.4418	0.4429	0.4441
1.6	0.4452	0.4463	0.4474	0.4484	0.4495	0.4505	0.4515	0.4525	0.4535	0.4545
1.7	0.4554	0.4564	0.4573	0.4582	0.4591	0.4599	0.4608	0.4616	0.4625	0.4633
1.8	0.4641	0.4649	0.4656	0.4664	0.4671	0.4678	0.4686	0.4693	0.4699	0.4706
1.9	0.4713	0.4719	0.4726	0.4732	0.4738	0.4744	0.4750	0.4756	0.4761	0.4767
2.0	0.4772	0.4778	0.4783	0.4788	0.4793	0.4798	0.4803	0.4808	0.4812	0.4817
2.1	0.4821	0.4826	0.4830	0.4834	0.4838	0.4842	0.4846	0.4850	0.4854	0.4857
2.2	0.4861	0.4864	0.4868	0.4871	0.4875	0.4878	0.4881	0.4884	0.4887	0.4890
2.3	0.4893	0.4896	0.4898	0.4901	0.4904	0.4906	0.4909	0.4911	0.4913	0.4916
2.4	0.4918	0.4920	0.4922	0.4925	0.4927	0.4929	0.4931	0.4932	0.4934	0.4936
2.5	0.4938	0.4940	0.4941	0.4943	0.4945	0.4946	0.4948	0.4949	0.4951	0.4952
2.6	0.4953	0.4955	0.4956	0.4957	0.4959	0.4960	0.4961	0.4962	0.4963	0.4964
2.7	0.4965	0.4966	0.4967	0.4968	0.4969	0.4970	0.4971	0.4972	0.4973	0.4974
2.8	0.4974	0.4975	0.4976	0.4977	0.4977	0.4978	0.4979	0.4979	0.4980	0.4981
2.9	0.4981	0.4982	0.4982	0.4983	0.4984	0.4984	0.4985	0.4985	0.4986	0.4986
3.0	0.4987	0.4987	0.4987	0.4988	0.4988	0.4989	0.4989	0.4989	0.4990	0.4990

α	0.005	0.01	0.025	0.05	0.1
z_α	2.576	2.326	1.960	1.645	1.282

부표 4. t-분포

$P(t > t_\alpha) = \alpha$: t-분포의 우측 확률점

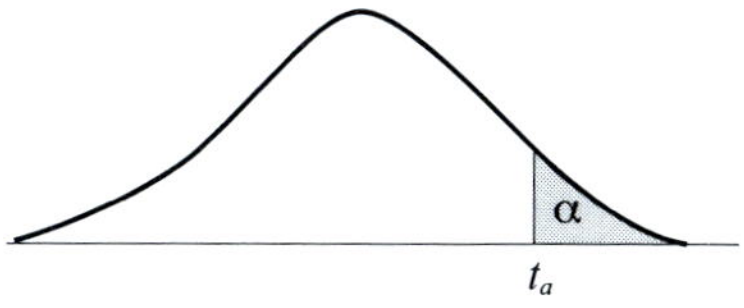

df(자유도)	$t_{0.100}$	$t_{0.050}$	$t_{0.025}$	$t_{0.010}$	$t_{0.005}$
1	3.078	6.314	12.71	31.82	63.66
2	1.886	2.920	4.303	6.965	9.925
3	1.638	2.353	3.182	4.541	5.841
4	1.533	2.132	2.776	3.747	4.604
5	1.476	2.015	2.571	3.365	4.032
6	1.440	1.943	2.447	3.143	3.707
7	1.415	1.895	2.365	2.998	3.499
8	1.397	1.860	2.306	2.896	3.355
9	1.383	1.833	2.262	2.821	3.25
10	1.372	1.812	2.228	2.764	3.169
11	1.363	1.796	2.201	2.718	3.106
12	1.356	1.782	2.179	2.681	3.055
13	1.350	1.771	2.160	2.650	3.012
14	1.345	1.761	2.145	2.624	2.977
15	1.341	1.753	2.131	2.602	2.947
16	1.337	1.746	2.120	2.583	2.921
17	1.333	1.740	2.110	2.567	2.898
18	1.330	1.734	2.101	2.552	2.878
19	1.328	1.729	2.093	2.539	2.861
20	1.325	1.725	2.086	2.528	2.845
21	1.323	1.721	2.080	2.518	2.831
22	1.321	1.717	2.074	2.508	2.819
23	1.319	1.714	2.069	2.500	2.807
24	1.318	1.711	2.064	2.492	2.797
25	1.316	1.708	2.060	2.485	2.787
26	1.315	1.706	2.056	2.479	2.779
27	1.314	1.703	2.052	2.473	2.771
28	1.313	1.701	2.048	2.467	2.763
29	1.311	1.699	2.045	2.462	2.756
∞	1.282	1.645	1.960	2.326	2.576

부표 5. 카이제곱분포

$P(\chi^2 > \chi^2_\alpha) = \alpha$: 카이제곱분포의 우측 확률점

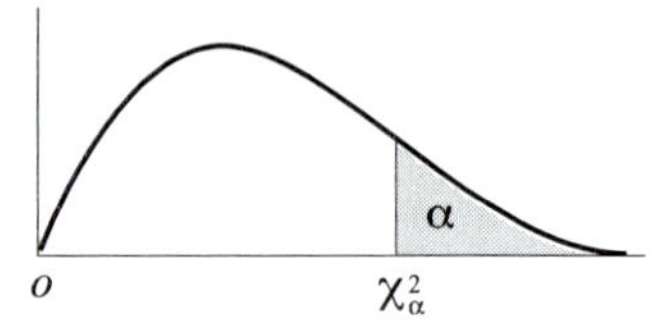

df(자유도)	$\chi^2_{0.995}$	$\chi^2_{0.990}$	$\chi^2_{0.975}$	$\chi^2_{0.950}$	$\chi^2_{0.900}$
1	0.0000	0.0002	0.0010	0.0039	0.0158
2	0.0100	0.0201	0.0506	0.1026	0.2107
3	0.0717	0.1148	0.2158	0.3518	0.5844
4	0.2070	0.2971	0.4844	0.7107	1.0636
5	0.4117	0.5543	0.8312	1.1455	1.6103
6	0.6757	0.8721	1.2373	1.6354	2.2041
7	0.9893	1.2390	1.6899	2.1673	2.8331
8	1.3444	1.6465	2.1797	2.7326	3.4895
9	1.7349	2.0879	2.7004	3.3251	4.1682
10	2.1559	2.5582	3.247	3.9403	4.8652
11	2.6032	3.0535	3.8157	4.5748	5.5778
12	3.0738	3.5706	4.4038	5.226	6.3038
13	3.565	4.1069	5.0088	5.8919	7.0415
14	4.0747	4.6604	5.6287	6.5706	7.7895
15	4.6009	5.2293	6.2621	7.2609	8.5468
16	5.1422	5.8122	6.9077	7.9616	9.3122
17	5.6972	6.4078	7.5642	8.6718	10.0852
18	6.2648	7.0149	8.2307	9.3905	10.8649
19	6.844	7.6327	8.9065	10.1170	11.6509
20	7.4338	8.2604	9.5908	10.8508	12.4426
21	8.0337	8.8972	10.2829	11.5913	13.2396
22	8.6427	9.5425	10.9823	12.3380	14.0415
23	9.2604	10.1957	11.6886	13.0905	14.8480
24	9.8862	10.8564	12.4012	13.8484	15.6587
25	10.5197	11.5240	13.1197	14.6114	16.4734
26	11.1602	12.1981	13.8439	15.3792	17.2919
27	11.8076	12.8785	14.5734	16.1514	18.1139
28	12.4613	13.5647	15.3079	16.9279	18.9392
29	13.1211	14.2565	16.0471	17.7084	19.7677
30	13.7867	14.9535	16.7908	18.4927	20.5992
40	20.7065	22.1643	24.433	26.5093	29.0505
50	27.9907	29.7067	32.3574	34.7643	37.6886
60	35.5345	37.4849	40.4817	43.1880	46.4589
70	43.2752	45.4417	48.7576	51.7393	55.3289
80	51.1719	53.5401	57.1532	60.3915	64.2778
90	59.1963	61.7541	65.6466	69.1260	73.2911
100	67.3276	70.0648	74.2219	77.9295	82.3581

df(자유도)	$\chi^2_{0.100}$	$\chi^2_{0.050}$	$\chi^2_{0.025}$	$\chi^2_{0.010}$	$\chi^2_{0.005}$
1	2.7055	3.8415	5.0239	6.6349	7.8794
2	4.6052	5.9915	7.3778	9.2103	10.5966
3	6.2514	7.8147	9.3484	11.3449	12.8382
4	7.7794	9.4877	11.1433	13.2767	14.8603
5	9.2364	11.0705	12.8325	15.0863	16.7496
6	10.6446	12.5916	14.4494	16.8119	18.5476
7	12.017	14.0671	16.0128	18.4753	20.2777
8	13.3616	15.5073	17.5345	20.0902	21.955
9	14.6837	16.9190	19.0228	21.6660	23.5894
10	15.9872	18.3070	20.4832	23.2093	25.1882
11	17.2750	19.6751	21.9200	24.7250	26.7568
12	18.5493	21.0261	23.3367	26.2170	28.2995
13	19.8119	22.362	24.7356	27.6882	29.8195
14	21.0641	23.6848	26.1189	29.1412	31.3193
15	22.3071	24.9958	27.4884	30.5779	32.8013
16	23.5418	26.2962	28.8454	31.9999	34.2672
17	24.769	27.5871	30.191	33.4087	35.7185
18	25.9894	28.8693	31.5264	34.8053	37.1565
19	27.2036	30.1435	32.8523	36.1909	38.5823
20	28.4120	31.4104	34.1696	37.5662	39.9968
21	29.6151	32.6706	35.4789	38.9322	41.4011
22	30.8133	33.9244	36.7807	40.2894	42.7957
23	32.0069	35.1725	38.0756	41.6384	44.1813
24	33.1962	36.4150	39.3641	42.9798	45.5585
25	34.3816	37.6525	40.6465	44.3141	46.9279
26	35.5632	38.8851	41.9232	45.6417	48.2899
27	36.7412	40.1133	43.1945	46.9629	49.6449
28	37.9159	41.3371	44.4608	48.2782	50.9934
29	39.0875	42.557	45.7223	49.5879	52.3356
30	40.2560	43.7730	46.9792	50.8922	53.6720
40	51.8051	55.7585	59.3417	63.6907	66.7660
50	63.1671	67.5048	71.4202	76.1539	79.4900
60	74.3970	79.0819	83.2977	88.3794	91.9517
70	85.5270	90.5312	95.0232	100.4250	104.2150
80	96.5782	101.8790	106.629	112.3290	116.3210
90	107.5650	113.1450	118.1360	124.1160	128.2990
100	118.4980	124.3420	129.5610	135.8070	140.1690

부표 6. *F*-분포

$P(F > F_{\alpha}) = \alpha$: *F*-분포의 우측 확률점

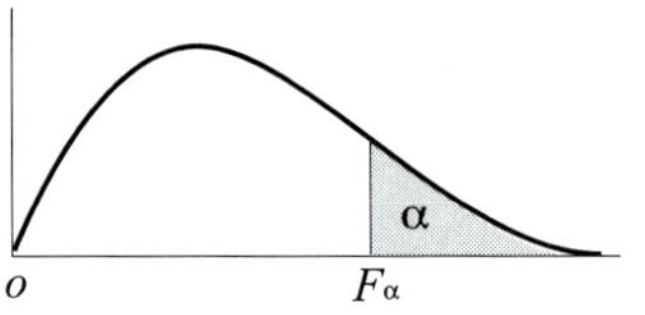

α = 0.05

v_2 \ v_1	1	2	3	4	5	6	7	8	9
1	161.4	199.5	215.7	224.6	230.2	234	236.8	238.9	240.5
2	18.51	19.00	19.16	19.25	19.30	19.33	19.35	19.37	19.38
3	10.13	9.55	9.28	9.12	9.01	8.94	8.89	8.85	8.81
4	7.71	6.94	6.59	6.39	6.26	6.16	6.09	6.04	6.00
5	6.61	5.79	5.41	5.19	5.05	4.95	4.88	4.82	4.77
6	5.99	5.14	4.76	4.53	4.39	4.28	4.21	4.15	4.10
7	5.59	4.74	4.35	4.12	3.97	3.87	3.79	3.73	3.68
8	5.32	4.46	4.07	3.84	3.69	3.58	3.50	3.44	3.39
9	5.12	4.26	3.86	3.63	3.48	3.37	3.29	3.23	3.18
10	4.96	4.10	3.71	3.48	3.33	3.22	3.14	3.07	3.02
11	4.84	3.98	3.59	3.36	3.20	3.09	3.01	2.95	2.90
12	4.75	3.89	3.49	3.26	3.11	3.00	2.91	2.85	2.80
13	4.67	3.81	3.41	3.18	3.03	2.92	2.83	2.77	2.71
14	4.60	3.74	3.34	3.11	2.96	2.85	2.76	2.70	2.65
15	4.54	3.68	3.29	3.06	2.9	2.79	2.71	2.64	2.59
16	4.49	3.63	3.24	3.01	2.85	2.74	2.66	2.59	2.54
17	4.45	3.59	3.20	2.96	2.81	2.70	2.61	2.55	2.49
18	4.41	3.55	3.16	2.93	2.77	2.66	2.58	2.51	2.46
19	4.38	3.52	3.13	2.90	2.74	2.63	2.54	2.48	2.42
20	4.35	3.49	3.10	2.87	2.71	2.60	2.51	2.45	2.39
21	4.32	3.47	3.07	2.84	2.68	2.57	2.49	2.42	2.37
22	4.30	3.44	3.05	2.82	2.66	2.55	2.46	2.40	2.34
23	4.28	3.42	3.03	2.80	2.64	2.53	2.44	2.37	2.32
24	4.26	3.40	3.01	2.78	2.62	2.51	2.42	2.36	2.30
25	4.24	3.39	2.99	2.76	2.6	2.49	2.4	2.34	2.28
26	4.23	3.37	2.98	2.74	2.59	2.47	2.39	2.32	2.27
27	4.21	3.35	2.96	2.73	2.57	2.46	2.37	2.31	2.25
28	4.2	3.34	2.95	2.71	2.56	2.45	2.36	2.29	2.24
29	4.18	3.33	2.93	2.7	2.55	2.43	2.35	2.28	2.22
30	4.17	3.32	2.92	2.69	2.53	2.42	2.33	2.27	2.21
40	4.08	3.23	2.84	2.61	2.45	2.34	2.25	2.18	2.12
60	4.00	3.15	2.76	2.53	2.37	2.25	2.17	2.10	2.04
120	3.92	3.07	2.68	2.45	2.29	2.18	2.09	2.02	1.96
∞	3.84	3.00	2.60	2.37	2.21	2.10	2.01	1.94	1.88

ν_2	10	12	15	20	24	30	40	60	120	∞
1	241.9	243.9	245.9	248	249.1	250.1	251.1	252.2	253.3	254.3
2	19.40	19.41	19.43	19.45	19.45	19.46	19.47	19.48	19.49	19.50
3	8.79	8.74	8.70	8.66	8.64	8.62	8.59	8.57	8.55	8.53
4	5.96	5.91	5.86	5.8	5.77	5.75	5.72	5.69	5.66	5.63
5	4.74	4.68	4.62	4.56	4.53	4.50	4.46	4.43	4.40	4.37
6	4.06	4.00	3.94	3.87	3.84	3.81	3.77	3.74	3.70	3.67
7	3.64	3.57	3.51	3.44	3.41	3.38	3.34	3.30	3.27	3.23
8	3.35	3.28	3.22	3.15	3.12	3.08	3.04	3.01	2.97	2.93
9	3.14	3.07	3.01	2.94	2.90	2.86	2.83	2.79	2.75	2.71
10	2.98	2.91	2.85	2.77	2.74	2.70	2.66	2.62	2.58	2.54
11	2.85	2.79	2.72	2.65	2.61	2.57	2.53	2.49	2.45	2.41
12	2.75	2.69	2.62	2.54	2.51	2.47	2.43	2.38	2.34	2.30
13	2.67	2.60	2.53	2.46	2.42	2.38	2.34	2.30	2.25	2.21
14	2.60	2.53	2.46	2.39	2.35	2.31	2.27	2.22	2.18	2.13
15	2.54	2.48	2.4	2.33	2.29	2.25	2.2	2.16	2.11	2.07
16	2.49	2.42	2.35	2.28	2.24	2.19	2.15	2.11	2.06	2.01
17	2.45	2.38	2.31	2.23	2.19	2.15	2.10	2.06	2.01	1.96
18	2.41	2.34	2.27	2.19	2.15	2.11	2.06	2.02	1.97	1.92
19	2.38	2.31	2.23	2.16	2.11	2.07	2.03	1.98	1.93	1.88
20	2.35	2.28	2.20	2.12	2.08	2.04	1.99	1.95	1.9	1.84
21	2.32	2.25	2.18	2.10	2.05	2.01	1.96	1.92	1.87	1.81
22	2.30	2.23	2.15	2.07	2.03	1.98	1.94	1.89	1.84	1.78
23	2.27	2.20	2.13	2.05	2.01	1.96	1.91	1.86	1.81	1.76
24	2.25	2.18	2.11	2.03	1.98	1.94	1.89	1.84	1.79	1.73
25	2.24	2.16	2.09	2.01	1.96	1.92	1.87	1.82	1.77	1.71
26	2.22	2.15	2.07	1.99	1.95	1.90	1.85	1.80	1.75	1.69
27	2.2	2.13	2.06	1.97	1.93	1.88	1.84	1.79	1.73	1.67
28	2.19	2.12	2.04	1.96	1.91	1.87	1.82	1.77	1.71	1.65
29	2.18	2.10	2.03	1.94	1.90	1.85	1.81	1.75	1.70	1.64
30	2.16	2.09	2.01	1.93	1.89	1.84	1.79	1.74	1.68	1.62
40	2.08	2.00	1.92	1.84	1.79	1.74	1.69	1.64	1.58	1.51
60	1.99	1.92	1.84	1.75	1.70	1.65	1.59	1.53	1.47	1.39
120	1.91	1.83	1.75	1.66	1.61	1.55	1.50	1.43	1.35	1.26
∞	1.83	1.75	1.67	1.57	1.52	1.46	1.40	1.32	1.22	1.03

$\alpha = 0.01$

v_2	1	2	3	4	5	6	7	8	9
1	4052	5000	5403	5625	5764	5859	5928	5981	6022
2	98.50	99.00	99.17	99.25	99.3	99.33	99.36	99.37	99.39
3	34.12	30.82	29.46	28.71	28.24	27.91	27.67	27.49	27.35
4	21.2	18.00	16.69	15.98	15.52	15.21	14.98	14.8	14.66
5	16.26	13.27	12.06	11.39	10.97	10.67	10.46	10.29	10.16
6	13.75	10.92	9.78	9.15	8.75	8.47	8.26	8.10	7.98
7	12.25	9.55	8.45	7.85	7.46	7.19	6.99	6.84	6.72
8	11.26	8.65	7.59	7.01	6.63	6.37	6.18	6.03	5.91
9	10.56	8.02	6.99	6.42	6.06	5.80	5.61	5.47	5.35
10	10.04	7.56	6.55	5.99	5.64	5.39	5.20	5.06	4.94
11	9.65	7.21	6.22	5.67	5.32	5.07	4.89	4.74	4.63
12	9.33	6.93	5.95	5.41	5.06	4.82	4.64	4.50	4.39
13	9.07	6.70	5.74	5.21	4.86	4.62	4.44	4.30	4.19
14	8.86	6.51	5.56	5.04	4.69	4.46	4.28	4.14	4.03
15	8.68	6.36	5.42	4.89	4.56	4.32	4.14	4.00	3.89
16	8.53	6.23	5.29	4.77	4.44	4.20	4.03	3.89	3.78
17	8.4	6.11	5.18	4.67	4.34	4.1	3.93	3.79	3.68
18	8.29	6.01	5.09	4.58	4.25	4.01	3.84	3.71	3.60
19	8.18	5.93	5.01	4.50	4.17	3.94	3.77	3.63	3.52
20	8.10	5.85	4.94	4.43	4.10	3.87	3.70	3.56	3.46
21	8.02	5.78	4.87	4.37	4.04	3.81	3.64	3.51	3.40
22	7.95	5.72	4.82	4.31	3.99	3.76	3.59	3.45	3.35
23	7.88	5.66	4.76	4.26	3.94	3.71	3.54	3.41	3.30
24	7.82	5.61	4.72	4.22	3.90	3.67	3.5	3.36	3.26
25	7.77	5.57	4.68	4.18	3.85	3.63	3.46	3.32	3.22
26	7.72	5.53	4.64	4.14	3.82	3.59	3.42	3.29	3.18
27	7.68	5.49	4.6	4.11	3.78	3.56	3.39	3.26	3.15
28	7.64	5.45	4.57	4.07	3.75	3.53	3.36	3.23	3.12
29	7.6	5.42	4.54	4.04	3.73	3.50	3.33	3.2	3.09
30	7.56	5.39	4.51	4.02	3.7	3.47	3.30	3.17	3.07
40	7.31	5.18	4.31	3.83	3.51	3.29	3.12	2.99	2.89
60	7.08	4.98	4.13	3.65	3.34	3.12	2.95	2.82	2.72
120	6.85	4.79	3.95	3.48	3.17	2.96	2.79	2.66	2.56
∞	6.64	4.61	3.78	3.32	3.02	2.80	2.64	2.51	2.41

v_2	10	12	15	20	24	30	40	60	120	∞
1	6056	6106	6157	6209	6235	6261	6287	6313	6339	6366
2	99.40	99.42	99.43	99.45	99.46	99.47	99.47	99.48	99.49	99.50
3	27.23	27.05	26.87	26.69	26.60	26.50	26.41	26.32	26.22	26.13
4	14.55	14.37	14.20	14.02	13.93	13.84	13.75	13.65	13.56	13.46
5	10.05	9.89	9.72	9.55	9.47	9.38	9.29	9.2	9.11	9.02
6	7.87	7.72	7.56	7.40	7.31	7.23	7.14	7.06	6.97	6.88
7	6.62	6.47	6.31	6.16	6.07	5.99	5.91	5.82	5.74	5.65
8	5.81	5.67	5.52	5.36	5.28	5.2	5.12	5.03	4.95	4.86
9	5.26	5.11	4.96	4.81	4.73	4.65	4.57	4.48	4.40	4.31
10	4.85	4.71	4.56	4.41	4.33	4.25	4.17	4.08	4.00	3.91
11	4.54	4.40	4.25	4.10	4.02	3.94	3.86	3.78	3.69	3.6
12	4.30	4.16	4.01	3.86	3.78	3.70	3.62	3.54	3.45	3.36
13	4.10	3.96	3.82	3.66	3.59	3.51	3.43	3.34	3.25	3.17
14	3.94	3.8	3.66	3.51	3.43	3.35	3.27	3.18	3.09	3.01
15	3.8	3.67	3.52	3.37	3.29	3.21	3.13	3.05	2.96	2.87
16	3.69	3.55	3.41	3.26	3.18	3.10	3.02	2.93	2.84	2.75
17	3.59	3.46	3.31	3.16	3.08	3.00	2.92	2.83	2.75	2.65
18	3.51	3.37	3.23	3.08	3.00	2.92	2.84	2.75	2.66	2.57
19	3.43	3.30	3.15	3.00	2.92	2.84	2.76	2.67	2.58	2.49
20	3.37	3.23	3.09	2.94	2.86	2.78	2.69	2.61	2.52	2.42
21	3.31	3.17	3.03	2.88	2.80	2.72	2.64	2.55	2.46	2.36
22	3.26	3.12	2.98	2.83	2.75	2.67	2.58	2.50	2.40	2.31
23	3.21	3.07	2.93	2.78	2.7	2.62	2.54	2.45	2.35	2.26
24	3.17	3.03	2.89	2.74	2.66	2.58	2.49	2.40	2.31	2.21
25	3.13	2.99	2.85	2.7	2.62	2.54	2.45	2.36	2.27	2.17
26	3.09	2.96	2.81	2.66	2.58	2.5	2.42	2.33	2.23	2.13
27	3.06	2.93	2.78	2.63	2.55	2.47	2.38	2.29	2.20	2.10
28	3.03	2.90	2.75	2.60	2.52	2.44	2.35	2.26	2.17	2.07
29	3.00	2.87	2.73	2.57	2.49	2.41	2.33	2.23	2.14	2.04
30	2.98	2.84	2.70	2.55	2.47	2.39	2.30	2.21	2.11	2.01
40	2.80	2.66	2.52	2.37	2.29	2.20	2.11	2.02	1.92	1.81
60	2.63	2.50	2.35	2.20	2.12	2.03	1.94	1.84	1.73	1.60
120	2.47	2.34	2.19	2.03	1.95	1.86	1.76	1.66	1.53	1.38
∞	2.32	2.19	2.04	1.88	1.79	1.70	1.59	1.48	1.33	1.05

참고문헌

[1] 강현철, 최종후 (2001). 확산모형과 성장곡선모형을 이용한 중장기 수요예측에 관한 연구, "응용통계연구", 제14권 제2호, 233-243.

[2] 강현철, 한상태, 허명회 (2004). "예제로 배우는 SAS 분산분석 입문", 자유아카데미.

[3] 김기영, 전명식, 강현철, 이성건 공역 (2009). "예제를 통한 회귀분석", 자유아카데미.

[4] 박용규, 송혜양 (1998). "반복측정과 교차계획 자료의 분석법", 자유아카데미.

[5] 박태성, 이승연 공역 (1998). "범주형 자료분석 개론", 자유아카데미.

[6] 서혜선, 양경숙, 김나영, 김희영, 김미경 (1999). "SPSS를 활용한 회귀분석", 자유아카데미.

[7] 성내경 (1997). "반복측정 실험과 분석", 자유아카데미.

[8] 성태제 (1995). "타당도와 신뢰도", 양서원.

[9] 손중권, 김영훈 (1992). "분산분석을 통한 다중비교 방법론", 자유아카데미.

[10] 송문섭, 박창순 (1993). "비모수 통계학 개론", 자유아카데미.

[11] 이재창, 송일성 (1990). "SAS 비모수 통계분석", 자유아카데미.

[12] 한상태, 강현철, 허명회 (2009). "SPSS 분산분석", 한나래아카데미.

[13] 허명회 (1998). "SAS 범주형 자료분석", 자유아카데미.

찾아보기

A

B

C

D

E

F

G

H

I

J

K

L

M

저자약력

강현철

고려대학교 대학원 통계학과 박사
(주)밀워드브라운미디어리서치 연구위원
현 : 호서대학교 정보통계학과 교수
e-mail : hychkang@hoseo.edu

한상태

고려대학교 대학원 통계학과 박사
(주)월드리서치 연구위원
현 : 호서대학교 정보통계학과 교수
e-mail : sthan@hoseo.edu

최호식

서울대학교 대학원 통계학과 박사
현 : 호서대학교 정보통계학과 교수
e-mail : hosikchoi@hoseo.edu

SPSS(PASW Statistics)
데이터 분석 입문

| 저 자 강현철 · 한상태 · 최호식
| 발 행 인 김지영
| 발 행 처 자유아카데미
| 주 소 경기도 파주시 회동길 37-42
파주출판도시
| 전 화 031-955-1321
| 팩 스 031-955-1322
| 홈페이지 www.freeaca.com
| 전자우편 main@freeaca.com(대표)
editor@freeaca.com(편집)
crm@freeaca.com(영업)
| 등 록 제406-2003-017호, 1980. 7. 12
| 제1판1쇄 2010년 10월 31일 발행
| 제1판3쇄 2022년 1월 20일 발행
| 정 가 23,000원

ISBN 979-89-7338-851-6 93310